KB088395

# 한국가스안전공사

## NCS + 최종점검 모의고사 4회

**SD에듀**
㈜시대고시기획

# 2024 최신판 SD에듀 한국가스안전공사
# NCS+최종점검 모의고사 4회+무료NCS특강

## Always **with you**

사람의 인연은 길에서 우연하게 만나거나 함께 살아가는 것만을 의미하지는 않습니다.
책을 펴내는 출판사와 그 책을 읽는 독자의 만남도 소중한 인연입니다.
**SD에듀**는 항상 독자의 마음을 헤아리기 위해 노력하고 있습니다. 늘 독자와 함께하겠습니다.

# 머리말

가스의 위해로부터 국민의 소중한 생명과 재산을 보호하고, 가스안전산업 발전에 기여하는 한국가스안전공사는 2024년에 신입사원을 채용한다. 한국가스안전공사의 채용절차는 「입사 지원서 접수 ➜ 서류평가 ➜ 필기시험 ➜ 면접시험 ➜ 최종 합격자 발표」 순서로 이루어진다. 한국가스안전공사의 필기시험은 지원자격 충족 시 행정은 채용 예정인원의 50배수, 기술은 30배수를 선발(7급은 서류적부)하여 응시하게 된다. 또한, 5급의 경우 직업기초능력평가와 직무수행능력으로 시험을 진행하며, 7급의 경우 직업기초능력평가로만 평가가 이루어진다. 직업기초능력평가는 공통으로 수리능력, 조직이해능력, 문제해결능력을 평가하며, 행정은 자원관리능력과 의사소통능력을, 기술은 기술능력과 정보능력을 평가한다. 2023년 한국가스안전공사의 필기시험은 피듈형으로 출제되었으며, 전체 채용 예정인원의 3~5배수에 해당하는 인원만이 필기시험을 통과하므로 최종 합격을 위해서는 필기시험에서 고득점을 받는 것이 중요하다.

한국가스안전공사 필기시험 합격을 위해 SD에듀에서는 한국가스안전공사 판매량 1위의 출간 경험을 토대로 다음과 같은 특징을 가진 도서를 출간하였다.

### 도서의 특징

❶ 기출복원문제를 통한 출제 유형 확인!
- 2023년 주요 공기업 NCS 기출복원문제를 통해 공기업별 출제경향을 파악할 수 있도록 하였다.

❷ 출제 영역 맞춤 문제를 통한 실력 상승!
- NCS 직업기초능력평가 출제유형분석&실전예제를 수록하여 유형별로 꼼꼼히 대비할 수 있도록 하였다.

❸ 최종점검 모의고사를 통한 완벽한 실전 대비!
- 철저한 분석을 통해 실제 유형과 유사한 최종점검 모의고사를 2회분 수록하여 자신의 실력을 최종 점검할 수 있도록 하였다.

❹ 다양한 콘텐츠로 최종 합격까지!
- 한국가스안전공사 채용 가이드와 면접 기출질문을 수록하여 채용 전반에 대비할 수 있도록 하였다.
- 온라인 모의고사 2회분을 무료로 제공하여 필기시험을 준비하는 데 부족함이 없도록 하였다.

끝으로 본 도서를 통해 한국가스안전공사 채용을 준비하는 모든 수험생 여러분이 합격의 기쁨을 누리기를 진심으로 기원한다.

**SDC**(Sidae Data Center) 씀

## 미션

> 국민과 함께하는 **가스안전**, 가스안전산업과 함께 만드는 **안전한 세상**

## 비전

> 국민에게 신뢰받는 최고의 **가스안전 책임기관**

## 핵심가치

국민의 안전 최우선 · 미래를 위한 혁신 · 친환경 사회 선도 · 상생을 통한 성장 · 자율과 책임의 조화

## 경영목표

| | |
|---|---|
| 가스사고지수 최저수준(3.0) 달성 | 인구 백만 명당 가스사고 피해[(사망×2)+부상+사고건수] 최저수준 달성 목표 |
| 재난안전관리 플랫폼 정착 | 기존 아날로그적 재난 · 안전관리 방식에서 디지털 · 온라인 기반으로의 전환 목표 |
| 국가 수소안전 관리체계 완성 | 수소안전 전담기관 주요 3대 역할*을 통한 국가 수소안전 구축율 100% 달성 목표 *①검사 · 점검, ②실증, ③제도개선 |
| 가스안전산업 지속발전 실현 | 민간기업과의 협업을 통해 기업의 지속 성장을 지원하고 동반성장 달성 목표 |
| 지속 가능한 공공가치 확립 | 재무 · 예산 관리 효율화, 공공기관 안전관리평가 및 종합청렴도 최상위 등급 달성 목표 |

## ☼ 전략방향 및 전략과제

| 가스시설 · 제품의<br>안전관리 최적화 | ▶ | • 가스 시설 맞춤형 안전관리 내실화<br>• 국민 생활 속 가스제품 사고예방 체계 강화<br>• 국가기간산업 가스사고 위험관리 고도화 |
| --- | --- | --- |
| 스마트 · 자율안전<br>시스템 확대 | ▶ | • 사회적 위험의 체계적 관리를 위한 안전망 강화<br>• 디지털 · 데이터 기반 안전관리 플랫폼 확대<br>• 민간 자율안전관리 시스템 전환 및 안전문화 확산 |
| 안전한 수소경제<br>정착 및 활성화 선도 | ▶ | • 수소 산업 전주기 안전관리체계 정립<br>• 수소 시설 및 용품 검사 · 점검 실행체계 안정화<br>• 수소 활용성 향상을 위한 제도적 기반 조성 |
| 민 · 관 협력기반<br>기업성장 견인 | ▶ | • 규제 혁신 및 협력을 통한 대중소기업 성장 도모<br>• 신제품 개발 및 판매 지원 인증 · 심사 서비스 활성화<br>• 기술개발 및 역량 강화를 통한 산업성장 동력 확대 |
| 사회적 기대 및<br>책임 있는 혁신 실현 | ▶ | • 국민 체감형 ESG혁신 성과 창출<br>• 경영 및 사업관리 효율성 향상<br>• 공정과 상식 기반 경영관리 선도 |

## ☼ 인재상

전문성을 가지고 **안전기술을 선도**하는 인재

투철한 **사명감**을 가지고 **공공가치를 창출**하는 인재

**열린소통**으로 **안전문화를 전파**하는 인재

# 신입 채용 안내 INFORMATION

## 🔄 지원자격(공통)

❶ 입사예정일 기준 만 58세 미만인 자(임금피크제 적용 전)

❷ 병역대상자로서 병역기피 사실이 없는 자

❸ 현역 군인의 경우 최종합격자 발표일 이전에 전역이 가능한 자

❹ 공사 인사규정 제20조의 결격사유에 해당하지 않는 자

❺ 입사예정일 당일부터 교육입소 및 근무가능자(입사연기 불가능)

## 🔄 전형 절차

| 입사지원서 접수 | 서류평가 | 필기시험 | 면접시험 | 최종 합격자 발표 |

## 🔄 필기전형

| 평가과목 | 반영 비율 |
|---|---|
| 직업기초능력평가(NCS) | 70% |
| 직무수행능력(전공) | 30% |
| 인성검사 | 적/부 판정(기준 : 신뢰도 50% 이상) |

※ 7급 고졸인재는 NCS 100%

※ 경력직 채용은 인성검사(온라인)만 실시

❖ 위 채용안내는 2024년 채용공고를 기준으로 작성하였으나 세부사항은 확정된 채용공고를 확인하기 바랍니다.

# 2023년 기출분석 ANALYSIS

**총평**

2023년 한국가스안전공사 필기시험은 5지선다 피듈형으로 진행되었다. 조직이해능력에서 모듈형의 비중이 높았고, 대체로 평이한 난이도였으나 총 80문항에 80분이 주어졌기 때문에 시간 관리가 중요했다는 후기가 많았다.

## 수리능력

| | |
|---|---|
| 출제 특징 | • 응용 수리 문제가 많이 출제됨<br>• 조건에 따라 요금을 계산하거나 타일의 개수 구하는 문제가 출제됨 |
| 출제 키워드 | • 소금물 농도, 요금, 개수, 성과급 등 |

## 문제해결능력

| | |
|---|---|
| 출제 특징 | • 다수의 문제에 긴 지문이 출제됨<br>• 참거짓 문제가 출제됨<br>• 규칙 찾기 문제가 출제됨 |
| 출제 키워드 | • 컴퓨터 일련번호, 비밀번호 등 |

## 기술능력

| | |
|---|---|
| 출제 특징 | • 모듈형 문제가 출제됨<br>• 제품 설명서 문제가 출제됨 |
| 출제 키워드 | • 안전관리 순서, A/S 등 |

## 정보능력

| | |
|---|---|
| 출제 특징 | • 모듈형 문제가 출제됨<br>• 엑셀 문제가 출제됨<br>• 하드웨어의 정의와 기능에 대한 문제가 출제됨 |
| 출제 키워드 | • 엑셀 단축키, 하드웨어 등 |

# NCS 문제 유형 소개 NCS TYPES

## PSAT형

※ 다음은 K공단의 국내 출장비 지급 기준에 대한 자료이다. 이어지는 질문에 답하시오. **[15~16]**

### 〈국내 출장비 지급 기준〉

① 근무지로부터 편도 100km 미만의 출장은 공단 차량 이용을 원칙으로 하며, 다음 각호에 따라 "별표 1"에 해당하는 여비를 지급한다.
  ⊙ 일비
    ⓐ 근무시간 4시간 이상 : 전액
    ⓑ 근무시간 4시간 미만 : 1일분의 2분의 1
  ⓒ 식비 : 명령권자가 근무시간이 모두 소요되는 1일 출장으로 인정한 경우에는 1일분의 3분의 1 범위 내에서 지급
  ⓒ 숙박비 : 편도 50km 이상의 출장 중 출장일수가 2일 이상으로 숙박이 필요할 경우, 증빙자료 제출 시 숙박비 지급
② 제1항에도 불구하고 공단 차량을 이용할 수 없어 개인 소유 차량으로 업무를 수행한 경우에는 일비를 지급하지 않고 이사장이 따로 정하는 바에 따라 교통비를 지급한다.
③ 근무지로부터 100km 이상의 출장은 "별표 1"에 따라 교통비 및 일비는 전액을, 식비는 1일분의 3분의 2 해당액을 지급한다. 다만, 업무 형편상 숙박이 필요하다고 인정할 경우에는 출장기간에 대하여 숙박비, 일비, 식비 전액을 지급할 수 있다.

### 〈별표 1〉

| 구분 | 교통비 | | | | 일비<br>(1일) | 숙박비<br>(1박) | 식비<br>(1일) |
|---|---|---|---|---|---|---|---|
| | 철도임 | 선임 | 항공임 | 자동차임 | | | |
| 임원 및 본부장 | 1등급 | 1등급 | 실비 | 실비 | 30,000원 | 실비 | 45,000원 |
| 1, 2급 부서장 | 1등급 | 2등급 | 실비 | 실비 | 25,000원 | 실비 | 35,000원 |
| 2, 3, 4급 부장 | 1등급 | 2등급 | 실비 | 실비 | 20,000원 | 실비 | 30,000원 |
| 4급 이하 팀원 | 2등급 | 2등급 | 실비 | 실비 | 20,000원 | 실비 | 30,000원 |

1. 교통비는 실비를 기준으로 하되, 실비 정산은 국토해양부장관 또는 특별시장·광역시장·도지사·특별자치도지사 등이 인허한 요금을 기준으로 한다.
2. 선임 구분표 중 1등급 해당자는 특등, 2등급 해당자는 1등을 적용한다.
3. 철도임 구분표 중 1등급은 고속철도 특실, 2등급은 고속철도 일반실을 적용한다.
4. 임원 및 본부장의 식비가 위 정액을 초과하였을 경우 실비를 지급할 수 있다.
5. 운임 및 숙박비의 할인이 가능한 경우에는 할인 요금으로 지급한다.
6. 자동차임 실비 지급은 연료비와 실제 통행료를 지급한다.
  (연료비)=[여행거리(km)]×(유가)÷(연비)
7. 임원 및 본부장을 제외한 직원의 숙박비는 70,000원을 한도로 실비를 정산할 수 있다.

**특징**
▶ 대부분 의사소통능력, 수리능력, 문제해결능력을 중심으로 출제(일부 기업의 경우 자원관리능력, 조직이해능력을 출제)
▶ 자료에 대한 추론 및 해석 능력을 요구

**대행사**
▶ 엑스퍼트컨설팅, 커리어넷, 태드솔루션, 한국행동과학연구소(행과연), 휴노 등

## 모듈형

| 대인관계능력

**60** 다음 자료는 갈등해결을 위한 6단계 프로세스이다. 3단계에 해당하는 대화의 예로 가장 적절한 것은?

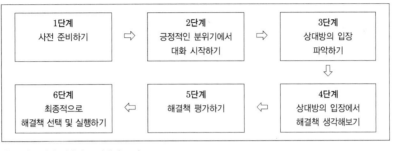

| 1단계 | 2단계 | 3단계 |
| 사전 준비하기 | 긍정적인 분위기에서 대화 시작하기 | 상대방의 입장 파악하기 |

| 6단계 | 5단계 | 4단계 |
| 최종적으로 해결책 선택 및 실행하기 | 해결책 평가하기 | 상대방의 입장에서 해결책 생각해보기 |

① 그럼 A씨의 생각대로 진행해 보시죠.

**특징**
▶ 이론 및 개념을 활용하여 푸는 유형
▶ 채용 기업 및 직무에 따라 NCS 직업기초능력평가 10개 영역 중 선발하여 출제
▶ 기업의 특성을 고려한 직무 관련 문제를 출제
▶ 주어진 상황에 대한 판단 및 이론 적용을 요구

**대행사**
▶ 인트로맨, 휴스테이션, ORP연구소 등

## 피듈형(PSAT형 + 모듈형)

| 문제해결능력

**60** P회사는 직원 20명에게 나눠 줄 추석 선물 품목을 조사하였다. 다음은 유통업체별 품목 가격과 직원들의 품목 선호도를 나타낸 자료이다. 이를 참고하여 P회사에서 구매하는 물품과 업체를 바르게 연결한 것은?

〈업체별 품목 금액〉

| 구분 | | 1세트당 가격 | 혜택 |
|---|---|---|---|
| A업체 | 돼지고기 | 37,000원 | 10세트 이상 주문 시 배송 무료 |
| | 건어물 | 25,000원 | |
| B업체 | 소고기 | 62,000원 | 20세트 주문 시 10% 할인 |
| | 참치 | 31,000원 | |
| C업체 | 스팸 | 47,000원 | 50만 원 이상 주문 시 배송 무료 |
| | 김 | 15,000원 | |

〈구성원 품목 선호도〉

**특징**
▶ 기초 및 응용 모듈을 구분하여 푸는 유형
▶ 기초인지모듈과 응용업무모듈로 구분하여 출제
▶ PSAT형보다 난도가 낮은 편
▶ 유형이 정형화되어 있고, 유사한 유형의 문제를 세트로 출제

**대행사**
▶ 사람인, 스카우트, 인크루트, 커리어케어, 트리피, 한국사회능력개발원 등

# 주요 공기업 적중 문제 TEST CHECK

## 한국가스안전공사

**06** 다음 중 엑셀의 틀 고정에 대한 설명으로 옳지 않은 것은?

① 고정하고자 하는 행의 위 또는 열의 왼쪽에 셀 포인터를 위치시킨 후 [보기] – [틀 고정]을 선택한다.

② 틀을 고정하면 셀 포인터의 이동에 상관없이 고정된 행이나 열이 표시된다.

③ 문서의 내용이 많은 경우 셀 포인터를 이동하면 문서의 제목 등이 안 보이므로 틀 고정을 사용한다.

④ 인쇄할 때는 틀 고정을 해놓은 것이 적용이 안 되므로 인쇄를 하려면 설정을 바꿔 줘야 한다.

⑤ 틀 고정을 취소할 때에는 셀 포인터의 위치는 상관없이 [보기] – [틀 고정 취소]를 클릭한다.

**30** B사원은 최근 G전자제품 회사의 빔프로젝터를 구입하였으며, 빔프로젝터 고장 신고 전 확인사항 자료를 확인하였다. 이에 나타난 빔프로젝터의 증상과 그에 따른 확인 및 조치사항으로 옳은 것은?

〈빔프로젝터 고장 신고 전 확인사항〉

| 분류 | 증상 | 확인 및 조치사항 |
|---|---|---|
| 설치 및 연결 | 전원이 들어오지 않음 | • 제품 배터리의 충전 상태를 확인하세요.<br>• 만약 그래도 제품이 전혀 동작하지 않는다면 제품 옆면의 'Reset' 버튼을 1초간 누르시기 바랍니다. |
| | 전원이 자동으로 꺼짐 | • 본 제품은 약 20시간 지속 사용 시 제품의 시스템 보호를 위해 전원이 자동 차단될 수 있습니다. |
| | 외부기기가 선택되지 않음 | • 외부기기 연결선이 신호 단자에 맞게 연결되었는지 확인하고, 연결 상태를 점검해 주시기 바랍니다. |
| 메뉴 및 리모컨 | 리모컨이 동작하지 않음 | • 리모컨의 건전지 상태 및 건전지가 권장 사이즈에 부합하는지 확인해 주세요.<br>• 리모컨 각도와 거리가(10m 이하) 적당한지, 제품과 리모컨 사이에 장애물이 없는지 확인해 주세요. |
| | 메뉴가 선택되지 않음 | • 메뉴의 글자가 회색으로 나와 있지 않은지 확인해 주세요. 회색의 글자 메뉴는 선택되지 않습니다. |
| 화면 및 소리 | 영상이 희미함 | • 리모컨 메뉴창의 초점 조절 기능을 이용하여 초점을 조절해 주세요.<br>• 투사거리가 초점에서 너무 가깝거나 멀리 떨어져 있지 않은지 확인해 주세요(권장거리 1~3m). |
| | 제품에서 이상한 소리가 남 | • 이상한 소리가 계속해서 발생할 경우 사용을 중지하고 서비스 센터로 문의해 주시기 바랍니다. |
| | 화면이 안 나옴 | • 제품 배터리의 충전 상태를 확인해 주세요.<br>• 본체의 발열이 심할 경우 화면이 나오지 않을 수 있습니다. |
| | 화면에 줄, 잔상, 경계선 등이 나타남 | • 일정시간 정지된 영상을 지속적으로 표시하면 부분적으로 잔상이 발생합니다.<br>• 영상의 상·하·좌·우의 경계선이 고정되어 있거나 빛의 투과량이 서로 상이한 영상을 장시간 시청 시 경계선에 자국이 발생할 수 있습니다. |

① 영화를 보는 중에 갑자기 전원이 꺼진 것은 본체의 발열이 심해서 그런 것이므로 약 20시간 동안 사용을 중지하였다.

## 한국가스공사

### 사각형 길이 ▶ 유형

**03** 가로, 세로의 길이가 각각 30cm, 20cm인 직사각형이 있다. 가로의 길이를 줄여서 직사각형의 넓이를 $\frac{1}{3}$ 이하로 줄이고자 할 때, 몇 cm 이상 줄여야 하는가?

① 5cm
② 10cm
③ 15cm
④ 20cm
⑤ 25cm

### 인구 추이 ▶ 유형

※ 다음은 인구 고령화 추이를 나타낸 자료이다. 이어지는 질문에 답하시오. [2~4]

〈인구 고령화 추이〉

(단위 : %)

| 구분 | 2002년 | 2007년 | 2012년 | 2017년 | 2022년 |
|------|--------|--------|--------|--------|--------|
| 노인부양비 | 5.2 | 7.0 | 11.3 | 15.6 | 22.1 |
| 고령화지수 | 19.7 | 27.6 | 43.1 | 69.9 | 107.1 |

※ [노인부양비(%)]=(65세 이상 인구)÷(15 ~ 64세 인구)×100
※ [고령화지수(%)]=(65세 이상 인구)÷(0 ~ 14세 인구)×100

**02** 2002년 0 ~ 14세 인구가 50,000명이었을 때, 2002년 65세 이상 인구는 몇 명인가?

① 8,650명
② 8,750명
③ 9,850명
④ 9,950명
⑤ 10,650명

## 한국가스기술공사

참 · 거짓 ▶ 유형

**03** G회사의 마케팅 부서 직원 A ~ H가 원탁에 앉아서 회의를 하려고 한다. 다음 〈조건〉을 참고했을 때, 항상 참인 것은?(단, 서로 이웃해 있는 직원 간의 사이는 모두 동일하다)

조건

- A와 C는 가장 멀리 떨어져 있다.
- A 옆에는 G가 앉지 않는다.
- B와 F는 서로 마주보고 있다.
- D는 E 옆에 앉는다.
- H는 B 옆에 앉지 않는다.

① 총 경우의 수는 네 가지이다.
② A와 B 사이에는 항상 누군가 앉아 있다.
③ C 옆에는 항상 E가 있다.
④ E와 G는 항상 마주 본다.
⑤ G의 오른쪽 옆에는 항상 H가 있다.

확률 계산 ▶ 유형

**12** 매일의 날씨 자료를 수집 및 분석한 결과, 전날의 날씨를 기준으로 그 다음 날의 날씨가 변할 확률은 다음과 같았다. 만약 내일 날씨가 화창하다면, 사흘 뒤에 비가 올 확률은?

| 전날 날씨 | 다음 날 날씨 | 확률 |
|---|---|---|
| 화창 | 화창 | 25% |
| 화창 | 비 | 30% |
| 비 | 화창 | 40% |
| 비 | 비 | 15% |

※ 날씨는 '화창'과 '비'로만 구분하여 분석함

① 12%
② 13%
③ 14%
④ 15%
⑤ 16%

## 한국전기안전공사

글의 제목 ▶ 유형

**05** 다음 기사의 제목으로 가장 적절한 것은?

> K공사는 7∼8월 두 달간 주택용 전기요금 누진제를 한시적으로 완화하기로 했다. 금액으로 치면 모두 2,761억 원가량으로, 가구당 평균 19.5%의 인하 효과가 기대된다. 이를 위해 K공사는 현행 3단계인 누진 구간 중 1단계와 2단계 구간을 확대하는 내용이 담긴 누진제 완화 방안을 발표했다. 사상 유례 없는 폭염 상황에서 7월과 8월 두 달간 누진제를 한시적으로 완화하기로 한 것이다. 누진제 완화는 현재 3단계인 누진 구간 중 1단계와 2단계 구간을 확대하는 방식으로 진행된다. 각 구간별 상한선을 높이게 되면 평소보다 시간당 100kW 정도씩 전기를 더 사용해도 상급 구간으로 이동하지 않기 때문에 누진제로 인해 높은 전기요금이 적용되는 걸 피할 수 있다.
> K공사는 누진제 완화와는 별도로 사회적 배려계층을 위한 여름철 냉방 지원 대책도 마련했다. 기초 생활수급자와 장애인, 사회복지시설 등에 적용되는 K공사의 전기요금 복지할인 규모를 7∼8월 두 달간 추가로 30% 확대하기로 한 것이다. 또한, 냉방 복지 지원 대상을 출생 1년 이하 영아에서 3년 이하 영·유아 가구로 늘려 모두 46만 가구에 매년 250억 원을 추가 지원하기로 했다.
> K공사는 "폭염이 장기간 지속되면서 사회적 배려계층이 가장 큰 영향을 받기 때문에 특별히 기존 복지할인제도에 더해 추가 보완대책을 마련했다."고 설명했다. 누진제 한시 완화와 사회적 배려계층 지원 대책에 소요되는 재원에 대해서는 재난안전법 개정과 함께 재해대책 예비비 등을 활용해 정부 재정으로 지원하는 방안을 적극 강구하기로 했다.

① 사상 유례없이 장기간 지속되는 폭염
② 1단계와 2단계의 누진 구간 확대
③ 폭염에 대비한 전기요금 대책
④ 주택용 전기요금 누진제 한시적 완화

암호 ▶ 키워드

**01** 귀하는 최근 회사 내 업무용 개인 컴퓨터의 보안을 강화하기 위하여 다음과 같은 메일을 받았다. 메일 내용을 토대로 귀하가 취해야 할 행동으로 옳지 않은 것은?

> 발신 : 전산보안팀
>
> 수신 : 전 임직원
>
> 제목 : 업무용 개인 컴퓨터 보안대책 공유
>
> 내용 :
> 안녕하십니까. 전산팀 ○○○ 팀장입니다.
> 최근 개인정보 유출 등 전산보안 사고가 자주 발생하고 있어 각별한 주의가 필요한 상황입니다. 이에 따라 자사에서도 업무상 주요 정보가 유출되지 않도록 보안프로그램을 업그레이드하는 등 전산보안을 더욱 강화하고 있습니다. 무엇보다 업무용 개인 컴퓨터를 사용하는 분들이 특히 신경을 많이 써주셔야 철저한 보안이 실천됩니다. 번거로우시더라도 아래와 같은 사항을 따라주시길 바랍니다.
>
> • 인터넷 익스플로러를 종료할 때마다 검색기록이 삭제되도록 설정해주세요.
> • 외출 또는 외근으로 장시간 컴퓨터를 켜두어야 하는 경우에는 인터넷 검색기록을 직접 삭제해주세요.
> • 인터넷 검색기록 삭제 시, 기본 설정되어 있는 항목 외에도 '다운로드 기록', '양식 데이터', 암호, '추적방지, ActiveX 필터링 및 Do Not Track 데이터'를 모두 체크하여 삭제해주세요(단, 즐겨찾기 웹 사이트 데이터 보존 부분은 체크 해제할 것).

# 도서 200% 활용하기 STRUCTURES

## 1 기출복원문제로 출제경향 파악

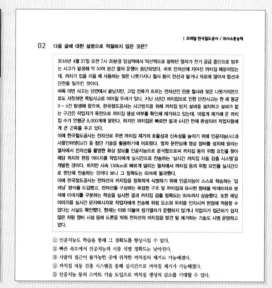

▶ 2023년 주요 공기업 NCS 기출복원문제를 수록하여 공기업별 출제경향을 파악할 수 있도록 하였다.

## 2 출제유형분석 + 실전예제로 필기시험 완벽 대비

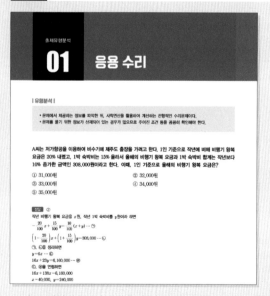

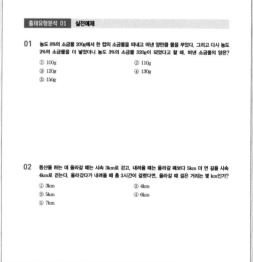

▶ NCS 직업기초능력평가 출제유형분석&실전예제를 수록하여 유형별로 꼼꼼히 대비할 수 있도록 하였다.

# 3 최종점검 모의고사 + OMR을 활용한 실전 연습

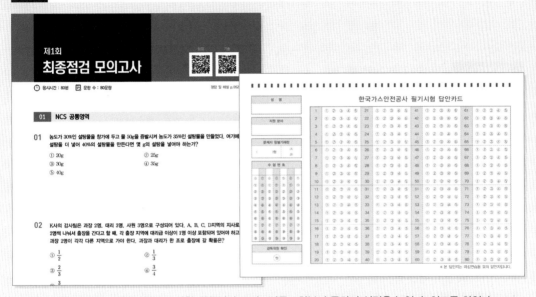

▶ 철저한 분석을 통해 실제 시험과 유사한 최종점검 모의고사를 2회분 수록하여 실력을 높일 수 있도록 하였다.
▶ 모바일 OMR 답안채점/성적분석 서비스를 통해 필기시험에 대비할 수 있도록 하였다.

# 4 인성검사부터 면접까지 한 권으로 최종 마무리

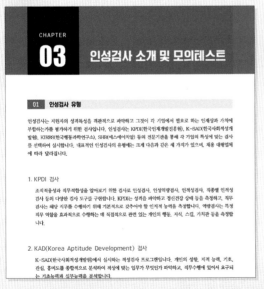

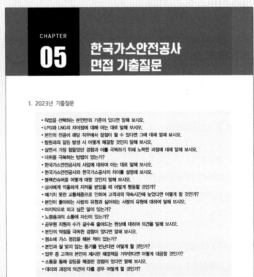

▶ 인성검사 모의테스트를 수록하여 인성검사 유형 및 문항을 확인할 수 있도록 하였다.
▶ 한국가스안전공사 면접 기출질문을 수록하여 면접에서 나오는 질문을 미리 파악하고 면접에 대비할 수 있도록 하였다.

# 이 책의 차례 CONTENTS

# Add+

# 2023년 주요 공기업
# NCS 기출복원문제

| 코레일 한국철도공사 / 의사소통능력

**01** 다음 글의 내용으로 가장 적절한 것은?

한국철도공사는 철도시설물 점검 자동화에 '스마트 글라스'를 활용하겠다고 밝혔다. 스마트 글라스란 안경처럼 착용하는 스마트 기기로, 검사와 판독, 데이터 송수신과 보고서 작성까지 모든 동작이 음성인식을 바탕으로 작동한다. 이를 활용하여 작업자는 스마트 글라스 액정에 표시된 내용에 따라 철도 시설물을 점검하고, 음성 명령을 통해 시설물의 사진을 촬영한 후 해당 정보와 검사 결과를 전송해 보고서로 작성한다.

작업자들은 스마트 글라스의 사용을 통해 직접 자료를 조사하고 측정한 내용을 바탕으로 시스템 속에서 여러 단계를 거쳐 수기 입력하던 기존 방식으로부터 벗어날 수 있게 되었고, 이 일련의 과정들을 중앙 서버를 통해 한 번에 처리할 수 있게 되었다.

이와 같은 스마트 기기의 도입은 중앙 서버의 효율적 종합 관리를 가능하게 할 뿐만 아니라 작업자의 안전성 향상에도 크게 기여하였다. 이는 작업자들이 음성인식이 가능한 스마트 글라스를 사용함으로써 두 손이 자유로워져 추락 사고를 방지할 수 있게 되었기 때문이며, 스마트 글라스 내부 센서가 충격과 기울기를 감지할 수 있어 작업자에게 위험한 상황이 발생하면 지정된 컴퓨터에 위험 상황을 바로 통보하는 시스템을 갖추었기 때문이다.

한국철도공사는 주요 거점 현장을 시작으로 스마트 글라스를 보급하여 성과 분석을 거치고 내년부터는 보급 현장을 확대하겠다고 밝혔으며, 국내 철도 환경에 맞춰 스마트 글라스 시스템을 개선하기 위해 현장 검증을 진행하고 스마트 글라스를 통해 측정된 데이터를 총괄 제어할 수 있도록 안전점검 플랫폼망도 마련할 예정이다.

이와 더불어 스마트 글라스를 통해 기존의 인력 중심 시설점검을 간소화하여 효율성과 안전성을 향상시키고, 나아가 철도 맞춤형 스마트 기술을 도입하여 시설물 점검뿐만 아니라 유지보수 작업도 가능하도록 철도기술 고도화에 힘쓰겠다고 전했다.

① 작업자의 음성인식을 통해 철도시설물의 점검 및 보수 작업이 가능해졌다.
② 스마트 글라스의 도입으로 철도시설물 점검의 무인작업이 가능해졌다.
③ 스마트 글라스의 도입으로 철도시설물 점검 작업 시 안전사고 발생 횟수가 감소하였다.
④ 스마트 글라스의 도입으로 철도시설물 작업 시간 및 인력이 감소하고 있다.
⑤ 스마트 글라스의 도입으로 작업자의 안전사고 발생을 바로 파악할 수 있게 되었다.

## 02 다음 글에 대한 설명으로 적절하지 않은 것은?

2016년 4월 27일 오전 7시 20분경 임실역에서 익산역으로 향하던 열차가 전기 공급 중단으로 멈추는 사고가 발생해 약 50여 분간 열차 운행이 중단되었다. 바로 전차선에 지어진 까치집 때문이었는데, 까치가 집을 지을 때 사용하는 젖은 나뭇가지나 철사 등이 전선과 닿거나 차로에 떨어져 합선과 단전을 일으킨 것이다.

비록 이번 사고는 단전에서 끝났지만, 고압 전류가 흐르는 전차선인 만큼 철사와 젖은 나뭇가지만으로도 자칫하면 폭발사고로 이어질 우려가 있다. 지난 5년간 까치집으로 인한 단전사고는 한 해 평균 3 ~ 4건 발생해 왔으며, 한국철도공사는 사고방지를 위해 까치집 방지 설비를 설치하고 설비가 없는 구간은 작업자가 육안으로 까치집 생성 여부를 확인해 제거하고 있는데, 이렇게 제거해 온 까치집 수가 연평균 8,000개에 달한다. 하지만 까치집은 빠르면 불과 4시간 만에 완성되어 작업자들에게 큰 곤욕을 주고 있다.

이에 한국철도공사는 전차선로 주변 까치집 제거의 효율성과 신속성을 높이기 위해 인공지능(AI)과 사물인터넷(IoT) 등 첨단 기술을 활용하기에 이르렀다. 열차 운전실에 영상 장비를 설치해 달리는 열차에서 전차선을 촬영한 화상 정보를 인공지능으로 분석함으로써 까치집 등의 위험 요인을 찾아 해당 위치와 현장 이미지를 작업자에게 실시간으로 전송하는 '실시간 까치집 자동 검출 시스템'을 개발한 것이다. 하지만 시속 150km로 빠르게 달리는 열차에서 까치집 등의 위험 요인을 실시간으로 판단해 전송하는 것이다 보니 그 정확도는 65%에 불과했다.

이에 한국철도공사는 전차선과 까치집을 정확하게 식별하기 위해 인공지능이 스스로 학습하는 '딥러닝' 방식을 도입했고, 전차선을 구성하는 복잡한 구조 및 까치집과 유사한 형태를 빅데이터로 분석해 이미지를 구분하는 학습을 실시한 결과 까치집 검출 정확도는 95%까지 상승했다. 또한 해당 이미지를 실시간 문자메시지로 작업자에게 전송해 위험 요소와 위치를 인지시켜 현장에 적용할 수 있다는 사실도 확인했다. 현재는 이와 더불어 정기열차가 운행하지 않거나 작업자가 접근하기 쉽지 않은 차량 정비 시설 등에 드론을 띄워 전차선의 까치집을 발견 및 제거하는 기술도 시범 운영하고 있다.

① 인공지능도 학습을 통해 그 정확도를 향상시킬 수 있다.
② 빠른 속도에서 인공지능의 사물 식별 정확도는 낮아진다.
③ 사람의 접근이 불가능한 곳에 위치한 까치집의 제거도 가능해졌다.
④ 까치집 자동 검출 시스템을 통해 실시간으로 까치집 제거가 가능해졌다.
⑤ 인공지능 등의 스마트 기술 도입으로 까치집 생성의 감소를 기대할 수 있다.

**03** 다음 글을 이해한 내용으로 적절하지 않은 것은?

> 열차 내에서의 범죄가 급격하게 증가함에 따라 한국철도공사는 열차 내 범죄 예방과 안전 확보를 위해 2023년까지 현재 운행하고 있는 열차의 모든 객실에 CCTV를 설치하고, 모든 열차 승무원에게 바디캠을 지급하겠다고 밝혔다.
>
> CCTV는 열차 종류에 따라 운전실에서 비상시 실시간으로 상황을 파악할 수 있는 '네트워크 방식'과 각 객실에서의 영상을 저장하는 '개별 독립 방식'이라는 2가지 방식으로 사용 및 설치가 진행될 예정이며, 객실에는 사각지대를 없애기 위해 4대 가량의 CCTV가 설치된다. 이 중 2대는 휴대물품 도난 방지 등을 위해 휴대물품 보관대 주변에 위치하게 된다.
>
> 이에 따라 한국철도공사는 CCTV 제품 품평회를 가져 제품의 형태와 색상, 재질 등에 대한 의견을 나누고 각 제품이 실제로 열차 운행 시 진동과 충격 등에 적합한지 시험을 거친 후 도입할 예정이다.

① 현재는 모든 열차의 객실 전부에 CCTV가 설치되어 있진 않을 것이다.

② 과거에 비해 승무원에 대한 승객의 범죄행위 증거 취득이 유리해질 것이다.

③ CCTV 설치를 통해 인적 피해와 물적 피해 모두 예방할 수 있을 것이다.

④ CCTV 설치를 통해 실시간으로 모든 객실을 모니터링할 수 있을 것이다.

⑤ CCTV의 내구성뿐만 아니라 외적인 디자인도 제품 선택에 영향을 줄 수 있을 것이다.

**04** 작년 K대학교에 재학 중인 학생 수는 6,800명이고 남학생과 여학생의 비는 8 : 9이었다. 올해 남학생과 여학생의 비가 12 : 13만큼 줄어들어 7 : 8이 되었다고 할 때, 올해 K대학교의 전체 재학생 수는?

① 4,440명

② 4,560명

③ 4,680명

④ 4,800명

⑤ 4,920명

**05** 다음 자료에 대한 설명으로 가장 적절한 것은?

- KTX 마일리지 적립
  - KTX 이용 시 결제금액의 5%가 기본 마일리지로 적립됩니다.
  - 더블적립(×2) 열차로 지정된 열차는 추가로 5%가 적립됩니다(결제금액의 총 10%).
    ※ 더블적립 열차는 홈페이지 및 코레일톡 애플리케이션에서만 승차권 구매 가능
  - 선불형 교통카드 Rail+(레일플러스)로 승차권을 결제하는 경우 1% 보너스 적립도 제공되어
    최대 11% 적립이 가능합니다.
  - 마일리지를 적립받고자 하는 회원은 승차권을 발급받기 전에 코레일 멤버십카드 제시 또는 회
    원번호 및 비밀번호 등을 입력해야 합니다.
  - 해당 열차 출발 후에는 마일리지를 적립받을 수 없습니다.
- 회원 등급 구분

| 구분 | 등급 조건 | 제공 혜택 |
|---|---|---|
| VVIP | • 반기별 승차권 구입 시 적립하는 마일리지가 8만 점 이상인 고객 또는 기준일부터 1년간 16만 점 이상 고객 중 매년 반기 익월 선정 | • 비즈니스 회원 혜택 기본 제공<br>• KTX 특실 무료 업그레이드 쿠폰 6매 제공<br>• 승차권 나중에 결제하기 서비스 (열차 출발 3시간 전까지) |
| VIP | • 반기별 승차권 구입 시 적립하는 마일리지가 4만 점 이상인 고객 또는 기준일부터 1년간 8만 점 이상 고객 중 매년 반기 익월 선정 | • 비즈니스 회원 혜택 기본 제공<br>• KTX 특실 무료 업그레이드 쿠폰 2매 제공 |
| 비즈니스 | • 철도 회원으로 가입한 고객 중 최근 1년간 온라인에서 로그인한 기록이 있거나, 회원으로 구매실적이 있는 고객 | • 마일리지 적립 및 사용 가능<br>• 회원 전용 프로모션 참가 가능<br>• 열차 할인상품 이용 등 기본서비스와 멤버십 제휴서비스 등 부가서비스 이용 |
| 패밀리 | • 철도 회원으로 가입한 고객 중 최근 1년간 온라인에서 로그인한 기록이 없거나, 회원으로 구매실적이 없는 고객 | • 멤버십 제휴서비스 및 코레일 멤버십 라운지 이용 등의 부가서비스 이용 제한<br>• 휴면 회원으로 분류 시 별도 관리하며, 본인 인증 절차로 비즈니스 회원으로 전환 가능 |

- 마일리지는 열차 승차 다음날 적립되며, 지연료를 마일리지로 적립하신 실적은 등급 산정에 포
  함되지 않습니다.
- KTX 특실 무료 업그레이드 쿠폰 유효기간은 6개월이며, 반기별 익월 10일 이내에 지급됩니다.
- 실적의 연간 적립 기준일은 7월 지급의 경우 전년도 7월 1일부터 당해 연도 6월 30일까지 실적
  이며, 1월 지급은 전년도 1월 1일부터 전년도 12월 31일까지의 실적입니다.
- 코레일에서 지정한 추석 및 설 명절 특별수송기간의 승차권은 실적 적립 대상에서 제외됩니다.
- 회원 등급 조건 및 제공 혜택은 사전 공지 없이 변경될 수 있습니다.
- 승차권 나중에 결제하기 서비스는 총 편도 2건 이내에서 제공되며, 3회 자동 취소 발생(열차
  출발 전 3시간 내 미결제) 시 서비스가 중지됩니다. 리무진+승차권 결합 발권은 2건으로 간주
  되며, 정기권, 특가상품 등은 나중에 결제하기 서비스 대상에서 제외됩니다.

① 코레일에서 운행하는 모든 열차는 이용 때마다 결제금액의 최소 5%가 KTX 마일리지로 적립된다.
② 회원 등급이 높아져도 열차 탑승 시 적립되는 마일리지는 동일하다.
③ 비즈니스 등급은 기업회원을 구분하는 명칭이다.
④ 6개월간 마일리지 4만 점을 적립하더라도 VIP 등급을 부여받지 못할 수 있다.
⑤ 회원 등급이 높아도 승차권을 정가보다 저렴하게 구매할 수 있는 방법은 없다.

〈2023년 한국의 국립공원 기념주화 예약 접수〉

- 우리나라 자연환경의 아름다움과 생태 보전의 중요성을 널리 알리기 위해 K공사는 한국의 국립공원 기념주화 3종(설악산, 치악산, 월출산)을 발행할 예정임
- 예약 접수일 : 3월 2일(목) ~ 3월 17일(금)
- 배부 시기 : 2023년 4월 28일(금)부터 예약자가 신청한 방법으로 배부
- 기념주화 상세

| 화종 | 앞면 | 뒷면 |
|---|---|---|
| 은화Ⅰ – 설악산 | | |
| 은화Ⅱ – 치악산 | | |
| 은화Ⅲ – 월출산 | | |

- 발행량 : 화종별 10,000장씩 총 30,000장
- 신청 수량 : 단품 및 3종 세트로 구분되며 단품과 세트에 중복신청 가능
  - 단품 : 1인당 화종별 최대 3장
  - 3종 세트 : 1인당 최대 3세트
- 판매 가격 : 액면금액에 판매 부대비용(케이스, 포장비, 위탁판매수수료 등)을 부가한 가격
  - 단품 : 각 63,000원(액면가 50,000원+케이스 등 부대비용 13,000원)
  - 3종 세트 : 186,000원(액면가 150,000원+케이스 등 부대비용 36,000원)
- 접수 기관 : 우리은행, 농협은행, K공사
- 예약 방법 : 창구 및 인터넷 접수
  - 창구 접수
    신분증[주민등록증, 운전면허증, 여권(내국인), 외국인등록증(외국인)]을 지참하고 우리·농협은행 영업점을 방문하여 신청
  - 인터넷 접수
    ① 우리·농협은행의 계좌를 보유한 고객은 개시일 9시부터 마감일 23시까지 홈페이지에서 신청
    ② K공사 온라인 쇼핑몰에서는 가상계좌 방식으로 개시일 9시부터 마감일 23시까지 신청
- 구입 시 유의사항
  - 수령자 및 수령지 등 접수 정보가 중복될 경우 단품별 10장, 3종 세트 10세트만 추첨 명단에 등록
  - 비정상적인 경로나 방법으로 접수할 경우 당첨을 취소하거나 배송을 제한

**06** 다음 중 한국의 국립공원 기념주화 발행 사업의 내용으로 옳은 것은?

① 국민들을 대상으로 예약 판매를 실시하며, 외국인에게는 판매하지 않는다.

② 1인당 구매 가능한 최대 주화 수는 10장이다.

③ 기념주화를 구입하기 위해서는 우리·농협은행 계좌를 사전에 개설해 두어야 한다.

④ 사전예약을 받은 뒤, 예약 주문량에 맞추어 제한된 수량만 생산한다.

⑤ K공사를 통한 예약 접수는 온라인에서만 가능하다.

**07** 외국인 A씨는 이번에 발행되는 기념주화를 예약 주문하려고 한다. 다음 상황을 참고했을 때 A씨가 기념주화 구매 예약을 할 수 있는 방법으로 옳은 것은?

〈외국인 A씨의 상황〉

• A씨는 국내 거주 외국인으로 등록된 사람이다.
• A씨의 명의로 국내은행에 개설된 계좌는 총 2개로, 신한은행, 한국씨티은행에 1개씩이다.
• A씨는 우리은행이나 농협은행과는 거래이력이 없다.

① 여권을 지참하고 우리은행이나 농협은행 지점을 방문한다.

② K공사 온라인 쇼핑몰에서 신용카드를 사용한다.

③ 계좌를 보유한 신한은행이나 한국씨티은행의 홈페이지를 통해 신청한다.

④ 외국인등록증을 지참하고 우리은행이나 농협은행 지점을 방문한다.

⑤ 우리은행이나 농협은행의 홈페이지에서 신청한다.

**08** 다음은 기념주화를 예약한 5명의 신청내역이다. 이 중 가장 많은 금액을 지불한 사람의 구매 금액은?

(단위 : 세트, 장)

| 구매자 | 3종 세트 | 단품 | | |
| --- | --- | --- | --- | --- |
| | | 은화Ⅰ - 설악산 | 은화Ⅱ - 치악산 | 은화Ⅲ - 월출산 |
| A | 2 | 1 | - | - |
| B | - | 2 | 3 | 3 |
| C | 2 | 1 | 1 | - |
| D | 3 | - | - | - |
| E | 1 | - | 2 | 2 |

① 558,000원

② 561,000원

③ 563,000원

④ 564,000원

⑤ 567,000원

※ 다음 글을 읽고 이어지는 질문에 답하시오. [9~10]

척추는 신체를 지탱하고, 뇌로부터 이어지는 중추신경인 척수를 보호하는 중요한 뼈 구조물이다. 보통 사람들은 허리에 심한 통증이 느껴지면 허리디스크(추간판탈출증)를 떠올리는데, 디스크 이외에도 통증을 유발하는 척추 질환은 다양하다. 특히 노인 인구가 증가하면서 척추관협착증(요추관협착증)의 발병 또한 늘어나고 있다. 허리디스크와 척추관협착증은 사람들이 혼동하기 쉬운 척추 질환으로, 발병 원인과 치료법이 다르기 때문에 두 질환의 차이를 이해하고 통증 발생 시 질환에 맞춰 적절하게 대응할 필요가 있다.

허리디스크는 척추 뼈 사이에 쿠션처럼 완충 역할을 해주는 디스크(추간판)에 문제가 생겨 발생한다. 디스크는 찐득찐득한 수핵과 이를 둘러싸는 섬유륜으로 구성되는데, 나이가 들어 탄력이 떨어지거나, 젊은 나이에도 급격한 충격에 의해서 섬유륜에 균열이 생기면 속의 수핵이 빠져나오면서 주변 신경을 압박하거나 염증을 유발한다. 허리디스크가 발병하면 초기에는 허리 통증으로 시작되어 점차 허벅지에서 발까지 찌릿하게 저리는 방사통을 유발하고, 디스크에서 수핵이 흘러나오는 상황이기 때문에 허리를 굽히거나 앉아 있으면 디스크에 가해지는 압력이 높아져 통증이 더욱 심해진다. 허리디스크는 통증이 심한 질환이지만, 흘러나온 수핵은 대부분 대식세포에 의해 제거되고, 자연치유가 가능하기 때문에 병원에서는 주로 통증을 줄이고, 안정을 취하는 방법으로 보존치료를 진행한다. 하지만 염증이 심해져 중앙 척수를 건드리게 되면 하반신 마비 등의 증세가 나타날 수 있는데, 이러한 경우에는 탈출된 디스크 조각을 물리적으로 제거하는 수술이 필요하다.

반면, 척추관협착증은 대표적인 척추 퇴행성 질환으로, 주변 인대(황색 인대)가 척추관을 압박하여 발생한다. 척추관은 척추 가운데 신경 다발이 지나갈 수 있도록 속이 빈 공간인데, 나이가 들면서 척추가 흔들리게 되면 흔들리는 척추를 붙들기 위해 인대가 점차 두꺼워지고, 척추 뼈에 변형이 생겨 결과적으로 척추관이 좁아지게 된다. 이렇게 오랜 기간 동안 변형된 척추 뼈와 인대가 척추관 속의 신경을 눌러 발생하는 것이 척추관협착증이다. 척추관 속의 신경이 눌리게 되면 통증과 함께 저리거나 당기게 되어 보행이 힘들어지며, 지속적으로 압박받을 경우 척추 신경이 경색되어 하반신 마비 증세로 악화될 수 있다. 일반적으로 서 있을 경우보다 허리를 구부렸을 때 척추관이 더 넓어지므로 허리디스크 환자와 달리 앉아 있을 때 통증이 완화된다. 척추관협착증은 자연치유가 되지 않고 척추관이 다시 넓어지지 않으므로 발병 초기를 제외하면 일반적으로 변형된 부분을 제거하는 수술을 하게 된다.

이와 같이 허리디스크와 척추관협착증은 똑같이 허리 통증을 유발하지만 원인과 증상, 치료법이 상이하다. 비교적 고령인 60대 이상의 사람이 만성적으로 서 있을 때 통증이 나타난다면 ___㉠___ 을/를 의심해야 하며, 비교적 젊은 20 ~ 50대의 사람이 앉아 있을 때 통증이 급작스럽게 나타날 때는 ___㉡___ 을/를 의심해야 한다. 척추는 우리의 몸을 지탱하는 중요한 골격이며, 신경계와 밀접한 관련이 있으므로 통증이 발생한다면 자신의 몸 상태를 잘 파악하고, 초기에 치료를 받는 것이 중요하다.

| 국민건강보험공단 / 의사소통능력

**09** 다음 중 윗글의 내용으로 적절하지 않은 것은?

① 일반적으로 허리디스크는 척추관협착증에 비해 급작스럽게 증상이 나타난다.

② 허리디스크는 서 있을 때 통증이 더 심해진다.

③ 허리디스크에 비해 척추관협착증은 외과적 수술의 빈도가 높다.

④ 허리디스크와 척추관협착증 모두 증세가 심해지면 하반신 마비의 가능성이 있다.

**10** 다음 중 빈칸 ㉠과 ㉡에 들어갈 단어가 바르게 연결된 것은?

|   | ㉠ | ㉡ |
|---|---|---|
| ① | 허리디스크 | 추간판탈출증 |
| ② | 허리디스크 | 척추관협착증 |
| ③ | 척추관협착증 | 요추관협착증 |
| ④ | 척추관협착증 | 허리디스크 |

**11** 다음 문단을 논리적 순서대로 바르게 나열한 것은?

(가) 주장애관리는 장애정도가 심한 장애인이 의원뿐만 아니라 병원 및 종합병원급에서 장애 유형별 전문의에게 전문적인 장애관리를 받을 수 있는 서비스이다. 이전에는 대상 관리 유형이 지체장애, 시각장애, 뇌병변장애로 제한되어 있었으나, 3단계부터는 지적장애, 정신장애, 자폐성장애까지 확대되어 더 많은 중증장애인들이 장애관리를 받을 수 있게 되었다.

(나) 이와 같이 3단계 장애인 건강주치의 시범사업은 기존 1・2단계 시범사업보다 더욱 확대되어 많은 중증장애인들의 참여를 예상하고 있다. 장애인 건강주치의 시범사업에 신청하기 위해서는 국민건강보험공단 홈페이지의 건강IN에서 장애인 건강주치의 의료기관을 찾은 후 해당 의료기관에 방문하여 장애인 건강주치의 이용 신청사실 통지서를 작성해야 한다.

(다) 장애인 건강주치의 제도가 제공하는 서비스는 일반건강관리, 주(主)장애관리, 통합관리로 나누어진다. 일반건강관리 서비스는 모든 유형의 중증장애인이 만성질환 등 전반적인 건강관리를 받을 수 있는 서비스로, 의원급에서 원하는 의사를 선택하여 참여할 수 있다. 1・2단계까지의 사업에서는 만성질환관리를 위해 장애인 본인이 검사비용의 30%를 부담해야 했지만, 3단계부터는 본인부담금 없이 질환별 검사바우처로 제공한다.

(라) 마지막으로 통합관리는 일반건강관리와 주장애관리를 동시에 받을 수 있는 서비스로, 동네에 있는 의원급 의료기관에 속한 지체・뇌병변・시각・지적・정신・자폐성 장애를 진단하는 전문의가 주장애관리와 만성질환관리를 모두 제공한다. 이 3가지 서비스들은 거동이 불편한 환자를 위해 의사나 간호사가 직접 집으로 방문하는 방문 서비스를 제공하고 있으며 기존까지는 연 12회였으나, 3단계 시범사업부터 연 18회로 증대되었다.

(마) 보건복지부와 국민건강보험공단은 2021년 9월부터 3단계 장애인 건강주치의 시범사업을 진행하였다. 장애인 건강주치의 제도는 중증장애인이 인근 지역에서 주치의로 등록 신청한 의사중 원하는 의사를 선택하여 장애로 인한 건강문제, 만성질환 등 건강상태를 포괄적이고 지속적으로 관리 받을 수 있는 제도로, 2018년 5월 1단계 시범사업을 시작으로 2단계 시범사업까지 완료되었다.

① (다) – (마) – (가) – (나) – (라)
② (다) – (가) – (라) – (마) – (나)
③ (마) – (가) – (라) – (나) – (다)
④ (마) – (다) – (가) – (라) – (나)

**12** 다음은 K지역의 연도별 건강보험금 부과액 및 징수액에 대한 자료이다. 직장가입자 건강보험금 징수율이 가장 높은 해와 지역가입자의 건강보험금 징수율이 가장 높은 해를 바르게 짝지은 것은?

〈건강보험금 부과액 및 징수액〉

(단위 : 백만 원)

| 구분 | | 2019년 | 2020년 | 2021년 | 2022년 |
|------|------|--------|--------|--------|--------|
| 직장가입자 | 부과액 | 6,706,712 | 5,087,163 | 7,763,135 | 8,376,138 |
| | 징수액 | 6,698,187 | 4,898,775 | 7,536,187 | 8,368,972 |
| 지역가입자 | 부과액 | 923,663 | 1,003,637 | 1,256,137 | 1,178,572 |
| | 징수액 | 886,396 | 973,681 | 1,138,763 | 1,058,943 |

※ (징수율)$=\dfrac{(징수액)}{(부과액)}\times100$

| | 직장가입자 | 지역가입자 |
|---|---|---|
| ① | 2022년 | 2020년 |
| ② | 2022년 | 2019년 |
| ③ | 2021년 | 2020년 |
| ④ | 2021년 | 2019년 |

**13** 다음은 K병원의 하루 평균 이뇨제, 지사제, 진통제 사용량에 대한 자료이다. 이에 대한 설명으로 옳지 않은 것은?

〈하루 평균 이뇨제, 지사제, 진통제 사용량〉

| 구분 | 2018년 | 2019년 | 2020년 | 2021년 | 2022년 | 1인 1일 투여량 |
|------|--------|--------|--------|--------|--------|--------------|
| 이뇨제 | 3,000mL | 3,480mL | 3,360mL | 4,200mL | 3,720mL | 60mL/일 |
| 지사제 | 30정 | 42정 | 48정 | 40정 | 44정 | 2정/일 |
| 진통제 | 6,720mg | 6,960mg | 6,840mg | 7,200mg | 7,080mg | 60mg/일 |

※ 모든 의약품은 1인 1일 투여량을 준수하여 투여했다.

① 전년 대비 2022년 사용량 감소율이 가장 큰 의약품은 이뇨제이다.
② 5년 동안 지사제를 투여한 환자 수의 평균은 18명 이상이다.
③ 이뇨제 사용량은 증가와 감소를 반복하였다.
④ 매년 진통제를 투여한 환자 수는 이뇨제를 투여한 환자 수의 2배 이하이다.

**14** 다음은 분기별 상급병원, 종합병원, 요양병원의 보건인력 현황에 대한 자료이다. 분기별 전체 보건인력 중 전체 사회복지사 인력의 비율로 옳지 않은 것은?

〈상급병원, 종합병원, 요양병원의 보건인력 현황〉

(단위 : 명)

| 구분 | | 2022년 3분기 | 2022년 4분기 | 2023년 1분기 | 2023년 2분기 |
|---|---|---|---|---|---|
| 상급병원 | 의사 | 20,002 | 21,073 | 22,735 | 24,871 |
| | 약사 | 2,351 | 2,468 | 2,526 | 2,280 |
| | 사회복지사 | 391 | 385 | 370 | 375 |
| 종합병원 | 의사 | 32,765 | 33,084 | 34,778 | 33,071 |
| | 약사 | 1,941 | 1,988 | 2,001 | 2,006 |
| | 사회복지사 | 670 | 695 | 700 | 720 |
| 요양병원 | 의사 | 19,382 | 19,503 | 19,761 | 19,982 |
| | 약사 | 1,439 | 1,484 | 1,501 | 1,540 |
| | 사회복지사 | 1,887 | 1,902 | 1,864 | 1,862 |
| 합계 | | 80,828 | 82,582 | 86,236 | 86,707 |

※ 보건인력은 의사, 약사, 사회복지사 인력 모두를 포함한다.

① 2022년 3분기 : 약 3.65%  ② 2022년 4분기 : 약 3.61%
③ 2023년 1분기 : 약 3.88%  ④ 2023년 2분기 : 약 3.41%

**15** 다음은 건강생활실천지원금제에 대한 자료이다. 〈보기〉의 신청자 중 예방형과 관리형에 해당하는 사람을 바르게 분류한 것은?

---

〈건강생활실천지원금제〉

- 사업설명 : 참여자 스스로 실천한 건강생활 노력 및 건강개선 결과에 따라 지원금을 지급하는 제도
- 시범지역

| 지역 | 예방형 | 관리형 |
|---|---|---|
| 서울 | 노원구 | 중랑구 |
| 경기·인천 | 안산시, 부천시 | 인천 부평구, 남양주시, 고양일산(동구, 서구) |
| 충청권 | 대전 대덕구, 충주시, 충남 청양군(부여군) | 대전 동구 |
| 전라권 | 광주 광산구, 전남 완도군, 전주시(완주군) | 광주 서구, 순천시 |
| 경상권 | 부산 중구, 대구 남구, 김해시, 대구 달성군 | 대구 동구, 부산 북구 |
| 강원·제주권 | 원주시, 제주시 | 원주시 |

- 참여대상 : 주민등록상 주소지가 시범지역에 해당되는 사람 중 아래에 해당하는 사람

| 구분 | 조건 |
|---|---|
| 예방형 | 만 20 ~ 64세인 건강보험 가입자(피부양자 포함) 중 국민건강보험공단에서 주관하는 일반건강검진 결과 건강관리가 필요한 사람[*] |
| 관리형 | 고혈압·당뇨병 환자 |

[*]건강관리가 필요한 사람 : 다음에 모두 해당하거나 ①, ② 또는 ①, ③에 해당하는 사람
  ① 체질량지수(BMI) $25\text{kg/m}^2$ 이상
  ② 수축기 혈압 120mmHg 이상 또는 이완기 혈압 80mmHg 이상
  ③ 공복혈당 100mg/dL 이상

---

**보기**

| 신청자 | 주민등록상 주소지 | 체질량지수 | 수축기 혈압 / 이완기 혈압 | 공복혈당 | 기저질환 |
|---|---|---|---|---|---|
| A | 서울 강북구 | $22\text{kg/m}^2$ | 117mmHg / 78mmHg | 128mg/dL | − |
| B | 서울 중랑구 | $28\text{kg/m}^2$ | 125mmHg / 85mmHg | 95mg/dL | − |
| C | 경기 안산시 | $26\text{kg/m}^2$ | 142mmHg / 92mmHg | 99mg/dL | 고혈압 |
| D | 인천 부평구 | $23\text{kg/m}^2$ | 145mmHg / 95mmHg | 107mg/dL | 고혈압 |
| E | 광주 광산구 | $28\text{kg/m}^2$ | 119mmHg / 78mmHg | 135mg/dL | 당뇨병 |
| F | 광주 북구 | $26\text{kg/m}^2$ | 116mmHg / 89mmHg | 144mg/dL | 당뇨병 |
| G | 부산 북구 | $27\text{kg/m}^2$ | 118mmHg / 75mmHg | 132mg/dL | 당뇨병 |
| H | 강원 철원군 | $28\text{kg/m}^2$ | 143mmHg / 96mmHg | 115mg/dL | 고혈압 |
| I | 제주 제주시 | $24\text{kg/m}^2$ | 129mmHg / 83mmHg | 108mg/dL | − |

※ 단, 모든 신청자는 만 20 ~ 64세이며, 건강보험에 가입하였다.

|  | 예방형 | 관리형 |  | 예방형 | 관리형 |
|---|---|---|---|---|---|
| ① | A, E | C, D | ② | B, E | F, I |
| ③ | C, E | D, G | ④ | F, I | C, H |

**16** K동에서는 임신한 주민에게 출산장려금을 지원하고자 한다. 출산장려금 지급 기준 및 K동에 거주하는 임산부에 대한 정보가 다음과 같을 때, 출산장려금을 가장 먼저 받을 수 있는 사람은?

〈K동 출산장려금 지급 기준〉

• 출산장려금 지급액은 모두 같으나, 지급 시기는 모두 다르다.
• 지급 순서 기준은 임신일, 자녀 수, 소득 수준 순서이다.
• 임신일이 길수록, 자녀가 많을수록, 소득 수준이 낮을수록 먼저 받는다(단, 자녀는 만 19세 미만의 아동 및 청소년으로 제한한다).
• 임신일, 자녀 수, 소득 수준이 모두 같으면 같은 날에 지급한다.

〈K동 거주 임산부 정보〉

| 임산부 | 임신일 | 자녀 | 소득 수준 |
|---|---|---|---|
| A | 150일 | 만 1세 | 하 |
| B | 200일 | 만 3세 | 상 |
| C | 200일 | 만 7세, 만 5세, 만 3세 | 중 |
| D | 200일 | 만 20세, 만 16세, 만 14세, 만 10세 | 상 |

① A임산부 　　　　　　　　　　② B임산부
③ C임산부 　　　　　　　　　　④ D임산부

**17** 다음 글과 같이 한자어 및 외래어를 순화한 내용으로 적절하지 않은 것은?

> 열차를 타다 보면 한 번쯤은 다음과 같은 안내방송을 들어 봤을 것이다.
> "○○역 인근 '공중사상사고' 발생으로 KTX 열차가 지연되고 있습니다."
> 이때 들리는 안내방송 중 한자어인 '공중사상사고'를 한 번에 알아듣기란 일반적으로 쉽지 않다. 실제로 S교통공사 관계자는 승객들로부터 안내방송 문구가 적절하지 않다는 지적을 받아 왔다고 밝혔으며, 이에 S교통공사는 국토교통부와 협의를 거쳐 보다 이해하기 쉬운 안내방송을 전달하기 위해 문구를 바꾸는 작업에 착수하기로 결정하였다고 전했다.
> 우선 가장 먼저 수정하기로 한 것은 한자어 및 외래어로 표기된 철도 용어이다. 그중 대표적인 것이 '공중사상사고'이다. S교통공사 관계자는 이를 '일반인의 사상사고'나 '열차 운행 중 인명사고' 등과 같이 이해하기 쉬운 말로 바꿀 예정이라고 밝혔다. 이 외에도 열차 지연 예상 시간, 사고복구 현황 등 열차 내 안내방송을 승객에게 좀 더 알기 쉽고 상세하게 전달할 것이라고 전했다.

① 열차 시격 → 배차 간격
② 전차선 단전 → 선로 전기 공급 중단
③ 우회수송 → 우측 선로로의 변경
④ 핸드레일(Handrail) → 안전손잡이
⑤ 키스 앤 라이드(Kiss and Ride) → 환승정차구역

**18** 다음 글에서 언급되지 않은 내용은?

전 세계적인 과제로 탄소중립이 대두되자 친환경적 운송수단인 철도가 주목받고 있다. 특히 국제에너지기구는 철도를 에너지 효율이 가장 높은 운송 수단으로 꼽으며, 철도 수송을 확대하면 세계 수송 부문에서 온실가스 배출량이 그렇지 않을 때보다 약 6억 톤이 줄어들 수 있다고 하였다.

특히 철도의 에너지 소비량은 도로의 22분의 1이고, 온실가스 배출량은 9분의 1에 불과해, 탄소 배출이 높은 도로 운행의 수요를 친환경 수단인 철도로 전환한다면 수송 부문 총배출량이 획기적으로 감소될 것이라 전망하고 있다.

이에 발맞춰 우리나라의 S철도공단도 '녹색교통'인 철도 중심 교통체계를 구축하기 위해 박차를 가하고 있으며, 정부 역시 '2050 탄소중립 실현' 목표에 발맞춰 저탄소 철도 인프라 건설ㆍ관리로 탄소를 지속적으로 감축하고자 노력하고 있다.

S철도공단은 철도 인프라 생애주기 관점에서 탄소를 감축하기 위해 먼저 철도 건설 단계에서부터 친환경ㆍ저탄소 자재를 적용해 탄소 배출을 줄이고 있다. 실제로 중앙선 안동 ~ 영천 간 궤도 설계 당시 철근 대신에 저탄소 자재인 유리섬유 보강근을 콘크리트 궤도에 적용했으며, 이를 통한 탄소 감축효과는 약 6,000톤으로 추정된다. 이 밖에도 저탄소 철도 건축물 구축을 위해 2025년부터 모든 철도건축물을 에너지 자립률 60% 이상(3등급)으로 설계하기로 결정했으며, 도심의 철도 용지는 지자체와 협업을 통해 도심 속 철길 숲 등 탄소 흡수원이자 지역민의 휴식처로 철도부지 특성에 맞게 조성되고 있다.

S철도공단은 이와 같은 철도로의 수송 전환으로 약 20%의 탄소 감축 목표를 내세웠으며, 이를 위해서는 정부의 노력도 필요하다고 강조하였다. 특히 수송 수단 간 공정한 가격 경쟁이 이루어질 수 있도록 도로 차량에 집중된 보조금 제도를 화물차의 탄소배출을 줄이기 위한 철도 전환교통 보조금으로 확대하는 등 실질적인 방안의 필요성을 제기하고 있다.

① 녹색교통으로 철도 수송이 대두된 배경
② 철도 수송 확대를 통해 기대할 수 있는 효과
③ 국내의 탄소 감축 방안이 적용된 설계 사례
④ 정부의 철도 중심 교통체계 구축을 위해 시행된 조치
⑤ S철도공단의 철도 중심 교통체계 구축을 위한 방안

**19** 다음 글의 주제로 가장 적절한 것은?

지난 5월 아이슬란드에 각종 파이프와 열교환기, 화학물질 저장탱크, 압축기로 이루어져 있는 '조지 올라 재생가능 메탄올 공장'이 등장했다. 이곳은 이산화탄소로 메탄올을 만드는 첨단 시설로, 과거 2011년 아이슬란드 기업 '카본리사이클링인터내셔널(CRI)'이 탄소 포집·활용(CCU) 기술의 실험을 위해서 지은 곳이다.

이곳에서는 인근 지열발전소에서 발생하는 적은 양의 이산화탄소($CO_2$)를 포집한 뒤 물을 분해해 조달한 수소($H_2$)와 결합시켜 재생 메탄올($CH_3OH$)을 제조하였으며, 이때 필요한 열과 냉각수 역시 지열발전소의 부산물을 이용했다. 이렇게 만들어진 메탄올은 자동차, 선박, 항공 연료는 물론 플라스틱 제조 원료로 활용되는 등 여러 곳에서 활용되었다.

하지만 이렇게 메탄올을 만드는 것이 미래 원료 문제의 근본적인 해결책이 될 수는 없었다. 왜냐하면 메탄올이 만드는 에너지보다 메탄올을 만드는 데 들어가는 에너지가 더 필요하다는 문제점에 더하여 액화천연가스(LNG)를 메탄올로 변환할 경우 이전보다 오히려 탄소배출량이 증가하고, 탄소배출량을 감소시키기 위해서는 태양광과 에너지 저장장치를 활용해 메탄올 제조에 필요한 에너지를 모두 조달해야만 하기 때문이다.

또한 탄소를 포집해 지하에 영구 저장하는 탄소포집 저장방식과 달리, 탄소를 포집해 만든 연료나 제품은 사용 중에 탄소를 다시 배출할 가능성이 있어 이에 대한 논의가 분분한 상황이다.

① 탄소 재활용의 득과 실
② 재생 에너지 메탄올의 다양한 활용
③ 지열발전소에서 탄생한 재활용 원료
④ 탄소 재활용을 통한 미래 원료의 개발
⑤ 미래의 에너지 원료로 주목받는 재활용 원료, 메탄올

**20** 다음은 A ~ C철도사의 연도별 차량 수 및 승차인원에 대한 자료이다. 이에 대한 설명으로 옳지 않은 것은?

〈철도사별 차량 수 및 승차인원〉

| 구분 | 2020년 | | | 2021년 | | | 2022년 | | |
|---|---|---|---|---|---|---|---|---|---|
| 철도사 | A | B | C | A | B | C | A | B | C |
| 차량 수(량) | 2,751 | 103 | 185 | 2,731 | 111 | 185 | 2,710 | 113 | 185 |
| 승차인원<br>(천 명/년) | 775,386 | 26,350 | 35,650 | 768,776 | 24,746 | 33,130 | 755,376 | 23,686 | 34,179 |

① C철도사가 운영하는 차량 수는 변동이 없다.
② 3년간 전체 승차인원 중 A철도사 철도를 이용하는 승차인원의 비율이 가장 높다.
③ A ~ C철도사의 철도를 이용하는 연간 전체 승차인원 수는 매년 감소하였다.
④ 3년간 차량 1량당 연간 평균 승차인원 수는 B철도사가 가장 적다.
⑤ C철도사의 차량 1량당 연간 승차인원 수는 200천 명 미만이다.

**21** 다음은 A ~ H국의 연도별 석유 생산량에 대한 자료이다. 이에 대한 설명으로 옳은 것은?

〈연도별 석유 생산량〉

(단위 : bbl/day)

| 국가 | 2018년 | 2019년 | 2020년 | 2021년 | 2022년 |
|---|---|---|---|---|---|
| A | 10,356,185 | 10,387,665 | 10,430,235 | 10,487,336 | 10,556,259 |
| B | 8,251,052 | 8,297,702 | 8,310,856 | 8,356,337 | 8,567,173 |
| C | 4,102,396 | 4,123,963 | 4,137,857 | 4,156,121 | 4,025,936 |
| D | 5,321,753 | 5,370,256 | 5,393,104 | 5,386,239 | 5,422,103 |
| E | 258,963 | 273,819 | 298,351 | 303,875 | 335,371 |
| F | 2,874,632 | 2,633,087 | 2,601,813 | 2,538,776 | 2,480,221 |
| G | 1,312,561 | 1,335,089 | 1,305,176 | 1,325,182 | 1,336,597 |
| H | 100,731 | 101,586 | 102,856 | 103,756 | 104,902 |

① 석유 생산량이 매년 증가한 국가의 수는 6개이다.
② 2018년 대비 2022년에 석유 생산량 증가량이 가장 많은 국가는 A이다.
③ 매년 E국가의 석유 생산량은 H국가 석유 생산량의 3배 미만이다.
④ 연도별 석유 생산량 상위 2개 국가의 생산량 차이는 매년 감소한다.
⑤ 2018년 대비 2022년에 석유 생산량 감소율이 가장 큰 국가는 F이다.

**22** A씨는 최근 승진한 공무원 친구에게 선물로 개당 12만 원인 수석을 보내고자 한다. 다음 부정청탁 및 금품 등 수수의 금지에 관한 법률에 따라 선물을 보낼 때, 최대한 많이 보낼 수 있는 수석의 수는?(단, A씨는 공무원인 친구와 직무 연관성이 없는 일반인이며, 선물은 한 번만 보낸다)

> 금품 등의 수수 금지(부정청탁 및 금품 등 수수의 금지에 관한 법률 제8조 제1항)
> 공직자 등은 직무 관련 여부 및 기부·후원·증여 등 그 명목에 관계없이 동일인으로부터 1회에 100만 원 또는 매 회계연도에 300만 원을 초과하는 금품 등을 받거나 요구 또는 약속해서는 아니 된다.

① 7개
② 8개
③ 9개
④ 10개
⑤ 11개

**23** S대리는 업무 진행을 위해 본사에서 거래처로 외근을 가고자 한다. 본사에서 거래처까지 가는 길이 다음과 같을 때, 본사에서 출발하여 C와 G를 거쳐 거래처로 간다면 S대리의 최소 이동거리는?(단, 어떤 곳을 먼저 가도 무관하다)

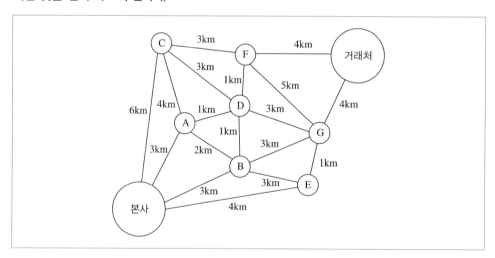

① 8km
② 9km
③ 13km
④ 16km
⑤ 18km

**24** 총무부에 근무하는 A사원이 각 부서에 필요한 사무용품을 조사한 결과, 볼펜 30자루, 수정테이프 8개, 연필 20자루, 지우개 5개가 필요하다고 한다. 다음 〈조건〉에 따라 비품을 구매할 때, 지불할 수 있는 가장 저렴한 금액은?(단, 필요한 비품 수를 초과하여 구매할 수 있고, 지불하는 금액은 배송료를 포함한다)

**조건**

- 볼펜, 수정테이프, 연필, 지우개의 판매 금액은 다음과 같다(단, 모든 품목은 낱개로 판매한다).

| 품목 | 가격(원/1EA) | 비고 |
|---|---|---|
| 볼펜 | 1,000 | 20자루 이상 구매 시 개당 200원 할인 |
| 수정테이프 | 2,500 | 10개 이상 구매 시 개당 1,000원 할인 |
| 연필 | 400 | 12자루 이상 구매 시 연필 전체 가격의 25% 할인 |
| 지우개 | 300 | 10개 이상 구매 시 개당 100원 할인 |

- 품목당 할인을 적용한 금액의 합이 3만 원을 초과할 경우, 전체 금액의 10% 할인이 추가로 적용된다.
- 전체 금액의 10% 할인 적용 전 금액이 5만 원 초과 시 배송료는 무료이다.
- 전체 금액의 10% 할인 적용 전 금액이 5만 원 이하 시 배송료 5,000원이 별도로 적용된다.

① 51,500원
② 51,350원
③ 46,350원
④ 45,090원
⑤ 42,370원

**25** S사는 개발 상품 매출 순이익에 기여한 직원에게 성과급을 지급하고자 한다. 기여도에 따른 성과급 지급 기준과 〈보기〉를 참고하여 성과급을 차등지급할 때, 가장 많은 성과급을 지급받는 직원은? (단, 팀장에게 지급하는 성과급은 기준 금액의 1.2배이다)

〈기여도에 따른 성과급 지급 기준〉

| 매출 순이익 | 개발 기여도 | | | |
|---|---|---|---|---|
| | 1% 이상 5% 미만 | 5% 이상 10% 미만 | 10% 이상 20% 미만 | 20% 이상 |
| 1천만 원 미만 | – | – | 매출 순이익의 1% | 매출 순이익의 2% |
| 1천만 원 이상 3천만 원 미만 | 5만 원 | 매출 순이익의 1% | 매출 순이익의 2% | 매출 순이익의 5% |
| 3천만 원 이상 5천만 원 미만 | 매출 순이익의 1% | 매출 순이익의 2% | 매출 순이익의 3% | 매출 순이익의 5% |
| 5천만 원 이상 1억 원 미만 | 매출 순이익의 1% | 매출 순이익의 3% | 매출 순이익의 5% | 매출 순이익의 7.5% |
| 1억 원 이상 | 매출 순이익의 1% | 매출 순이익의 3% | 매출 순이익의 5% | 매출 순이익의 10% |

보기

| 직원 | 직책 | 매출 순이익 | 개발 기여도 |
|---|---|---|---|
| A | 팀장 | 4,000만 원 | 25% |
| B | 팀장 | 2,500만 원 | 12% |
| C | 팀원 | 1억 2,500만 원 | 3% |
| D | 팀원 | 7,500만 원 | 7% |
| E | 팀원 | 800만 원 | 6% |

① A
② B
③ C
④ D
⑤ E

**26** 다음은 S시의 학교폭력 상담 및 신고 건수에 대한 자료이다. 이에 대한 설명으로 옳지 않은 것은?

〈학교폭력 상담 및 신고 건수〉

(단위 : 건)

| 구분 | 2022년 7월 | 2022년 8월 | 2022년 9월 | 2022년 10월 | 2022년 11월 | 2022년 12월 |
|---|---|---|---|---|---|---|
| 상담 | 977 | 805 | 3,009 | 2,526 | 1,007 | 871 |
| 상담 누계 | 977 | 1,782 | 4,791 | 7,317 | 8,324 | 9,195 |
| 신고 | 486 | 443 | 1,501 | 804 | 506 | 496 |
| 신고 누계 | 486 | 929 | 2,430 | 3,234 | 3,740 | 4,236 |
| 구분 | 2023년 1월 | 2023년 2월 | 2023년 3월 | 2023년 4월 | 2023년 5월 | 2023년 6월 |
| 상담 | ( ) | ( ) | 4,370 | 3,620 | 1,004 | 905 |
| 상담 누계 | 9,652 | 10,109 | 14,479 | 18,099 | 19,103 | 20,008 |
| 신고 | 305 | 208 | 2,781 | 1,183 | 557 | 601 |
| 신고 누계 | 4,541 | 4,749 | 7,530 | ( ) | ( ) | ( ) |

① 2023년 1월과 2023년 2월의 학교폭력 상담 건수는 같다.

② 학교폭력 상담 건수와 신고 건수 모두 2023년 3월에 가장 많다.

③ 전월 대비 학교폭력 상담 건수가 가장 크게 감소한 월과 학교폭력 신고 건수가 가장 크게 감소한 월은 다르다.

④ 전월 대비 학교폭력 상담 건수가 증가한 월은 학교폭력 신고 건수도 같이 증가하였다.

⑤ 2023년 6월까지의 학교폭력 신고 누계 건수는 10,000건 이상이다.

**27** 다음은 5년 동안 발전원별 발전량 추이에 대한 자료이다. 이에 대한 설명으로 옳지 않은 것은?

〈2018 ~ 2022년 발전원별 발전량 추이〉

(단위 : GWh)

| 자원 | 2018년 | 2019년 | 2020년 | 2021년 | 2022년 |
|------|--------|--------|--------|--------|--------|
| 원자력 | 127,004 | 138,795 | 140,806 | 155,360 | 179,216 |
| 석탄 | 247,670 | 226,571 | 221,730 | 200,165 | 198,367 |
| 가스 | 135,072 | 126,789 | 138,387 | 144,976 | 160,787 |
| 신재생 | 36,905 | 38,774 | 44,031 | 47,831 | 50,356 |
| 유류·양수 | 6,605 | 6,371 | 5,872 | 5,568 | 5,232 |
| 합계 | 553,256 | 537,300 | 550,826 | 553,900 | 593,958 |

① 매년 원자력 자원 발전량과 신재생 자원 발전량의 증감 추이는 같다.

② 석탄 자원 발전량의 전년 대비 감소폭이 가장 큰 해는 2021년이다.

③ 신재생 자원 발전량 대비 가스 자원 발전량이 가장 큰 해는 2018년이다.

④ 매년 유류·양수 자원 발전량은 전체 발전량의 1% 이상을 차지한다.

⑤ 전체 발전량의 전년 대비 증가폭이 가장 큰 해는 2022년이다.

**28** 다음 중 〈보기〉에 해당하는 문제해결방법이 바르게 연결된 것은?

> **보기**
>
> ㉠ 중립적인 위치에서 그룹이 나아갈 방향과 주제에 대한 공감을 이룰 수 있도록 도와주어 깊이 있는 커뮤니케이션을 통해 문제점을 이해하고 창조적으로 해결하도록 지원하는 방법이다.
> ㉡ 상이한 문화적 토양을 가진 구성원이 사실과 원칙에 근거한 토론을 바탕으로 서로의 생각을 직설적으로 주장하고 논쟁이나 협상을 통해 의견을 조정하는 방법이다.
> ㉢ 구성원이 같은 문화적 토양을 가지고 서로를 이해하는 상황에서 권위나 공감에 의지하여 의견을 중재하고, 타협과 조정을 통해 해결을 도모하는 방법이다.

| | ㉠ | ㉡ | ㉢ |
|---|---|---|---|
| ① | 하드 어프로치 | 퍼실리테이션 | 소프트 어프로치 |
| ② | 퍼실리테이션 | 하드 어프로치 | 소프트 어프로치 |
| ③ | 소프트 어프로치 | 하드 어프로치 | 퍼실리테이션 |
| ④ | 퍼실리테이션 | 소프트 어프로치 | 하드 어프로치 |
| ⑤ | 하드 어프로치 | 소프트 어프로치 | 퍼실리테이션 |

**29** A ~ G 7명은 주말 여행지를 고르기 위해 투표를 진행하였다. 다음 〈조건〉과 같이 투표를 진행하였을 때, 투표를 하지 않은 사람을 모두 고르면?

> **조건**
>
> • D나 G 중 적어도 한 명이 투표하지 않으면, F는 투표한다.
> • F가 투표하면, E는 투표하지 않는다.
> • B나 E 중 적어도 한 명이 투표하지 않으면, A는 투표하지 않는다.
> • A를 포함하여 투표한 사람은 모두 5명이다.

① B, E  
② B, F  
③ C, D  
④ C, F  
⑤ F, G

**30** 다음과 같이 G마트에서 파는 물건을 상품코드와 크기에 따라 엑셀 프로그램으로 정리하였다. 상품코드가 S3310897이고, 크기가 '중'인 물건의 가격을 구하는 함수로 옳은 것은?

| ◢ | A | B | C | D | E | F |
|---|---|---|---|---|---|---|
| 1 | | | | | | |
| 2 | | 상품코드 | 소 | 중 | 대 | |
| 3 | | S3001287 | 18,000 | 20,000 | 25,000 | |
| 4 | | S3001289 | 15,000 | 18,000 | 20,000 | |
| 5 | | S3001320 | 20,000 | 22,000 | 25,000 | |
| 6 | | S3310887 | 12,000 | 16,000 | 20,000 | |
| 7 | | S3310897 | 20,000 | 23,000 | 25,000 | |
| 8 | | S3311097 | 10,000 | 15,000 | 20,000 | |
| 9 | | | | | | |

① =HLOOKUP(S3310897,$B$2:$E$8,6,0)

② =HLOOKUP("S3310897",$B$2:$E$8,6,0)

③ =VLOOKUP("S3310897",$B$2:$E$8,2,0)

④ =VLOOKUP("S3310897",$B$2:$E$8,6,0)

⑤ =VLOOKUP("S3310897",$B$2:$E$8,3,0)

**31** 다음 중 Windows Game Bar 녹화 기능에 대한 설명으로 옳지 않은 것은?

① 〈Windows 로고 키〉+〈Alt〉+〈G〉를 통해 백그라운드 녹화 기능을 사용할 수 있다.

② 백그라운드 녹화 시간은 변경할 수 있다.

③ 녹화한 영상의 저장 위치는 변경할 수 없다.

④ 각 메뉴의 단축키는 본인이 원하는 키 조합에 맞추어 변경할 수 있다.

⑤ 게임 성능에 영향을 줄 수 있다.

N공사가 밝힌 에너지 공급비중을 살펴보면 2022년 우리나라의 발전비중 중 가장 높은 것은 석탄(32.51%)이고, 두 번째는 액화천연가스(27.52%) 즉 LNG 발전이다. LNG는 석탄에 비해 탄소 배출량이 적어 화석연료와 신재생에너지의 전환단계인 교량 에너지로서, 최근 크게 비중이 늘었지만 여전히 많은 양의 탄소를 배출한다는 문제점이 있다. 지구 온난화 완화를 위해 어떻게든 탄소 배출량을 줄여야 하는 상황에서 이에 대한 현실적인 대안으로 수소혼소 발전이 주목받고 있다. _____(가)_____

수소혼소 발전이란 기존의 화석연료인 LNG와 친환경에너지인 수소를 혼합 연소하여 발전하는 방식이다. 수소는 지구에서 9번째로 풍부하여 고갈될 염려가 없고, 연소 시 탄소를 배출하지 않는 친환경에너지이다. 발열량 또한 1kg당 142MJ로, 다른 에너지원에 비해 월등히 높아 같은 양으로 훨씬 많은 에너지를 생산할 수 있다. _____(나)_____

그러나 수소를 발전 연료로서 그대로 사용하기에는 여러 가지 문제점이 있다. 수소는 LNG에 비해 7~8배 빠르게 연소되므로 제어에 실패하면 가스 터빈에서 급격하게 발생한 화염이 역화하여 폭발할 가능성이 있다. 또한 높은 온도로 연소되므로 그만큼 공기 중의 질소와 반응하여 많은 질소산화물($NO_x$)을 발생시키는데, 이는 미세먼지와 함께 대기오염의 주요 원인이 된다. 마지막으로 연료로 사용할 만큼 정제된 수소를 얻기 위해서는 물을 전기분해해야 하는데, 여기에는 많은 전력이 들어가므로 수소 생산 단가가 높아진다는 단점이 있다. _____(다)_____

이러한 수소의 문제점을 해결하기 위한 대안이 바로 수소혼소 발전이다. 인프라적인 측면에서 기존의 LNG 발전설비를 활용할 수 있기 때문에 수소혼소 발전은 친환경에너지로 전환하는 사회적·경제적 충격을 완화할 수 있다. 또한 수소를 혼입하는 비율이 많아질수록 그만큼 LNG를 대체하게 되므로 기술발전으로 인해 혼입하는 수소의 비중이 높아질수록 발전으로 인한 탄소의 발생을 줄일 수 있다. 아직 많은 기술적·경제적 문제점이 남아있지만, 세계의 많은 나라들은 탄소 배출량 저감을 위해 수소혼소 발전 기술에 적극적으로 뛰어들고 있다. 우리나라 또한 2024년 세종시에 수소혼소 발전이 가능한 열병합발전소가 들어설 예정이며, 한화, 포스코 등 많은 기업들이 수소혼소 발전 실현을 위해 사업을 추진하고 있다. _____(라)_____

| 한국남동발전 / 의사소통능력

**32** 다음 중 윗글의 내용으로 적절하지 않은 것은?

① 수소혼소 발전은 기존 LNG 발전설비를 활용할 수 있다.

② 수소를 연소할 때에도 공해물질은 발생한다.

③ 수소혼소 발전은 탄소를 배출하지 않는 발전 기술이다.

④ 수소혼소 발전에서 수소를 더 많이 혼입할수록 탄소 배출량은 줄어든다.

| 한국남동발전 / 의사소통능력

**33** 다음 중 〈보기〉의 문장이 들어갈 위치로 가장 적절한 곳은?

> **보기**
>
> 따라서 수소는 우리나라의 2050 탄소중립을 실현하기 위한 최적의 에너지원이라 할 수 있다.

① (가)　　　　　　　　　　② (나)

③ (다)　　　　　　　　　　④ (라)

우리나라에서 500MW 규모 이상의 발전설비를 보유한 발전사업자(공급의무자)는 신재생에너지 공급의무화 제도(RPS; Renewable Portfolio Standard)에 의해 의무적으로 일정 비율 이상을 기존의 화석연료를 변환 시켜 이용하거나 햇빛·물·지열·강수·생물유기체 등 재생 가능한 에너지를 변환시켜 이용하는 에너지인 신재생에너지로 발전해야 한다. 이에 따라 공급의무자는 매년 정해진 의무공급비율에 따라 신재생에너지를 사용하여 전기를 공급해야 하는데 의무공급비율은 매년 확대되고 있으므로 여기에 맞춰 태양광, 풍력 등 신 재생에너지 발전설비를 추가로 건설하기에는 여러 가지 한계점이 있다.  ⓐ  공급의무자는 의무공급비 율을 외부 조달을 통해 충당하게 되는데 이를 인증하는 것이 신재생에너지 공급인증서(REC; Renewable Energy Certificates)이다. 공급의무자는 신재생에너지 발전사에서 판매하는 REC를 구매하는 것으로 의무 공급비율을 달성하게 되며, 이를 이행하지 못할 경우 미이행 의무량만큼 해당 연도 평균 REC 거래가격의 1.5배 이내에서 과징금이 부과된다.

신재생에너지 공급자가 공급의무자에게 REC를 판매하기 위해서는 먼저 「신에너지 및 재생에너지 개발·이 용·보급 촉진법(신재생에너지법)」 제12조의7에 따라 공급인증기관(에너지관리공단 신재생에너지센터, 한 국전력거래소 등)으로부터 공급 사실을 증명하는 공급인증서를 신청해야 한다. 인증 신청을 받은 공급인증 기관은 신재생에너지 공급자, 신재생에너지 종류별 공급량 및 공급기간, 인증서 유효기간을 명시한 공급인 증서를 발급해 주는데, 이때 공급인증서의 유효기간은 발급받은 날로부터 3년이며, 공급량은 발전방식에 따 라 실제 공급량에 가중치를 곱해 표기한다. 이렇게 발급받은 REC는 공급인증기관이 개설한 거래시장인 한 국전력거래소에서 거래할 수 있으며, 거래시장에서 공급의무자가 구매하여 의무공급량에 충당한 공급인증 서는 효력을 상실하여 폐기하게 된다.

RPS 제도를 통한 REC 거래는 최근 더욱 확대되고 있다. 시행 초기에는 전력거래소에서 신재생에너지 공급 자와 공급의무자 간 REC를 거래하였으나, 2021년 8월 이후 에너지관리공단에서 운영하는 REC 거래시장을 통해 한국형 RE100에 동참하는 일반기업들도 신재생에너지 공급자로부터 REC를 구매할 수 있게 되었고 여기서 구매한 REC는 기업의 온실가스 감축실적으로 인정되어 인센티브 등 다양한 혜택을 받을 수 있게 된다.

**| 한국남동발전 / 의사소통능력**

**34**  다음 중 윗글의 내용으로 적절하지 않은 것은?

① 공급의무자는 의무공급비율 달성을 위해 반드시 신재생에너지 발전설비를 건설해야 한다.

② REC 거래를 위해서는 먼저 공급인증기관으로부터 인증서를 받아야 한다.

③ 일반기업도 REC 구매를 통해 온실가스 감축실적을 인정받을 수 있다.

④ REC에 명시된 공급량은 실제 공급량과 다를 수 있다.

**35** 다음 중 빈칸 ㉠에 들어갈 접속부사로 가장 적절한 것은?

① 한편                    ② 그러나
③ 그러므로                ④ 예컨대

**36** 다음 자료를 토대로 신재생에너지법상 바르게 거래된 것은?

〈REC 거래내역〉

(거래일 : 2023년 10월 12일)

| 설비명 | 에너지원 | 인증서 발급일 | 판매처 | 거래시장 운영소 |
| --- | --- | --- | --- | --- |
| A발전소 | 풍력 | 2020.10.06 | E기업 | 에너지관리공단 |
| B발전소 | 천연가스 | 2022.10.12 | F발전 | 한국전력거래소 |
| C발전소 | 태양광 | 2020.10.24 | G발전 | 한국전력거래소 |
| D발전소 | 수력 | 2021.04.20 | H기업 | 한국전력거래소 |

① A발전소                ② B발전소
③ C발전소                ④ D발전소

※ 다음은 N사 인근의 지하철 노선도 및 관련 정보이다. 이어지는 질문에 답하시오. [37~39]

〈N사 인근 지하철 노선도〉

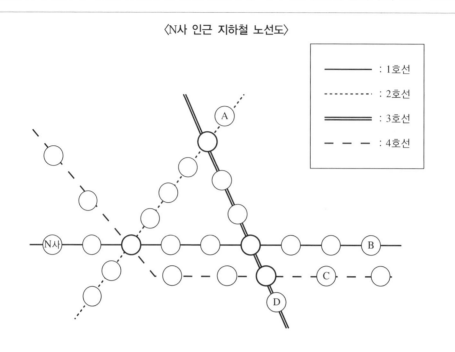

〈N사 인근 지하철 관련 정보〉

• 역간 거리 및 부과요금은 다음과 같다.

| 열차 | 역간 거리 | 기본요금 | 거리비례 추가요금 |
|---|---|---|---|
| 1호선 | 900m | 1,200원 | 5km 초과 시 500m마다 50원 추가 |
| 2호선 | 950m | 1,500원 | 5km 초과 시 1km마다 100원 추가 |
| 3호선 | 1,000m | 1,800원 | 5km 초과 시 500m마다 100원 추가 |
| 4호선 | 1,300m | 2,000원 | 5km 초과 시 1.5km마다 150원 추가 |

• 모든 노선에서 다음 역으로 이동하는 데 걸리는 시간은 2분이다.
• 모든 노선에서 환승하는 데 걸리는 시간은 3분이다.
• 기본요금이 더 비싼 열차로 환승할 때에는 부족한 기본요금을 추가로 부과하며, 기본요금이 더 저렴한 열차로 환승할 때에는 요금을 추가로 부과하거나 공제하지 않는다.
• 1회 이상 환승할 때의 거리비례 추가요금은 이용한 열차 중 기본요금이 가장 비싼 열차를 기준으로 적용한다.
　예 1호선으로 3,600m 이동 후 3호선으로 환승하여 3,000m 더 이동했다면, 기본요금 및 거리비례 추가요금은 3호선 기준이 적용되어 1,800+300=2,100원이다.

**37** 다음 중 N사와 A지점을 왕복하는 데 걸리는 최소 이동시간은?

① 28분 ② 34분
③ 40분 ④ 46분

**38** 다음 중 N사로부터 이동거리가 가장 짧은 지점은?

① A지점 ② B지점
③ C지점 ④ D지점

**39** 다음 중 N사에서 이동하는 데 드는 비용이 가장 적은 지점은?

① A지점 ② B지점
③ C지점 ④ D지점

SF 영화나 드라마에서만 나오던 3D 푸드 프린터를 통해 음식을 인쇄하여 소비하는 모습은 더 이상 먼 미래의 모습이 아니게 되었다. 2023년 3월 21일 미국의 컬럼비아 대학교에서는 3D 푸드 프린터와 땅콩버터, 누텔라, 딸기잼 등 7가지의 반죽형 식용 카트리지로 7겹 치즈케이크를 만들었다고 국제학술지 'NPJ 식품과학'에 소개하였다. (가) 특히 이 치즈케이크는 베이킹 기능이 있는 레이저와 식물성 원료를 사용한 비건식 식용 카트리지를 통해 만들어졌다. ㉠ 그래서 이번 발표는 대체육과 같은 다른 관련 산업에서도 많은 주목을 받게 되었다.

3D 푸드 프린터는 산업 현장에서 사용되는 일반적인 3D 프린터가 사용자가 원하는 대로 3차원의 물체를 만드는 것처럼 사람이 섭취할 수 있는 페이스트, 반죽, 분말 등을 카트리지로 사용하여 사용자가 원하는 디자인으로 압출·성형하여 음식을 만들어 내는 것이다. (나) 현재 3D 푸드 프린터는 산업용 3D 프린터처럼 페이스트를 층층이 쌓아서 만드는 FDM(Fused Deposition Modeling) 방식, 분말형태로 된 재료를 접착제로 굳혀 찍어내는 PBF(Powder Bed Fusion), 레이저로 굳혀 찍어내는 SLS(Selective Laser Sintering) 방식이 주로 사용된다.

(다) 3D 푸드 프린터는 아직 대중화되지 않았지만, 많은 장점을 가지고 있어 미래에 활용 가치가 아주 높을 것으로 예상되고 있다. ㉡ 예를 들어 증가하는 노령인구에 맞춰 씹고 삼키는 것이 어려운 사람을 위해 질감과 맛을 조정하거나, 개인별로 필요한 영양소를 첨가하는 등 사용자의 건강관리를 수월하게 해 준다. ㉢ 또한 우주와 같이 음식을 조리하기 어려운 곳에서 평소 먹던 음식을 섭취할 수 있게 하는 등 활용도가 무궁무진하다. 특히 대체육 부분에서 주목받고 있는데, 3D 푸트 프린터로 육류를 제작하게 된다면 동물을 키우고 도살하여 고기를 얻는 것보다 환경오염을 줄일 수 있다. (라) 대체육은 식물성 원료를 소재로 하는 것이므로 일반적인 고기보다는 맛은 떨어지게 된다. 실제로 대체육 전문 기업인 리디파인 미트(Redefine Meat)에서는 대체육이 축산업에서 발생하는 일반 고기보다 환경오염을 95% 줄일 수 있다고 밝히고 있다.

㉣ 따라서 3D 푸드 프린터는 개발 초기 단계이므로 아직 개선해야 할 점이 많다. 가장 중요한 것은 맛이다. 3D 푸드 프린터에 들어가는 식용 카트리지의 주원료는 식물성 재료이므로 실제 음식의 맛을 내기까지는 아직 많은 노력이 필요하다. (마) 디자인의 영역도 간과할 수 없는데, 길쭉한 필라멘트(3D 프린터에 사용되는 플라스틱 줄) 모양으로 성형된 음식이 '인쇄'라는 인식과 함께 음식을 섭취하는 데 심리적인 거부감을 주는 것도 해결해야 하는 문제이다. ㉤ 게다가 현재 주로 사용하는 방식은 페이스트, 분말을 레이저나 압출로 성형하는 것이므로 만들 수 있는 요리의 종류가 매우 제한적이며, 전력 소모 또한 많다는 것도 해결해야 하는 문제이다.

**40** 다음 중 윗글의 내용에 대한 추론으로 적절하지 않은 것은?

① 설탕 케이크 장식 제작은 SLS 방식의 3D 푸드 프린터가 적절하다.

② 3D 푸드 프린터는 식감 등으로 발생하는 편식을 줄일 수 있다.

③ 3D 푸드 프린터는 사용자 맞춤 식단을 제공할 수 있다.

④ 현재 3D 푸드 프린터로 제작된 음식은 거부감을 일으킬 수 있다.

⑤ 컬럼비아 대학교에서 만들어 낸 치즈케이크는 PBF 방식으로 제작되었다.

**41** 윗글의 (가) ~ (마) 중 삭제해야 할 문장으로 가장 적절한 것은?

① (가)             ② (나)

③ (다)             ④ (라)

⑤ (마)

**42** 윗글의 접속부사 ㉠ ~ ㉤ 중 문맥상 적절하지 않은 것은?

① ㉠             ② ㉡

③ ㉢             ④ ㉣

⑤ ㉤

※ 다음 글을 읽고 이어지는 질문에 답하시오. [43~44]

(가) 경영학 측면에서도 메기 효과는 한국, 중국 등 고도 경쟁사회인 동아시아 지역에서만 제한적으로 사용되며 영미권에서는 거의 사용되지 않는다. 기획재정부의 조사에 따르면 메기에 해당하는 해외 대형 가구업체인 이케아(IKEA)가 국내에 들어오면서 청어에 해당하는 중소 가구업체의 입지가 더욱 좁아졌다고 한다. 이처럼 경영학 측면에서도 메기 효과는 제한적으로 파악될 뿐 과학적으로는 검증되지 않은 가설이다.

(나) 결국 과학적으로 증명되진 않았지만 메기 효과는 '경쟁'의 양면성을 보여 주는 가설이다. 기업의 경영에서 위협이 발생하였을 때, 위기감에 의한 성장 동력을 발현시킬 수는 있을 것이다. 그러나 무한 경쟁사회에서 규제 등의 방법으로 적정 수준을 유지하지 못한다면 거미의 등장으로 인해 폐사한 메뚜기와 토양처럼, 거대한 위협이 기업과 사회를 항상 좋은 방향으로 이끌어 나가지는 않을 것이다.

(다) 그러나 메기 효과가 전혀 시사점이 없는 것은 아니다. 이케아가 국내에 들어오면서 도산할 것으로 예상되었던 일부 국내 가구 업체들이 오히려 성장하는 현상 또한 관찰되고 있다. 강자의 등장으로 약자의 성장 동력이 어느 정도는 발현되었다는 것을 보여 주는 사례라고 할 수 있다.

(라) 그러나 최근에는 메기 효과가 과학적으로 검증되지 않았고 과장되어 사용되고 있으며 심지어 거짓이라고 주장하는 사람들이 있다. 먼저 메기 효과의 기원부터 의문점이 있다. 메기는 민물고기로 바닷물고기인 청어는 메기와 관련이 없으며, 실제로 북유럽의 어부들이 수조에 메기를 넣었을 때 청어에게 효과가 있었는지 검증되지 않았다. 이와 비슷한 사례인 메뚜기와 거미의 경우는 과학적으로 검증된 바 있다. 2012년 『사이언스』에서 제한된 공간에 메뚜기와 거미를 두었을 때 메뚜기들은 포식자인 거미로 인해 스트레스의 수치가 증가하고 체내 질소 함량이 줄어들었으며, 죽은 메뚜기에 포함된 질소 함량이 줄어들면서 토양 미생물도 줄어들고 토양은 황폐화되었다.

(마) 우리나라에서 '경쟁'과 관련된 이론 중 가장 유명한 것은 영국의 역사가 아놀드 토인비가 주장했다고 하는 '메기 효과(Catfish Effect)'이다. 메기 효과란 냉장시설이 없었던 과거에 북유럽의 어부들이 잡은 청어를 싱싱하게 운반하기 위하여 수조 속에 천적인 메기를 넣어 끊임없이 움직이게 했다는 것이다. 이 가설은 경영학계에서 비유적으로 사용된다. 다시 말해 기업의 경쟁력을 키우기 위해서는 적절한 위협과 자극이 필요하다는 것이다.

| K-water 한국수자원공사 / 의사소통능력

**43** 윗글의 문단을 논리적 순서대로 바르게 나열한 것은?

① (가) - (라) - (나) - (다) - (마)       ② (다) - (마) - (가) - (나) - (라)

③ (마) - (가) - (라) - (다) - (나)       ④ (마) - (라) - (가) - (다) - (나)

| K-water 한국수자원공사 / 의사소통능력

**44** 다음 중 윗글을 이해한 내용으로 적절하지 않은 것은?

① 거대 기업의 출현은 해당 시장의 생태계를 파괴할 수도 있다.

② 메기 효과는 과학적으로 검증되지 않았으므로 낭설에 불과하다.

③ 발전을 위해서는 기업 간 경쟁을 적정 수준으로 유지해야 한다.

④ 메기 효과는 경쟁을 장려하는 사회에서 널리 사용되고 있다.

**45** 철호는 50만 원으로 K가구점에서 식탁 1개와 의자 2개를 사고, 남은 돈은 모두 장미꽃을 구매하는 데 쓰려고 한다. 판매하는 가구의 가격이 다음과 같을 때, 구매할 수 있는 장미꽃의 수는?(단, 장미꽃은 한 송이당 6,500원이다)

<표>

| 〈K가구점 가격표〉 | | | | | |
| --- | --- | --- | --- | --- | --- |
| 종류 | 책상 | 식탁 | 침대 | 의자 | 옷장 |
| 가격 | 25만 원 | 20만 원 | 30만 원 | 10만 원 | 40만 원 |

※ 30만 원 이상 구매 시 10% 할인

① 20송이　　　　　　　　　　　② 21송이
③ 22송이　　　　　　　　　　　④ 23송이

**46** 어느 회사에 입사하는 사원 수를 조사하니 올해 남자 사원 수는 작년에 비하여 8% 증가하고 여자 사원 수는 10% 감소했다. 작년의 전체 사원 수는 820명이고, 올해는 작년에 비하여 10명이 감소하였다고 할 때, 올해 여자 사원 수는?

① 378명　　　　　　　　　　　② 379명
③ 380명　　　　　　　　　　　④ 381명

**47** K하수처리장은 오수 탱크 한 개를 정수로 정화하는 데 A ~ E 5가지 공정을 거친다고 한다. 공정당 소요 시간이 다음과 같을 때 탱크 30개 분량의 오수를 정화하는 데 걸리는 최소 시간은?(단, 공정별 소요 시간에는 정비시간이 포함되어 있다)

| 〈K하수처리장 공정별 소요 시간〉 | | | | | |
| --- | --- | --- | --- | --- | --- |
| 공정 | A | B | C | D | E |
| 소요 시간 | 4시간 | 6시간 | 5시간 | 4시간 | 6시간 |

① 181시간　　　　　　　　　　② 187시간
③ 193시간　　　　　　　　　　④ 199시간

〈시리얼 넘버 부여 방식〉

시리얼 넘버는 [제품 분류] – [배터리 형태][배터리 용량][최대 출력] – [고속충전 규격] – [생산날짜] 순서로 부여한다.

〈시리얼 넘버 세부사항〉

| 제품 분류 | 배터리 형태 | 배터리 용량 | 최대 출력 |
|---|---|---|---|
| NBP : 일반형 보조배터리<br>CBP : 케이스 보조배터리<br>PBP : 설치형 보조배터리 | LC : 유선 분리형<br>LO : 유선 일체형<br>DK : 도킹형<br>WL : 무선형<br>LW : 유선+무선 | 4 : 40,000mAH 이상<br>3 : 30,000mAH 이상<br>2 : 20,000mAH 이상<br>1 : 10,000mAH 이상 | A : 100W 이상<br>B : 60W 이상<br>C : 30W 이상<br>D : 20W 이상<br>E : 10W 이상 |
| 고속충전 규격 | 생산날짜 | | |
| P31 : USB – PD3.1<br>P30 : USB – PD3.0<br>P20 : USB – PD2.0 | B3 : 2023년<br>B2 : 2022년<br>…<br>A1 : 2011년 | 1 : 1월<br>2 : 2월<br>…<br>0 : 10월<br>A : 11월<br>B : 12월 | 01 : 1일<br>02 : 2일<br>…<br>30 : 30일<br>31 : 31일 |

┃ K-water 한국수자원공사 / 문제해결능력

**48** 다음 〈보기〉 중 시리얼 넘버가 잘못 부여된 제품은 모두 몇 개인가?

> 보기
> - NBP – LC4A – P20 – B2102
> - CBP – WK4A – P31 – B0803
> - NBP – LC3B – P31 – B3230
> - CNP – LW4E – P20 – A7A29
> - PBP – WL3D – P31 – B0515
> - CBP – LO3E – P30 – A9002
> - PBP – DK1E – P21 – A8B12
> - PBP – DK2D – P30 – B0331
> - NBP – LO3B – P31 – B2203
> - CBP – LC4A – P31 – B3104

① 2개      ② 3개

③ 4개      ④ 5개

**49** K사 고객지원팀에 재직 중인 S주임은 보조배터리를 구매한 고객으로부터 다음과 같은 전화를 받았다. 해당 제품을 회사 데이터베이스에서 검색하기 위해 시리얼 넘버를 입력할 때, 고객이 보유 중인 제품의 시리얼 넘버로 가장 적절한 것은?

> S주임 : 안녕하세요. K사 고객지원팀 S입니다. 무엇을 도와드릴까요?
> 고객 : 안녕하세요. 지난번에 구매한 보조배터리가 작동을 하지 않아서요.
> S주임 : 네, 고객님. 해당 제품 확인을 위해 시리얼 넘버를 알려 주시기 바랍니다.
> 고객 : 제품을 들고 다니면서 시리얼 넘버가 적혀 있는 부분이 지워졌네요. 어떻게 하면 되죠?
> S주임 : 고객님 혹시 구매하셨을때 동봉된 제품설명서를 가지고 계실까요?
> 고객 : 네, 가지고 있어요.
> S주임 : 제품설명서 맨 뒤에 제품 정보가 적혀 있는데요. 순서대로 불러 주시기 바랍니다.
> 고객 : 설치형 보조배터리에 70W, 24,000mAH의 도킹형 배터리이고, 규격은 USB − PD3.0이고, 생산날짜는 2022년 10월 12일이네요.
> S주임 : 확인 감사합니다. 고객님 잠시만 기다려 주세요.

① PBP − DK2B − P30 − B1012　　　　② PBP − DK2B − P30 − B2012
③ PBP − DK3B − P30 − B1012　　　　④ PBP − DK3B − P30 − B2012

**50** 다음 〈보기〉의 전제 1에서 항상 참인 결론을 이끌어 내기 위한 전제 2로 옳은 것은?

> **보기**
> • 전제 1 : 흰색 공을 가지고 있는 사람은 모두 검은색 공을 가지고 있지 않다.
> • 전제 2 : _____
> • 결론 : 흰색 공을 가지고 있는 사람은 모두 파란색 공을 가지고 있다.

① 검은색 공을 가지고 있는 사람은 모두 파란색 공을 가지고 있다.
② 파란색 공을 가지고 있지 않은 사람은 모두 검은색 공도 가지고 있지 않다.
③ 파란색 공을 가지고 있지 않은 사람은 모두 검은색 공을 가지고 있다.
④ 파란색 공을 가지고 있는 사람은 모두 검은색 공을 가지고 있다.

아이들이 답이 있는 질문을 하기 시작하면 그들이 성장하고 있음을 알 수 있다.

– 존 J. 플롬프 –

# PART 1

# 직업기초능력평가

# CHAPTER 01

# 수리능력

## 합격 Cheat Key

수리능력은 사칙 연산·통계·확률의 의미를 정확하게 이해하고 이를 업무에 적용하는 능력으로, 기초 연산과 기초 통계, 도표 분석 및 작성의 문제 유형으로 출제된다. 수리능력 역시 채택하지 않는 공사·공단이 거의 없을 만큼 필기시험에서 중요도가 높은 영역이다.

특히, 난이도가 높은 공사·공단의 시험에서는 도표 분석, 즉 자료 해석 유형의 문제가 많이 출제되고 있고, 응용 수리 역시 꾸준히 출제하는 공사·공단이 많기 때문에 기초 연산과 기초 통계에 대한 공식의 암기와 자료 해석 능력을 기를 수 있는 꾸준한 연습이 필요하다.

**1** 응용 수리의 공식은 반드시 암기하라!

응용 수리는 공사·공단마다 출제되는 문제는 다르지만, 사용되는 공식은 비슷한 경우가 많으므로 자주 출제되는 공식을 반드시 암기하여야 한다. 문제에서 묻는 것을 정확하게 파악하여 그에 맞는 공식을 적절하게 적용하는 꾸준한 노력과 공식을 암기하는 연습이 필요하다.

**2** 자료의 해석은 자료에서 즉시 확인할 수 있는 지문부터 확인하라!

수리능력 중 도표 분석, 즉 자료 해석 능력은 많은 시간을 필요로 하는 문제가 출제되므로, 증가·감소 추이와 같이 눈으로 확인이 가능한 지문을 먼저 확인한 후 복잡한 계산이 필요한 지문을 확인하는 방법으로 문제를 풀이한다면 시간을 조금이라도 아낄 수 있다. 또한, 여러 가지 보기가 주어진 문제 역시 지문을 잘 확인하고 문제를 풀이한다면 불필요한 계산을 생략할 수 있으므로 항상 지문부터 확인하는 습관을 들여야 한다.

**3** 도표 작성에서 지문에 작성된 도표의 제목을 반드시 확인하라!

도표 작성은 하나의 자료 혹은 보고서와 같은 수치가 표현된 자료를 도표로 작성하는 형식으로 출제되는데, 대체로 표보다는 그래프를 작성하는 형태로 많이 출제된다. 지문을 살펴보면 각 지문에서 주어진 도표에도 소제목이 있는 경우가 대부분이다. 이때, 자료의 수치와 도표의 제목이 일치하지 않는 경우 함정이 존재하는 문제일 가능성이 높으므로 도표의 제목을 반드시 확인하는 것이 중요하다.

# 01 응용 수리

## | 유형분석 |

- 문제에서 제공하는 정보를 파악한 뒤, 사칙연산을 활용하여 계산하는 전형적인 수리문제이다.
- 문제를 풀기 위한 정보가 산재되어 있는 경우가 많으므로 주어진 조건 등을 꼼꼼히 확인해야 한다.

A씨는 저가항공을 이용하여 비수기에 제주도 출장을 가려고 한다. 1인 기준으로 작년에 비해 비행기 왕복 요금은 20% 내렸고, 1박 숙박비는 15% 올라서 올해의 비행기 왕복 요금과 1박 숙박비 합계는 작년보다 10% 증가한 금액인 308,000원이라고 한다. 이때, 1인 기준으로 올해의 비행기 왕복 요금은?

① 31,000원
② 32,000원
③ 33,000원
④ 34,000원
⑤ 35,000원

**정답** ②

작년 비행기 왕복 요금을 $x$원, 작년 1박 숙박비를 $y$원이라 하면

$$-\frac{20}{100}x + \frac{15}{100}y = \frac{10}{100}(x+y) \cdots \text{㉠}$$

$$\left(1 - \frac{20}{100}\right)x + \left(1 + \frac{15}{100}\right)y = 308,000 \cdots \text{㉡}$$

㉠, ㉡을 정리하면

$$y = 6x \cdots \text{㉢}$$
$$16x + 23y = 6,160,000 \cdots \text{㉣}$$

㉢, ㉣을 연립하면

$$16x + 138x = 6,160,000$$
$$x = 40,000, \quad y = 240,000$$

따라서 올해 비행기 왕복 요금은 $40,000 - 40,000 \times \frac{20}{100} = 32,000$원이다.

**풀이 전략!**

문제에서 묻는 바를 정확하게 확인한 후, 필요한 조건 또는 정보를 구분하여 신속하게 풀어 나간다. 단, 계산에 착오가 생기지 않도록 유의한다.

**01** 농도 8%의 소금물 200g에서 한 컵의 소금물을 떠내고 떠낸 양만큼 물을 부었다. 그리고 다시 농도 2%의 소금물을 더 넣었더니 농도 3%의 소금물 320g이 되었다고 할 때, 떠낸 소금물의 양은?

① 100g

② 110g

③ 120g

④ 130g

⑤ 150g

**02** 등산을 하는 데 올라갈 때는 시속 3km로 걷고, 내려올 때는 올라갈 때보다 5km 더 먼 길을 시속 4km로 걷는다. 올라갔다가 내려올 때 총 3시간이 걸렸다면, 올라갈 때 걸은 거리는 몇 km인가?

① 3km

② 4km

③ 5km

④ 6km

⑤ 7km

**03** 철도 길이가 570m인 터널이 있다. A기차는 터널을 완전히 빠져나갈 때까지 50초가 걸렸고, 기차 길이가 A기차의 길이보다 60m 짧은 B기차는 23초가 걸렸다. 두 기차가 터널 양 끝에서 동시에 출발하면 $\dfrac{1}{3}$ 지점에서 만난다고 할 때, A기차의 길이는?(단, 기차의 속력은 일정하다)

① 150m

② 160m

③ 170m

④ 180m

⑤ 190m

**04** 0 ~ 9까지의 숫자가 적힌 카드를 세 장 뽑아서 홀수인 세 자리의 수를 만들려고 할 때, 가능한 경우의 수는?

① 280가지　　　　　　　　　　② 300가지

③ 320가지　　　　　　　　　　④ 340가지

⑤ 360가지

**05** 주사위를 두 번 던질 때, 두 눈의 합이 10 이상 나올 확률은?

① $\dfrac{1}{2}$　　　　　　　　　　② $\dfrac{1}{3}$

③ $\dfrac{1}{4}$　　　　　　　　　　④ $\dfrac{1}{5}$

⑤ $\dfrac{1}{6}$

**06** K야구팀의 작년 승률은 40%였고, 올해는 총 120경기 중 65승을 하였다. 작년과 올해의 경기를 합하여 구한 승률이 45%일 때, K야구팀이 승리한 총횟수는?

① 151회　　　　　　　　　　② 152회

③ 153회　　　　　　　　　　④ 154회

⑤ 155회

**07** 조각 케이크 1조각을 정가로 팔면 3,000원의 이익을 얻는다. 만일, 장사가 되지 않아 정가에서 20%를 할인하여 5개 팔았을 때 순이익과 조각 케이크 1조각당 정가에서 2,000원씩 할인하여 4개를 팔았을 때의 매출액이 같다면, 이 상품의 정가는 얼마인가?

① 4,000원

② 4,100원

③ 4,300원

④ 4,400원

⑤ 4,600원

**08** 선규와 승룡이가 함께 일하면 5일이 걸리는 일을 선규가 먼저 4일을 진행하고, 승룡이가 7일을 진행하면 끝낼 수 있다고 한다. 승룡이가 이 일을 혼자 한다면 며칠이 걸리겠는가?

① 11일

② 12일

③ 14일

④ 15일

⑤ 16일

**09** 아버지와 어머니의 나이 차는 4세이고, 형과 동생의 나이 차는 2세이다. 또한, 아버지와 어머니의 나이의 합은 형 나이의 6배이다. 형과 동생의 나이의 합이 40세라면 아버지의 나이는 몇 세인가? (단, 아버지가 어머니보다 나이가 더 많다)

① 59세

② 60세

③ 63세

④ 65세

⑤ 67세

**10** A와 B는 가위바위보를 해서 이기면 2계단을 올라가고, 지면 1계단을 내려가는 게임을 하였다. 게임이 끝난 후, A는 11계단, B는 2계단을 올라가 있었다. A가 이긴 횟수는?(단, 비기는 경우는 고려하지 않는다)

① 5번                          ② 8번
③ 12번                         ④ 18번
⑤ 20번

**11** 처음 숫자의 십의 자리 숫자와 일의 자리 숫자의 합은 10이고, 이 숫자의 십의 자리 숫자와 일의 자리 숫자의 자리를 바꾼 수를 2로 나눈 값은 처음 숫자보다 14만큼 작다. 처음 숫자는 얼마인가?

① 43                           ② 44
③ 45                           ④ 46
⑤ 48

**12** K공사에서 공청회를 개최하였다. 공청회 자리에 참석한 여자 인원수는 공청회에 참석한 전체 인원의 $\frac{3}{7}$보다 13명 적었고, 남자 인원수는 전체 인원의 $\frac{1}{2}$보다 33명 많았다. 공청회에 참석한 전체 인원은 몇 명인가?

① 210명                        ② 240명
③ 280명                        ④ 330명
⑤ 350명

**13** K고등학교는 도서관에 컴퓨터를 설치하려고 한다. 컴퓨터 구매 가격을 알아보니, 한 대당 100만 원이고 4대 이상 구매 시 3대까지는 한 대당 100만 원, 4대 이상부터는 한 대당 80만 원에 판매가 되고 있었다. 컴퓨터 구매에 배정된 예산이 2,750만 원일 때, 최대 몇 대의 컴퓨터를 구매할 수 있는가?

① 33대　　　　　　　　　　　　② 34대

③ 35대　　　　　　　　　　　　④ 36대

⑤ 37대

**14** 너비는 같고 지름이 각각 10cm인 A롤러와 3cm인 B롤러로 각각 벽을 칠하고 있다. 두 롤러가 처음으로 같은 면적을 칠했을 때 A롤러와 B롤러 각각의 회전수의 합은?(단, 롤러는 한 번 칠할 때 1회전씩 하며, 회전 중간에 멈추는 일은 없다)

① 11바퀴　　　　　　　　　　　② 12바퀴

③ 13바퀴　　　　　　　　　　　④ 14바퀴

⑤ 15바퀴

**15** 그림과 같은 모양의 직각삼각형 ABC가 있다. 변 AB의 길이는 18cm이고 직각삼각형의 둘레가 72cm일 때, 직각삼각형 ABC의 넓이는?

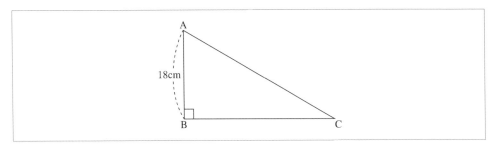

① 182cm$^2$　　　　　　　　　　② 186cm$^2$

③ 192cm$^2$　　　　　　　　　　④ 210cm$^2$

⑤ 216cm$^2$

# 02 도표 계산

## | 유형분석 |

- 주어진 자료를 통해 문제에서 주어진 특정한 값을 찾고, 자료의 변동량을 구할 수 있는지 평가하는 유형이다.
- 각 그래프의 선이 어떤 항목을 의미하는지와 단위를 정확히 확인한다.
- 그림을 통해 계산하지 않고 눈으로 확인할 수 있는 내용(증감추이)이 있는지 확인한다.

다음은 2023년도 K지역 고등학교 학년별 도서 선호 분야 비율에 대한 자료이다. 취업 관련 도서를 선호하는 3학년 학생 수 대비 철학·종교 도서를 선호하는 1학년 학생 수의 비율로 옳은 것은?(단, 모든 계산은 소수점 첫째 자리에서 반올림한다)

### 〈K지역 고등학교 학년별 도서 선호 분야 비율〉

(단위 : 명, %)

| 학년 | 사례 수 | 장르 소설 | 문학 | 자기 계발 | 취업 관련 | 예술· 문화 | 역사· 지리 | 과학· 기술 | 정치· 사회 | 철학· 종교 | 경제· 경영 | 기타 |
|------|--------|-----------|------|-----------|-----------|------------|------------|------------|------------|------------|------------|------|
| 소계 | 1,160 | 28.9 | 18.2 | 7.7 | 6.8 | 5.4 | 6.1 | 7.9 | 5.7 | 4.2 | 4.5 | 4.5 |
| 1학년 | 375 | 29.1 | 18.1 | 7.0 | 6.4 | 8.7 | 5.3 | 7.8 | 4.1 | 3.0 | 6.5 | 4.0 |
| 2학년 | 417 | 28.4 | 18.7 | 8.9 | 7.5 | 3.8 | 6.3 | 8.3 | 8.1 | 5.0 | 3.1 | 1.9 |
| 3학년 | 368 | 29.3 | 17.8 | 7.1 | 6.6 | 3.7 | 6.8 | 7.6 | 4.8 | 4.5 | 4.1 | 7.7 |

① 42%
② 46%
③ 54%
④ 58%
⑤ 72%

**정답** ②

취업 관련 도서를 선호하는 3학년 학생 수는 368×0.066≒24명이고, 철학·종교 도서를 선호하는 1학년 학생 수는 375×0.03≒11명이다.

따라서 취업 관련 도서를 선호하는 3학년 학생 수 대비 철학·종교 도서를 선호하는 1학년 학생 수의 비율은 $\frac{11}{24}×100≒46\%$이다.

**풀이 전략!**

선택지에 주어진 값의 차이가 크지 않다면 어림값을 활용하는 것이 오히려 풀이 속도를 지연시킬 수 있으므로 주의해야 한다.

**01** 다음은 공공기관 청렴도 평가 현황 자료이다. 내부청렴도가 가장 높은 해와 낮은 해를 차례대로 나열하면?

〈공공기관 청렴도 평가 현황〉

(단위 : 점)

| 구분 | 2020년 | 2021년 | 2022년 | 2023년 |
|---|---|---|---|---|
| 종합청렴도 | 6.23 | 6.21 | 6.16 | 6.8 |
| 외부청렴도 | 8.0 | 8.0 | 8.0 | 8.1 |
| 내부청렴도 | | | | |
| 정책고객평가 | 6.9 | 7.1 | 7.2 | 7.3 |
| 금품제공률 | 0.7 | 0.7 | 0.7 | 0.5 |
| 향응제공률 | 0.7 | 0.8 | 0.8 | 0.4 |
| 편의제공률 | 0.2 | 0.2 | 0.2 | 0.2 |

※ 종합청렴도, 외부청렴도, 내부청렴도, 정책고객평가는 각각 10점 만점으로, 10점에 가까울수록 청렴도가 높다는 의미이다.

※ (종합청렴도)=[(외부청렴도)×0.6+(내부청렴도)×0.3+(정책고객평가)×0.1]−(감점요인)

※ 금품제공률, 향응제공률, 편의제공률은 감점요인이다.

| | 가장 높은 해 | 가장 낮은 해 |
|---|---|---|
| ① | 2020년 | 2022년 |
| ② | 2021년 | 2022년 |
| ③ | 2021년 | 2023년 |
| ④ | 2022년 | 2023년 |
| ⑤ | 2022년 | 2021년 |

**02** 다음은 K공단에서 발표한 최근 2개년 1/4분기 산업단지별 수출현황을 나타낸 자료이다. (가), (나), (다)에 들어갈 수치가 바르게 연결된 것은?(단, 전년 대비 수치는 소수점 둘째 자리에서 반올림한다)

〈최근 2개년 1/4분기 산업단지별 수출현황〉

(단위 : 백만 달러)

| 구분 | 2023년 1/4분기 | 2022년 1/4분기 | 전년 대비 |
|---|---|---|---|
| 국가 | 66,652 | 58,809 | 13.3% 상승 |
| 일반 | 34,273 | 29,094 | (가)% 상승 |
| 농공 | 2,729 | 3,172 | 14.0% 하락 |
| 합계 | (나) | 91,075 | (다)% 상승 |

|  | (가) | (나) | (다) |
|---|---|---|---|
| ① | 15.8 | 103,654 | 13.8 |
| ② | 15.8 | 104,654 | 11.8 |
| ③ | 17.8 | 102,554 | 13.8 |
| ④ | 17.8 | 103,654 | 11.8 |
| ⑤ | 17.8 | 103,654 | 13.8 |

**03** 다음은 폐기물협회에서 제공하는 전국 폐기물 발생 현황 자료이다. 빈칸에 해당하는 값으로 옳은 것은?(단, 소수점 둘째 자리에서 반올림한다)

〈전국 폐기물 발생 현황〉

(단위 : 톤 / 일, %)

| 구분 | | 2018년 | 2019년 | 2020년 | 2021년 | 2022년 | 2023년 |
|---|---|---|---|---|---|---|---|
| 총계 | 발생량 | 359,296 | 357,861 | 365,154 | 373,312 | 382,009 | 382,081 |
| | 증감률 | 6.6 | −0.4 | 2.0 | 2.2 | 2.3 | 0.02 |
| 의료 폐기물 | 발생량 | 52,072 | 50,906 | 49,159 | 48,934 | 48,990 | 48,728 |
| | 증감률 | 3.4 | −2.2 | −3.4 | (ㄱ) | 0.1 | −0.5 |
| 사업장 배출시설계 폐기물 | 발생량 | 130,777 | 123,604 | 137,875 | 137,961 | 146,390 | 149,815 |
| | 증감률 | 13.9 | (ㄴ) | 11.5 | 0.1 | 6.1 | 2.3 |
| 건설 폐기물 | 발생량 | 176,447 | 183,351 | 178,120 | 186,417 | 186,629 | 183,538 |
| | 증감률 | 2.6 | 3.9 | −2.9 | 4.7 | 0.1 | −1.7 |

|  | (ㄱ) | (ㄴ) |
|---|---|---|
| ① | −0.5 | −5.5 |
| ② | −0.5 | −4.5 |
| ③ | −0.6 | −5.5 |
| ④ | −0.6 | −4.5 |
| ⑤ | −0.7 | −5.5 |

**04** 다음은 세계 음악시장의 규모에 관한 자료이다. 〈조건〉에 근거하여 2023년의 음악시장 규모를 구하면?(단, 소수점 둘째 자리에서 반올림한다)

### 〈세계 음악시장 규모〉

(단위 : 백만 달러)

| 구분 | | 2018년 | 2019년 | 2020년 | 2021년 | 2022년 |
|---|---|---|---|---|---|---|
| 공연음악 | 후원 | 5,930 | 6,008 | 6,097 | 6,197 | 6,305 |
| | 티켓 판매 | 20,240 | 20,688 | 21,165 | 21,703 | 22,324 |
| | 합계 | 26,170 | 26,696 | 27,262 | 27,900 | 28,629 |
| 음반 | 디지털 | 8,719 | 9,432 | 10,180 | 10,905 | 11,544 |
| | 다운로드 | 5,743 | 5,986 | 6,258 | 6,520 | 6,755 |
| | 스트리밍 | 1,530 | 2,148 | 2,692 | 3,174 | 3,557 |
| | 모바일 | 1,447 | 1,298 | 1,230 | 1,212 | 1,233 |
| | 오프라인 음반 | 12,716 | 11,287 | 10,171 | 9,270 | 8,551 |
| | 합계 | 30,155 | 30,151 | 30,531 | 31,081 | 31,640 |
| 합계 | | 56,325 | 56,847 | 57,793 | 58,981 | 60,269 |

**조건**

• 2023년 공연음악 후원금은 2022년보다 1억 1천 8백만 달러, 티켓 판매는 2022년보다 7억 4천만 달러가 증가할 것으로 예상된다.
• 스트리밍 시장의 경우 빠르게 성장하는 추세로 2023년 스트리밍 시장 규모는 2018년 스트리밍 시장 규모의 2.5배가 될 것으로 예상된다.
• 오프라인 음반 시장은 점점 감소하는 추세로 2023년 오프라인 음반 시장 규모는 2022년 대비 6%의 감소율을 보일 것으로 예상된다.

| | 공연음악 | 스트리밍 | 오프라인 음반 |
|---|---|---|---|
| ① | 29,487백만 달러 | 3,711백만 달러 | 8,037.9백만 달러 |
| ② | 29,487백만 달러 | 3,825백만 달러 | 8,037.9백만 달러 |
| ③ | 29,685백만 달러 | 3,825백만 달러 | 7,998.4백만 달러 |
| ④ | 29,685백만 달러 | 4,371백만 달러 | 7,998.4백만 달러 |
| ⑤ | 29,685백만 달러 | 3,825백만 달러 | 8,037.9백만 달러 |

**05** 다음은 2023년 K시 5개 구 주민의 돼지고기 소비량에 대한 자료이다. 〈조건〉을 이용하여 변동계수가 3번째로 큰 구를 구하면?

<5개 구 주민의 돼지고기 소비량 통계>

(단위 : kg)

| 구분 | 평균(1인당 소비량) | 표준편차 |
|---|---|---|
| A구 | ( ) | 5 |
| B구 | ( ) | 4 |
| C구 | 30 | 6 |
| D구 | 12 | 4 |
| E구 | ( ) | 8 |

※ (변동계수)$=\dfrac{\text{(표준편차)}}{\text{(평균)}}\times100$

**조건**
• A구의 1인당 소비량과 B구의 1인당 소비량을 합하면 C구의 1인당 소비량과 같다.
• A구의 1인당 소비량과 D구의 1인당 소비량을 합하면 E구 1인당 소비량의 2배와 같다.
• E구의 1인당 소비량은 B구의 1인당 소비량보다 6kg 더 많다.

① A구
② B구
③ C구
④ D구
⑤ E구

**06** 다음은 K은행 영업부의 2023년 분기별 영업 실적을 나타낸 그래프이다. 2023년 전체 실적에서 1 ~ 2분기와 3 ~ 4분기가 각각 차지하는 비율을 바르게 나열한 것은?(단, 소수점 둘째 자리에서 반올림한다)

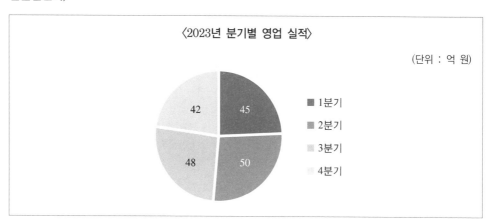

|   | 1 ~ 2분기 | 3 ~ 4분기 |
|---|---|---|
| ① | 48.6% | 51.4% |
| ② | 50.1% | 49.9% |
| ③ | 51.4% | 48.6% |
| ④ | 49.9% | 50.1% |
| ⑤ | 50.0% | 50.0% |

# 03 자료 이해

## | 유형분석 |

- 제시된 자료를 분석하여 선택지의 정답 유무를 판단하는 문제이다.
- 표의 수치 등을 통해 변화량이나 증감률, 비중 등을 비교하여 판단하는 문제가 자주 출제된다.
- 지원하고자 하는 공사공단이나 산업과 관련된 자료 등이 문제의 자료로 많이 다뤄진다.

다음은 연도별 근로자 수 변화 추이에 대한 자료이다. 이에 대한 설명으로 옳지 않은 것은?

〈연도별 근로자 수 변화 추이〉

(단위 : 천 명)

| 연도 | 전체 | 남성 | 비중 | 여성 | 비중 |
|------|------|------|------|------|------|
| 2019년 | 14,290 | 9,061 | 63.4% | 5,229 | 36.6% |
| 2020년 | 15,172 | 9,467 | 62.4% | 5,705 | 37.6% |
| 2021년 | 15,535 | 9,633 | 62.0% | 5,902 | 38.0% |
| 2022년 | 15,763 | 9,660 | 61.3% | 6,103 | 38.7% |
| 2023년 | 16,355 | 9,925 | 60.7% | 6,430 | 39.3% |

① 매년 남성 근로자 수가 여성 근로자 수보다 많다.
② 2023년 여성 근로자 수는 전년보다 약 5.4% 증가하였다.
③ 2019년 대비 2023년 근로자 수의 증가율은 여성이 남성보다 높다.
④ 전체 근로자 중 여성 근로자 수의 비중이 가장 큰 해는 2023년이다.
⑤ 2019 ~ 2023년 동안 남성 근로자 수와 여성 근로자 수의 차이는 매년 증가한다.

⑤

2019 ~ 2023년의 남성 근로자 수와 여성 근로자 수 차이를 구하면 다음과 같다.

- 2019년 : $9,061-5,229=3,832$천 명
- 2020년 : $9,467-5,705=3,762$천 명
- 2021년 : $9,633-5,902=3,731$천 명
- 2022년 : $9,660-6,103=3,557$천 명
- 2023년 : $9,925-6,430=3,495$천 명

즉, 2019 ~ 2023년 동안 남성 근로자 수와 여성 근로자 수의 차이는 매년 감소한다.

오답분석

① · ④ 제시된 자료를 통해 알 수 있다.

② 2022년 대비 2023년 여성 근로자 수의 증가율 : $\dfrac{6,430-6,103}{6,103}\times100\fallingdotseq5.4\%$

③ 성별 2019년 대비 2023년 근로자 수의 증가율은 다음과 같다.

- 남성 : $\dfrac{9,925-9,061}{9,061}\times100\fallingdotseq9.54\%$
- 여성 : $\dfrac{6,430-5,229}{5,229}\times100\fallingdotseq22.97\%$

따라서 여성의 증가율이 더 높다.

**풀이 전략!**

자료만 보고도 풀 수 있거나 계산이 필요 없는 선택지를 먼저 해결한다.
평소 변화량이나 증감률, 비중 등을 구하는 공식을 알아 두고 있어야 하며, 지원하는 기업이나 산업에 관한 자료 등을 확인하여 비교하는 연습 등을 한다.

**01** 다음은 2023년 9월 K공항 요일별 통계에 대한 자료이다. 이를 대한 설명으로 옳지 않은 것은?

〈2023년 9월 K공항 요일별 통계〉

(단위 : 편, 명, 톤)

| 요일 | 운항 | | | 여객 | | | 화물 | | |
|------|------|------|------|------|------|------|------|------|------|
| | 도착 | 출발 | 합계 | 도착 | 출발 | 합계 | 도착 | 출발 | 합계 |
| 월요일 | 2,043 | 2,013 | 4,056 | 343,499 | 365,749 | 709,248 | 11,715 | 12,316 | 24,031 |
| 화요일 | 2,024 | 2,074 | 4,098 | 338,558 | 338,031 | 676,589 | 14,322 | 16,501 | 30,823 |
| 수요일 | 2,148 | 2,129 | 4,277 | 356,678 | 351,097 | 707,775 | 17,799 | 18,152 | 35,951 |
| 목요일 | 2,098 | 2,104 | 4,202 | 342,374 | 341,613 | 683,987 | 17,622 | 17,859 | 35,481 |
| 금요일 | 2,141 | 2,158 | 4,299 | 361,849 | 364,481 | 726,330 | 17,926 | 18,374 | 36,300 |
| 토요일 | 2,714 | 2,694 | 5,408 | 478,544 | 475,401 | 953,945 | 23,386 | 24,647 | 48,033 |
| 일요일 | 2,710 | 2,671 | 5,381 | 476,258 | 460,560 | 936,818 | 21,615 | 22,285 | 43,900 |
| 합계 | 15,878 | 15,843 | 31,721 | 2,697,760 | 2,696,932 | 5,394,692 | 124,385 | 130,134 | 254,519 |

① 운항편이 가장 많은 요일은 여객과 화물에서도 가장 높은 수치를 보이고 있다.

② 9월간 K공항에 도착한 화물 중 일요일에 도착한 화물의 무게는 월요일에 도착한 화물 무게의 1.5배 이상이다.

③ K공항에 도착하는 화물보다 K공항에서 출발하는 화물이 항상 더 많다.

④ 화요일 ~ 일요일 도착 운항편의 전일 대비 증감추이는 같은 기간 출발 여객수의 전일 대비 증감추이와 같다.

⑤ 비행기 1대당 탑승객은 평균적으로 출발편이 도착편보다 많다.

**02** 다음은 인터넷 공유활동 참여 현황을 정리한 자료이다. 이를 바르게 이해하지 못한 사람은?

<표 제목>

〈인터넷 공유활동 참여율(복수응답)〉

(단위 : %)

| 구분 | | 커뮤니티 이용 | 퍼나르기 | 블로그 운영 | 댓글달기 | UCC 게시 |
|---|---|---|---|---|---|---|
| 성별 | 남성 | 79.1 | 64.1 | 49.9 | 52.2 | 46.1 |
| | 여성 | 76.4 | 59.6 | 55.1 | 38.4 | 40.1 |
| 연령대별 | 10대 | 75.1 | 63.9 | 54.7 | 44.3 | 51.3 |
| | 20대 | 88.8 | 74.4 | 76.3 | 47.3 | 54.4 |
| | 30대 | 77.3 | 58.5 | 46.3 | 44.0 | 37.5 |
| | 40대 | 66.0 | 48.6 | 27.0 | 48.2 | 29.6 |

※ 성별, 연령대별 조사인원은 동일함

① A사원 : 자료에 의하면 20대가 다른 연령대에 비해 인터넷상에서 공유활동을 활발히 참여하고 있네요.
② B주임 : 대체로 남성이 여성에 비해 상대적으로 활발한 활동을 하고 있는 것 같아요. 그런데 블로그 운영 활동은 여성이 더 많네요.
③ C대리 : 남녀 간의 참여율 격차가 가장 큰 영역은 댓글달기이네요. 반면에 커뮤니티 이용은 남녀 간의 참여율 격차가 가장 적네요.
④ D사원 : 10대와 30대의 공유활동 참여율을 크기순으로 나열하면 재미있게도 두 연령대의 활동 순위가 동일하네요.
⑤ E사원 : 40대는 대부분의 공유활동에서 모든 연령대의 참여율보다 낮지만, 댓글달기에서는 가장 높은 참여율을 보이고 있네요.

**03** 다음은 수도권 지역의 기상실황표이다. 이에 대한 설명으로 옳지 않은 것은?

〈기상실황표〉

| 지역 | 시정(km) | 현재 기온(℃) | 이슬점 온도(℃) | 불쾌지수 | 습도(%) | 풍향 | 풍속(m/s) | 기압(hPa) |
|------|---------|-------------|--------------|---------|--------|------|----------|-----------|
| 서울 | 6.9 | 23.4 | 14.6 | 70 | 58 | 동 | 1.8 | 1012.7 |
| 백령도 | 0.4 | 16.1 | 15.2 | 61 | 95 | 동남동 | 4.4 | 1012.6 |
| 인천 | 10.2 | 21.3 | 15.3 | 68 | 69 | 서남서 | 3.8 | 1012.9 |
| 수원 | 7.7 | 23.8 | 16.8 | 72 | 65 | 남서 | 1.8 | 1012.9 |
| 동두천 | 10.1 | 23.6 | 14.5 | 71 | 57 | 남남서 | 1.5 | 1012.6 |
| 파주 | 20.0 | 20.9 | 14.7 | 68 | 68 | 남남서 | 1.5 | 1013.1 |
| 강화 | 4.2 | 20.7 | 14.8 | 67 | 67 | 남동 | 1.7 | 1013.3 |
| 양평 | 6.6 | 22.7 | 14.5 | 70 | 60 | 동남동 | 1.4 | 1013.0 |
| 이천 | 8.4 | 23.7 | 13.8 | 70 | 54 | 동북동 | 1.4 | 1012.8 |

① 시정이 가장 좋은 곳은 파주이다.
② 이슬점 온도가 가장 높은 지역은 불쾌지수 또한 가장 높다.
③ 불쾌지수가 70을 초과한 지역은 2곳이다.
④ 현재 기온이 가장 높은 지역은 이슬점 온도와 습도 또한 가장 높다.
⑤ 시정이 가장 좋지 않은 지역은 풍속이 가장 강하다.

**04** 다음은 K그룹의 주요 경영지표이다. 이에 대한 설명으로 옳은 것은?

〈경영지표〉

(단위 : 억 원)

| 연도 | 공정자산총액 | 부채총액 | 자본총액 | 자본금 | 매출액 | 당기순이익 |
|------|------------|---------|---------|-------|-------|-----------|
| 2018년 | 2,610 | 1,658 | 952 | 464 | 1,139 | 170 |
| 2019년 | 2,794 | 1,727 | 1,067 | 481 | 2,178 | 227 |
| 2020년 | 5,383 | 4,000 | 1,383 | 660 | 2,666 | 108 |
| 2021년 | 5,200 | 4,073 | 1,127 | 700 | 4,456 | −266 |
| 2022년 | 5,242 | 3,378 | 1,864 | 592 | 3,764 | 117 |
| 2023년 | 5,542 | 3,634 | 1,908 | 417 | 4,427 | 65 |

① 자본총액은 꾸준히 증가하고 있다.
② 직전 해의 당기순이익과 비교했을 때, 당기순이익이 가장 많이 증가한 해는 2019년이다.
③ 공정자산총액과 부채총액의 차가 가장 큰 해는 2023년이다.
④ 각 지표 중 총액 규모가 가장 큰 것은 매출액이다.
⑤ 2018 ~ 2021년 사이에 자본총액 중 자본금이 차지하는 비중은 계속 증가하고 있다.

**05** 다음은 2014 ~ 2023년 범죄별 발생건수에 관한 자료이다. 이에 대한 설명으로 옳은 것은?

〈2014 ~ 2023년 범죄별 발생건수〉

(단위 : 천 건)

| 구분 | 2014년 | 2015년 | 2016년 | 2017년 | 2018년 | 2019년 | 2020년 | 2021년 | 2022년 | 2023년 |
|------|--------|--------|--------|--------|--------|--------|--------|--------|--------|--------|
| 사기 | 282 | 272 | 270 | 266 | 242 | 235 | 231 | 234 | 241 | 239 |
| 절도 | 366 | 356 | 371 | 354 | 345 | 319 | 322 | 328 | 348 | 359 |
| 폭행 | 139 | 144 | 148 | 149 | 150 | 155 | 161 | 158 | 155 | 156 |
| 방화 | 5 | 4 | 2 | 1 | 2 | 5 | 2 | 4 | 5 | 3 |
| 살인 | 3 | 11 | 12 | 13 | 13 | 15 | 16 | 12 | 11 | 14 |

① 2014 ~ 2023년 동안 범죄별 발생건수의 순위는 매년 동일하다.
② 2014 ~ 2023년 동안 발생한 방화의 총발생건수는 3만 건 미만이다.
③ 2015 ~ 2023년까지 전년 대비 사기 범죄건수 증감추이는 폭행의 경우와 반대이다.
④ 2016년 전체 범죄발생건수 중 절도가 차지하는 비율은 50% 이상이다.
⑤ 2014년 대비 2023년 전체 범죄발생건수 감소율은 5% 이상이다.

**06** 다음은 자동차 생산·내수·수출 현황에 대한 자료이다. 이에 대한 설명으로 옳지 않은 것은?

〈자동차 생산·내수·수출 현황〉

(단위 : 대, %)

| 구분 | | 2019년 | 2020년 | 2021년 | 2022년 | 2023년 |
|------|------|--------|--------|--------|--------|--------|
| 생산 | 차량 대수 | 4,086,308 | 3,826,682 | 3,512,926 | 4,271,741 | 4,657,094 |
| | 증감률 | (6.4) | (▽6.4) | (▽8.2) | (21.6) | (9.0) |
| 내수 | 차량 대수 | 1,219,335 | 1,154,483 | 1,394,000 | 1,465,426 | 1,474,637 |
| | 증감률 | (4.7) | (▽5.3) | (20.7) | (5.1) | (0.6) |
| 수출 | 차량 대수 | 2,847,138 | 2,683,965 | 2,148,862 | 2,772,107 | 3,151,708 |
| | 증감률 | (7.5) | (▽5.7) | (▽19.9) | (29.0) | (13.7) |

① 2019년에는 전년 대비 생산, 내수, 수출이 모두 증가했다.
② 내수가 가장 큰 폭으로 증가한 해에는 생산과 수출이 모두 감소했다.
③ 수출이 증가했던 해는 생산과 내수 모두 증가했다.
④ 내수는 증가했지만 생산과 수출이 모두 감소한 해도 있다.
⑤ 생산이 증가했지만 내수나 수출이 감소한 해가 있다.

# CHAPTER 02

# 조직이해능력

## 합격 Cheat Key

조직이해능력은 업무를 원활하게 수행하기 위해 조직의 체제와 경영을 이해하고 국제적인 추세를 이해하는 능력이다. 현재 많은 공사·공단에서 출제 비중을 높이고 있는 영역이기 때문에 미리 대비하는 것이 중요하다. 실제 업무 능력에서 조직이해능력을 요구하기 때문에 중요도는 점점 높아질 것이다.

세부 유형은 조직 체제 이해, 경영 이해, 업무 이해, 국제 감각으로 나눌 수 있다. 조직도를 제시하는 문제가 출제되거나 조직의 체계를 파악해 경영의 방향성을 예측하고, 업무의 우선순위를 파악하는 문제가 출제된다.

### 1 문제 속에 정답이 있다!

경력이 없는 경우 조직에 대한 이해가 낮을 수밖에 없다. 그러나 문제 자체가 실무적인 내용을 담고 있어도 문제 안에는 해결의 단서가 주어진다. 부담을 갖지 않고 접근하는 것이 중요하다.

### 2 경영·경제학원론 정도의 수준은 갖추도록 하라!

지원한 직군마다 차이는 있을 수 있으나, 경영·경제이론을 접목시킨 문제가 꾸준히 출제되고 있다. 따라서 기본적인 경영·경제이론은 익혀 둘 필요가 있다.

**3** 지원하는 공사·공단의 조직도를 파악하라!

출제되는 문제는 각 공사·공단의 세부내용일 경우가 많기 때문에 지원하는 공사·공단의 조직도를 파악해 두어야 한다. 조직이 운영되는 방법과 전략을 이해하고, 조직을 구성하는 체제를 파악하고 간다면 조직이해능력에서 조직도가 나올 때 단기간에 문제를 풀 수 있을 것이다.

**4** 실제 업무에서도 요구되므로 이론을 익혀라!

각 공사·공단의 직무 특성상 일부 영역에 중요도가 가중되는 경우가 있어서 많은 취업준비생들이 일부 영역에만 집중하지만, 실제 업무 능력에서 직업기초능력 10개 영역이 골고루 요구되는 경우가 많고, 현재는 필기시험에서도 조직이해능력을 출제하는 기관의 비중이 늘어나고 있기 때문에 미리 이론을 익혀 둔다면 모듈형 문제에서 고득점을 노릴 수 있다.

# 01 경영전략

## | 유형분석 |

- 경영 전략에서 대표적으로 출제되는 문제는 마이클 포터(Michael Porter)의 본원적 경쟁 전략이다.
- 경쟁 전략의 기본적인 이해를 물어보는 문제가 자주 출제되므로 전략별 특징 및 개념에 대한 이론 학습이 요구된다.

다음은 마이클 포터(Michael E. Porter)의 본원적 경쟁 전략에 대한 설명이다. 빈칸 ㉠∼㉢에 들어갈 용어가 바르게 연결된 것은?

본원적 경쟁 전략은 해당 사업에서 경쟁 우위를 확보하기 위한 전략으로, ㉠ 전략, ㉡ 전략, ㉢ 전략으로 구분된다.

㉠ 전략은 원가절감을 통해 해당 산업에서 우위를 점하는 전략으로, 이를 위해서는 대량생산을 통해 단위 원가를 낮추거나 새로운 생산기술을 개발할 필요가 있다. 여기에는 70년대 우리나라의 섬유업체나 신발업체, 가발업체 등이 미국시장에 진출할 때 취한 전략이 해당한다.

㉡ 전략은 조직이 생산품이나 서비스를 ㉡ 하여 고객에게 가치가 있고 독특하게 인식되도록 하는 전략이다. ㉡ 전략을 활용하기 위해서는 연구개발이나 광고를 통하여 기술, 품질, 서비스, 브랜드이미지를 개선할 필요가 있다.

㉢ 전략은 특정 시장이나 고객에게 한정된 전략으로, ㉠ 나 ㉡ 전략이 산업 전체를 대상으로 하는 데 비해 ㉢ 전략은 특정 산업을 대상으로 한다. 즉, ㉢ 전략은 경쟁조직들이 소홀히 하고 있는 한정된 시장을 ㉠ 나 ㉡ 전략을 써서 집중적으로 공략하는 방법이다.

|   | ㉠ | ㉡ | ㉢ |
|---|------|------|------|
| ① | 원가우위 | 차별화 | 집중화 |
| ② | 원가우위 | 집중화 | 차별화 |
| ③ | 차별화 | 집중화 | 원가우위 |
| ④ | 집중화 | 원가우위 | 차별화 |
| ⑤ | 집중화 | 차별화 | 원가우위 |

**정답** ①

㉠ 원가우위 : 원가절감을 통해 해당 산업에서 우위를 점하는 전략이다.
㉡ 차별화 : 조직이 생산품이나 서비스를 차별화하여 고객에게 가치가 있고 독특하게 인식되도록 하는 전략이다.
㉢ 집중화 : 한정된 시장을 원가우위나 차별화 전략을 사용하여 집중적으로 공략하는 전략이다.

**풀이 전략!**

대부분의 공사·공단은 마이클 포터의 본원적 경쟁 전략을 사용하고 있다. 각 전략에 해당하는 대표적인 기업을 연결하고, 그들의 경영 전략을 상기하며 문제를 풀어보도록 한다.

**01** 경영이 어떻게 이루어지냐에 따라 조직의 생사가 결정된다고 할 만큼 경영은 조직에 있어서 핵심이다. 다음 중 경영 전략을 추진하는 과정에 대한 설명으로 적절하지 않은 것은?

① 경영 전략이 실행됨으로써 세웠던 목표에 대한 결과가 나오는데, 그것에 대한 평가 및 피드백 과정도 생략되어서는 안 된다.

② 환경 분석을 할 때는 조직의 내부환경뿐만 아니라 외부환경에 대한 분석도 필수이다.

③ 전략 목표는 비전과 미션으로 구분되는데, 둘 다 있어야 한다.

④ 경영 전략은 조직 전략, 사업 전략, 부문 전략으로 분류된다.

⑤ '환경 분석 → 전략 목표 설정 → 경영 전략 도출 → 경영 전략 실행 → 평가 및 피드백'의 과정을 거쳐 이루어진다.

**02** 다음 〈보기〉의 사례 중 경영 활동을 이루는 구성요소를 감안할 때, 경영 활동을 수행하고 있는 내용으로 적절하지 않은 것은?

> **보기**
>
> (가) 다음 시즌 우승을 목표로 해외 전지훈련에 참여하여 열심히 구슬땀을 흘리고 있는 선수단과 이를 운영하는 구단 직원들
>
> (나) 자발적인 참여로 뜻을 같이한 동료들과 함께 매주 어려운 이웃을 찾아다니며 봉사활동을 펼치고 있는 S씨
>
> (다) 교육지원대대장으로서 사병들의 교육이 원활히 진행될 수 있도록 훈련장 관리와 유지에 최선을 다하고 있는 박대령과 참모진
>
> (라) 영화 촬영을 앞두고 시나리오와 제작 콘셉트를 회의하기 위해 모인 감독 및 스태프와 출연 배우들
>
> (마) 대기업을 그만두고 가족들과 함께 조그만 무역회사를 차려 손수 제작한 밀짚 가방을 동남아로 수출하고 있는 B씨

① (가)                    ② (나)

③ (다)                    ④ (라)

⑤ (마)

# 02 조직 구조

## | 유형분석 |

- 조직 구조 유형에 대한 특징을 물어보는 문제가 자주 출제된다.
- 기계적 조직과 유기적 조직의 차이점과 사례 등을 숙지하고 있어야 한다.
- 조직 구조 형태에 따라 기능적 조직, 사업별 조직으로 구분하여 출제되기도 한다.

다음 중 기계적 조직의 특징으로 옳은 것을 〈보기〉에서 모두 고르면?

보기

ㄱ. 변화에 맞춰 쉽게 변할 수 있다.
ㄴ. 상하 간 의사소통이 공식적인 경로를 통해 이루어진다.
ㄷ. 대표적으로 사내 벤처팀, 프로젝트팀이 있다.
ㄹ. 구성원의 업무가 분명하게 규정되어 있다.
ㅁ. 다양한 규칙과 규제가 있다.

① ㄱ, ㄴ, ㄷ          ② ㄱ, ㄹ, ㅁ
③ ㄴ, ㄷ, ㄹ          ④ ㄴ, ㄹ, ㅁ
⑤ ㄷ, ㄹ, ㅁ

정답 ④

오답분석

ㄱ, ㄷ. 유기적 조직에 대한 설명이다.
- 기계적 조직
  - 구성원의 업무가 분명하게 규정되어 있고, 많은 규칙과 규제가 있다.
  - 상하 간 의사소통이 공식적인 경로를 통해 이루어진다.
  - 대표적으로 군대, 정부, 공공기관 등이 있다.
- 유기적 조직
  - 업무가 고전되지 않아 업무 공유가 가능하다.
  - 규제나 통제의 정도가 낮아 변화에 맞춰 쉽게 변할 수 있다.
  - 대표적으로 권한위임을 받아 독자적으로 활동하는 사내 벤처팀, 특정한 과제 수행을 위해 조직된 프로젝트팀이 있다.

### 풀이 전략!

조직 구조는 유형에 따라 기계적 조직과 유기적 조직으로 나눌 수 있다. 기계적 조직과 유기적 조직은 서로 상반된 특징을 가지고 있으며, 기계적 조직이 관료제의 특징과 비슷함을 파악하고 있다면, 이와 상반된 유기적 조직의 특징도 수월하게 파악할 수 있다.

**01** 다음 중 대학생인 지수의 일과를 통해 알 수 있는 사실로 가장 적절한 것은?

> 지수는 화요일에 학교 수업, 아르바이트, 스터디, 봉사활동 등을 한다.
> 다음은 지수의 화요일 일과이다.
> • 지수는 오전 11시부터 오후 4시까지 수업이 있다.
> • 수업이 끝나고 학교 앞 프랜차이즈 카페에서 아르바이트를 3시간 동안 한다.
> • 아르바이트를 마친 후 NCS 공부를 하기 위해 스터디를 2시간 동안 한다.

① 비공식적이면서 소규모조직에서 3시간 있었다.
② 공식조직에서 9시간 있었다.
③ 비영리조직이면서 대규모조직에서 5시간 있었다.
④ 영리조직에서 2시간 있었다.
⑤ 비공식적이면서 비영리조직에서 3시간 있었다.

**02** 다음 중 K사가 해외 시장 개척을 앞두고 기존의 조직 구조를 개편할 경우, 추가해야 할 조직으로 적절하지 않은 것은?

> K사는 몇 년 전부터 자체 기술로 개발한 제품의 판매 호조로 인해 기대 이상의 수익을 창출하게 되었다. 경쟁 업체들이 모방할 수 없는 독보적인 기술력을 앞세워 국내 시장을 공략한 결과, 이미 더 이상의 국내 시장 경쟁자들은 없다고 할 만큼 탄탄한 시장 점유율을 확보하였다. 이러한 K사의 사장은 올 초부터 해외 시장 진출의 꿈을 갖고 필요한 자료를 수집하기 시작하였다. 충분한 자금력을 확보한 K사는 우선 해외 부품 공장을 인수한 후 현지에 생산 기지를 건설하여 국내에서 생산되는 물량의 절반 정도를 현지로 이전하여 생산하고, 이를 통한 물류비 절감으로 주변국들부터 시장을 넓혀가겠다는 야심찬 계획을 가지고 있다. 한국 본사에서는 내년까지 4 ~ 5곳의 해외 거래처를 더 확보하여 지속적인 해외 시장 개척에 매진한다는 중장기 목표를 대내외에 천명해 둔 상태이다.

① 해외관리팀               ② 기업회계팀
③ 외환업무팀               ④ 국제법무팀
⑤ 통관물류팀

**03** 조직 구조의 형태 중 사업별 조직 구조는 제품이나 고객별로 부서를 구분한다. 다음 중 사업별 조직 구조의 형태로 적절하지 않은 것은?

**04** 새로운 조직 개편 기준에 따라 다음에 제시된 조직도 (가)를 조직도 (나)로 변경하려고 한다. 조직도 (나)의 빈칸에 들어갈 팀으로 적절하지 않은 것은?

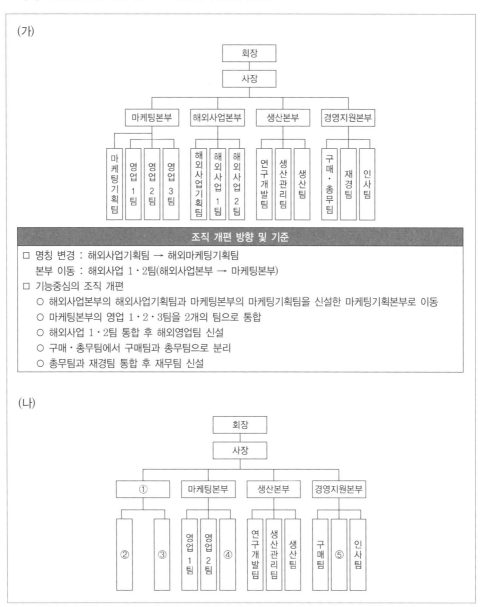

① 마케팅기획본부          ② 해외마케팅기획팀

③ 영업 3팀          ④ 해외영업팀

⑤ 재무팀

# 03 업무 종류

## | 유형분석 |

- 부서별 주요 업무에 대해 묻는 문제이다.
- 부서별 특징과 담당 업무에 대한 이해가 필요하다.

다음 상황에서 팀장의 지시를 적절히 수행하기 위하여 오대리가 거쳐야 할 부서명을 순서대로 바르게 나열한 것은?

> 오대리, 내가 내일 출장 준비 때문에 무척 바빠서 그러는데 자네가 좀 도와줘야 할 것 같군. 우선 박비서한테 가서 오후 사장님 회의 자료를 좀 가져다 주게나. 오는 길에 지난주 기자단 간담회 자료 정리가 되었는지 확인해 보고 완료됐으면 한 부 챙겨 오고. 다음 주에 승진자 발표가 있을 것 같은데 우리 팀 승진 대상자 서류가 잘 전달되었는지 그것도 확인 좀 해 줘야겠어. 참, 오후에 바이어가 내방하기로 되어 있는데 공항 픽업 준비는 잘 해 두었지? 배차 예약 상황도 다시 한 번 점검해 봐야 할 거야. 그럼 수고 좀 해 주게.

① 기획팀 – 홍보팀 – 총무팀 – 경영관리팀
② 비서실 – 홍보팀 – 인사팀 – 총무팀
③ 인사팀 – 법무팀 – 총무팀 – 기획팀
④ 경영관리팀 – 법무팀 – 총무팀 – 인사팀
⑤ 회계팀 – 경영관리팀 – 인사팀 – 총무팀

**정답** ②

우선 박비서에게 회의 자료를 받아와야 하므로 비서실을 들러야 한다. 다음으로 기자단 간담회는 대외 홍보 및 기자단 상대 업무를 맡은 홍보팀에서 자료를 정리할 것이므로 홍보팀을 거쳐야 한다. 또한, 승진자 인사 발표 소관 업무는 인사팀이 담당한다고 볼 수 있으며, 회사의 차량 배차에 대한 업무는 총무팀과 같은 지원부서의 업무로 보는 것이 적절하다.

### 풀이 전략!

조직은 목적의 달성을 위해 업무를 효과적으로 분배하고 처리할 수 있는 구조를 확립해야 한다. 조직의 목적이나 규모에 따라 업무의 종류는 다양하지만, 대부분의 조직에서는 총무, 인사, 기획, 회계, 영업으로 부서를 나누어 업무를 담당하고 있다. 따라서 5가지 업무 종류에 대해서는 미리 숙지해야 한다.

**01** 다음 〈보기〉 중 업무배정에 대한 설명으로 적절하지 않은 것을 모두 고르면?

> **보기**
> ㄱ. 조직의 업무는 반드시 사전에 직책에 따라 업무분장이 이루어진 대로 수행되어야 한다.
> ㄴ. 근속연수는 구성원 개인이 조직 내에서 책임을 수행하고 권한을 행사하는 기반이 된다.
> ㄷ. 동시간대에 수행하여야 하는 업무들은 하나의 업무로 통합하여 수행하는 것이 효율적이다.
> ㄹ. 직위에 따라 수행해야 할 일정 업무가 할당되고, 그 업무를 수행하는 데 필요한 권한과 책임이 부여된다.

① ㄱ, ㄴ          ② ㄱ, ㄷ

③ ㄴ, ㄷ          ④ ㄴ, ㄹ

⑤ ㄴ, ㄷ, ㄹ

**02** 다음을 보고 A사원이 처리할 첫 업무와 마지막 업무를 바르게 나열한 것은?

> A씨, 우리 팀이 준비하는 프로젝트가 마무리 단계인 건 알고 있죠? 이제 곧 그동안 진행해 온 팀 프로젝트를 발표해야 하는데 A씨가 발표자로 선정되어서 몇 가지 말씀드릴 게 있어요. 9월 둘째 주 월요일 오후 4시에 발표를 할 예정이니 그 시간에 비어있는 회의실을 찾아보고 예약해 주세요. 오늘이 벌써 첫째 주 수요일이네요. 보통 일주일 전에는 예약해야 하니 최대한 빨리 확인하고 예약해 주셔야 합니다. 또 발표 내용을 PPT 파일로 만들어서 저한테 메일로 보내 주세요. 검토 후 수정사항을 회신할 테니 반영해서 최종본 내용을 브로슈어에 넣어 주세요. 최종본 내용을 모두 입력하면 디자인팀 D대리님께 파일을 넘겨줘야 해요. 디자인팀에서 작업 후 인쇄소로 보낼 겁니다. 최종 브로슈어는 1층 인쇄소에서 받아오시면 되는데 원래는 한나절이면 찾을 수 있지만 이번에 인쇄 주문 건이 많아서 다음 주 월요일에 찾을 수 있을 거예요. 아, 그리고 브로슈어 내용 정리 전에 작년에 프로젝트 발표자였던 B주임에게 물어보면 어떤 식으로 작성해야 할지 이야기해 줄 거예요.

① PPT 작성 – D대리에게 파일 전달

② 회의실 예약 – B주임에게 조언 구하기

③ 회의실 예약 – 인쇄소 방문

④ B주임에게 조언 구하기 – 인쇄소 방문

⑤ 회의실 예약 – D대리에게 파일 전달

**03** 직무전결 규정상 전무이사가 전결인 '과장의 국내출장 건'의 결재를 시행하고자 한다. 박기수 전무이사가 해외출장으로 인해 부재중이어서 직무대행자인 최수영 상무이사가 결재하였다. 〈보기〉 중 적절하지 않은 것을 모두 고르면?

> **보기**
>
> ㄱ. 최수영 상무이사가 결재한 것은 전결이다.
> ㄴ. 공문의 결재표상에는 '과장 최경옥, 부장 김석호, 상무이사 전결, 전무이사 최수영'이라고 표시되어 있다.
> ㄷ. 박기수 전무이사가 출장에서 돌아와서 해당 공문을 검토하는 것은 후결이다.

① ㄱ

② ㄷ

③ ㄱ, ㄴ

④ ㄴ, ㄷ

⑤ ㄱ, ㄴ, ㄷ

**04** 다음은 최팀장이 김사원에게 남긴 음성메시지이다. 김사원이 가장 먼저 처리해야 할 일로 옳은 것은?

> 지금 업무 때문에 밖에 나와 있는데, 전화를 안 받아서 음성메시지 남겨요. 내가 중요한 서류를 안 가져왔어요. 미안한데 점심시간에 서류 좀 갖다 줄 수 있어요? 아, 그리고 이팀장한테 퇴근 전에 전화 좀 달라고 해 줘요. 급한 건 아닌데 확인할 게 있어서 그래요. 나는 오늘 여기서 퇴근할 거니까 회사로 연락 오는 거 있으면 정리해서 오후에 알려 주고. 오전에 박과장이 문의사항이 있어서 방문하기로 했으니까 응대 잘 할 수 있도록 해요. 박과장이 문의한 사항은 관련 서류 정리해서 내 책상에 두었으니까 미리 읽어 보고 궁금한 사항 있으면 연락 주세요.

① 박과장 응대하기

② 최팀장에게 서류 갖다 주기

③ 회사로 온 연락 최팀장에게 알려 주기

④ 이팀장에게 전화달라고 전하기

⑤ 최팀장 책상의 서류 읽어 보기

**05** 다음은 K회사의 신제품 관련 회의가 끝난 후 작성된 회의록이다. 이를 이해한 내용으로 적절하지 않은 것은?

| 회의일시 | 2024. ○. ○ | 부서 | 홍보팀, 영업팀, 기획팀 |
|---|---|---|---|
| 참석자 | 홍보팀 팀장, 영업팀 팀장, 기획팀 팀장 | | |
| 회의안건 | 신제품 홍보 및 판매 방안 | | |
| 회의내용 | – 경쟁 업체와 차별화된 마케팅 전략 필요<br>– 적극적인 홍보 및 판매 전략 필요<br>– 대리점 실적 파악 및 소비자 반응 파악 필요<br>– 홍보팀 업무 증가에 따라 팀원 보충 필요 | | |
| 회의결과 | – 홍보용 보도 자료 작성 및 홍보용 사은품 구매 요청<br>– 대리점별 신제품 판매량 조사 실시<br>– 마케팅 기획안 작성 및 공유<br>– 홍보팀 경력직 채용 공고 | | |

① 이번 회의안건은 여러 팀의 협업이 필요한 사안이다.

② 기획팀은 마케팅 기획안을 작성하고, 이를 다른 팀과 공유해야 한다.

③ 홍보팀 팀장은 경력직 채용 공고와 관련하여 인사팀에 업무협조를 요청해야 한다.

④ 대리점의 신제품 판매량 조사는 소비자들의 반응을 파악하기 위한 것이다.

⑤ 영업팀은 홍보용 보도 자료를 작성하고, 홍보용 사은품을 구매해야 한다.

# CHAPTER 03

# 문제해결능력

## 합격 Cheat Key

문제해결능력은 업무를 수행하면서 여러 가지 문제 상황이 발생하였을 때, 창의적이고 논리적인 사고를 통하여 이를 올바르게 인식하고 적절히 해결하는 능력으로, 하위 능력에는 사고력과 문제처리능력이 있다.

문제해결능력은 NCS 기반 채용을 진행하는 대다수의 공사·공단에서 채택하고 있으며, 다양한 자료와 함께 출제되는 경우가 많아 어렵게 느껴질 수 있다. 특히, 난이도가 높은 문제로 자주 출제되기 때문에 다른 영역보다 더 많은 노력이 필요할 수는 있지만 그렇기에 차별화를 할 수 있는 득점 영역이므로 포기하지 말고 꾸준하게 노력해야 한다.

### 1 질문의 의도를 정확하게 파악하라!

문제해결능력은 문제에서 무엇을 묻고 있는지 정확하게 파악하여 먼저 풀이 방향을 설정하는 것이 가장 효율적인 방법이다. 특히, 조건이 주어지고 답을 찾는 창의적·분석적인 문제가 주로 출제되고 있기 때문에 처음에 정확한 풀이 방향이 설정되지 않는다면 문제를 제대로 풀지 못하게 되므로 첫 번째로 출제 의도 파악에 집중해야 한다.

## 2  중요한 정보는 반드시 표시하라!

출제 의도를 정확히 파악하기 위해서는 문제의 중요한 정보를 반드시 표시하거나 메모하여 하나의 조건, 단서도 잊고 넘어가는 일이 없도록 해야 한다. 실제 시험에서는 시간의 압박과 긴장감으로 정보를 잘못 적용하거나 잊어버리는 실수가 많이 발생하므로 사전에 충분한 연습이 필요하다.

## 3  반복 풀이를 통해 취약 유형을 파악하라!

문제해결능력은 특히 시간관리가 중요한 영역이다. 따라서 정해진 시간 안에 고득점을 할 수 있는 효율적인 문제 풀이 방법을 찾아야 한다. 이때, 반복적인 문제 풀이를 통해 자신이 취약한 유형을 파악하는 것이 중요하다. 정확하게 풀 수 있는 문제부터 빠르게 풀고 취약한 유형은 나중에 푸는 효율적인 문제 풀이를 통해 최대한 고득점을 맞는 것이 중요하다.

| 유형분석 |

- 주어진 문장을 토대로 논리적으로 추론하여 참 또는 거짓을 구분하는 문제이다.
- 대체로 연역추론을 활용한 명제 문제가 출제된다.
- 자료를 제시하고 새로운 결과나 자료에 주어지지 않은 내용을 추론해 가는 형식의 문제가 출제된다.

아마추어 야구 리그에서 활동하는 A ~ D팀은 빨간색, 노란색, 파란색, 보라색 중에서 매년 상징하는 색을 바꾸고 있다. 다음 〈조건〉을 참고할 때, 반드시 참인 것은?

조건

- 하나의 팀은 하나의 상징색을 갖는다.
- 이전에 사용했던 상징색을 다시 사용할 수는 없다.
- A팀과 B팀은 빨간색을 사용한 적이 있다.
- B팀과 C팀은 보라색을 사용한 적이 있다.
- D팀은 노란색을 사용한 적이 있고, 파란색을 선택하였다.

① A팀은 파란색을 사용한 적이 있어 다른 색을 골라야 한다.
② A팀의 상징색은 노란색이 될 것이다.
③ C팀은 파란색을 사용한 적이 있을 것이다.
④ C팀의 상징색은 빨간색이 될 것이다.
⑤ D팀은 보라색을 사용한 적이 있다.

정답  ④

D팀은 파란색을 선택하였으므로 보라색을 사용하지 않고, B팀과 C팀도 보라색을 사용한 적이 있으므로 A팀은 보라색을 선택한다. B팀은 빨간색을 사용한 적이 있고, 파란색과 보라색은 사용할 수 없으므로 노란색을 선택한다. C팀은 나머지 빨간색을 선택한다.

| A팀 | B팀 | C팀 | D팀 |
| --- | --- | --- | --- |
| 보라색 | 노란색 | 빨간색 | 파란색 |

따라서 항상 참인 것은 ④이다.

오답분석

① · ③ · ⑤ 주어진 조건만으로는 판단하기 힘들다.
② A팀의 상징색은 보라색이다.

풀이 전략!

명제와 관련한 기본적인 논법에 대해서는 미리 학습해 두며, 이를 바탕으로 각 문장에 있는 핵심단어 또는 문구를 기호화하여 정리한 후, 선택지와 비교하여 참 또는 거짓을 판단한다.

**01** 국제영화제 행사에 참석한 K는 A ~ F영화를 다음 〈조건〉에 맞춰 5월 1일부터 5월 6일까지 하루에 한 편씩 보려고 한다. 이때 반드시 참인 것은?

> **조건**
> • F영화는 3일과 4일 중 하루만 상영된다.
> • D영화는 C영화가 상영된 날 이틀 후에 상영된다.
> • B영화는 C, D영화보다 먼저 상영된다.
> • 첫째 날 B영화를 본다면, 5일에 반드시 A영화를 본다.

① A영화는 C영화보다 먼저 상영될 수 없다.
② C영화는 E영화보다 먼저 상영된다.
③ D영화는 5일이나 폐막작으로 상영될 수 없다.
④ B영화는 1일 또는 2일에 상영된다.
⑤ E영화는 개막작이나 폐막작으로 상영된다.

**02** 다음 〈조건〉에 따라 교육부, 행정안전부, 보건복지부, 농림축산식품부, 외교부 및 국방부에 대한 국정감사 순서를 정한다고 할 때, 반드시 참인 것은?

> **조건**
> • 행정안전부에 대한 감사는 농림축산식품부와 외교부에 대한 감사 사이에 한다.
> • 국방부에 대한 감사는 보건복지부와 농림축산식품부에 대한 감사보다 늦게 시작되지만, 외교부에 대한 감사보다 먼저 시작되어야 한다.
> • 교육부에 대한 감사는 아무리 늦어도 보건복지부 또는 농림축산식품부 중 적어도 어느 한 부서에 대한 감사보다는 먼저 시작되어야 한다.
> • 보건복지부는 농림축산식품부보다 먼저 감사를 시작한다.

① 교육부는 첫 번째 또는 두 번째에 감사를 시작한다.
② 보건복지부는 두 번째로 감사를 시작한다.
③ 농림축산식품부보다 늦게 감사를 받는 부서의 수가 일찍 받는 부서의 수보다 적다.
④ 국방부는 행정안전부보다 감사를 일찍 시작한다.
⑤ 외교부보다 늦게 감사를 받는 부서가 있다.

**03** K베이커리에서는 A ~ D단체에 우유식빵, 밤식빵, 옥수수식빵, 호밀식빵을 다음 〈조건〉에 따라 한 종류씩 납품하려고 한다. 이때 반드시 참인 것은?

> **조건**
> • 이전에 납품했던 종류의 빵은 다시 납품할 수 없다.
> • 우유식빵과 밤식빵은 A에 납품된 적이 있다.
> • 옥수수식빵과 호밀식빵은 C에 납품된 적이 있다.
> • 옥수수식빵은 D에 납품된다.

① 우유식빵은 B에 납품된 적이 있다.
② 옥수수식빵은 A에 납품된 적이 있다.
③ 호밀식빵은 A에 납품될 것이다.
④ 우유식빵은 C에 납품된 적이 있다.
⑤ 호밀식빵은 D에 납품된 적이 있다.

**04** K대학교의 기숙사에 거주하는 A ~ D는 1층부터 4층에 매년 새롭게 방을 배정받고 있으며, 올해도 방을 배정받는다. 다음 〈조건〉을 참고할 때, 반드시 참인 것은?

> **조건**
> • 한 번 배정받은 층에는 다시 배정받지 않는다.
> • A와 D는 2층에 배정받은 적이 있다.
> • B와 C는 3층에 배정받은 적이 있다.
> • A와 B는 1층에 배정받은 적이 있다.
> • A, B, D는 4층에 배정받은 적이 있다.

① C는 4층에 배정될 것이다.
② D는 3층에 배정받은 적이 있다.
③ C는 1층에 배정받은 적이 있다.
④ C는 2층에 배정받은 적이 있다.
⑤ 기숙사에 3년 이상 산 사람은 A밖에 없다.

**05** A ~ E사원이 강남, 여의도, 상암, 잠실, 광화문 다섯 지역에 각각 출장을 간다. 다음 대화에서 1명은 거짓말을 하고 나머지 4명은 진실을 말하고 있을 때, 반드시 거짓인 것은?

> A : B는 상암으로 출장을 가지 않는다.
> B : D는 강남으로 출장을 간다.
> C : B는 진실을 말하고 있다.
> D : C는 거짓말을 하고 있다.
> E : C는 여의도, A는 잠실로 출장을 간다.

① A사원은 광화문으로 출장을 가지 않는다.
② B사원은 여의도로 출장을 가지 않는다.
③ C사원은 강남으로 출장을 가지 않는다.
④ D사원은 잠실로 출장을 가지 않는다.
⑤ E사원은 상암으로 출장을 가지 않는다.

PART 1

**06** 어느 호텔 라운지에 둔 화분이 투숙자 중 1명에 의해 깨진 사건이 발생했다. 이 호텔에는 갑, 을, 병, 정, 무 5명의 투숙자가 있었으며, 각 투숙자는 다음과 같이 진술하였다. 5명의 투숙자 중 4명은 진실을 말하고 1명이 거짓말을 하고 있다면, 거짓말을 하고 있는 사람은 누구인가?

> 갑 : '을'은 화분을 깨뜨리지 않았다.
> 을 : 화분을 깨뜨린 사람은 '정'이다.
> 병 : 내가 깨뜨렸다.
> 정 : '을'의 말은 거짓말이다.
> 무 : 나는 깨뜨리지 않았다.

① 갑                    ② 을
③ 병                    ④ 정
⑤ 무

## | 유형분석 |

- 주어진 상황과 규칙을 종합적으로 활용하여 풀어 가는 문제이다.
- 일정, 비용, 순서 등 다양한 내용을 다루고 있어 유형을 한 가지로 단일화하기 어렵다.

갑은 다음 규칙을 참고하여 알파벳을 숫자로 변환하고자 한다. 규칙을 적용한 〈보기〉의 ㉠ ~ ㉣ 알파벳에 부여된 숫자의 규칙에 따를 때, 알파벳 Z에 해당하는 각각의 자연수를 모두 더한 값은?

〈규칙〉

① 알파벳 'A'부터 'Z'까지 순서대로 자연수를 부여한다.

　예 A=2라고 하면 B=3, C=4, D=5이다.

② 단어의 음절에 같은 알파벳이 연속되는 경우 ①에서 부여한 숫자를 알파벳이 연속되는 횟수만큼 거듭제곱한다.

　예 A=2이고 단어가 'AABB'이면 AA는 '$2^2$'이고, BB는 '$3^2$'이므로 '49'로 적는다.

보기

㉠ AAABBCC는 100000010200110404로 변환된다.

㉡ CDFE는 3465로 변환된다.

㉢ PJJYZZ는 1712126729로 변환된다.

㉣ QQTSR은 625282726으로 변환된다.

① 154　　　　　　　　　　　　② 176

③ 199　　　　　　　　　　　　④ 212

⑤ 234

정답　④

㉠ A=100, B=101, C=102이다. 따라서 Z=125이다.

㉡ C=3, D=4, E=5, F=6이다. 따라서 Z=26이다.

㉢ P가 17임을 볼 때, J=11, Y=26, Z=27이다.

㉣ Q=25, R=26, S=27, T=28이다. 따라서 Z=34이다.

따라서 Z에 해당하는 값을 모두 더하면 125+26+27+34=212이다.

**풀이 전략!**

문제에 제시된 조건이나 규칙을 정확히 파악한 후, 선택지나 상황에 적용하여 문제를 풀어 나간다.

**01** 다음은 도서코드(ISBN)에 대한 자료이다. 주문한 도서에 대한 설명으로 옳은 것은?

### 〈도서코드(ISBN) 예시〉

| 국제표준도서번호 | | | | | 부가기호 | | |
|---|---|---|---|---|---|---|---|
| 접두부 | 국가번호 | 발행자번호 | 서명식별번호 | 체크기호 | 독자대상 | 발행형태 | 내용분류 |
| 123 | 12 | 1234567 | | 1 | 1 | 1 | 123 |

※ 국제표준도서번호는 5개의 군으로 나누어지고 군마다 '-'로 구분한다.

### 〈도서코드(ISBN) 세부사항〉

| 접두부 | 국가번호 | 발행자번호 | 서명식별번호 | 체크기호 |
|---|---|---|---|---|
| 978 또는 979 | 한국 89<br>미국 05<br>중국 72<br>일본 40<br>프랑스 22 | 발행자번호 – 서명식별번호<br>7자리 숫자<br>예 8491 – 208 : 발행자번호가 8491번인<br>출판사에서 208번째 발행한 책 | | 0 ~ 9 |

| 독자대상 | 발행형태 | 내용분류 |
|---|---|---|
| 0 교양<br>1 실용<br>2 여성<br>3 (예비)<br>4 청소년<br>5 중·고등 학습참고서<br>6 초등 학습참고서<br>7 아동<br>8 (예비)<br>9 전문 | 0 문고본<br>1 사전<br>2 신서판<br>3 단행본<br>4 전집<br>5 (예비)<br>6 도감<br>7 그림책, 만화<br>8 혼합자료, 점자자료, 전자책,<br>마이크로자료<br>9 (예비) | 030 백과사전<br>100 철학<br>170 심리학<br>200 종교<br>360 법학<br>470 생명과학<br>680 연극<br>710 한국어<br>770 스페인어<br>740 영미문학<br>720 유럽사 |

### 〈주문도서〉

978 – 05 – 441 – 1011 – 314710

① 한국에서 출판한 도서이다.

② 441번째 발행된 도서이다.

③ 발행자번호는 총 7자리이다.

④ 한 권으로만 출판되지는 않았다.

⑤ 한국어로 되어 있다.

**02** K공사는 철도사고가 발생했을 경우 안전하고 신속한 대응태세를 확립하기 위한 비상대응훈련을 실시하고 있다. 이에 따라 철도사고의 종류, 형태, 대상, 위치를 고려하여 비상사고 유형을 분류하고, 이를 코드화하였다. 〈보기〉에 따라 비상대응훈련을 했을 때, 중앙관제센터에 비상사고 코드를 잘못 전송한 것은?

〈비상사고 유형 분류〉

| 철도사고 종류 | 철도사고 형태 | 철도사고 대상 | 철도사고 위치 |
|---|---|---|---|
| 충돌사고(C) | 1. 열차 정면충돌 | 1. 전동열차<br>2. 고속열차<br>3. 여객열차<br>4. 여객·위험물 수송열차<br>5. 시설·전기분야 | 1. 역내<br>2. 본선구간<br>3. 터널<br>4. 교량 |
| 충돌사고(C) | 2. 열차 추돌 | | |
| 충돌사고(C) | 3. 열차 측면충돌 | | |
| 탈선사고(R) | 1. 열차 탈선 | | |
| 화재사고(F) | 1. 열차화재 | | |
| 화재사고(F) | 2. 차량화재 | | |
| 화재사고(F) | 3. 역사화재 | | |
| 위험물(H) | 1. 화학공업(유류) | | |
| 위험물(H) | 2. 화약류(화약, 폭약, 화공품) | | |
| 위험물(H) | 3. 산류(황산 등) | | |
| 위험물(H) | 4. 가스류(압축·액화가스) | | |
| 위험물(H) | 5. 가연성 물질(액체·고체류) | | |
| 위험물(H) | 6. 산화부식제 | | |
| 위험물(H) | 7. 독물류(방사능물질, 휘산성) | | |
| 위험물(H) | 8. 특별취급 화공품(타르류 등) | | |
| 자연재해(N) | 1. 침수(노반 유실) | | |
| 자연재해(N) | 2. 강설 | | |
| 자연재해(N) | 3. 지진 | | |
| 테러(T) | 1. 독가스 테러 | | |
| 테러(T) | 2. 폭발물 테러 | | |
| 테러(T) | 3. 생화학(탄저균) 테러 | | |
| 차량 및 시설 장애(I) | 1. 차량 고장 및 장애 | | |
| 차량 및 시설 장애(I) | 2. 시설 고장 및 장애 | | |
| 차량 및 시설 장애(I) | 3. 전기 고장 및 장애 | | |

〈비상사고 코드화〉

| 구분 | 철도사고 종류 | 철도사고 형태 | 철도사고 대상 | 철도사고 위치 |
|---|---|---|---|---|
| 사용문자 | 알파벳 문자 | 숫자 | 숫자 | 숫자 |
| 표기방법 | C : 충돌사고<br>R : 탈선사고<br>F : 화재사고<br>H : 위험물<br>N : 자연재해<br>T : 테러<br>I : 차량 및 시설장해 | 세부적인 사고 유형을<br>오름차순 숫자로 표현 | 1. 전동열차<br>2. 고속열차<br>3. 여객열차<br>4. 여객·위험물 열차<br>5. 시설·전기분야 | 1. 역내<br>2. 본선구간<br>3. 터널<br>4. 교량 |

(가) 사고 상황 : ○○터널 내 여객열차 폭발물 테러
(나) 사고 상황 : ○○터널 내 여객열차 탈선
(다) 사고 상황 : ○○터널 내 여객열차 화재
(라) 사고 상황 : ○○터널 내 황산 수송열차 누출 발생
(마) 사고 상황 : 여객열차 본선구간 폭우로 인한 선로 침수로 노반 유실 발생

① (가) : T233　　　　　　　　　　② (나) : R133
③ (다) : F133　　　　　　　　　　④ (라) : H343
⑤ (마) : N134

**03**　다음 〈조건〉을 근거로 〈보기〉를 계산한 값은?

**조건**

연산자 A, B, C, D는 다음과 같이 정의한다.
- A : 좌우에 있는 두 수를 더한다. 단, 더한 값이 10 미만이면 좌우에 있는 두 수를 곱한다.
- B : 좌우에 있는 두 수 가운데 큰 수에서 작은 수를 뺀다. 단, 두 수가 같거나 뺀 값이 10 미만이면 두 수를 곱한다.
- C : 좌우에 있는 두 수를 곱한다. 단, 곱한 값이 10 미만이면 좌우에 있는 두 수를 더한다.
- D : 좌우에 있는 두 수 가운데 큰 수를 작은 수로 나눈다. 단, 두 수가 같거나 나눈 값이 10 미만이면 두 수를 곱한다.
※ 연산은 '( )', '[ ]'의 순으로 한다.

**보기**

$$[(1A5)B(3C4)]D6$$

① 10　　　　　　　　　　② 12
③ 90　　　　　　　　　　④ 210
⑤ 360

※ 김대리는 사내 메신저의 보안을 위해 암호화 규칙을 만들어 동료들과 대화하기로 하였다. 이어지는 질문에 답하시오. [4~5]

---

〈암호화 규칙〉

- 한글 자음은 사전 순서에 따라 바로 뒤의 한글 자음으로 변환한다.
  예 ㄱ → ㄴ … ㅎ → ㄱ
- 쌍자음의 경우 자음 두 개로 풀어 표기한다.
  예 ㄲ → ㄴㄴ
- 한글 모음은 사전 순서에 따라 알파벳 a, b, c …로 변환한다.
  예 ㅏ → a, ㅐ → b … ㅢ → t, ㅣ → u
- 겹받침의 경우 풀어 표기한다.
  예 맑다 → ㅂaㅁㄴㄹa
- 공백은 0으로 표현한다.

---

**04** 메신저를 통해 김대리가 오늘 점심 메뉴로 'ㄴuㅂㅋuㅊㅊuㄴb'를 먹자고 했을 때, 김대리가 말한 메뉴는?

① 김치김밥
② 김치찌개
③ 계란말이
④ 된장찌개
⑤ 부대찌개

**05** 김대리는 이번 주 금요일에 사내 워크숍에서 사용할 조별 구호를 '존중과 배려'로 결정하였고, 메신저를 통해 조원들에게 알리려고 한다. 다음 중 김대리가 전달할 구호를 암호화 규칙에 따라 바르게 변환한 것은?

① ㅊiㄷㅊuㅈㄴjㅅbㅁg
② ㅊiㄷㅊnㅈㄴjㅅbㅁg
③ ㅊiㄷㅊnㅈㄴj0ㅅbㅁg
④ ㅊiㄷㅊnㅈㄴia0ㅅbㅁg
⑤ ㅊiㄷㅊuㅈㄴia0ㅅbㅁg

**06** K제품을 운송하는 A씨는 업무상 편의를 위해 고객의 주문 내역을 임의의 기호로 기록하고 있다. 다음과 같은 주문전화가 왔을 때, A씨가 기록한 기호로 옳은 것은?

| 〈임의기호〉 | | | | |
|---|---|---|---|---|
| 재료 | 연강 | 고강도강 | 초고강도강 | 후열처리강 |
| | MS | HSS | AHSS | PHTS |
| 판매량 | 낱개 | 1묶음 | 1box | 1set |
| | 01 | 10 | 11 | 00 |
| 지역 | 서울 | 경기남부 | 경기북부 | 인천 |
| | E | S | N | W |
| 윤활유 사용 | 청정작용 | 냉각작용 | 윤활작용 | 밀폐작용 |
| | P | C | I | S |
| 용도 | 베어링 | 스프링 | 타이어코드 | 기계구조 |
| | SB | SS | ST | SM |

※ A씨는 [재료] – [판매량] – [지역] – [윤활유 사용] – [용도]의 순서로 기호를 기록한다.

〈주문전화〉

B씨 : 어이~ A씨. 나야, 나. 인천 지점에서 같이 일했던 B. 내가 필요한 것이 있어서 전화했어. 일단 서울 지점의 C씨가 스프링으로 사용할 제품이 필요하다고 하는데 한 박스 정도면 될 것 같아. 이전에 주문했던 대로 연강에 윤활용으로 윤활유 사용한 제품으로 부탁하네. 나는 이번에 경기도 남쪽으로 가는데 거기에 있는 내 사무실 알지? 거기로 초고강도강 타이어코드 용으로 1세트 보내줘. 밀폐용으로 윤활유 사용한 제품으로 부탁해. 저번에 냉각용으로 사용한 제품은 생각보다 좋진 않았어.

① MS11EISB, AHSS00SSST

② MS11EISS, AHSS00SSST

③ MS11EISS, HSS00SSST

④ MS11WISS, AHSS10SSST

⑤ MS11EISS, AHSS00SCST

# 03 SWOT 분석

## | 유형분석 |

• 상황에 대한 환경 분석결과를 통해 주요 과제를 도출하는 문제이다.
• 주로 3C 분석 또는 SWOT 분석을 활용한 문제들이 출제되고 있으므로 해당 분석도구에 대한 사전 학습이 요구된다.

다음은 중국의 셰일 가스 개발에 대한 SWOT 분석 결과이다. 약점 요인에서 ㉠에 들어갈 내용으로 적절하지 않은 것은?

### 〈셰일 가스 개발 SWOT 분석 결과〉

| S(강점) | W(약점) |
| --- | --- |
| • 중국의 셰일 가스 잠재량과 매장량은 미국보다 많음<br>• 중국의 셰일 층은 두껍고 많은 가스를 함유해 장기간의 안정적인 가스 생산 가능<br>• 셰일 가스는 석탄 등 다른 연료보다 탄소 배출량이 훨씬 낮음 | • 시추 작업에 막대한 양의 물이 소모되는데, 폐수로 인한 지하수 오염 등의 환경 파괴를 초래할 수 있어 폐수 정화·재활용 기술 개발이 시급함<br>• ＿＿＿＿＿＿＿㉠＿＿＿＿＿＿＿ |
| O(기회) | T(위협) |
| • 중국 정부의 셰일 가스 개발계획 공포<br>• 중국은 세계적인 에너지 소비국이며, 향후 에너지 수요는 지속적인 증가 예상<br>• 중국 정부는 시장 경쟁을 촉진하기 위해 셰일 가스 광업권의 독점을 금지하며, 외국 자본 등의 참여를 허용함 | • 복잡한 지질학적 조건으로 인한 가채자원량의 급감 가능성<br>• 셰일 가스의 탐사·개발을 지원하는 장려 정책 등 시스템의 부재 |

① 중국은 파이프라인 네트워크와 전문 노동자 등 인프라가 부족함
② 중국에서 장비·시설·인력 개발 및 채굴 등에 소모되는 비용이 높음
③ 셰일 가스 개발에 대한 제한적인 투자 및 파이프라인 등 관련 인프라의 미비
④ 시추 등 중국의 핵심 기술 수준은 미국 등의 경쟁국보다 상대적으로 낮은 수준임
⑤ 시추 과정에서 배출되는 메탄 가스는 온실가스로 중국의 평균기온을 높일 수 있음

**정답** ③

약점은 목표 달성을 저해하는 내부적 요인, 위협은 목표 달성을 저해하는 외부적 요인을 뜻한다. 제한적인 투자는 개발 가능성을 희박하게 만드는 외부적 요인이며, 인프라의 미비 또한 개발·활용 등 셰일 가스 산업의 발전을 제한하고 시장의 성장을 가로막는 외부적 요인이다. 따라서 제한적인 투자와 관련 인프라의 미비는 약점(W) 요인이 아니라 위협(T) 요인에 해당하는 내용이다.

### 풀이 전략!

문제에 제시된 분석도구를 확인한 후, 분석결과를 종합적으로 판단하여 각 선택지의 전략 과제와 일치 여부를 판단한다.

**01** 레저용 차량을 생산하는 K기업에 대한 다음의 SWOT 분석 결과를 참고할 때, 〈보기〉 중 각 전략에 따른 대응으로 적절한 것을 모두 고르면?

SWOT 분석은 조직의 외부환경 분석을 통해 기회와 위협 요인을 파악하고, 조직의 내부 역량 분석을 통해서 조직의 강점과 약점을 파악하여, 이를 토대로 강점은 최대화하고 약점은 최소화하며, 기회는 최대한 활용하고 위협에는 최대한 대처하는 전략을 세우기 위한 분석 방법이다.

〈SWOT 분석 매트릭스〉

| 구분 | 강점(Strength) | 약점(Weakness) |
|---|---|---|
| 기회(Opportunity) | SO전략 : 공격적 전략<br>강점으로 기회를 살리는 전략 | WO전략 : 방향전환 전략<br>약점을 보완하여 기회를 살리는 전략 |
| 위협(Threat) | ST전략 : 다양화 전략<br>강점으로 위협을 최소화하는 전략 | WT전략 : 방어적 전략<br>약점을 보완하여 위협을 최소화하는 전략 |

〈K기업의 SWOT 분석 결과〉

| 강점(Strength) | 약점(Weakness) |
|---|---|
| • 높은 브랜드 이미지・평판<br>• 훌륭한 서비스와 판매 후 보증수리<br>• 확실한 거래망, 딜러와의 우호적인 관계<br>• 막대한 R&D 역량<br>• 자동화된 공장<br>• 대부분의 차량 부품 자체 생산 | • 한 가지 차종에만 집중<br>• 고도의 기술력에 대한 과도한 집중<br>• 생산설비에 막대한 투자 → 차량모델 변경의 어려움<br>• 한 곳의 생산 공장만 보유<br>• 전통적인 가족형 기업 운영 |
| 기회(Opportunity) | 위협(Threat) |
| • 소형 레저용 차량에 대한 수요 증대<br>• 새로운 해외시장의 출현<br>• 저가형 레저용 차량에 대한 선호 급증 | • 휘발유의 부족 및 가격의 급등<br>• 레저용 차량 전반에 대한 수요 침체<br>• 다른 회사들과의 경쟁 심화<br>• 차량 안전 기준의 강화 |

**보기**

ㄱ. ST전략 : 기술개발을 통하여 연비를 개선한다.
ㄴ. SO전략 : 대형 레저용 차량을 생산한다.
ㄷ. WO전략 : 규제강화에 대비하여 보다 안전한 레저용 차량을 생산한다.
ㄹ. WT전략 : 생산량 감축을 고려한다.
ㅁ. WO전략 : 국내 다른 지역이나 해외에 공장들을 분산 설립한다.
ㅂ. ST전략 : 경유용 레저 차량 생산을 고려한다.
ㅅ. SO전략 : 해외 시장 진출보다는 내수 확대에 집중한다.

① ㄱ, ㄴ, ㅁ, ㅂ
② ㄱ, ㄹ, ㅁ, ㅂ
③ ㄱ, ㄹ, ㅁ, ㅅ
④ ㄴ, ㄹ, ㅁ, ㅂ
⑤ ㄴ, ㄹ, ㅂ, ㅅ

**02** 다음은 K섬유회사에 대한 SWOT 분석 결과이다. 분석에 따른 대응 전략으로 적절한 것을 〈보기〉에서 모두 고르면?

〈K섬유회사 SWOT 분석 결과〉

| 첫단 신소재 관련 특허 다수 보유 | 신규 생산 설비 투자 미흡<br>브랜드의 인지도 부족 |
|---|---|
| S(강점) | W(약점) |
| O(기회) | T(위협) |
| 고기능성 제품에 대한 수요 증가<br>정부 주도의 문화 콘텐츠 사업 지원 | 중저가 의류용 제품의 공급 과잉<br>저임금의 개발도상국과 경쟁 심화 |

**보기**

ㄱ. SO전략으로 첨단 신소재를 적용한 고기능성 제품을 개발한다.
ㄴ. ST전략으로 첨단 신소재 관련 특허를 개발도상국의 경쟁업체에 무상 이전한다.
ㄷ. WO전략으로 문화 콘텐츠와 디자인을 접목한 신규 브랜드 개발을 통해 적극적으로 마케팅 한다.
ㄹ. WT전략으로 기존 설비에 대한 재투자를 통해 대량생산 체제로 전환한다.

① ㄱ, ㄷ      ② ㄱ, ㄹ
③ ㄴ, ㄷ      ④ ㄴ, ㄹ
⑤ ㄷ, ㄹ

**03** K공사의 기획팀 B팀장은 C사원에게 K공사에 대한 마케팅 전략 보고서를 요청하였다. C사원이 B팀장에게 제출한 SWOT 분석 결과가 다음과 같을 때, 다음 ㉠ ~ ㉤ 중 적절하지 않은 것은?

〈K공사 SWOT 분석 결과〉

| | |
|---|---|
| 강점(Strength) | • 새롭고 혁신적인 서비스<br>• ㉠ 직원들에게 가치를 더하는 공사의 다양한 측면<br>• 특화된 마케팅 전문 지식 |
| 약점(Weakness) | • 낮은 품질의 서비스<br>• ㉡ 경쟁자의 시장 철수로 인한 시장 진입 가능성 |
| 기회(Opportunity) | • ㉢ 합작회사를 통한 전략적 협력 구축 가능성<br>• 글로벌 시장으로의 접근성 향상 |
| 위협(Threat) | • ㉣ 주력 시장에 나타난 신규 경쟁자<br>• ㉤ 경쟁 기업의 혁신적 서비스 개발<br>• 경쟁 기업과의 가격 전쟁 |

① ㉠      ② ㉡
③ ㉢      ④ ㉣
⑤ ㉤

**04** K공사에서 근무하는 A사원은 경제자유구역사업에 대한 SWOT 분석 결과 자료를 토대로, SWOT 분석에 의한 경영전략에 맞추어 〈보기〉와 같이 판단하였다. 다음 중 A사원이 판단한 SWOT 분석에 의한 경영전략의 내용으로 적절하지 않은 것을 모두 고르면?

〈경제자유구역사업에 대한 SWOT 분석 결과〉

| 구분 | 분석결과 |
| --- | --- |
| 강점(Strength) | • 성공적인 경제자유구역 조성 및 육성 경험<br>• 다양한 분야의 경제자유구역 입주희망 국내기업 확보 |
| 약점(Weakness) | • 과다하게 높은 외자금액 비율<br>• 외국계 기업과 국내기업 간의 구조 및 운영상 이질감 |
| 기회(Opportunity) | • 국제경제 호황으로 인하여 타국 사업지구 입주를 희망하는 해외시장부문의 지속적 증가<br>• 국내 진출 해외기업 증가로 인한 동형화 및 협업 사례 급증 |
| 위협(Threat) | • 국내 거주 외국인 근로자에 대한 사회적 포용심 부족<br>• 대대적 교통망 정비로 인한 기성 대도시의 흡수효과 확대 |

〈SWOT 분석에 의한 경영전략〉

• SO전략 : 강점을 활용해 기회를 포착하는 전략
• ST전략 : 강점을 활용해 위협을 최소화하거나 회피하는 전략
• WO전략 : 약점을 보완하여 기회를 포착하는 전략
• WT전략 : 약점을 보완하여 위협을 최소화하거나 회피하는 전략

---

**보기**

ㄱ. 성공적인 경제자유구역 조성 노하우를 활용하여 타국 사업지구로의 진출을 희망하는 해외기업을 유인 및 유치하는 전략은 SO전략에 해당한다.
ㄴ. 다수의 풍부한 경제자유구역 성공 사례를 바탕으로 외국인 근로자를 국내주민과 문화적으로 동화시킴으로써 원활한 지역발전의 토대를 조성하는 전략은 ST전략에 해당한다.
ㄷ. 기존에 국내에 입주한 해외기업의 동형화 사례를 활용하여 국내기업과 외국계 기업의 운영상 이질감을 해소하여 생산성을 증대시키는 전략은 WO전략에 해당한다.
ㄹ. 경제자유구역 인근 대도시와의 연계를 활성화하여 경제자유구역 내 국내·외 기업 간의 이질감을 해소하는 전략은 WT전략에 해당한다.

① ㄱ, ㄴ   ② ㄱ, ㄷ
③ ㄴ, ㄷ   ④ ㄴ, ㄹ
⑤ ㄷ, ㄹ

| 유형분석 |

- 주어진 자료를 해석하고 활용하여 풀어가는 문제이다.
- 꼼꼼하고 분석적인 접근이 필요한 다양한 자료들이 출제된다.

다음 중 정수장 수질검사 현황에 대해 바르게 설명한 사람은?

〈정수장 수질검사 현황〉

| 급수 지역 | 항목 | | | | | | 검사결과 | |
|---|---|---|---|---|---|---|---|---|
| | 일반세균 100 이하 (CFU/mL) | 대장균 불검출 (수/100mL) | NH3-N 0.5 이하 (mg/L) | 잔류염소 4.0 이하 (mg/L) | 구리 1 이하 (mg/L) | 망간 0.05 이하 (mg/L) | 적합 | 기준 초과 |
| 함평읍 | 0 | 불검출 | 불검출 | 0.14 | 0.045 | 불검출 | 적합 | 없음 |
| 이삼읍 | 0 | 불검출 | 불검출 | 0.27 | 불검출 | 불검출 | 적합 | 없음 |
| 학교면 | 0 | 불검출 | 불검출 | 0.13 | 0.028 | 불검출 | 적합 | 없음 |
| 엄다면 | 0 | 불검출 | 불검출 | 0.16 | 0.011 | 불검출 | 적합 | 없음 |
| 나산면 | 0 | 불검출 | 불검출 | 0.12 | 불검출 | 불검출 | 적합 | 없음 |

① A사원 : 함평읍의 잔류염소는 가장 낮은 수치를 보였고, 기준치에 적합하네.

② B사원 : 모든 급수지역에서 일반세균이 나오지 않았어.

③ C사원 : 기준치를 초과한 곳은 없지만 적합하지 않은 지역은 있어.

④ D사원 : 대장균과 구리가 검출되면 부적합 판정을 받는구나.

⑤ E사원 : 구리가 검출되지 않은 지역은 세 곳이야.

정답 ②

오답분석

① 잔류염소에서 가장 낮은 수치를 보인 지역은 나산면(0.12)이고, 함평읍(0.14)은 세 번째로 낮다.

③ 기준치를 초과한 곳도 없고, 모두 적합 판정을 받았다.

④ 함평읍과 학교면, 엄다면은 구리가 검출되었지만 적합 판정을 받았다.

⑤ 구리가 검출되지 않은 지역은 이삼읍과 나산면으로 두 곳이다.

풀이 전략!

문제 해결을 위해 필요한 정보가 무엇인지 먼저 파악한 후, 제시된 자료를 분석적으로 읽고 해석한다.

**01** 다음 글과 상황을 근거로 판단할 때, 출장을 함께 갈 수 있는 직원들의 조합으로 가능한 것은?

---

K공사 B지사에서는 12월 11일 회계감사 관련 서류 제출을 위해 본사로 출장을 가야 한다. 오전 8시 정각 출발이 확정되어 있으며, 출발 후 B지사에 복귀하기까지 총 8시간이 소요된다. 단, 비가 오는 경우 1시간이 추가로 소요된다.

• 출장인원 중 한 명이 직접 운전하여야 하며, '운전면허 1종 보통' 소지자만 운전할 수 있다.

• 출장시간에 사내 업무가 겹치는 경우에는 출장을 갈 수 없다.

• 출장인원 중 부상자가 포함되어 있는 경우, 서류 박스 운반 지연으로 인해 30분이 추가로 소요된다.

• 차장은 책임자로서 출장인원에 적어도 한 명은 포함되어야 한다.

• 주어진 조건 외에는 고려하지 않는다.

---

〈상황〉

• 12월 11일은 하루 종일 비가 온다.

• 12월 11일 당직 근무는 17시 10분에 시작한다.

| 직원 | 직위 | 운전면허 | 건강상태 | 출장 당일 사내 업무 |
|------|------|----------|----------|---------------------|
| 갑 | 차장 | 1종 보통 | 부상 | 없음 |
| 을 | 차장 | 2종 보통 | 건강 | 17시 15분 계약업체 면담 |
| 병 | 과장 | 없음 | 건강 | 17시 35분 관리팀과 회의 |
| 정 | 과장 | 1종 보통 | 건강 | 당직 근무 |
| 무 | 대리 | 2종 보통 | 건강 | 없음 |

① 갑, 을, 병  ② 갑, 병, 정

③ 을, 병, 무  ④ 을, 정, 무

⑤ 병, 정, 무

**02** 귀하는 점심식사 중 식당에 있는 TV에서 정부의 정책에 대한 뉴스가 나오는 것을 보았다. 함께 점심을 먹는 동료들과 뉴스를 보고 나눈 대화의 내용으로 적절하지 않은 것은?

〈뉴스〉

앵커 : 저소득층에게 법률서비스를 제공하는 정책을 구상 중입니다. 정부는 무료로 법률자문을 하겠다고 자원하는 변호사를 활용하는 자원봉사제도, 정부에서 법률 구조공단 등의 기관을 신설하고 변호사를 유급으로 고용하여 법률서비스를 제공하는 유급법률구조제도, 정부가 법률서비스의 비용을 대신 지불하는 법률보호제도 등의 세 가지 정책대안 중 하나를 선택할 계획입니다.

이 정책대안을 비교하는 데 고려해야 할 정책목표는 비용저렴성, 접근용이성, 정치적 실현가능성, 법률서비스의 전문성입니다. 정책대안과 정책목표의 상관관계는 화면으로 보여드립니다. 각 대안이 정책목표를 달성하는 데 유리한 경우는 (+)로, 불리한 경우는 (−)로 표시하였으며, 유·불리 정도는 같습니다. 정책목표에 대한 가중치의 경우, '0'은 해당 정책목표를 무시하는 것을, '1'은 해당 정책목표를 고려하는 것을 의미합니다.

〈정책대안과 정책목표의 상관관계〉

| 정책목표 | 가중치 | | 정책대안 | | |
|---|---|---|---|---|---|
| | A안 | B안 | 자원봉사제도 | 유급법률구조제도 | 법률보호제도 |
| 비용저렴성 | 0 | 0 | + | − | − |
| 접근용이성 | 1 | 0 | − | + | − |
| 정치적 실현가능성 | 0 | 0 | + | − | + |
| 전문성 | 1 | 1 | − | + | − |

① 아마도 전문성 면에서는 유급법률구조제도가 자원봉사제도보다 더 좋은 정책 대안으로 평가받게 되겠군.
② A안에 가중치를 적용할 경우 유급법률구조제도가 가장 적절한 정책대안으로 평가받게 되지 않을까?
③ 반대로 B안에 가중치를 적용할 경우 자원봉사제도가 가장 적절한 정책대안으로 평가받게 될 것 같아.
④ A안과 B안 중 어떤 것을 적용하더라도 정책대안 비교의 결과는 달라지지 않을 것으로 보여.
⑤ 비용저렴성을 달성하기에 가장 유리한 정책대안은 자원봉사제도로군.

**03** B사 영업부 S대리는 K공사에서 새로운 기계를 구매하기 위해 검토 중이라는 소문을 입수했다. K공사 구매 담당자는 공사 방침에 따라 실속(가격)이 최우선이며 그다음이 품격(디자인)이고 구매하려는 기계의 제작사들이 비슷한 기술력을 가지고 있기 때문에 성능은 다 같다고 생각하고 있다. 따라서 사후관리(A/S)를 성능보다 우선시하고 있다고 한다. S대리는 오늘 경쟁사와 자사 기계에 대한 종합 평가서를 참고하여 K공사의 구매 담당자를 설득시킬 계획이다. S대리가 할 수 있는 설명으로 적절하지 않은 것은?

〈종합 평가서〉

| 구분 | A사 | B사 | C사 | D사 | E사 | F사 |
|---|---|---|---|---|---|---|
| 성능(높은 순) | 1 | 4 | 2 | 3 | 6 | 5 |
| 디자인(평가가 좋은 순) | 3 | 1 | 2 | 4 | 5 | 6 |
| 가격(낮은 순) | 1 | 3 | 5 | 6 | 4 | 2 |
| A/S 특징(신속하고 철저한 순) | 6 | 2 | 5 | 3 | 1 | 4 |

※ 숫자는 순위를 나타낸다.

① A사 제품은 가격은 가장 저렴하나 A/S가 늦고 철저하지 않습니다. 우리 제품을 사면 제품 구매 비용은 A사보다 많이 들어가나 몇 년 운용을 해보면 실제 A/S 지체 비용으로 인한 손실액이 A사보다 적기 때문에 실제로 이익입니다.

② C사 제품보다는 우리 회사 제품이 가격이나 디자인 면에서 우수하고 A/S 또한 빠르고 정확하기 때문에 비교할 바가 안 됩니다. 성능이 우리 것보다 조금 낮다고는 하나 사실 이 기계의 성능은 서로 비슷하기 때문에 우리 회사 제품이 월등하다고 볼 수 있습니다.

③ D사 제품은 먼저 가격에서나 디자인 그리고 A/S에서 우리 제품을 따라올 수 없습니다. 성능도 엇비슷하기 때문에 결코 우리 회사 제품과 견줄 것이 못 됩니다.

④ E사 제품은 A/S 면에서 가장 좋은 평가를 받고 있으나 성능 면에서 가장 뒤처지기 때문에 고려할 가치가 없습니다. 특히 A/S가 잘되어 있다면 오히려 성능이 뒤떨어져서 일어나는 사인이기 때문에 재고할 가치가 없습니다.

⑤ F사 제품은 우리 회사 제품보다 가격은 저렴하지만 A/S나 디자인 면에서 우리 제품이 더 좋은 평가를 받고 있으므로 우리 회사 제품이 더 뛰어납니다.

※ K건설회사에서는 B시에 건물을 신축하고 있다. 다음 자료를 보고 이어지는 질문에 답하시오. [4~5]

B시에서는 친환경 건축물 인증제도를 시행하고 있다. 이는 건축물의 설계, 시공 등의 건설과정이 쾌적한 거주환경과 자연환경에 미치는 영향을 점수로 평가하여 인증하는 제도로, 건축물에 다음과 같이 인증등급을 부여한다.

〈평가점수별 인증등급〉

| 평가점수 | 인증등급 |
|---|---|
| 80점 이상 | 최우수 |
| 70 ~ 80점 미만 | 우수 |
| 60 ~ 70점 미만 | 우량 |
| 50 ~ 60점 미만 | 일반 |

또한 친환경 건축물 최우수, 우수 등급이면서 건축물 에너지효율 1등급 또는 2등급을 추가로 취득한 경우, 다음과 같은 취·등록세액 감면 혜택을 얻게 된다.

〈취·등록세액 감면 비율〉

| 구분 | 최우수 등급 | 우수 등급 |
|---|---|---|
| 에너지효율 1등급 | 12% | 8% |
| 에너지효율 2등급 | 8% | 4% |

**04** 다음 상황에 근거할 때, 〈보기〉에서 옳은 것을 모두 고르면?

〈상황〉

• K건설회사가 신축하고 있는 건물의 예상되는 친환경 건축물 평가점수는 63점이고 에너지효율은 3등급이다.
• 친환경 건축물 평가점수를 1점 높이기 위해서는 1,000만 원, 에너지효율을 한 등급 높이기 위해서는 2,000만 원의 추가 투자비용이 든다.
• 신축 건물의 감면 전 취·등록세 예상액은 총 20억 원이다.
• K건설회사는 경제적 이익을 극대화하고자 한다.
※ 경제적 이익 또는 손실 : (취·등록세 감면액)−(추가 투자액)
※ 기타 비용과 이익은 고려하지 않는다.

보기
ㄱ. 추가 투자함으로써 경제적 이익을 얻을 수 있는 최소 투자금액은 1억 1,000만 원이다.
ㄴ. 친환경 건축물 우수 등급, 에너지효율 1등급을 받기 위해 추가 투자할 경우 경제적 이익이 가장 크다.
ㄷ. 친환경 건축물 우수 등급, 에너지 효율 2등급을 받기 위해 최소로 투자할 경우 경제적 손실이 2,000만 원 발생한다.

① ㄱ                          ② ㄷ
③ ㄱ, ㄴ                      ④ ㄴ, ㄷ
⑤ ㄱ, ㄴ, ㄷ

**05** K건설회사의 직원들이 신축 건물에 대해 대화를 나누고 있다. 다음 대화 내용 중 옳지 않은 것은?

① 갑 : 현재 우리회사 신축 건물의 등급은 우량 등급이야.

② 을 : 신축 건물 예상평가결과 취·등록세액 감면 혜택을 받을 수 있어.

③ 병 : 추가 투자를 해서 에너지효율을 높일 필요가 있어.

④ 정 : 얼마만큼의 투자가 필요한지 계획하는 것은 예산 관리의 일환이야.

⑤ 무 : 추가 투자에 예산을 배정하기에 앞서 우선순위를 결정해야 해.

**06** 같은 해에 입사한 동기 A ~ E는 모두 서로 다른 부서에서 일하고 있다. 이들이 근무하는 부서와 해당 부서의 성과급은 다음과 같다. 부서 배치와 휴가에 대한 조건들을 참고했을 때, 옳은 것은?

〈부서별 성과급〉

| 비서실 | 영업부 | 인사부 | 총무부 | 홍보부 |
|---|---|---|---|---|
| 60만 원 | 20만 원 | 40만 원 | 60만 원 | 60만 원 |

※ 각 사원은 모두 각 부서의 성과급을 동일하게 받는다.

〈부서 배치 조건〉

• A는 성과급이 평균보다 적은 부서에서 일한다.

• B와 D의 성과급을 더하면 나머지 3명의 성과급 합과 같다.

• C의 성과급은 총무부보다는 적지만 A보다는 많이 받는다.

• C와 D 중 한 사람은 비서실에서 일한다.

• E는 홍보부에서 일한다.

〈휴가 조건〉

• 영업부 직원은 비서실 직원보다 휴가를 더 늦게 가야 한다.

• 인사부 직원은 첫 번째 또는 제일 마지막으로 휴가를 가야 한다.

• B의 휴가 순서는 이들 중 세 번째이다.

• E는 휴가를 반납하고 성과급을 2배로 받는다.

① A의 3개월 치 성과급은 C의 2개월 치 성과급보다 많다.

② C가 맨 먼저 휴가를 갈 경우, B가 맨 마지막으로 휴가를 가게 된다.

③ D가 C보다 성과급이 많다.

④ 휴가철이 끝난 직후, 급여명세서에 D와 E의 성과급 차이는 3배이다.

⑤ B는 A보다 휴가를 먼저 출발한다.

# CHAPTER 04

# 자원관리능력

## 합격 Cheat Key

자원관리능력은 현재 NCS 기반 채용을 진행하는 많은 공사·공단에서 핵심영역으로 자리 잡아, 일부를 제외한 대부분의 시험에서 출제되고 있다.

세부 유형은 비용 계산, 해외파견 지원금 계산, 주문 제작 단가 계산, 일정 조율, 일정 선정, 행사 대여 장소 선정, 최단거리 구하기, 시차 계산, 소요시간 구하기, 해외파견 근무 기준에 부합하는 또는 부합하지 않는 직원 고르기 등으로 나눌 수 있다.

### 1 시차를 먼저 계산하라!

시간 자원 관리의 대표유형 중 시차를 계산하여 일정에 맞는 항공권을 구입하거나 회의시간을 구하는 문제에서는 각각의 나라 시간을 한국 시간으로 전부 바꾸어 계산하는 것이 편리하다. 조건에 맞는 나라들의 시간을 전부 한국 시간으로 바꾸고 한국 시간과의 시차만 더하거나 빼면 시간을 단축하여 풀 수 있다.

### 2 선택지를 잘 활용하라!

계산을 해서 값을 요구하는 문제 유형에서는 선택지를 먼저 본 후 자리 수가 몇 단위로 끝나는지 확인해야 한다. 예를 들어 412,300원, 426,700원, 434,100원인 선택지가 있다고 할 때, 제시된 조건에서 100원 단위로 나올 수 있는 항목을 찾아 그 항목만 계산하는 방법이 있다. 또한, 일일이 계산하는 문제가 많다. 예를 들어 640,000원, 720,000원, 810,000원 등의 수를 이용해 푸는 문제가 있다고 할 때, 만 원 단위를 절사하고 계산하여 64, 72, 81처럼 요약하는 방법이 있다.

**3** 최적의 값을 구하는 문제인지 파악하라!

물적 자원 관리의 대표유형에서는 제한된 자원 내에서 최대의 만족 또는 이익을 얻을 수 있는 방법을 강구하는 문제가 출제된다. 이때, 구하고자 하는 값을 $x$, $y$로 정하고 연립방정식을 이용해 $x$, $y$ 값을 구한다. 최소 비용으로 목표생산량을 달성하기 위한 업무 및 인력 할당, 정해진 시간 내에 최대 이윤을 낼 수 있는 업체 선정, 정해진 인력으로 효율적 업무 배치 등을 구하는 문제에서 사용되는 방법이다.

**4** 각 평가항목을 비교하라!

인적 자원 관리의 대표유형에서는 각 평가항목을 비교하여 기준에 적합한 인물을 고르거나, 저렴한 업체를 선정하거나, 총점이 높은 업체를 선정하는 문제가 출제된다. 이런 유형은 평가항목에서 가격이나 점수 차이에 영향을 많이 미치는 항목을 찾아 1 ~ 2개의 선택지를 삭제하고, 남은 3 ~ 4개의 선택지만 계산하여 시간을 단축할 수 있다.

| 유형분석 |

- 시간 자원과 관련된 다양한 정보를 활용하여 풀어 가는 유형이다.
- 대체로 교통편 정보나 국가별 시차 정보가 제공되며, 이를 근거로 '현지 도착시간 또는 약속된 시간 내에 도착하기 위한 방안'을 고르는 문제가 출제된다.

해외영업부 A대리는 B부장과 함께 샌프란시스코에 출장을 가게 되었다. 샌프란시스코의 시각은 한국보다 16시간 느리고, 비행 시간은 10시간 25분일 때 샌프란시스코 현지 시각으로 11월 17일 오전 10시 35분에 도착하는 비행기를 타려면 한국 시각으로 인천공항에 몇 시까지 도착해야 하는가?

| 구분 | 날짜 | 출발 시각 | 비행 시간 | 날짜 | 도착 시각 |
|---|---|---|---|---|---|
| 인천 → 샌프란시스코 | 11월 17일 | | 10시간 25분 | 11월 17일 | 10:35 |
| 샌프란시스코 → 인천 | 11월 21일 | 17:30 | 12시간 55분 | 11월 22일 | 22:25 |

※ 단, 비행기 출발 1시간 전에 공항에 도착해 티켓팅을 해야 한다.

① 12:10
② 13:10
③ 14:10
④ 15:10
⑤ 16:10

**정답** ④

인천에서 샌프란시스코까지 비행 시간은 10시간 25분이므로, 샌프란시스코 도착 시각에서 거슬러 올라가면 샌프란시스코 시각으로 00시 10분에 출발한 것이 된다. 이때 한국은 샌프란시스코보다 16시간 빠르기 때문에 한국 시각으로는 16시 10분에 출발한 것이다. 하지만 비행기 티켓팅을 위해 출발 1시간 전에 인천공항에 도착해야 하므로 15시 10분까지 공항에 가야 한다.

**풀이 전략!**

문제에서 묻는 것을 정확히 파악한다. 특히 제한사항에 대해서는 빠짐없이 확인해 두어야 한다. 이후 제시된 정보(시차 등)에서 필요한 것을 선별하여 문제를 풀어 간다.

**01** K공사에서 H기능사 실기시험 일정을 5월 중에 3일간 진행하려고 한다. 일정은 다른 국가기술자격 실기시험일 또는 행사일에는 할 수 없으며, 필기시험일은 중복이 가능하다. H기능사 실기시험 날짜로 적절한 것은?

〈5월 달력〉

| 일요일 | 월요일 | 화요일 | 수요일 | 목요일 | 금요일 | 토요일 |
|---|---|---|---|---|---|---|
|  |  |  | 1 | 2 | 3<br><br>체육대회 | 4 |
| 5<br><br>어린이날 | 6 | 7 | 8 | 9<br>A기술사<br>필기시험 | 10 | 11 |
| 12<br><br>석가탄신일 | 13 | 14<br>B산업기사<br>실기시험 | 15<br>B산업기사<br>실기시험 | 16<br>B산업기사<br>실기시험 | 17 | 18 |
| 19 | 20 | 21 | 22 | 23 | 24 | 25 |
| 26 | 27 | 28 | 29 | 30 | 31 |  |

※ 실기시험은 월 ~ 토요일에 실시한다.
※ 24 ~ 29일 동안 시험장 보수공사를 실시한다.

① 3 ~ 6일
② 7 ~ 9일
③ 13 ~ 15일
④ 23 ~ 25일
⑤ 29 ~ 31일

**02** K공사 인사팀에는 팀장 1명, 과장 2명과 A대리가 있다. 팀장 1명과 과장 2명은 4월 안에 휴가를 다녀와야 하고, 팀장이나 과장이 1명이라도 없는 경우, A대리는 자리를 비울 수 없다. 다음 〈조건〉에 따른 A대리의 연수 마지막 날짜는?

**조건**

- 4월 1일은 월요일이며, K공사는 주5일제이다.
- 마지막 주 금요일에는 중요한 세미나가 있어 그 주에는 모든 팀원이 자리를 비울 수 없다.
- 팀장은 첫째 주 화요일부터 3일 동안 휴가를 신청했다.
- B과장은 둘째 주 수요일부터 5일 동안 휴가를 신청했다.
- C과장은 셋째 주에 2일간의 휴가를 마치고 금요일부터 출근할 것이다.
- A대리는 주말 없이 진행되는 연수에 5일 연속 참여해야 한다.

① 8일  
② 9일  
③ 23일  
④ 24일  
⑤ 30일

**03** 다음은 K회사 신제품개발1팀의 하루 업무 스케줄에 대한 자료이다. 신입사원 A씨는 스케줄을 바탕으로 금일 회의 시간을 정하려고 한다. 1시간 동안 팀 회의를 진행하기에 가장 적절한 시간대는?

〈K회사 신제품개발1팀 스케줄〉

| 시간 | 직위별 스케줄 | | | | |
|---|---|---|---|---|---|
| | 부장 | 차장 | 과장 | 대리 | 사원 |
| 09:00 ~ 10:00 | 업무회의 | | | | |
| 10:00 ~ 11:00 | | | | | 비품요청 |
| 11:00 ~ 12:00 | | | 시장조사 | 시장조사 | 시장조사 |
| 12:00 ~ 13:00 | | | 점심식사 | | |
| 13:00 ~ 14:00 | 개발전략수립 | | 시장조사 | 시장조사 | 시장조사 |
| 14:00 ~ 15:00 | | 샘플검수 | 제품구상 | 제품구상 | 제품구상 |
| 15:00 ~ 16:00 | | | 제품개발 | 제품개발 | 제품개발 |
| 16:00 ~ 17:00 | | | | | |
| 17:00 ~ 18:00 | | | 결과보고 | 결과보고 | |

① 09:00 ~ 10:00  
② 10:00 ~ 11:00  
③ 14:00 ~ 15:00  
④ 16:00 ~ 17:00  
⑤ 17:00 ~ 18:00

**04** 자동차 부품을 생산하는 K기업은 반자동과 자동 생산라인을 하나씩 보유하고 있다. 최근 일본의 자동차 회사와 수출계약을 체결하여 자동차 부품 34,500개를 납품하였다. 다음 K기업의 생산조건을 고려할 때, 일본에 납품할 부품을 생산하는 데 소요된 시간은 얼마인가?

〈자동차 부품 생산조건〉

• 반자동라인은 4시간에 300개의 부품을 생산하며, 그중 20%는 불량품이다.
• 자동라인은 3시간에 400개의 부품을 생산하며, 그중 10%는 불량품이다.
• 반자동라인은 8시간마다 2시간씩 생산을 중단한다.
• 자동라인은 9시간마다 3시간씩 생산을 중단한다.
• 불량 부품은 생산 후 폐기하고 정상인 부품만 납품한다.

① 230시간      ② 240시간
③ 250시간      ④ 260시간
⑤ 280시간

**05** 해외로 출장을 가는 김대리는 다음과 같이 이동하려고 계획하고 있다. 연착 없이 계획대로 출장지에 도착했다면, 도착했을 때의 현지 시각은?

• 서울 시각으로 5일 오후 1시 35분에 출발하는 비행기를 타고, 경유지 한 곳을 거쳐 출장지에 도착한다.
• 경유지는 서울보다 1시간 빠르고, 출장지는 경유지보다 2시간 느리다.
• 첫 번째 비행은 3시간 45분이 소요된다.
• 경유지에서 3시간 50분을 대기하고 출발한다.
• 두 번째 비행은 9시간 25분이 소요된다.

① 오전 5시 35분      ② 오전 6시
③ 오후 5시 35분      ④ 오후 6시
⑤ 오전 7시

## | 유형분석 |

- 예산 자원과 관련된 다양한 정보를 활용하여 풀어 가는 문제이다.
- 대체로 한정된 예산 내에서 수행할 수 있는 업무 및 예산 가격을 묻는 문제가 출제된다.

연봉 실수령액을 구하는 식이 〈보기〉와 같을 때, 연봉이 3,480만 원인 A씨의 연봉 실수령액은?(단, 원 단위는 절사한다)

보기

- (연봉 실수령액)=(월 실수령액)×12
- (월 실수령액)=(월 급여)−[(국민연금)+(건강보험료)+(고용보험료)+(장기요양보험료)+(소득세)+ (지방세)]
- (국민연금)=(월 급여)×4.5%
- (건강보험료)=(월 급여)×3.12%
- (고용보험료)=(월 급여)×0.65%
- (장기요양보험료)=(건강보험료)×7.38%
- (소득세)=68,000원
- (지방세)=(소득세)×10%

① 30,944,400원
② 31,078,000원
③ 31,203,200원
④ 32,150,800원
⑤ 32,497,600원

정답 ①

A씨의 월 급여는 3,480÷12=290만 원이다.
국민연금, 건강보험료, 고용보험료를 제외한 금액을 계산하면
290만 원−{290만 원×(0.045+0.0312+0.0065)}
→ 290만 원−(290만 원×0.0827)
→ 290만 원−239,830=2,660,170원

- 장기요양보험료 : (290만 원×0.0312)×0.0738≒6,670원(∵ 원 단위 절사)
- 지방세 : 68,000×0.1=6,800원

따라서 A씨의 월 실수령액은 2,660,170−(6,670+68,000+6,800)=2,578,700원이고,
연봉 실수령액은 2,578,700×12=30,944,400원이다.

### 풀이 전략!

제한사항인 예산을 고려하여 문제에서 묻는 것을 정확히 파악한 후, 제시된 정보에서 필요한 것을 선별하여 문제를 풀어 간다.

**01**  수인이는 베트남 여행을 위해 K국제공항에서 환전하기로 하였다. 다음은 K환전소의 당일 환율 및 수수료를 나타낸 자료이다. 수인이가 한국 돈으로 베트남 현금 1,670만 동을 환전한다고 할 때, 수수료까지 포함하여 필요한 돈은 얼마인가?(단, 모든 계산과정에서 구한 값은 일의 자리에서 버림한다)

〈K환전소 환율 및 수수료〉

• 베트남 환율 : 483원/만 동
• 수수료 : 0.5%
• 우대사항 : 50만 원 이상 환전 시 70만 원까지 수수료 0.4%로 인하 적용
　　　　　　 100만 원 이상 환전 시 총금액 수수료 0.4%로 인하 적용

① 808,840원　　　　　　　　　　　② 808,940원
③ 809,840원　　　　　　　　　　　④ 809,940원
⑤ 810,040원

**02**  다음 글을 바탕으로 전세 보증금이 1억 원인 전세 세입자가 월세 보증금 1천만 원에 전월세 전환율 한도 수준까지의 월세 전환을 원할 경우, 월 임대료 지불액은 얼마인가?

나날이 치솟는 전세 보증금! 집주인이 2년 만에 전세 보증금을 올려달라고 하는데 사실 월급쟁이로 생활비를 쓰고 남은 돈을 저축하자면 그 목돈을 마련하지 못해 전세자금 대출을 알아보곤 한다. 그럴 때 생각해 볼 수 있는 것이 반전세나 월세 전환이다. 이렇게 되면 임대인들도 보증금 몇 천만 원에서 나오는 이자보다 월 임대료가 매달 나오는 것이 좋다 보니 먼저 요구하기도 한다. 바로 그것이 '전월세 전환율'이다.
전월세 전환율은 [(월 임대료)×(12개월)/{(전세 보증금)−(월세 보증금)}]×100으로 구할 수 있다. 그렇다면 전월세 전환율 비율의 제한은 어떻게 형성되는 걸까?
우리나라는 「주택임대차보호법」에서 산정률 제한을 두고 있다. 보통 10%, 기준금리 4배수 중 낮은 비율의 범위를 초과할 수 없다고 규정하고 있기 때문에 현재 기준금리가 1.5%로 인상되어 6%가 제한선이 된다.

① 450,000원　　　　　　　　　　　② 470,000원
③ 500,000원　　　　　　　　　　　④ 525,000원
⑤ 550,000원

**03** K공사는 연말 시상식을 개최하여 한 해 동안 모범이 되거나 훌륭한 성과를 낸 직원을 독려하고자 한다. 상 종류 및 수상인원, 상품에 대한 정보가 다음과 같을 때, 총상품구입비는 얼마인가?

〈시상내역〉

| 상 종류 | 수상인원 | 상품 |
|---|---|---|
| 사내선행상 | 5 | 인당 금 도금 상패 1개, 식기 1세트 |
| 사회기여상 | 1 | 인당 은 도금 상패 1개, 신형 노트북 1대 |
| 연구공로상 | 2 | 인당 금 도금 상패 1개, 안마의자 1개, 태블릿 PC 1대 |
| 성과공로상 | 4 | 인당 은 도금 상패 1개, 만년필 2개, 태블릿 PC 1대 |
| 청렴모범상 | 2 | 인당 동 상패 1개, 안마의자 1개 |

- 상패 제작비용
  - 금 도금 상패 : 개당 55,000원(5개 이상 주문 시 개당 가격 10% 할인)
  - 은 도금 상패 : 개당 42,000원(주문수량 4개당 1개 무료 제공)
  - 동 상패 : 개당 35,000원
- 물품 구입비용(개당)
  - 식기 세트 : 450,000원
  - 신형 노트북 : 1,500,000원
  - 태블릿PC : 600,000원
  - 만년필 : 100,000원
  - 안마의자 : 1,700,000원

① 14,085,000원  
② 15,050,000원  
③ 15,534,500원  
④ 16,805,000원  
⑤ 17,200,000원

**04** 다음 A~D 4명이 저녁 식사를 하고 〈조건〉에 따라 돈을 지불했을 때, C가 낸 금액은 얼마인가?

조건
- A는 B, C, D가 지불한 금액 합계의 20%를 지불했다.
- C는 A와 B가 지불한 금액 합계의 40%를 지불했다.
- A와 B가 지불한 금액 합계와 C와 D가 지불한 금액 합계는 같다.
- D가 지불한 금액에서 16,000원을 빼면 A가 지불한 금액과 같다.

① 18,000원  ② 20,000원
③ 22,000원  ④ 24,000원
⑤ 26,000원

**05** K기업은 창고업체를 통해 A~C 세 제품군을 보관하고 있다. 각 제품군에 대한 정보를 참고하여 다음 〈조건〉에 따라 K기업이 보관료로 지급해야 할 총금액은 얼마인가?

| 제품군 | 매출액(억 원) | 용량 | |
| --- | --- | --- | --- |
| | | 용적(CUBIC) | 무게(톤) |
| A | 300 | 3,000 | 200 |
| B | 200 | 2,000 | 300 |
| C | 100 | 5,000 | 500 |

조건
- A제품군은 매출액의 1%를 보관료로 지급한다.
- B제품군은 1CUBIC당 20,000원의 보관료를 지급한다.
- C제품군은 1톤당 80,000원의 보관료를 지급한다.

① 3억 2천만 원  ② 3억 4천만 원
③ 3억 6천만 원  ④ 3억 8천만 원
⑤ 4억 원

# 03 품목 확정

## | 유형분석 |

- 물적 자원과 관련된 다양한 정보를 활용하여 풀어 가는 문제이다.
- 공정도 · 제품 · 시설 등에 대한 가격 · 특징 · 시간 정보가 제시되며, 이를 종합적으로 고려하는 문제가 출제된다.

K씨는 로봇청소기를 합리적으로 구매하기 위해 모델별로 성능을 비교 · 분석하였다. 〈보기〉에 따라 K씨가 선택할 로봇청소기 모델로 옳은 것은?

### 〈로봇청소기 모델별 성능 분석표〉

| 모델 | 청소 성능 | | 주행 성능 | | | 소음 방지 | 자동 복귀 | 안전성 | 내구성 | 경제성 |
|---|---|---|---|---|---|---|---|---|---|---|
| | 바닥 | 카펫 | 자율주행 성능 | 문턱 넘김 | 추락 방지 | | | | | |
| A | ★★★ | ★ | ★★ | ★★ | ★★ | ★★★ | ★★★ | ★★★ | ★★★ | ★★ |
| B | ★★ | ★★★ | ★★★ | ★★★ | ★ | ★★★ | ★★ | ★★★ | ★★★ | ★★ |
| C | ★★★ | ★★★ | ★★★ | ★ | ★★★ | ★★★ | ★★★ | ★★★ | ★★★ | ★ |
| D | ★★ | ★★ | ★★★ | ★★ | ★ | ★★ | ★★ | ★★★ | ★★ | ★★ |
| E | ★★★ | ★★★ | ★★ | ★★★ | ★★ | ★★★ | ★★ | ★★★ | ★★★ | ★★★ |

※ ★★★ : 적합, ★★ : 보통, ★ : 미흡

> **보기**
>
> K씨 : 로봇청소기는 내구성과 안전성이 1순위이고 집에 카펫은 없으니 바닥에 대한 청소 성능이 2순위야. 글을 쓰는 아내를 위해서 소음도 중요하겠지, 문턱이나 추락할 만한 공간은 없으니 자율주행성능만 좋은 것으로 살펴보면 되겠네. 나머지 기준은 크게 신경 안 써도 될 것 같아.

① A모델
② B모델
③ C모델
④ D모델
⑤ E모델

**정답** ③

내구성과 안전성 모두 적합한 로봇청소기 모델은 A, B, C, E이며, 바닥에 대한 청소 성능의 경우 A, C, E가 적합하다. 소음방지의 경우는 A, B, C, E가 적합하고, 자율주행성능은 B, C, D가 적합하다. 따라서 K씨는 내구성, 안전성, 바닥에 대한 청소 성능, 소음방지, 자율주행성능에 모두 적합한 C모델을 선택할 것이다.

**풀이 전략!**

문제에서 제시한 물적 자원의 정보를 문제의 의도에 맞게 선별하면서 풀어 간다.

**01**  최대리는 노트북을 사고자 K전자 홈페이지에 방문하였다. 노트북 A ~ E를 최종 후보로 선정 후 〈조건〉에 따라 점수를 부여하여 점수가 가장 높은 제품을 고를 때, 최대리가 고를 노트북은?

〈노트북 최종 후보〉

| 구분 | A | B | C | D | E |
|---|---|---|---|---|---|
| 저장용량 / 저장매체 | 512GB / HDD | 128GB / SSD | 1,024GB / HDD | 128GB / SSD | 256GB / SSD |
| 배터리 지속시간 | 최장 10시간 | 최장 14시간 | 최장 8시간 | 최장 13시간 | 최장 12시간 |
| 무게 | 2kg | 1.2kg | 2.3kg | 1.5kg | 1.8kg |
| 가격 | 120만 원 | 70만 원 | 135만 원 | 90만 원 | 85만 원 |

> **조건**
> • 항목별로 순위를 정하여 5점 ~ 1점을 순차적으로 부여한다(단, 동일한 성능일 경우 동일한 점수를 부여한다).
> • 저장용량은 클수록, 배터리 지속시간은 길수록, 무게는 가벼울수록, 가격은 저렴할수록 높은 점수를 부여한다.
> • 저장매체가 SSD일 경우 3점을 추가로 부여한다.

① A노트북                    ② B노트북
③ C노트북                    ④ D노트북
⑤ E노트북

**02** K공사에서 근무하는 S사원은 새로 도입되는 교통관련 정책 홍보자료를 만들어서 배포하려고 한다. 다음 중 가장 저렴한 비용으로 인쇄할 수 있는 인쇄소는?

〈인쇄소별 비용 견적〉

(단위 : 원)

| 인쇄소 | 페이지당 비용 | 표지 가격 | | 권당 제본 비용 | 할인 |
|---|---|---|---|---|---|
| | | 유광 | 무광 | | |
| A | 50 | 500 | 400 | 1,500 | – |
| B | 70 | 300 | 250 | 1,300 | – |
| C | 70 | 500 | 450 | 1,000 | 100부 초과 시 초과 부수만 총비용에서 5% 할인 |
| D | 60 | 300 | 200 | 1,000 | – |
| E | 100 | 200 | 150 | 1,000 | 총 인쇄 페이지 5,000페이지 초과 시 총비용에서 20% 할인 |

※ 홍보자료는 관내 20개 지점에 배포하고, 지점마다 10부씩 배포한다.
※ 홍보자료는 30페이지 분량으로 제본하며, 표지는 유광표지로 한다.

① A인쇄소
② B인쇄소
③ C인쇄소
④ D인쇄소
⑤ E인쇄소

**03** K씨는 밤도깨비 야시장에서 푸드 트럭을 운영하기로 계획하고 있다. 순이익이 가장 높은 메인 메뉴 한 가지를 선정하려고 할 때, K씨가 선정할 메뉴로 옳은 것은?

| 메뉴 | 예상 월간 판매량(개) | 생산 단가(원) | 판매 가격(원) |
|---|---|---|---|
| A | 500 | 3,500 | 4,000 |
| B | 300 | 5,500 | 6,000 |
| C | 400 | 4,000 | 5,000 |
| D | 200 | 6,000 | 7,000 |
| E | 150 | 3,000 | 5,000 |

① A
② B
③ C
④ D
⑤ E

**04** K회사 마케팅 팀장은 팀원 50명에게 연말 선물을 하기 위해 물품을 구매하려고 한다. 아래는 업체별 품목 가격과 팀원들의 품목 선호도를 나타낸 자료이다. 다음 〈조건〉에 따라 팀장이 구매하는 물품과 업체를 순서대로 바르게 나열한 것은?

### 〈업체별 품목 가격〉

| 구분 | | 한 벌당 가격(원) |
|---|---|---|
| A업체 | 티셔츠 | 6,000 |
| | 카라 티셔츠 | 8,000 |
| B업체 | 티셔츠 | 7,000 |
| | 후드 집업 | 10,000 |
| | 맨투맨 | 9,000 |

### 〈팀원 품목 선호도〉

| 순위 | 품목 |
|---|---|
| 1 | 카라 티셔츠 |
| 2 | 티셔츠 |
| 3 | 후드 집업 |
| 4 | 맨투맨 |

**조건**

- 팀원의 선호도를 우선으로 품목을 선택한다.
- 총구매금액이 30만 원 이상이면 총금액에서 5%를 할인해 준다.
- 차순위 품목이 1순위 품목보다 총금액이 20% 이상 저렴하면 차순위를 선택한다.

① 티셔츠, A업체
② 카라 티셔츠, A업체
③ 티셔츠, B업체
④ 후드 집업, B업체
⑤ 맨투맨, B업체

다음은 K기업의 재고 관리에 대한 자료이다. 금요일까지 부품 재고 수량이 남지 않게 완성품을 만들 수 있도록 월요일에 주문할 부품 A ~ C의 개수가 바르게 연결된 것은?(단, 주어진 조건 이외에는 고려하지 않는다)

〈부품 재고 수량과 완성품 1개당 소요량〉

| 부품 | 부품 재고 수량(개) | 완성품 1개당 소요량(개) |
|---|---|---|
| A | 500 | 10 |
| B | 120 | 3 |
| C | 250 | 5 |

〈완성품 납품 수량〉

| 구분 | 월요일 | 화요일 | 수요일 | 목요일 | 금요일 |
|---|---|---|---|---|---|
| 완성품 납품 수량(개) | 없음 | 30 | 20 | 30 | 20 |

※ 부품 주문은 월요일에 한 번 신청하며, 화요일 작업 시작 전에 입고된다.
※ 완성품은 부품 A, B, C를 모두 조립해야 한다.

|  | A | B | C |
|---|---|---|---|
| ① | 100개 | 100개 | 100개 |
| ② | 100개 | 180개 | 200개 |
| ③ | 500개 | 100개 | 100개 |
| ④ | 500개 | 150개 | 200개 |
| ⑤ | 500개 | 180개 | 250개 |

**06** K공사는 직원용 컴퓨터를 교체하려고 한다. 다음 〈조건〉을 만족하는 컴퓨터로 옳은 것은?

### 〈컴퓨터별 가격 현황〉

| 구분 | A컴퓨터 | B컴퓨터 | C컴퓨터 | D컴퓨터 | E컴퓨터 |
|---|---|---|---|---|---|
| 모니터 | 20만 원 | 23만 원 | 20만 원 | 19만 원 | 18만 원 |
| 본체 | 70만 원 | 64만 원 | 60만 원 | 54만 원 | 52만 원 |
| 세트<br>(모니터+본체) | 80만 원 | 75만 원 | 70만 원 | 66만 원 | 65만 원 |
| 성능평가 | 중 | 상 | 중 | 중 | 하 |
| 할인혜택 | – | 세트로 15대 이상 구매 시 총금액에서 100만 원 할인 | 모니터 10대 초과 구매 시 초과 대수 15% 할인 | – | – |

**조건**

• 예산은 1,000만 원이다.
• 교체할 직원용 컴퓨터는 모니터와 본체 각각 15대이다.
• 성능평가에서 '중' 이상을 받은 컴퓨터로 교체한다.
• 컴퓨터 구매는 세트 또는 모니터와 본체 따로 구매할 수 있다.

① A컴퓨터  ② B컴퓨터
③ C컴퓨터  ④ D컴퓨터
⑤ E컴퓨터

**07** 사진관은 올해 찍은 사진을 모두 모아서 1개의 USB에 저장하려고 한다. 사진의 용량 및 찍은 사진 장수가 자료와 같을 때, 최소 몇 GB의 USB가 필요한가?(단, 1MB=1,000KB, 1GB=1,000MB이며, USB 용량은 소수점 자리는 버림한다)

### 〈올해 찍은 사진 자료〉

| 구분 | 크기(cm) | 용량 | 장수 |
|---|---|---|---|
| 반명함 | 3×4 | 150KB | 8,000장 |
| 신분증 | 3.5×4.5 | 180KB | 6,000장 |
| 여권 | 5×5 | 200KB | 7,500장 |
| 단체사진 | 10×10 | 250KB | 5,000장 |

① 3GB  ② 4GB
③ 5GB  ④ 6GB
⑤ 7GB

# 04 인원 선발

## | 유형분석 |

- 인적 자원과 관련된 다양한 정보를 활용하여 풀어 가는 문제이다.
- 주로 근무명단, 휴무일, 업무할당 등의 주제로 다양한 정보를 활용하여 종합적으로 풀어 가는 문제가 출제된다.

어느 버스회사에서 (가)시에서 (나)시를 연결하는 버스 노선을 개통하기 위해 새로운 버스를 구매하려고 한다. 다음 〈조건〉과 같이 노선을 운행하려고 할 때, 최소 몇 대의 버스를 구매해야 하며, 이때 필요한 운전사는 최소 몇 명인가?

### 조건

- 새 노선의 왕복 시간은 2시간이다(승하차 시간을 포함).
- 배차시간은 15분 간격이다.
- 운전사의 휴식시간은 매 왕복 후 30분씩이다.
- 첫차는 5시 정각에, 막차는 23시 정각에 (가)시를 출발한다.
- 모든 차는 (가)시에 도착하자마자 (나)시로 곧바로 출발하는 것을 원칙으로 한다.
  즉, (가)시에 도착하는 시간이 바로 (나)시로 출발하는 시간이다.
- 모든 차는 (가)시에서 출발해서 (가)시로 복귀한다.

|   | 버스 | 운전사 |
|---|------|--------|
| ① | 6대  | 8명    |
| ② | 8대  | 10명   |
| ③ | 10대 | 12명   |
| ④ | 12대 | 14명   |
| ⑤ | 14대 | 16명   |

### 정답 ②

왕복 시간이 2시간, 배차 간격이 15분이라면 첫차가 재투입되는 데 필요한 앞차의 수는 첫차를 포함해서 8대이다(∵ 15분×8대＝2시간이므로 8대 버스가 운행된 이후 9번째에 첫차 재투입 가능).

운전사는 왕복 후 30분의 휴식을 취해야 하므로 첫차를 운전했던 운전사는 2시간 30분 뒤에 운전을 시작할 수 있다. 따라서 8대의 버스로 운행하더라도 150분 동안 운행되는 버스 150÷15＝10대를 운전하기 위해서는 10명의 운전사가 필요하다.

### 풀이 전략!

문제에서 신입사원 채용이나 인력배치 등의 주제가 출제될 경우에는 주어진 규정 혹은 규칙을 꼼꼼히 확인하여야 한다. 이를 근거로 각 선택지가 어긋나지 않는지 검토하며 문제를 풀어 간다.

**01** 다음은 K학교의 성과급 기준표이다. 이를 적용해 K학교 교사들의 성과급 배점을 계산하고자 할 때, 〈보기〉의 교사 A ~ E 중 가장 높은 배점을 받을 교사는?

〈성과급 기준표〉

| 구분 | 평가사항 | 배점기준 | |
|------|---------|---------|------|
| 수업지도 | 주당 수업시간 | 24시간 이하 | 14점 |
| | | 25시간 | 16점 |
| | | 26시간 | 18점 |
| | | 27시간 이상 | 20점 |
| | 수업 공개 유무 | 교사 수업 공개 | 10점 |
| | | 학부모 수업 공개 | 5점 |
| 생활지도 | 담임 유무 | 담임교사 | 10점 |
| | | 비담임교사 | 5점 |
| 담당업무 | 업무 곤란도 | 보직교사 | 30점 |
| | | 비보직교사 | 20점 |
| 경력 | 호봉 | 10호봉 이하 | 5점 |
| | | 11 ~ 15호봉 | 10점 |
| | | 16 ~ 20호봉 | 15점 |
| | | 21 ~ 25호봉 | 20점 |
| | | 26 ~ 30호봉 | 25점 |
| | | 31호봉 이상 | 30점 |

※ 수업지도 항목에서 교사 수업 공개, 학부모 수업 공개를 모두 진행했을 경우 10점으로 배점하며, 수업 공개를 하지 않았을 경우 배점은 없다.

**보기**

| 교사 | 주당 수업시간 | 수업 공개 유무 | 담임 유무 | 업무 곤란도 | 호봉 |
|------|------------|-------------|---------|----------|------|
| A | 20시간 | – | 담임교사 | 비보직교사 | 32호봉 |
| B | 29시간 | – | 비담임교사 | 비보직교사 | 35호봉 |
| C | 26시간 | 학부모 수업 공개 | 비담임교사 | 보직교사 | 22호봉 |
| D | 22시간 | 교사 수업 공개 | 담임교사 | 보직교사 | 17호봉 |
| E | 25시간 | 교사 수업 공개, 학부모 수업 공개 | 비담임교사 | 비보직교사 | 30호봉 |

① A교사      ② B교사

③ C교사      ④ D교사

⑤ E교사

**02** 다음은 K기업 직원들의 이번 주 초과근무 계획표이다. 하루에 5명 이상 초과근무를 할 수 없고, 초과근무 시간은 각자 일주일에 10시간을 초과할 수 없다고 한다. 1명만 초과근무 일정을 수정할 수 있을 때, 규칙에 어긋난 요일과 그 날에 속한 사람 중, 변경해야 할 직원은 누구인가?(단, 주말은 1시간당 1.5시간으로 계산한다)

〈초과근무 계획표〉

| 성명 | 초과근무 일정 | 성명 | 초과근무 일정 |
|------|--------------|------|--------------|
| 김혜정 | 월요일 3시간, 금요일 3시간 | 김재건 | 수요일 1시간 |
| 이설희 | 토요일 6시간 | 신혜선 | 수요일 4시간, 목요일 3시간 |
| 임유진 | 토요일 3시간, 일요일 1시간 | 한예리 | 일요일 6시간 |
| 박주환 | 목요일 2시간 | 정지원 | 월요일 6시간, 목요일 3시간 |
| 이지호 | 화요일 4시간 | 최명진 | 화요일 5시간 |
| 김유미 | 금요일 6시간, 토요일 2시간 | 김우석 | 목요일 1시간 |
| 정해리 | 월요일 5시간 | 이상엽 | 목요일 6시간, 일요일 3시간 |

|     | 요일 | 직원 |     | 요일 | 직원 |
|-----|------|------|-----|------|------|
| ① | 월요일 | 김혜정 | ② | 목요일 | 정지원 |
| ③ | 목요일 | 이상엽 | ④ | 토요일 | 임유진 |
| ⑤ | 토요일 | 김유미 |   |      |      |

**03** 다음 자료에 따라 하루 동안 고용할 수 있는 최대 인원은?

| 총예산 | 본예산 | 500,000원 |
|--------|--------|-----------|
|        | 예비비 | 100,000원 |
| 고용비 | 1인당 수당 | 50,000원 |
|        | 산재보험료 | (수당)×0.504% |
|        | 고용보험료 | (수당)×1.3% |

① 10명      ② 11명

③ 12명      ④ 13명

⑤ 14명

04 다음은 부서별로 핵심역량가치 중요도를 정리한 표와 신입사원들의 핵심역량평가 결과표이다. 결과표를 바탕으로 한 C사원과 E사원의 부서 배치로 올바른 것은?(단, '−'는 중요도를 고려하지 않는다는 표시이다)

〈핵심역량가치 중요도〉

| 구분 | 창의성 | 혁신성 | 친화력 | 책임감 | 윤리성 |
|---|---|---|---|---|---|
| 영업팀 | − | 중 | 상 | 중 | − |
| 개발팀 | 상 | 상 | 하 | 중 | 상 |
| 지원팀 | − | 중 | − | 상 | 하 |

〈핵심역량평가 결과표〉

| 구분 | 창의성 | 혁신성 | 친화력 | 책임감 | 윤리성 |
|---|---|---|---|---|---|
| A사원 | 상 | 하 | 중 | 상 | 상 |
| B사원 | 중 | 중 | 하 | 중 | 상 |
| C사원 | 하 | 상 | 상 | 중 | 하 |
| D사원 | 하 | 하 | 상 | 하 | 중 |
| E사원 | 상 | 중 | 중 | 상 | 하 |

|  | C사원 | E사원 |
|---|---|---|
| ① | 개발팀 | 지원팀 |
| ② | 개발팀 | 영업팀 |
| ③ | 지원팀 | 영업팀 |
| ④ | 영업팀 | 개발팀 |
| ⑤ | 영업팀 | 지원팀 |

# 의사소통능력

## 합격 Cheat Key

의사소통능력은 평가하지 않는 공사·공단이 없을 만큼 필기시험에서 중요도가 높은 영역으로, 세부 유형은 문서 이해, 문서 작성, 의사 표현, 경청, 기초 외국어로 나눌 수 있다. 문서 이해·문서 작성과 같은 지문에 대한 주제 찾기, 내용 일치 문제의 출제 비중이 높으며, 문서의 특성을 파악하는 문제도 출제되고 있다.

### 1 문제에서 요구하는 바를 먼저 파악하라!

의사소통능력에서 가장 중요한 것은 제한된 시간 안에 빠르고 정확하게 답을 찾아내는 것이다. 의사소통능력에서는 지문이 아니라 문제가 주인공이므로 지문을 보기 전에 문제를 먼저 파악해야 하며, 문제에 따라 전략적으로 빠르게 풀어내는 연습을 해야 한다.

### 2 잠재되어 있는 언어 능력을 발휘하라!

세상에 글은 많고 우리가 학습할 수 있는 시간은 한정적이다. 이를 극복할 수 있는 방법은 다양한 글을 접하는 것이다. 실제 시험장에서 어떤 내용의 지문이 나올지 아무도 예측할 수 없으므로 평소에 신문, 소설, 보고서 등 여러 글을 접하는 것이 필요하다.

**3** **상황을 가정하라!**

업무 수행에 있어 상황에 따른 언어 표현은 중요하다. 같은 말이라도 상황에 따라 다르게 해석될 수 있기 때문이다. 그런 의미에서 자신의 의견을 효과적으로 전달할 수 있는 능력을 평가하는 것이다. 업무를 수행하면서 발생할 수 있는 여러 상황을 가정하고 그에 따른 올바른 언어표현을 정리하는 것이 필요하다.

**4** **말하는 이의 입장에서 생각하라!**

잘 듣는 것 또한 하나의 능력이다. 상대방의 이야기에 귀 기울이고 공감하는 태도는 업무를 수행하는 관계 속에서 필요한 요소이다. 그런 의미에서 다양한 상황에서 듣는 능력을 평가하는 것이다. 말하는 이가 요구하는 듣는 이의 태도를 파악하고, 이에 따른 판단을 할 수 있도록 언제나 말하는 사람의 입장이 되는 연습이 필요하다.

# 01 문서 내용 이해

## | 유형분석 |

- 주어진 지문을 읽고 선택지를 고르는 전형적인 독해 문제이다.
- 지문은 주로 신문기사(보도자료 등)나 업무 보고서, 시사 등이 제시된다.
- 공사공단에 따라 자사와 관련된 내용의 기사나 법조문, 보고서 등이 출제되기도 한다.

**다음 글의 내용으로 적절하지 않은 것은?**

물가 상승률은 일반적으로 가격 수준의 상승 속도를 나타내며, 소비자 물가지수(CPI)와 같은 지표를 사용하여 측정된다. 높은 물가 상승률은 소비재와 서비스의 가격이 상승하고, 돈의 구매력이 감소한다. 이는 소비자들이 더 많은 돈을 지출하여 물가 상승에 따른 가격 상승을 감수해야 함을 의미한다.

물가 상승률은 경제에 다양한 영향을 미친다. 먼저 소비자들의 구매력이 저하되므로 가계소득의 실질 가치가 줄어든다. 이는 소비 지출의 감소와 경기 둔화를 초래할 수 있다. 또한 물가 상승률은 기업의 의사결정에도 영향을 준다. 예를 들어 높은 물가 상승률은 이자율의 상승과 함께 대출 조건을 악화시키므로 기업들은 생산 비용 상승과 이로 인한 이윤 감소에 직면하게 된다.

정부와 중앙은행은 물가 상승률을 통제하기 위해 다양한 금융 정책을 사용하며, 대표적으로 세금 조정, 통화량 조절, 금리 조정 등이 있다.

물가 상승률은 경제 활동에 큰 영향을 주는 중요한 요소이므로 정부, 기업, 투자자 및 개인은 이를 주의 깊게 모니터링하고 전망을 평가하는 데 활용해야 한다. 또한 소비자의 구매력과 경기 상황에 직접적·간접적인 영향을 주므로 경제 주체들은 물가 상승률의 변동에 대응하여 적절한 전략을 수립해야 한다.

① 지나친 물가 상승은 소비 심리를 위축시킨다.
② 정부와 중앙은행이 실행하는 금융 정책의 목적은 물가 안정성을 유지하는 것이다.
③ 중앙은행의 금리 조정으로 지나친 물가 상승을 진정시킬 수 있다.
④ 소비재와 서비스의 가격이 상승하므로 기업의 입장에서는 물가 상승률이 커질수록 이득이다.

**정답** ④

높은 물가 상승률은 이자율의 상승과 함께 대출 조건을 악화시키므로 기업들은 생산 비용 상승과 이로 인한 이윤 감소에 직면하게 된다.

### ▌ 풀이 전략!

주어진 선택지에서 키워드를 체크한 후, 지문의 내용과 비교해 가면서 내용의 일치 유무를 빠르게 판단한다.

**01**  다음 글의 내용으로 가장 적절한 것은?

> 지진해일은 지진, 해저 화산폭발 등으로 바다에서 발생하는 파장이 긴 파도이다. 지진에 의해 바다 밑바닥이 솟아오르거나 가라앉으면 바로 위의 바닷물이 갑자기 상승 또는 하강하게 된다. 이 영향으로 지진해일파가 빠른 속도로 퍼져나가 해안가에 엄청난 위험과 피해를 일으킬 수 있다.
>
> 전 세계의 모든 해안 지역이 지진해일의 피해를 받을 수 있지만, 우리에게 피해를 주는 지진해일의 대부분은 태평양과 주변해역에서 발생한다. 이는 태평양의 규모가 거대하고 이 지역에서 대규모 지진이 많이 발생하기 때문이다. 태평양에서 발생한 지진해일은 발생 하루 만에 발생지점에서 지구의 반대편까지 이동할 수 있으며, 수심이 깊을 경우 파고가 낮고 주기가 길기 때문에 선박이나 비행기에서도 관측할 수 없다.
>
> 먼 바다에서 지진해일 파고는 해수면으로부터 수십 cm 이하이지만 얕은 바다에서는 급격하게 높아진다. 수심이 6,000m 이상인 곳에서 지진해일은 비행기의 속도와 비슷한 시속 800km로 이동할 수 있다. 지진해일은 얕은 바다에서 파고가 급격히 높아짐에 따라 그 속도가 느려지며 지진해일이 해안가의 수심이 얕은 지역에 도달할 때 그 속도는 시속 45~60km까지 느려지면서 파도가 강해진다. 이것이 해안을 강타함에 따라 파도의 에너지는 더 짧고 더 얕은 곳으로 모여 무시무시한 파괴력을 가져 우리의 생명을 위협하는 파도로 발달하게 된다. 최악의 경우, 파고가 15m 이상으로 높아지고 지진의 진앙 근처에서 발생한 지진해일의 경우 파고가 30m를 넘을 수도 있다. 파고가 3~6m 높이가 되면 많은 사상자와 피해를 일으키는 아주 파괴적인 지진해일이 될 수 있다.
>
> 지진해일의 파도 높이와 피해 정도는 에너지의 양, 지진해일의 전파 경로, 앞바다와 해안선의 모양 등으로 결정될 수 있다. 또한 암초, 항만, 하구나 해저의 모양, 해안의 경사 등 모든 것이 지진해일을 변형시키는 요인이 된다.

① 지진해일은 파장이 짧으며, 화산폭발 등으로 인해 발생한다.
② 태평양 인근에서 발생한 지진해일은 대부분 한 달에 걸쳐 지구 반대편으로 이동하게 된다.
③ 바다가 얕을수록 지진해일의 파고가 높아진다.
④ 지진해일이 해안가에 도달할수록 파도가 강해지며 속도는 800km에 달한다.
⑤ 해안의 경사는 지진해일에 아무런 영향을 주지 않는다.

**02** 다음 글의 내용으로 적절하지 않은 것은?

> 기업은 많은 이익을 남기길 원하고, 소비자는 좋은 제품을 저렴하게 구매하길 원한다. 그 과정에서 힘이 약한 저개발국가의 농민, 노동자, 생산자들은 무역상품의 가격 결정 과정에 참여하지 못하고, 자신이 재배한 식량과 상품을 매우 싼값에 팔아 겨우 생계를 유지한다. 그 결과 세계 인구의 20% 정도가 우리 돈 약 1,000원으로 하루를 살아가고, 세계 노동자의 40%가 하루 2,000원 정도의 소득으로 살아가고 있다.
>
> 이러한 무역 거래의 한계를 극복하고자 공평하고 윤리적인 무역 거래를 통해 저개발국가 농민, 노동자, 생산자들이 겪고 있는 빈곤 문제를 해결하기 위하여 공정무역이 생겨났다. 공정무역은 기존 관행 무역으로부터 소외당하며 불이익을 받고 있는 생산자와 지속가능한 파트너십을 통해 공정하게 거래하는 것으로, 생산자들과 공정무역 단체의 직거래를 통한 거래 관계에서부터 단체나 제품 등에 대한 인증시스템까지 모두 포함하는 무역을 의미한다.
>
> 이와 같은 공정무역은 국제 사회 시민운동의 일환으로, 1946년 미국의 시민단체 '텐사우전드빌리지(Ten Thousand Villages)'가 푸에르토리코의 자수 제품을 구매하고, 1950년대 후반 영국의 '옥스팜(Oxfam)'이 중국 피난민들의 수공예품과 동유럽국가의 수공예품을 팔면서 시작되었다. 이후 1960년대에는 여러 시민 단체들이 조직되어 아프리카, 남아메리카, 아시아의 빈곤한 나라에서 본격적으로 활동을 전개하였다. 이 단체들은 가난한 농부와 노동자들이 스스로 조합을 만들어 환경친화적으로 농산물을 생산하도록 교육하고, 이에 필요한 자금 등을 지원했다. 2000년대에는 자본주의의 대안활동으로 여겨지며 공정무역이 급속도로 확산되었고, 공정무역 단체나 회사가 생겨남에 따라 저개발국가 농부들의 농산물이 공정한 값을 받고 거래되었다. 이러한 과정에서 공정무역은 저개발국 생산자들의 삶을 개선하기 위한 중요한 시장 메커니즘으로 주목을 받게 된 것이다.

① 기존 관행 무역에서는 저개발국가의 농민, 노동자, 생산자들이 무역상품의 가격 결정 과정에 참여하지 못했다.

② 세계 노동자의 40%가 하루 2,000원 정도의 소득으로 살아가며, 세계 인구의 20%는 약 1,000원으로 하루를 살아간다.

③ 공정무역에서는 저개발국가의 생산자들과 지속가능한 파트너십을 통해 그들을 무역 거래 과정에서 소외시키지 않는다.

④ 공정무역은 1946년에 시작되었고, 1960년대 조직된 여러 시민 단체들이 본격적으로 활동을 전개하였다.

⑤ 시민 단체들은 조합을 만들어 환경친화적인 농산물을 직접 생산하고, 이를 회사에 공정한 값으로 판매하였다.

**03** 다음 글의 내용으로 가장 적절한 것은?

우리는 '재활용'이라고 하면 생활 속에서 자주 접하는 종이, 플라스틱, 유리 등을 다시 활용하는 것만을 생각한다. 하지만 에너지도 재활용이 가능하다고 한다.

에너지는 우리가 인지하지 못하는 일상생활 속 움직임을 통해 매 순간 만들어지고 사라진다. 문제는 이렇게 생산되고 사라지는 에너지의 양이 적지 않다는 것이다. 이처럼 버려지는 에너지를 수집해 우리가 사용할 수 있도록 하는 기술이 바로 에너지 하베스팅이다.

에너지 하베스팅은 열, 빛, 운동, 바람, 진동, 전자기 등 주변에서 버려지는 에너지를 모아 전기를 얻는 기술을 의미한다. 이처럼 우리 주위 자연에 존재하는 청정에너지를 반영구적으로 사용하기 때문에 공급의 안정성, 보안성 및 지속 가능성이 높고, 이산화탄소를 배출하는 화석연료를 사용하지 않기 때문에 환경공해를 줄일 수 있어 친환경 에너지 활용 기술로도 각광받고 있다.

이처럼 에너지원의 종류가 많은 만큼 에너지 하베스팅의 유형도 매우 다양하다. 체온, 정전기 등 신체의 움직임을 이용하는 신체 에너지 하베스팅, 태양광을 이용하는 광 에너지 하베스팅, 진동이나 압력을 가해 이용하는 진동 에너지 하베스팅, 산업 현장에서 발생하는 수많은 폐열을 이용하는 열에너지 하베스팅, 방송전파나 휴대전화 전파 등의 전자파 에너지를 이용하는 전자파 에너지 하베스팅 등이 폭넓게 개발되고 있다.

영국의 어느 에너지기업은 사람의 운동 에너지를 전기 에너지로 바꾸는 기술을 개발했다. 사람이 많이 다니는 인도 위에 버튼식 패드를 설치하여 사람이 밟을 때마다 전기가 생산되도록 하는 것이다. 이 장치는 2012년 런던올림픽에서 테스트를 한 이후 현재 영국의 12개 학교 및 미국 뉴욕의 일부 학교에서 설치하여 활용중이다.

전 세계적으로 화석 연료에서 신재생 에너지로 전환하려는 노력이 계속되고 있는 만큼, 에너지 전환 기술인 에너지 하베스팅에 대한 관심은 계속될 것이며 다양한 분야에 적용될 것으로 예상되고 있다.

① 재활용은 유체물만 가능하다.
② 에너지 하베스팅은 버려진 에너지를 또 다른 에너지로 만드는 것이다.
③ 에너지 하베스팅을 통해 열, 빛, 전기 등 여러 에너지를 얻을 수 있다.
④ 태양광과 폐열은 같은 에너지원에 속한다.
⑤ 사람의 운동 에너지를 전기 에너지로 바꾸는 기술은 사람의 체온을 이용한 신체 에너지 하베스팅 기술이다.

**| 유형분석 |**

- 주어진 지문을 파악하여 전달하고자 하는 핵심 주제를 고르는 문제이다.
- 정보를 종합하고 중요한 내용을 구별하는 능력이 필요하다.
- 설명문부터 주장, 반박문까지 다양한 성격의 지문이 제시되므로 글의 성격별 특징을 알아두는 것이 좋다.

**다음 글의 주제로 가장 적절한 것은?**

멸균이란 곰팡이, 세균, 박테리아, 바이러스 등 모든 미생물을 사멸시켜 무균 상태로 만드는 것을 의미한다. 멸균 방법에는 물리적, 화학적 방법이 있으며, 멸균 대상의 특성에 따라 적절한 멸균 방법을 선택하여 실시할 수 있다. 먼저 물리적 멸균법에는 열이나 화학약품을 사용하지 않고 여과기를 이용하여 세균을 제거하는 여과법, 병원체를 불에 태워 없애는 소각법, 100℃에서 10 ~ 20분간 물품을 끓이는 자비소독법, 미생물을 자외선에 직접 노출시키는 자외선 소독법, 160 ~ 170℃의 열에서 1 ~ 2시간 동안 건열 멸균기를 사용하는 건열법, 포화된 고압증기 형태의 습열로 미생물을 파괴시키는 고압증기 멸균법 등이 있다. 다음으로 화학적 멸균법은 화학약품이나 가스를 사용하여 미생물을 파괴하거나 성장을 억제하는 방법으로, E.O 가스, 알코올, 염소 등 여러 가지 화학약품이 사용된다.

① 멸균의 중요성
② 뛰어난 멸균 효과
③ 다양한 멸균 방법
④ 멸균 시 발생할 수 있는 부작용
⑤ 멸균 시 사용하는 약품의 종류

**정답** ③

제시문에서는 멸균에 대해 언급하며, 멸균 방법을 물리적·화학적으로 구분하여 다양한 멸균 방법에 대해 설명하고 있다. 따라서 글의 주제로는 ③이 가장 적절하다.

**풀이 전략!**

'결국', '즉', '그런데', '그러나', '그러므로' 등의 접속어 뒤에 주제가 드러나는 경우가 많다는 것에 주의하면서 지문을 읽는다.

**01** 다음 글의 제목으로 가장 적절한 것은?

> 사회 방언은 지역 방언과 함께 2대 방언의 하나를 이룬다. 그러나 사회 방언은 지역 방언만큼 일찍부터 방언 학자의 주목을 받지는 못하였다. 어느 사회에나 사회 방언이 없지는 않았으나, 일반적으로 사회 방언 간의 차이는 지역 방언들 사이의 그것만큼 그렇게 뚜렷하지 않기 때문이었다. 가령 20대와 60대 사이에는 분명히 방언차가 있지만 그 차이가 전라도 방언과 경상도 방언 사이의 그것만큼 현저하지는 않은 것이 일반적이며, 남자와 여자 사이의 방언차 역시 마찬가지다. 사회 계층 간의 방언차는 사회에 따라서는 상당히 현격한 차이를 보여 일찍부터 논의의 대상이 되어 왔었다. 인도에서의 카스트에 의해 분화된 방언, 미국에서의 흑인 영어의 특이성, 우리나라 일부 지역에서 발견되는 양반 계층과 일반 계층 사이의 방언차 등이 그 대표적인 예들이다. 이러한 사회 계층 간의 방언 분화는 최근 사회 언어학의 대두에 따라 점차 큰 관심의 대상이 되어 가고 있다.

① 2대 방언 – 지역 방언과 사회 방언
② 최근 두드러진 사회 방언에 대한 관심
③ 부각되는 계층 간의 방언 분화
④ 사회 언어학의 대두와 사회 방언
⑤ 사회 방언의 특징

**02** 다음 글의 주제로 가장 적절한 것은?

> 사대부가 퇴장하고, 시민이 지배세력으로 등장하면서 근대문학이 시작되었다. 염상섭, 현진건, 나도향 등은 모두 서울 중인의 후예인 시민이었기 때문에 근대 소설을 이룩하는 데 앞장설 수 있었다. 이광수, 김동인, 김소월 등 평안도 출신 시민계층도 근대문학 형성에 큰 몫을 담당했다. 근대문학의 주역인 시민은 본인의 계급 이익을 배타적으로 옹호하지 않았다. 그들은 사대부 문학의 유산을 계승하는 한편, 민중문학과 제휴해 중세 보편주의와는 다른 근대 민족주의 문학을 발전시키는 의무를 감당해야 했다.

① 근대문학 형성의 주역들
② 근대문학의 지역문제
③ 민족주의 문학의 탄생과 발전
④ 근대문학의 특성과 의의
⑤ 근대문학과 민족문학

**03** 다음 글의 제목으로 가장 적절한 것은?

일반적으로 소비자들은 합리적인 경제 행위를 추구하기 때문에 최소 비용으로 최대 효과를 얻으려 한다는 것이 소비의 기본 원칙이다. 그들은 '보이지 않는 손'이라고 일컬어지는 시장 원리 아래에서 생산자와 만난다. 그러나 이러한 일차적 의미의 합리적 소비가 언제나 유효한 것은 아니다. 생산보다는 소비가 화두가 된 소비 자본주의 시대에 소비는 단순히 필요한 재화, 그리고 경제학적으로 유리한 재화를 구매하는 행위에 머물지 않는다. 최대 효과 자체에 정서적이고 사회 심리학적인 요인이 개입하면서, 이제 소비는 개인이 세계와 만나는 다분히 심리적인 방법이 되어버린 것이다. 곧 인간의 기본적인 생존 욕구를 충족시켜 주는 합리적 소비 수준에 머물지 않고, 자신을 표현하는 상징적 행위가 된 것이다. 이처럼 오늘날의 소비문화는 물질적 소비 차원이 아닌 심리적 소비 형태를 띠게 된다.

소비 자본주의의 화두는 과소비가 아니라 '과시 소비'로 넘어간 것이다. 과시 소비의 중심에는 신분의 논리가 있다. 신분의 논리는 유용성의 논리, 나아가 시장의 논리로 설명되지 않는 것들을 설명해 준다. 혈통으로 이어지던 폐쇄적 계층 사회는 소비 행위에 대해 계급에 근거한 제한을 부여했다. 먼 옛날 부족 사회에서 수장들만이 걸칠 수 있었던 장신구에서부터, 제아무리 권문세가의 정승이라도 아흔아홉 칸을 넘을 수 없던 집이 좋은 예이다. 권력을 가진 자는 힘을 통해 자기의 취향을 주위 사람들과 분리시킴으로써 경외감을 강요하고, 그렇게 자기 취향을 과시함으로써 잠재적 경쟁자들을 통제한 것이다.

가시적 신분 제도가 사라진 현대 사회에서도 이러한 신분의 논리는 여전히 유효하다. 이제 개인은 소비를 통해 자신의 물질적 부를 표현함으로써 신분을 과시하려 한다.

① '보이지 않는 손'에 의한 합리적 소비의 필요성
② 소득을 고려하지 않은 무분별한 과소비의 폐해
③ 계층별 소비 규제의 필요성
④ 신분사회에서 의복 소비와 계층의 관계
⑤ 소비가 곧 신분이 되는 과시 소비의 원리

다음 글의 주제로 가장 적절한 것은?

> 최근에 사이버공동체를 중심으로 한 시민의 자발적 정치 참여 현상이 많은 관심을 끌고 있다. 이러한 현상과 관련하여 A의 연구가 새삼 주목 받고 있다. A의 연구에 따르면 공동체의 구성원이 됨으로써 얻게 되는 '사회적 자본'이 시민사회의 성숙과 민주주의 발전을 가져오는 원동력이다. A의 이론에서는 공동체에 대한 자발적 참여를 통해 사회 구성원 간의 상호 의무감과 신뢰, 구성원들이 공유하는 규칙과 관행, 사회적 유대 관계와 같은 사회적 자본이 늘어나면 사회 구성원 간의 협조적인 행위가 가능하게 된다고 보았다. 더 나아가 A는 자원봉사자와 같이 공동체 참여도가 높은 사람이 투표할 가능성이 높고 정부 정책에 대한 의견 개진도 활발해지는 등 정치 참여도가 높아진다고 주장하였다.
>
> 몇몇 학자들은 A의 이론을 적용하여 면대면 접촉에 따른 인간관계의 산물인 사회적 자본이 사이버공동체에서도 충분히 형성될 수 있다고 보았다. 그리고 사이버공동체에서 사회적 자본의 증가가 정치 참여도 활성화시킬 것으로 기대했다. 하지만 이러한 기대와는 달리 정치 참여는 활성화되지 않았다. 요즘 젊은이들을 보면 각종 사이버공동체에 자발적으로 참여하는 수준은 높지만 투표나 다른 정치 활동에는 무관심하거나 심지어 정치를 혐오하기도 한다. 이런 측면에서 A의 주장은 사이버공동체가 활성화된 오늘날에는 잘 맞지 않는다.
>
> 이러한 이유 때문에 오늘날 사이버공동체를 중심으로 한 정치 참여를 더 잘 이해하기 위해서 '정치적 자본' 개념의 도입이 필요하다. 정치적 자본은 사회적 자본의 구성 요소와는 달리 정치 정보의 습득과 이용, 정치적 토론과 대화, 정치적 효능감 등으로 구성된다. 정치적 자본은 사회적 자본과 마찬가지로 공동체 참여를 통해서 획득되지만, 정치 과정에의 관여를 촉진한다는 점에서 사회적 자본과는 구분될 필요가 있다. 사회적 자본만으로는 정치 참여를 기대하기 어렵고, 사회적 자본과 정치 참여 사이를 정치적 자본이 매개할 때 비로소 정치 참여가 활성화된다.

① 사이버공동체를 통해 축적된 사회적 자본에 정치적 자본이 더해질 때 정치 참여가 활성화된다.
② 사회적 자본은 정치적 자본을 포함하기 때문에 그 자체로 정치 참여의 활성화를 가져온다.
③ 사회적 자본이 많은 사회는 정치 참여가 활발하기 때문에 민주주의가 실현된다.
④ 사이버공동체의 특수성으로 인해 시민들의 정치 참여가 어렵게 되었다.
⑤ 사이버공동체에의 자발적 참여 증가는 정치 참여를 활성화시킨다.

## | 유형분석 |

- 각 문단의 내용을 파악하고 논리적 순서에 맞게 나열하는 복합적인 문제이다.
- 전체적인 글의 흐름을 이해하는 것이 중요하며, 각 문단의 지시어나 접속어에 주의한다.

**다음 문단을 논리적 순서대로 바르게 나열한 것은?**

(가) 여기에 반해 동양에서는 보름달에 좋은 이미지를 부여한다. 예를 들어, 우리나라의 처녀귀신이나 도깨비는 달빛이 흐린 그믐 무렵에나 활동하는 것이다. 그런데 최근에는 동서양의 개념이 마구 뒤섞여 보름달을 배경으로 악마의 상징인 늑대가 우는 광경이 동양의 영화에 나오기도 한다.

(나) 동양에서 달은 '음(陰)'의 기운을, 해는 '양(陽)'의 기운을 상징한다는 통념이 자리를 잡았다. 그래서 달을 '태음', 해를 '태양'이라고 불렀다. 동양에서는 해와 달의 크기가 같은 덕에 음과 양도 동등한 자격을 갖춘다. 즉, 음과 양은 어느 하나가 좋고 다른 하나는 나쁜 것이 아니라 서로 보완하는 관계를 이루는 것이다.

(다) 옛날부터 형성된 이러한 동서양 간의 차이는 오늘날까지 영향을 끼치고 있다. 동양에서는 달이 밝으면 달맞이를 하는데, 서양에서는 달맞이를 자살 행위처럼 여기고 있다. 특히 보름달은 서양인들에게 거의 공포의 상징과 같은 존재이다. 예를 들어, 13일의 금요일에 보름달이 뜨게 되면 사람들이 외출조차 꺼린다.

(라) 하지만 서양의 경우는 다르다. 서양에서 낮은 신이, 밤은 악마가 지배한다는 통념이 자리를 잡았다. 따라서 밤의 상징인 달에 좋지 않은 이미지를 부여하게 되었다. 이는 해와 달의 명칭을 보면 알 수 있다. 라틴어로 해를 'Sol', 달을 'Luna'라고 하는데 정신병을 뜻하는 단어 'Lunacy'의 어원이 바로 'Luna'이다.

① (가) - (나) - (라) - (다)      ② (나) - (라) - (가) - (다)

③ (나) - (라) - (다) - (가)      ④ (다) - (나) - (가) - (라)

⑤ (다) - (나) - (라) - (가)

**정답** ③

제시문은 동양과 서양에서 서로 다른 의미를 부여하고 있는 달에 대해 설명하고 있는 글이다. 따라서 (나) 동양에서 나타나는 해와 달의 의미 → (라) 동양과 상반되는 서양에서의 해와 달의 의미 → (다) 최근까지 지속되고 있는 달에 대한 서양의 부정적 의미 → (가) 동양에서의 변화된 달의 이미지의 순서대로 나열하는 것이 적절하다.

**풀이 전략!**

상대적으로 시간이 부족하다고 느낄 때는 선택지를 참고하여 문장의 순서를 생각해 본다.

※ 다음 문단을 논리적 순서대로 바르게 나열한 것을 고르시오. **[1~3]**

**01**

> (가) 나무를 가꾸기 위해서는 처음부터 여러 가지를 고려해 보아야 한다. 심을 나무의 생육조건, 나무의 형태, 성목이 되었을 때의 크기, 꽃과 단풍의 색, 식재지역의 기후와 토양 등을 종합적으로 생각하고 심어야 한다. 나무의 생육조건은 저마다 다르기 때문에 지역의 환경조건에 적합한 나무를 선별하여 환경에 적응하도록 해야 한다. 동백나무와 석류, 홍가시나무는 남부지방에 키우기 적합한 나무로 알려져 있지만 지구온난화로 남부수종의 생육한계선이 많이 북상하여 중부지방에서도 재배가 가능한 나무도 있다. 부산의 도로 중앙분리대에서 보았던 잎이 붉은 홍가시나무는 여주의 시골집 마당 양지바른 곳에서 3년째 잘 적응하고 있다.
>
> (나) 더불어 나무의 특성을 외면하고 주관적인 해석에 따라 심었다가는 훗날 낭패를 보기 쉽다. 물을 좋아하는 수국 곁에 물을 싫어하는 소나무를 심었다면 둘 중 하나는 살기 어려운 환경이 조성된다. 나무를 심고 가꾸기 위해서는 전체적인 밑그림을 그려보고 생태적 특징을 살펴본 후에 심는 것이 바람직하다.
>
> (다) 나무들이 밀집해있으면 나무들끼리의 경쟁은 물론 바람길과 햇빛의 방해로 성장은 고사하고 병충해에 시달리기 쉽다. 또한 나무들은 성장속도가 다르기 때문에 항상 다 자란 나무의 모습을 상상하며 나무들 사이의 공간 확보를 염두에 두어야 한다. 그러나 묘목을 심고 보니 듬성듬성한 공간을 메꾸기 위하여 자꾸 나무를 심게 되는 실수가 종종 일어나고는 한다.
>
> (라) 식재계획의 시작은 장기적인 안목으로 적재적소의 원칙을 염두에 두고 나무를 선정해야 한다. 식물은 햇빛, 물, 바람의 조화를 이루면 잘 산다고 하지 않는가. 그래서 나무의 특성 중에서 햇볕을 좋아하는지 그늘을 좋아하는지, 물을 좋아하는지 여부를 살펴보는 것이 중요하다. 어린 묘목을 심을 경우 실수하는 것은 나무가 자랐을 때의 생육공간을 생각하지 않고 촘촘하게 심는 것이다.

① (가) - (다) - (라) - (나)  ② (가) - (라) - (다) - (나)
③ (다) - (라) - (나) - (가)  ④ (다) - (나) - (가) - (라)
⑤ (라) - (나) - (다) - (가)

**02**

(가) 결국 이를 다시 생각하면, 과거와 현재의 문화 체계와 당시 사람들의 의식 구조, 생활상 등을 역추적할 수 있다는 말이 된다. 즉, 동물의 상징적 의미가 문화를 푸는 또 하나의 열쇠이자 암호가 되는 것이다. 그리고 동물의 상징적 의미를 통해 인류의 총체인 문화의 실타래를 푸는 것은 우리는 어떤 존재인가라는 정체성에 대한 답을 하는 과정이 될 수 있다.

(나) 인류는 선사시대부터 생존을 위한 원초적 본능에서 동굴이나 바위에 그림을 그리는 일종의 신앙 미술을 창조했다. 신앙 미술은 동물에게 여러 의미를 부여하기 시작했고, 동물의 상징적 의미는 현재까지도 이어지고 있다. 1억 원 이상 복권 당첨자의 23%가 돼지꿈을 꿨다거나, 황금돼지해에 태어난 아이는 만복을 타고난다는 속설 때문에 결혼과 출산이 줄을 이었고, 대통령 선거에서 '두 돼지가 나타나 두 뱀을 잡아 먹는다.'는 식으로 후보들이 홍보를 하기도 했다. 이렇게 동물의 상징적 의미는 우리 시대에도 여전히 유효한 관념으로 남아 있는 것이다.

(다) 동물의 상징적 의미는 시대나 나라에 따라 변하고 새로운 역사성을 담기도 했다. 예를 들면, 뱀은 다산의 상징이자 불사의 존재이기도 했지만, 사악하고 차가운 간사한 동물로 여겨지기도 했다. 하지만 그리스에서 뱀은 지혜의 신이자, 아테네의 상징물이었고, 논리학의 상징이었다. 그리고 과거에 용은 숭배의 대상이었으나, 상상의 동물일 뿐이라는 현대의 과학적 사고는 지금의 용에 대한 믿음을 약화시키고 있다.

(라) 동물의 상징적 의미가 이렇게 다양하게 변하는 것은 문화가 살아 움직이기 때문이다. 문화는 인류의 지식, 신념, 행위의 총체로서, 동물의 상징적 의미 또한 문화에 속한다. 문화는 항상 현재 진행형이기 때문에 현재의 생활이 바로 문화이며, 이것은 미래의 문화로 전이된다. 문화는 과거, 현재, 미래가 따로 떨어진 게 아니라 뫼비우스의 띠처럼 연결되어 있는 것이다. 다시 말하면 그 속에 포함된 동물의 상징적 의미 또한 거미줄처럼 얽히고설켜 형성된 것으로, 그 시대의 관념과 종교, 사회・정치적 상황에 따라 의미가 달라질 수밖에 없다는 말이다.

① (가) - (다) - (라) - (나)      ② (나) - (라) - (다) - (가)

③ (나) - (다) - (라) - (가)      ④ (다) - (나) - (라) - (가)

⑤ (다) - (라) - (가) - (나)

**03**

(가) 베커는 "주말이나 저녁에는 회사들이 문을 닫기 때문에 활용할 수 있는 시간의 길이가 길어지고 이에 따라 특정 행동의 시간 비용이 줄어든다."라고도 지적한다. 시간의 비용이 가변적이라는 개념은, 기대수명이 늘어나서 사람들에게 더 많은 시간이 주어지는 것이 시간의 비용에 영향을 미칠 수 있다는 점에서 의미가 있다.

(나) 베커와 린더는 사람들에게 주어진 시간을 고정된 양으로 전제했다. 1965년 당시의 기대수명은 약 70세였다. 하루 24시간 중 8시간을 수면에 쓰고 나머지 시간에 활동이 가능하다면, 평생 408,800시간의 활동가능 시간이 주어지는 셈이다. 하지만 이 방정식에서 변수 하나가 바뀌면 어떻게 될까? 기대수명이 크게 늘어난다면 시간의 가치 역시 달라져서 늘 시간에 쫓기는 조급한 마음에도 영향을 주게 되지 않을까?

(다) 시간의 비용이 가변적이라고 생각한 이는 베커만이 아니었다. 스웨덴의 경제학자 스테판 린더는 서구인들이 엄청난 경제성장을 이루고도 여유를 누리지 못하는 이유를 논증한다. 경제가 성장하면 사람들의 시간을 쓰는 방식도 달라진다. 임금이 상승하면 직장 밖 활동에 들어가는 시간의 비용이 늘어난다. 일하는 데 쓸 수 있는 시간을 영화나 책을 보는 데 소비하면 그만큼의 임금을 포기하는 것이다. 따라서 임금이 늘어난 만큼 일 이외의 활동에 들어가는 시간의 비용도 함께 늘어난다는 것이다.

(라) 1965년 노벨상 수상자 게리 베커는 '시간의 비용'이 시간을 소비하는 방식에 따라 변화한다고 주장하였다. 예를 들어 수면이나 식사 활동은 영화 관람에 비해 단위 시간당 시간의 비용이 작다. 그 이유는 수면과 식사가 생산적인 활동에 기여하기 때문이다. 잠을 못 자거나 식사를 제대로 하지 못해 체력이 떨어진다면, 생산적인 활동에 제약을 받기 때문에 수면과 식사 활동에 들어가는 시간의 비용이 영화관람에 비해 작다고 할 수 있다.

① (가) – (라) – (다) – (나)       ② (가) – (다) – (나) – (라)
③ (라) – (가) – (다) – (나)       ④ (라) – (다) – (가) – (나)
⑤ (라) – (나) – (다) – (가)

# 04 추론하기

## | 유형분석 |

- 주어진 지문을 바탕으로 도출할 수 있는 내용을 찾는 문제이다.
- 선택지의 내용을 정확하게 확인하고 지문의 정보와 비교하여 추론하는 능력이 필요하다.

### 다음 글을 읽고 추론한 내용으로 적절하지 않은 것은?

1977년 개관한 퐁피두 센터의 정식명칭은 국립 조르주 퐁피두 예술문화 센터로, 공공정보기관(BPI), 공업창작센터(CCI), 음악·음향의 탐구와 조정연구소(IRCAM), 파리 국립 근현대 미술관(MNAM) 등이 있는 종합문화예술 공간이다. 퐁피두라는 이름은 이 센터의 창설에 힘을 기울인 조르주 퐁피두 대통령의 이름을 딴 것이다.

1969년 당시 대통령이었던 퐁피두는 파리의 중심지에 미술관이면서 동시에 조형예술과 음악, 영화, 서적 그리고 모든 창조적 활동의 중심이 될 수 있는 문화 복합센터를 지어 프랑스 미술을 더욱 발전시키고자 했다. 요즘 미술관들은 미술관의 이러한 복합적인 기능과 역할을 인식하고 변화를 시도하는 곳이 많다. 미술관은 더 이상 전시만 보는 곳이 아니라 식사도 하고 영화도 보고 강연도 들을 수 있는 곳으로, 대중과의 거리 좁히기를 시도하고 있는 것도 그리 특별한 일은 아니다. 그러나 이미 40년 전에 21세기 미술관의 기능과 역할을 미리 내다볼 줄 아는 혜안을 가지고 설립된 퐁피두 미술관은 프랑스가 왜 문화강국이라 불리는지를 알 수 있게 해준다.

① 퐁피두 미술관의 모습은 기존 미술관의 모습과 다를 것이다.
② 퐁피두 미술관을 찾는 사람들의 목적은 다양할 것이다.
③ 퐁피두 미술관은 전통적인 예술작품들을 선호할 것이다.
④ 퐁피두 미술관은 파격적인 예술작품들을 배척하지 않을 것이다.
⑤ 퐁피두 미술관은 현대 미술관의 선구자라는 자긍심을 가지고 있을 것이다.

**정답** ③

제시문에 따르면 퐁피두 미술관은 모든 창조적 활동을 위한 공간이므로, 퐁피두가 전통적인 예술작품을 선호할 것이라는 내용은 추론할 수 없다.

### 풀이 전략!

주어진 지문이 어떠한 내용을 다루고 있는지 파악한 후 선택지의 키워드를 확실하게 체크하고, 지문의 정보에서 도출할 수 있는 내용을 찾는다.

**01** 다음 글을 바탕으로 한 추론으로 가장 적절한 것은?

> 비자발적인 행위는 강제나 무지에서 비롯된 행위이다. 반면에 자발적인 행위는 그것의 실마리가 행위자 자신 안에 있다. 행위자 자신 안에 행위의 실마리가 있는 경우에는 행위를 할 것인지 말 것인지가 행위자 자신에게 달려 있다.
>
> 욕망이나 분노에서 비롯된 행위들을 모두 비자발적이라고 할 수는 없다. 그것들이 모두 비자발적이라면 인간 아닌 동물 중 어떤 것도 자발적으로 행위를 하는 게 아닐 것이며, 아이들조차 그럴 것이기 때문이다. 우리가 욕망하는 것 중에는 마땅히 욕망해야 할 것이 있는데, 그러한 욕망에 따른 행위는 비자발적이라고 할 수 없다. 실제로 우리는 어떤 것들에 대해서는 마땅히 화를 내야 하며, 건강이나 배움과 같은 것은 마땅히 욕망해야 한다. 따라서 욕망이나 분노에서 비롯된 행위를 모두 비자발적인 것으로 보아서는 안 된다.
>
> 합리적 선택에 따르는 행위는 모두 자발적인 행위지만 자발적인 행위의 범위는 더 넓다. 왜냐하면 아이들이나 동물들도 자발적으로 행위를 하긴 하지만 합리적 선택에 따라 행위를 하지는 못하기 때문이다. 또한 욕망이나 분노에서 비롯된 행위는 어떤 것도 합리적 선택을 따르는 행위가 아니다. 이성이 없는 존재는 욕망이나 분노에 따라 행위를 할 수 있지만, 합리적 선택에 따라 행위를 할 수는 없기 때문이다. 또 자제력이 없는 사람은 욕망 때문에 행위를 하지만 합리적 선택에 따라 행위를 하지는 않는다. 반대로 자제력이 있는 사람은 합리적 선택에 따라 행위를 하지, 욕망 때문에 행위를 하지는 않는다.

① 욕망에 따른 행위는 모두 자발적인 것이다.

② 자제력이 있는 사람은 자발적으로 행위를 한다.

③ 자제력이 없는 사람은 비자발적으로 행위를 한다.

④ 자발적인 행위는 모두 합리적 선택에 따른 것이다.

⑤ 마땅히 욕망해야 할 것을 하는 행위는 모두 합리적 선택에 따른 것이다.

**02** 다음 글을 읽고 추론할 수 있는 내용으로 적절하지 않은 것은?

인류는 미래의 에너지로 청정하고 고갈될 염려가 없는 풍부한 에너지를 기대하며, 신재생에너지인 태양광과 풍력에너지에 많은 기대를 걸고 있다. 그러나 태양광이나 풍력으로는 화력발전을 통해 생산되는 전력 공급량을 대체하기 어렵고, 기상 환경에 많은 영향을 받는다는 점에서 한계가 있다. 이에 대한 대안으로 많은 전문가들은 '핵융합 에너지'에 기대를 걸고 있다.

핵융합발전은 핵융합 현상을 이용하는 발전 방식으로, 핵융합은 말 그대로 원자의 핵이 융합하는 것을 말한다. 우라늄의 원자핵이 분열하면서 방출되는 에너지를 이용하는 원자력발전과 달리, 핵융합발전은 수소 원자핵이 융합해 헬륨 원자핵으로 바뀌는 과정에서 방출되는 에너지를 이용해 물을 가열하고 수증기로 터빈을 돌려 전기를 생산한다.

핵융합발전이 다음 세대를 이끌어갈 전력 생산 방식이 될 수 있는 이유는 인류가 원하는 에너지원의 조건을 모두 갖추고 있기 때문이다. 우선 연료가 거의 무한대라고 할 수 있을 정도로 풍부하다. 핵융합발전에 사용되는 수소는 일반적인 수소가 아닌 수소의 동위원소로, 지구의 70%를 덮고 있는 바닷물을 이용해서 얼마든지 생산할 수 있다. 게다가 적은 연료로 원자력발전에 비해 훨씬 많은 에너지를 얻을 수 있다. 1g으로 석유 8t을 태워서 얻을 수 있는 전기를 생산할 수 있고, 원자력발전에 비하면 같은 양의 연료로 3 ~ 4배의 전기를 생산할 수 있다.

무엇보다 오염물질을 거의 배출하지 않는 점이 큰 장점이다. 미세먼지와 대기오염을 일으키는 오염물질은 전혀 나오지 않고 오직 헬륨만 배출된다. 약간의 방사선이 방출되지만, 원자력발전에서 배출되는 방사성 폐기물에 비하면 거의 없다고 볼 수 있을 정도다.

핵융합발전은 안전 문제에서도 자유롭다. 원자력발전은 수개월 혹은 1년 치 연료를 원자로에 넣고 연쇄적으로 핵분열 반응을 일으키는 방식이라 문제가 생겨도 당장 가동을 멈춰 사태가 악화되는 것을 막을 수 없다. 하지만 핵융합발전은 연료가 아주 조금 들어가기 때문에 문제가 생겨도 원자로가 녹아내리는 것과 같은 대형 재난으로 이어지지 않는다. 문제가 생기면 즉시 핵융합 반응이 중단되고 발전장치가 꺼져버린다. 핵융합 반응을 제어하는 일이 극도로 까다롭기 때문에 오히려 발전장치가 꺼지지 않도록 정밀하게 제어하는 것이 중요하다.

현재 세계 각국은 각자 개별적으로 핵융합발전 기술을 개발하는 한편 프랑스 남부 카다라슈 지역에 '국제핵융합실험로(ITER)'를 건설해 공동으로 실증 실험을 할 준비를 진행하고 있다. 한국과 유럽연합(EU), 미국, 일본, 러시아, 중국, 인도 등 7개국이 참여해 구축하고 있는 ITER는 2025년 12월 완공될 예정이며, 2025년 이후에는 그동안 각국이 갈고 닦은 기술을 적용해 핵융합 반응을 일으켜 상용화 가능성을 검증하게 된다. 불과 10년 내로 세계 전력산업의 패러다임을 바꾸는 역사적인 핵융합 실험이 지구상에서 이뤄지게 되는 것이다.

① 핵융합발전이 태양열발전보다 더 많은 양의 전기를 생산할 수 있겠어.
② 핵융합발전과 원자력발전은 원자의 핵을 다르게 이용한다는 점에서 차이가 있군.
③ 같은 양의 전력 생산을 목표로 한다면 원자력발전의 연료비는 핵융합발전의 3배 이상이겠어.
④ 헬륨은 대기오염을 일으키는 오염물질에 해당하지 않는군.
⑤ 핵융합발전에는 발전장치를 제어하는 사람의 역할이 중요하겠어.

**03** 다음 중 밑줄 친 사람들의 주장으로 가장 적절한 것은?

최근 여러 나라들은 화석연료 사용으로 인한 기후 변화를 억제하기 위해, 화석연료의 사용을 줄이고 목재연료의 사용을 늘리고 있다. 다수의 과학자와 경제학자들은 목재를 '탄소 중립적 연료'라고 생각하고 있다. 나무를 태우면 이산화탄소가 발생하지만, 새로 심은 나무가 자라면서 다시 이산화탄소를 흡수하는데, 나무를 베어낸 만큼 다시 심으면 전체 탄소배출량은 '0'이 된다는 것이다. 대표적으로 유럽연합이 화석연료를 목재로 대체하려고 하는데, 2020년까지 탄소 중립적 연료로 전체 전력의 20%를 생산할 계획을 가지고 있다. 영국, 벨기에, 덴마크 네덜란드 등의 국가에서는 나무 화력발전소를 건설하거나 기존의 화력발전소에서 나무를 사용할 수 있도록 전환하는 등의 설비를 갖추고 있다. 우리나라 역시 재생에너지원을 중요시하면서 나무 펠릿 수요가 증가하고 있다.

하지만 일부 <u>과학자들</u>은 목재가 친환경 연료가 아니라고 주장한다. 이들 주장의 핵심은 지금 심은 나무가 자라는 데에는 수십 ~ 수백 년이 걸린다는 것이다. 즉, 지금 나무를 태워 나온 이산화탄소는 나무를 심는다고 해서 줄어드는 것이 아니라 수백 년에 걸쳐서 천천히 흡수된다는 것이다. 또 화석연료에 비해 발전 효율이 낮기 때문에 같은 전력을 생산하는 데 발생하는 이산화탄소의 양은 더 많아질 것이라고 강조한다. 눈앞의 배출량만 줄이는 것은 마치 지금 당장 지갑에서 현금이 나가지 않는다고 해서 신용카드를 무분별하게 사용하는 것처럼 위험할 수 있다는 생각이다. 이들은 기후 변화 방지에 있어서, 배출량을 줄이는 것이 아니라 배출하지 않는 방법을 택하는 것이 더 낫다고 강조한다.

① 나무의 발전 효율을 높이는 연구가 선행되어야 한다.
② 목재연료를 통한 이산화탄소 절감은 전 세계가 동참해야만 가능하다.
③ 목재연료의 사용보다는 화석연료의 사용을 줄이는 것이 중요하다.
④ 목재연료의 사용보다는 태양광과 풍력 등의 발전효율을 높이는 것이 효과적이다.
⑤ 목재연료의 사용은 현재의 상황에서 가장 합리적인 대책이다.

# 05 빈칸 넣기

## | 유형분석 |

- 주어진 지문을 바탕으로 빈칸에 들어갈 내용을 찾는 문제이다.
- 선택지의 내용을 정확하게 확인하고 빈칸 앞뒤 문맥을 파악하는 능력이 필요하다.

**다음 글의 빈칸에 들어갈 내용으로 가장 적절한 것은?**

힐링(Healing)은 사회적 압박과 스트레스 등으로 손상된 몸과 마음을 치유하는 방법을 포괄적으로 일컫는 말이다. 우리보다 먼저 힐링이 정착된 서구에서는 질병 치유의 대체 요법 또는 영적·심리적 치료 요법 등을 지칭하고 있다. 국내에서도 최근 힐링과 관련된 갖가지 상품이 유행하고 있다. 간단한 인터넷 검색을 통해 수천 가지의 상품을 확인할 수 있을 정도이다. 종교적 명상, 자연 요법, 운동 요법 등 다양한 형태의 힐링 상품이 존재한다. 심지어 고가의 힐링 여행이나 힐링 주택 등의 상품도 나오고 있다. 그러나 _____ 우선 명상이나 기도 등을 통해 내면에 눈뜨고, 필라테스나 요가를 통해 육체적 건강을 회복하여 자신감을 얻는 것부터 출발할 수 있다.

① 힐링이 먼저 정착된 서구의 힐링 상품들을 참고해야 할 것이다.
② 많은 돈을 들이지 않고서도 쉽게 할 수 있는 일부터 찾는 것이 좋을 것이다.
③ 이러한 상품들의 값이 터무니없이 비싸다고 느껴지지는 않을 것이다.
④ 자신을 진정으로 사랑하는 법을 알아야 할 것이다.

**정답** ②

빈칸의 전후 문장을 통해 내용을 파악해야 한다. 우선 '그러나'라는 접속어를 통해 빈칸에는 앞의 내용에 상반되는 내용이 오는 것임을 알 수 있다. 따라서 수천 가지의 힐링 상품이나 고가의 상품들을 참고하는 것과는 상반된 내용을 찾으면 된다. 또한, 빈칸 뒤의 내용이 주위에서 쉽게 할 수 있는 힐링 방법을 통해 자신감을 얻는 것부터 출발해야 한다는 내용이므로, 빈칸에는 많은 돈을 들이지 않고도 쉽게 할 수 있는 일부터 찾아야 한다는 내용이 담긴 문장이 오는 것이 적절하다.

**풀이 전략!**

빈칸 앞뒤의 문맥을 파악한 후 선택지에서 가장 어울리는 내용을 찾는다. 빈칸 앞에 접속어가 있다면 이를 활용한다.

※ 다음 글의 빈칸에 들어갈 내용으로 가장 적절한 것을 고르시오. [1~3]

**01**

> 오존층 파괴의 주범인 프레온 가스로 대표되는 냉매는 그 피해를 감수하고도 사용할 수밖에 없는 필요악으로 인식되어 왔다. 지구 온난화 문제를 해결할 수 있는 대체 물질이 요구되는 이러한 상황에서 최근 이를 만족할 수 있는 4세대 신냉매가 새롭게 등장해 각광을 받고 있다. 그중 온실가스 배출량을 크게 줄인 대표적인 4세대 신냉매가 수소불화올레핀(HFO)계 냉매이다.
>
> HFO는 기존 냉매에 비해 비싸고 불에 탈 수 있다는 단점이 있으나, 온실가스 배출이 거의 없고 에너지 효율성이 높은 장점이 있다. 이러한 장점으로 4세대 신냉매에 대한 관심이 최근 급격히 증가하고 있다. 지난 2003 ~ 2017년 중 냉매 관련 특허 출원 건수는 총 686건이었고, 온실가스 배출량을 크게 줄인 4세대 신냉매 관련 특허 출원들은 꾸준히 늘어나고 있다. 특히 2008년부터 HFO계 냉매를 포함한 출원 건수가 큰 폭으로 증가하면서 같은 기간의 HFO계 비중이 65%까지 증가했다. 이러한 출원 경향은 국제 규제로 2008년부터 온실가스를 많이 배출하는 기존 3세대 냉매의 생산과 사용을 줄이면서 4세대 신냉매가 필수적으로 요구됐기 때문으로 분석된다.
>
> 냉매는 자동차, 냉장고, 에어컨 등 우리 생활 곳곳에 사용되는 물질로서 시장 규모가 대단히 크지만, 최근 환경 피해와 관련된 엄격한 국제 표준이 요구되고 있다. 우수한 친환경 냉매가 조속히 개발될 수 있도록 관련 특허 동향을 제공해야 할 것이며, 4세대 신냉매 개발은 _____

① 인공지능 기술의 확장을 열게 될 것이다.

② 엄격한 환경 국제 표준을 약화시킬 것이다.

③ 또 다른 오존층 파괴의 원인으로 이어질 것이다.

④ 지구 온난화 문제 해결의 열쇠가 될 것이다.

⑤ 새로운 일자리 창출에 많은 도움이 될 것이다.

**02**

오늘날 인류가 왼손보다 오른손을 선호하는 경향은 어디서 비롯되었을까? 오른손을 귀하게 여기고 왼손을 천대하는 현상은 어쩌면 산업화 이전 사회에서 배변 후 사용할 휴지가 없었다는 사실과 관련이 있을지도 모른다. 맨손으로 배변 뒤처리를 하는 것은 불쾌할 뿐더러 병균을 옮길 위험을 수반하는 일이었다. 이런 위험성을 낮추는 간단한 방법은 음식을 먹거나 인사할 때 다른 손을 사용하는 것이었다. 기술 발달 이전의 사회는 대개 왼손을 배변 뒤처리에, 오른손을 먹고 인사하는 일에 사용했다.

나는 이런 배경이 인간 사회에 널리 나타나는 '오른쪽'에 대한 긍정과 '왼쪽'에 대한 반감을 어느 정도 설명해 줄 수 있으리라고 생각했다. 그러나 이 설명은 왜 애초에 오른손이 먹는 일에, 그리고 왼손이 배변 처리에 사용되었는지 설명해주지 못한다. _____ 따라서 근본적인 설명은 다른 곳에서 찾아야 할 것 같다.

한쪽 손을 주로 쓰는 경향은 뇌의 좌우반구의 기능 분화와 관련되어 있는 것으로 보인다. 보고된 증거에 따르면, 왼손잡이는 읽기와 쓰기, 개념적·논리적 사고 같은 좌반구 기능에서 오른손잡이보다 상대적으로 미약한 대신 상상력, 패턴 인식, 창의력 등 전형적인 우반구 기능에서는 상대적으로 기민한 경우가 많다.

나는 이성 대 직관의 힘겨루기, 뇌의 두 반구 사이의 힘겨루기가 오른손과 왼손의 힘겨루기로 표면화된 것이 아닐까 생각한다. 즉 오른손이 원래 왼손보다 더 능숙했기 때문이 아니라 뇌의 좌반구가 인간의 행동을 지배하는 권력을 갖게 되었기 때문에 오른손 선호에 이르렀다는 생각이다.

① 동서양을 막론하고 왼손잡이 사회는 확인된 바 없기 때문이다.

② 기능적으로 왼손이 오른손보다 섬세하기 때문이다.

③ 모든 사람들이 오른쪽을 선호하는 것이 아니기 때문이다.

④ 양손의 기능을 분담시키지 않는 사람이 존재할 수도 있기 때문이다.

⑤ 현대사회에 들어서 왼손잡이가 늘어나고 있기 때문이다.

**03**

스마트팩토리는 인공지능(AI), 사물인터넷(IoT) 등 다양한 기술이 융합된 자율화 공장으로, 제품 설계와 제조, 유통, 물류 등의 산업 현장에서 생산성 향상에 초점을 맞췄다. 이곳에서는 기계, 로봇, 부품 등의 상호 간 정보 교환을 통해 제조 활동을 하고, 모든 공정 이력이 기록되며, 빅데이터 분석으로 사고나 불량을 예측할 수 있다. 스마트팩토리에서는 컨베이어 생산 활동으로 대표되는 산업 현장의 모듈형 생산이 컨베이어를 대체하고 IoT가 신경망 역할을 한다. 센서와 기기 간 다양한 데이터를 수집하고, 이를 서버에 전송하면 서버는 데이터를 분석해 결과를 도출한다. 서버는 AI 기계학습 기술이 적용돼 빅데이터를 분석하고 생산성 향상을 위한 최적의 방법을 제시한다.

스마트팩토리의 대표 사례로는 고도화된 시뮬레이션 '디지털 트윈'을 들 수 있다. 디지털 트윈은 데이터를 기반으로 가상공간에서 미리 시뮬레이션하는 기술이다. 시뮬레이션을 위해 빅데이터를 수집하고 분석과 예측을 위한 통신・분석 기술에 가상현실(VR), 증강현실(AR)과 같은 기술을 더한다. 이를 통해 산업 현장에서 작업 프로세스를 미리 시뮬레이션하고, VR・AR로 검증함으로써 실제 시행에 따른 손실을 줄이고, 작업 효율성을 높일 수 있다.

한편 '에지 컴퓨팅'도 스마트팩토리의 주요 기술 중 하나이다. 에지 컴퓨팅은 산업 현장에서 발생하는 방대한 데이터를 클라우드로 한 번에 전송하지 않고, 에지에서 사전 처리한 후 데이터를 선별해서 전송한다. 서버와 에지가 연동해 데이터 분석 및 실시간 제어를 수행하여 산업 현장에서 생산되는 데이터가 기하급수로 늘어도 서버에 부하를 주지 않는다. 현재 클라우드 컴퓨팅이 중앙 데이터센터와 직접 소통하는 방식이라면 에지 컴퓨팅은 기기 가까이에 위치한 일명 '에지 데이터 센터'와 소통하며, 저장을 중앙 클라우드에 맡기는 형식이다. 이를 통해 데이터 처리 지연 시간을 줄이고 즉각적인 현장 대처를 가능하게 한다.

이러한 스마트팩토리의 발전은 _____ 최근 선진국에서 나타나는 주요 현상 중의 하나는 바로 '리쇼어링'의 가속화이다. 리쇼어링이란 인건비 등 각종 비용 절감을 이유로 해외에 나간 자국 기업들이 다시 본국으로 돌아오는 현상을 의미하는 용어이다. 2000년대 초반까지는 국가적 차원에서 세제 혜택 등의 회유책을 통해 추진되어왔지만, 스마트팩토리의 등장으로 인해 자국 내 스마트팩토리에서의 제조 비용과 중국이나 멕시코와 같은 제3국에서 제조 후 수출 비용에 큰 차이가 없어 리쇼어링 현상은 더욱 가속화되고 있다.

① 공장의 제조 비용을 절감시키고 있다.
② 공장의 세제 혜택을 사라지게 하고 있다.
③ 공장의 위치를 변화시키고 있다.
④ 수출 비용을 줄이는 데 도움이 된다.
⑤ 공장의 생산성을 높이고 있다.

# 06 경청 및 의사표현

## | 유형분석 |

- 주로 특정 상황을 제시한 뒤 올바른 의사소통 방법을 묻는 형태의 문제가 출제된다.
- 경청과 관련한 이론에 대해 묻거나 대화문 중에서 올바른 경청 자세를 고르는 문제가 출제되기도 한다.

**다음 중 올바른 경청방법으로 적절하지 않은 것은?**

① 상대를 정면으로 마주하는 자세는 상대방이 자칫 위축되거나 부담스러워할 수 있으므로 지양한다.

② 손이나 다리를 꼬지 않는 개방적인 자세는 상대에게 마음을 열어놓고 있음을 알려주는 신호이다.

③ 우호적인 눈의 접촉(Eye-Contact)은 자신이 상대방에게 관심을 가지고 있음을 알려준다.

④ 비교적 편안한 자세는 전문가다운 자신만만함과 아울러 편안한 마음을 상대방에게 전할 수 있다.

**정답** ①

상대를 정면으로 마주하는 자세는 자신이 상대방과 함께 의논할 준비가 되어있다는 것을 알리는 자세이므로 경청을 하는 데 있어 올바른 자세이다.

**풀이 전략!**

별다른 암기 없이도 풀 수 있는 문제가 자주 출제되지만, 문제에 주어진 상황에 대한 확실한 이해가 필요하다.

01 A씨 부부는 대화를 하다 보면 사소한 다툼으로 이어지곤 한다. A씨의 아내는 A씨가 자신의 이야기를 제대로 들어주지 않기 때문이라고 생각한다. 다음 사례에 나타난 A씨의 경청을 방해하는 습관은 무엇인가?

> A씨의 아내가 남편에게 직장에서 업무 실수로 상사에게 혼난 일을 이야기하자 A씨는 "항상 일을 진행하면서 꼼꼼하게 확인하라고 했잖아요. 당신이 일을 처리하는 방법이 잘못됐어요. 다음부터는 일을 하기 전에 미리 계획을 세우고 체크리스트를 작성해 보세요."라고 이야기했다. A씨의 아내는 이런 대답을 듣자고 이야기한 것이 아니라며 더 이상 이야기하고 싶지 않다고 말하며 밖으로 나가 버렸다.

① 짐작하기                          ② 걸러내기
③ 판단하기                          ④ 조언하기
⑤ 옳아야만 하기

02 K물류회사에 입사한 B사원은 첫 팀 회의를 앞두고 있다. 다음 중 팀 회의에서의 원활한 의사표현을 위한 방법으로 가장 적절한 것은?

① 상대방이 말하는 동안 어떤 답을 할지 미리 생각해놔야 한다.
② 공감을 보여주는 가장 쉬운 방법은 상대편의 말을 그대로 받아서 맞장구를 치는 것이다.
③ 핵심은 중요하므로 구체적으로 길게 표현해야 한다.
④ 이견이 있거나 논쟁이 붙었을 때는 앞뒤 말의 '논리적 개연성'만 따져보아야 한다.
⑤ 상대의 인정을 얻기 위해 자신의 단점이나 실패 경험보다 장점을 부각해야 한다.

※ 다음은 경청태도에 대한 강연 내용의 일부이다. 이를 읽고 이어지는 질문에 답하시오. [3~4]

우리는 회사생활을 하면서 많이 말하기보다 많이 들어야 합니다. 그런데 말 잘하는 법, 발표 잘하는 법에 대한 노하우는 어디서든 찾아볼 수 있지만 잘 듣는 법에 대한 이야기는 별로 없는 것 같아요. 그래서 오늘은 올바른 경청태도에 대해 이야기하고자 합니다. 제가 여러분께 어제 메일로 오늘 강의할 자료를 보내드렸습니다. 혹시 읽어 오신 분 있나요? 네, 잘 없죠. 이해합니다. 그런데 여러분, 이렇게 강연 전 미리 수업계획서나 강의계획서를 미리 읽어두는 것도 효과적인 경청 방법에 해당한다는 사실을 알고 계셨나요? 상대의 말을 잘 알아듣기 위해서는 상대가 말하고자 하는 주제나 용어에 친숙해질 필요가 있으니까요. 이 밖에도 효과적인 경청 방법에는 주의 집중하기가 있습니다. 여러분은 지금 모두 제 말을 아주 집중해서 듣고 계시네요. 모두 좋은 경청 태도를 보이고 계십니다.

경청에 도움을 주는 자세가 있다면 경청을 방해하는 요인들도 있겠죠? 상대방의 말을 듣고 받아들이기보다 자신의 생각에 들어맞는 단서를 찾아 자신의 생각을 확인하는 행동, 상대방에 대한 부정적인 판단 또는 상대방을 비판하기 위해 상대방의 말을 듣지 않는 행동 등이 있죠. 그럼 각각의 사례를 통해 경청을 방해하는 요인에 대해 더 자세히 알아보도록 하겠습니다.

**03** 윗글에서 설명하고 있는 경청의 방해요인을 다음 〈보기〉에서 모두 고르면?

> **보기**
> (가) 다른 생각하기               (나) 짐작하기
> (다) 판단하기                    (라) 걸러내기

① (가), (나)                ② (가), (라)
③ (나), (다)                ④ (나), (라)
⑤ (다), (라)

**04** 강연을 듣고 윤수, 상민, 서희. 선미는 다음과 같은 대화를 나누었다. 강연 내용에 기반하였을 때, 옳지 않은 말을 하는 사람을 모두 고르면?

> 윤수 : 말하는 것만큼 듣는 것도 중요하구나. 경청은 그저 잘 듣기만 하면 되는 줄 알았는데, 경청에도 여러 가지 방법이 있는지 오늘 처음 알았어.
>
> 상민 : 맞아. 특히 오늘 강사님이 알려주신 경청을 방해하는 요인은 정말 도움이 되었어. 그동안 나도 모르게 했던 행동들 중에 해당되는 게 많더라고. 특히 내가 대답할 말을 생각하느라 상대의 말에 집중하지 않는 태도는 꼭 고쳐야겠다고 생각이 들었어.
>
> 서희 : 나도 상대에게 호의를 보인다고 상대의 말에 너무 쉽게 동의하거나 너무 빨리 동의하곤 했는데 앞으로 조심해야겠어. 그러고 보니 강사님께서 경청의 방해 요인은 예시까지 들어주시며 자세히 설명해주셨는데, 경청의 올바른 자세는 몇 가지 알려주시지 않아 아쉬웠어. 또 무엇이 있을까?
>
> 선미 : 아, 그건 강사님이 보내주신 강의 자료에 더 자세히 나와 있어. 그런데 서희야, 네가 말한 행동은 경청의 올바른 자세니까 굳이 고칠 필요 없어.

① 윤수  
② 상민  
③ 서희  
④ 선미  
⑤ 상민, 선미

**05** 다음은 의사표현의 말하기 중 '쉼'에 대한 설명이다. 빈칸에 들어갈 수 있는 내용으로 옳지 않은 것은?

> 쉼이란 대화 도중 잠시 침묵하는 것으로 의도적인 경우도 있고, 비의도적인 경우도 있으며, 의도적으로 할 경우 쉼을 활용하여 논리성, 감성제고, 동질감 등을 얻을 수 있다. 듣기에 좋은 말의 속도는 이야기 전체에서 35 ~ 40%가 적당하다는 주장이 있으며, 대화를 할 때 쉼을 하는 경우는 _____ 등이 있다.

① 이야기가 전이될 때  
② 양해, 동조의 경우  
③ 생략, 암시의 경우  
④ 분노, 화냄의 경우  
⑤ 여운을 남길 때

## | 유형분석 |

- 글의 내용을 파악하고 문맥을 읽을 줄 알아야 한다.
- 문서의 종류에 대한 이해를 묻는 문제가 자주 출제된다.

**다음 중 문서의 종류와 작성법이 바르게 연결되지 않은 것은?**

① 공문서 : 마지막엔 반드시 '끝' 자로 마무리한다.

② 설명서 : 복잡한 내용은 도표화한다.

③ 기획서 : 상대가 요구하는 것이 무엇인지 고려하여 작성한다.

④ 보고서 : 상대에게 어필해 상대가 채택하게끔 설득력 있게 작성한다.

**정답** ④

기획서에 대한 설명이다. 보고서는 궁금한 점에 대해 질문 받을 것에 대비하고, 업무상 진행과정에서 작성하므로 핵심내용을 구체적으로 제시해야 한다.

**풀이 전략!**

공문서나 보고서와 같은 자주 출제되는 문서의 작성법을 반드시 숙지해야 하며, 상황이나 대화문이 제시되는 경우 대화의 흐름을 통해 문제에서 묻고 있는 문서의 종류를 빠르게 파악해야 한다.

**01** 다음 중 문서의 종류에 대한 설명으로 적절하지 않은 것은?

① 공문서는 정부 행정기관에서 대내적, 혹은 대외적 공무를 집행하기 위해 작성하는 문서이다.

② 비즈니스 레터는 적극적으로 아이디어를 내고 기획한 하나의 프로젝트를 문서형태로 만들어, 상대방에게 그 내용을 전달하여 기획을 시행하도록 설득하는 문서이다.

③ 기안서는 회사의 업무에 대한 협조를 구하거나 의견을 전달할 때 작성하며 흔히 사내 공문서로 불린다.

④ 보도 자료는 정부 기관이나 기업체, 각종 단체 등이 언론을 상대로 자신들의 정보가 기사로 보도되도록 하기 위해 보내는 자료이다

⑤ 보고서는 특정한 일에 관한 현황이나 그 진행 상황 또는 연구·검토 결과 등을 보고하고자 할 때 작성하는 문서이다.

**02** 다음 〈보기〉는 문서의 종류에 따른 문서 작성법이다. 〈보기〉와 문서의 종류가 바르게 연결된 것은?

> **보기**
>
> (가) 상품이나 제품에 대해 정확하게 기술하기 위해서는 가급적 전문용어의 사용을 삼가고 복잡한 내용은 도표화한다.
> (나) 대외문서이고, 장기간 보관되는 문서이므로 정확하게 기술해야 하며, 한 장에 담아내는 것이 원칙이다.
> (다) 보통 업무 진행 과정에서 쓰는 경우가 대부분이므로 무엇을 도출하고자 했는지 핵심내용을 구체적으로 제시한다. 이때, 간결하고 핵심적인 내용의 도출이 우선이므로 내용의 중복을 피해야 한다.
> (라) 상대가 요구하는 것이 무엇인지 고려하여 설득력을 갖추어야 하며, 제출하기 전에 충분히 검토해야 한다.

|  | (가) | (나) | (다) | (라) |
|---|---|---|---|---|
| ① | 공문서 | 보고서 | 설명서 | 기획서 |
| ② | 공문서 | 기획서 | 설명서 | 보고서 |
| ③ | 설명서 | 공문서 | 기획서 | 보고서 |
| ④ | 설명서 | 공문서 | 보고서 | 기획서 |
| ⑤ | 기획서 | 설명서 | 보고서 | 공문서 |

# 기술능력

## 합격 Cheat Key

기술능력은 업무를 수행함에 있어 도구, 장치 등을 포함하여 필요한 기술에 어떠한 것들이 있는지 이해하고, 실제 업무를 수행함에 있어 적절한 기술을 선택하여 적용하는 능력이다.

세부 유형은 기술 이해·기술 선택·기술 적용으로 나눌 수 있다. 제품설명서나 상황별 매뉴얼을 제시하는 문제 또는 명령어를 제시하고 규칙을 대입할 수 있는지 묻는 문제가 출제되기 때문에 이런 유형들을 공략할 수 있는 전략을 세워야 한다.

### 1 긴 지문이 출제될 때는 보기의 내용을 미리 보라!

기술능력에서 자주 출제되는 제품설명서나 상황별 매뉴얼을 제시하는 문제에서는 기술을 이해하고, 상황에 알맞은 원인 및 해결방안을 고르는 문제가 출제된다. 실제 시험장에서 문제를 풀 때는 시간적 여유가 없기 때문에 보기를 먼저 읽고, 그 다음 긴 지문을 보면서 동시에 보기와 일치하는 내용이 나오면 확인해 가면서 푸는 것이 좋다.

### 2 모듈형에도 대비하라!

모듈형 문제의 비중이 늘어나는 추세이므로 공기업을 준비하는 취업준비생이라면 모듈형 문제에 대비해야 한다. 기술능력의 모듈형 이론 부분을 학습하고 모듈형 문제를 풀어보고 여러 번 읽으며 이론을 확실히 익혀두면 실제 시험장에서 이론을 묻는 문제가 나왔을 때 단번에 답을 고를 수 있다.

**3** **전공 이론도 익혀 두어라!**

지원하는 직렬의 전공 이론이 기술능력으로 출제되는 경우가 많기 때문에 전공 이론을
익혀두는 것이 좋다. 깊이 있는 지식을 묻는 문제가 아니더라도 출제되는 문제의 소재가
전공과 관련된 내용일 가능성이 크기 때문에 최소한 지원하는 직렬의 전공 용어는 확실히
익혀 두어야 한다.

**4** **쉽게 포기하지 말라!**

직업기초능력에서 주요 영역이 아니면 소홀한 경우가 많다. 시험장에서 기술능력을 읽어
보지도 않고 포기하는 경우가 많은데 차근차근 읽어보면 지문만 잘 읽어도 풀 수 있는
문제들이 출제되는 경우가 있다. 이론을 모르더라도 풀 수 있는 문제인지 파악해보자.

# 01 기술 이해

## | 유형분석 |

- 기술 시스템의 개념과 발전 단계에 대한 지식을 평가한다.
- 각 단계의 순서와 그에 따른 특징을 숙지하여야 한다.
- 단계별로 요구되는 핵심 역할이 다름에 유의한다.

**다음 중 기술 시스템의 발전 단계에 따라 빈칸 ㉠ ~ ㉣에 들어갈 내용을 순서대로 바르게 나열한 것은?**

| 발전 단계 | 특징 | 핵심 역할 |
|---|---|---|
| 발명·개발·혁신의 단계 | 기술 시스템이 탄생하고 성장 | 기술자 |
| ↓ | | |
| ㉠ | 성공적인 기술이 다른 지역으로 이동 | 기술자 |
| ↓ | | |
| ㉡ | 기술 시스템 사이의 경쟁 | ㉢ |
| ↓ | | |
| 기술 공고화 단계 | 경쟁에서 승리한 기술 시스템의 관성화 | ㉣ |

|  | ㉠ | ㉡ | ㉢ | ㉣ |
|---|---|---|---|---|
| ① | 기술 이전의 단계 | 기술 경쟁의 단계 | 기업가 | 자문 엔지니어 |
| ② | 기술 경쟁의 단계 | 기술 이전의 단계 | 금융전문가 | 자문 엔지니어 |
| ③ | 기술 이전의 단계 | 기술 경쟁의 단계 | 기업가 | 기술자 |
| ④ | 기술 경쟁의 단계 | 기술 이전의 단계 | 금융전문가 | 기업가 |
| ⑤ | 기술 이전의 단계 | 기술 경쟁의 단계 | 금융전문가 | 기술자 |

**정답** ①

기술 시스템의 발전 단계는 '발명·개발·혁신의 단계 → ㉠ 기술 이전의 단계 → ㉡ 기술 경쟁의 단계 → 기술 공고화 단계'를 거쳐 발전한다. 또한 기술 시스템의 발전 단계에는 단계별로 핵심적인 역할을 하는 사람들이 있다. 기술 경쟁의 단계에서는 ㉢ 기업가들의 역할이 더 중요해지고, 기술 공고화 단계에서는 이를 활성·유지·보수 등을 하기 위한 ㉣ 자문 엔지니어와 금융전문가 등의 역할이 중요해진다.

**풀이 전략!**

기술 시스템이란 개별 기술들이 네트워크로 결합하여 새로운 기술로 만들어지는 것을 뜻한다. 따라서 개별 기술들이 '개발 → 이전 → 경쟁 → 공고화'의 절차를 가지고 있음을 숙지하여 문제를 풀어야 한다.

**01** 다음은 기술선택을 설명한 글이다. 이를 읽고 이해한 내용으로 옳지 않은 것은?

> 기술선택이란 기업이 어떤 기술에 대하여 외부로부터 도입하거나 또는 그 기술을 자체 개발하여 활용할 것인가를 결정하는 것이다. 기술을 선택하는 데에 대한 의사결정은 크게 다음과 같이 두 가지 방법으로 볼 수 있다.
> 먼저 상향식 기술선택(Bottom Up Approach)은 기업 전체 차원에서 필요한 기술에 대한 체계적인 분석이나 검토 없이 연구자나 엔지니어들이 자율적으로 기술을 선택하도록 하는 것이다.
> 다음으로 하향식 기술선택(Top Down Approach)은 기술경영진과 기술기획담당자들에 의한 체계적인 분석을 통해 기업이 획득해야 하는 대상기술과 목표기술수준을 결정하는 것이다.

① 상향식 기술선택은 기술자들의 창의적인 아이디어를 얻기 어려운 단점을 볼 수 있다.

② 하향식 기술선택은 먼저 기업이 직면하고 있는 외부환경과 보유 자원에 대한 분석을 통해 중・장기적인 사업목표를 설정하는 것이다.

③ 상향식 기술선택은 시장의 고객들이 요구하는 제품이나 서비스를 개발하는 데 부적합한 기술이 선택될 수 있다.

④ 하향식 기술선택은 사업전략의 성공적인 수행을 위해 필요한 기술들을 열거하고, 각각의 기술에 대한 획득의 우선순위를 결정하는 것이다.

⑤ 상향식 기술선택은 경쟁기업과의 경쟁에서 승리할 수 없는 기술이 선택될 수 있다.

**02** 다음 뉴스 내용에서 볼 수 있는 기술경영자의 능력으로 옳은 것은?

> 앵커 : 현재 국제 원유 값이 고공 행진을 계속하면서 석유자원에서 탈피하려는 기술 개발이 활발히 진행되고 있는데요. 석유자원을 대체하고 에너지의 효율성을 높일 수 있는 연구개발 현장을 이은경 기자가 소개합니다.
> 기자 : 네. 여기는 메탄올을 화학 산업에 많이 쓰이는 에틸렌과 프로필렌, 부탄 등의 경질 올레핀으로 만드는 공정 현장입니다. 석탄과 바이오매스, 천연가스를 원료로 만들어진 메탄올에서 촉매반응을 통해 경질 올레핀을 만들기 때문에 석유 의존도를 낮출 수 있는 기술을 볼 수 있는데요. 기존 석유 나프타 열분해 공정보다 수율이 높고, 섭씨 400℃ 이하에서 제조가 가능해 온실가스는 물론 에너지 비용을 50% 이상 줄일 수 있어 화제가 되고 있습니다.

① 빠르고 효과적으로 새로운 기술을 습득하고 기존의 기술에서 탈피하는 능력

② 기술 전문 인력을 운용할 수 있는 능력

③ 조직 내의 기술 이용을 수행할 수 있는 능력

④ 새로운 제품개발 시간을 단축할 수 있는 능력

⑤ 기술을 효과적으로 평가할 수 있는 능력

## | 유형분석 |

- 주어진 자료를 해석하고 기술을 적용하여 풀어가는 문제이다.
- 꼼꼼하고 분석적인 접근이 필요한 논리연산, 사용설명서 등의 문제들이 출제된다.

귀하가 근무하는 기술자격팀에서 작년부터 연구해 온 데이터의 흐름도가 완성되었다. 다음 자료와 〈조건〉을 보고 A에서 1이 입력되었을 때, F에서의 결과가 가장 크게 되는 값은?

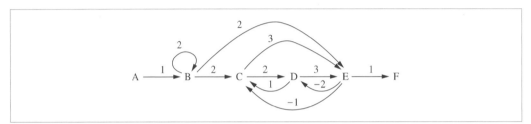

### 조건

- 데이터는 화살표 방향으로만 이동할 수 있으며, 같은 경로를 여러 번 반복해서 이동할 수 있다.
- 화살표 위의 숫자는 그 경로를 통해 데이터가 1회 이동할 때마다 데이터에 곱해지는 수치를 의미한다.
- 각 경로를 따라 데이터가 이동할 때, 1회 이동 시간은 1시간이며, 데이터의 총 이동 시간은 10시간을 초과할 수 없다.
- 데이터의 대소 관계는 [음수<0<양수]의 원칙에 따른다.

① 256

② 384

③ 432

④ 864

⑤ 1,296

### 정답  ④

결과가 가장 큰 값을 구해야 하므로 최대한 큰 수가 있는 구간으로 이동해야 하며, 세 번째 조건에 따라 총 10번의 이동이 가능하다. 반복 이동으로 가장 커질 수 있는 구간은 D-E 구간이지만 음수가 있으므로 왕복 2번을 이동하여 값을 양수로 만들어야 한다. D-E 구간에서 4번 이동하고 마지막에 E-F 구간 1번 이동하는 것을 제외하면 출발점인 A에서 D-E 구간을 왕복하기 전까지 총 5번을 이동할 수 있다. D-E 구간으로 가기 전 가장 큰 값은 C에서 E로 가는 것이므로 C-E-D-E-D-E-F로 이동한다. 또한, 출발점인 A에서 C까지 4번 이동하려면 A-B-B-B-C밖에 없다.
따라서 A-B-B-B-C-E-D-E-D-E-F 순서로 이동한다.
∴ $1 \times 2 \times 2 \times 2 \times 3 \times (-2) \times 3 \times (-2) \times 3 \times 1 = 864$

### 풀이 전략!

문제 해결을 위해 필요한 정보와 기술능력이 무엇인지 먼저 파악한 후, 제시된 자료를 분석적으로 읽고 문제를 풀이한다.

**01** K정보통신회사에 입사한 귀하는 시스템 모니터링 및 관리 업무를 담당하게 되었다. 다음 내용을 참고할 때, 〈보기〉의 Final Code로 옳은 것은?

다음 모니터에 나타나는 정보를 이해하고 시스템 상태를 판독하여 적절한 코드 입력 방식을 파악하시오.

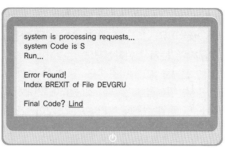

```
system is processing requests...
system Code is S
Run...

Error Found!
Index BREXIT of File DEVGRU

Final Code? Lind
```

| 항목 | 세부사항 |
| --- | --- |
| Index ◇◇◇ of File ◇◇◇ | • 오류 문자 : Index 뒤에 나타나는 문자<br>• 오류 발생 위치 : File 뒤에 나타나는 문자 |
| Error Value | 오류 문자와 오류 발생 위치를 의미하는 문자에 사용된 알파벳을 비교하여 일치하는 알파벳의 개수를 확인 |
| Final Code | Error Value를 통하여 시스템 상태 판단 |

| 판단 기준 | Final Code |
| --- | --- |
| 일치하는 알파벳의 개수＝0 | Svem |
| 0＜일치하는 알파벳의 개수≤1 | Atur |
| 1＜일치하는 알파벳의 개수≤3 | Lind |
| 3＜일치하는 알파벳의 개수≤5 | Nugre |
| 일치하는 알파벳의 개수＞5 | Qutom |

보기

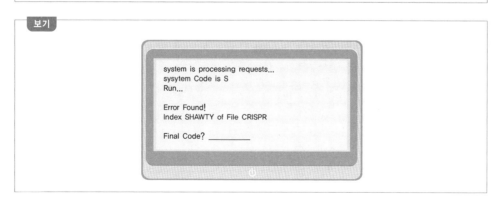

```
system is processing requests...
sysytem Code is S
Run...

Error Found!
Index SHAWTY of File CRISPR

Final Code? _____
```

① Svem  ② Atur
③ Lind  ④ Nugre
⑤ Qutom

※ 다음 자료는 제습기 사용과 보증기간에 대한 설명이다. 이어지는 질문에 답하시오. [2~3]

### 〈사용 전 알아두기〉

• 제습기의 적정 사용온도는 18 ~ 35℃입니다.
  - 18℃ 미만에서는 냉각기에 결빙이 시작되어 제습량이 줄어들 수 있습니다.
• 제습 운전 중에는 컴프레서 작동으로 실내 온도가 올라갈 수 있습니다.
• 설정한 희망 습도에 도달하면 운전을 멈추고 실내 습도가 높아지면 자동 운전을 다시 시작합니다.
• 물통이 가득 찰 경우 제습기 작동이 멈춥니다.
• 안전을 위하여 제습기 물통에 다른 물건을 넣지 마십시오.
• 제습기가 작동하지 않거나 아무 이유 없이 작동을 멈추는 경우 다음 사항을 확인하세요.
  - 전원플러그가 제대로 끼워져 있는지 확인하십시오.
  - 위의 사항이 정상인 경우, 전원을 끄고 10분 정도 경과 후 다시 전원을 켜세요.
  - 여전히 작동이 안 되는 경우, 판매점 또는 서비스 센터에 연락하시기 바랍니다.
• 현재 온도 / 습도는 설치장소 및 주위 환경에 따라 실제와 차이가 있을 수 있습니다.

### 〈보증기간 안내〉

• 품목별 소비자 피해 보상규정에 의거 아래와 같이 제품에 대한 보증을 실시합니다.
• 보증기간 산정 기준
  - 제품 보증기간이라 함은 제조사 또는 제품 판매자가 소비자에게 정상적인 상태에서 자연 발생한 품질 성능 기능 하자에 대하여 무료 수리해 주겠다고 약속한 기간을 말합니다.
  - 제품 보증기간은 구입일자를 기준으로 산정하며 구입일자의 확인은 제품보증서를 기준으로 합니다. 단, 보증서가 없는 경우는 제조일(제조번호, 검사필증)로부터 3개월이 경과한 날부터 보증기간을 계산합니다.
  - 중고품(전파상 구입, 모조품) 구입 시 보증기간은 적용되지 않으며 수리 불가의 경우 피해보상을 책임지지 않습니다.
• 당사와의 계약을 통해 납품되는 제품의 보증은 그 계약내용을 기준으로 합니다.
• 제습기 보증기간은 구입일로부터 1년으로 합니다.
  - 2023년 1월 이전 구입분은 2년 적용

### 〈제습기 부품 보증기간〉

• 인버터 컴프레서(2022년 1월 이후 생산 제품) : 10년
• 컴프레서(2024년 1월 이후 생산 제품) : 4년
• 인버터 컴프레서에 한해서 5년 차부터 부품대만 무상 적용함

**02** 제습기 구매자가 사용 전 알아두기에 대한 설명서를 읽고 나서 제습기를 사용했다. 다음 중 구매자가 서비스센터에 연락해야 할 작동 이상으로 가장 적절한 것은?

① 실내 온도가 17℃일 때 제습량이 줄어들었다.

② 제습기 사용 후 실내 온도가 올라갔다.

③ 물통에 물이 $\frac{1}{2}$ 정도 들어있을 때 작동이 멈췄다.

④ 제습기가 갑자기 작동되지 않아 10분 정도 꺼두었다가 다시 켰더니 작동하였다.

⑤ 희망 습도에 도달하니 운전을 멈추었다.

PART 1

**03** 보증기간 안내 및 제습기 부품 보증기간을 참고할 때, 제습기 사용자가 잘못 이해한 내용은?

① 제품 보증서가 없는 경우, 영수증에 찍힌 구입한 날짜부터 보증기간을 계산한다.

② 보증기간 무료 수리는 정상적인 상태에서 자연 발생한 품질 성능 기능 하자가 있을 때이다.

③ 2023년 1월 이후에 구입한 제습기 보증기간은 구입일로부터 1년이다.

④ 2023년 1월 이전에 구입한 제습기는 보증기간이 2년 적용된다.

⑤ 2022년 1월 이후에 생산된 인버터 컴프레서는 보증기간이 10년이다.

※ K공사는 사내 의무실 체온계의 고장으로 새로운 체온계를 구입하였다. 다음 설명서를 읽고 이어지는 질문에 답하시오. **[4~5]**

---

■ **사용방법**

1) 체온을 측정하기 전 새 렌즈필터를 부착하여 주세요.
2) 〈ON〉 버튼을 눌러 액정화면이 켜지면 귓속에 체온계를 삽입합니다.
3) 〈START〉 버튼을 눌러 체온을 측정합니다.
4) 측정이 잘 이루어졌으면 '삐' 소리와 함께 측정 결과가 액정화면에 표시됩니다.
5) 60초 이상 사용하지 않으면 자동으로 전원이 꺼집니다.

■ **체온 측정을 위한 주의사항**

- 오른쪽 귀에서 측정한 체온은 왼쪽 귀에서 측정한 체온과 다를 수 있습니다. 그러므로 항상 같은 귀에서 체온을 측정하십시오.
- 체온을 측정할 때는 정확한 측정을 위해 과다한 귀지가 없도록 하십시오.
- 한쪽 귀를 바닥에 대고 누워 있었을 때, 매우 춥거나 더운 곳에 노출되어 있는 경우, 목욕을 한 직후 등은 외부적 요인에 의해 귀 체온 측정에 영향을 미칠 수 있으므로 이런 경우에는 30분 정도 기다리신 후 측정하십시오.

■ **문제해결방법**

| 상태 | 해결방법 | 에러 메시지 |
|---|---|---|
| 렌즈필터가 부착되어 있지 않음 | 렌즈필터를 끼우세요. | ━ ━ |
| 체온계가 렌즈의 정확한 위치를 감지할 수 없어 정확한 측정이 어려움 | 〈ON〉 버튼을 3초간 길게 눌러 화면을 지운 다음 정확한 위치에 체온계를 넣어 측정합니다. | POE |
| 측정체온이 정상범위(34℃ ~ 42.2℃)를 벗어난 경우<br>– HI : 매우 높음<br>– LO : 매우 낮음 | 온도가 10℃와 40℃ 사이인 장소에서 체온계를 30분간 보관한 다음 다시 측정하세요. | HI℃<br><br>LO℃ |
| 건전지 수명이 다하여 체온 측정이 불가능한 상태 | 새로운 건전지(1.5V AA타입 2개)로 교체하세요. | ━ ━ ━ |

**04** 다음 중 체온 측정 과정으로 가장 적절한 것은?

① 렌즈필터가 깨끗하여 새것으로 교체하지 않고 체온을 측정하였다.

② 오른쪽 귀의 체온이 38℃로 측정되어 다시 왼쪽 귀의 체온을 측정하였다.

③ 정확한 측정을 위해 귓속의 귀지를 제거한 다음 체온을 측정하였다.

④ 정확한 측정을 위해 영점 조정을 맞춘 뒤 체온을 측정하였다.

⑤ 구비되어 있는 렌즈필터가 없어 렌즈를 알코올 솜으로 닦은 후 측정하였다.

**05** 체온계 사용 중 'POE'의 에러 메시지가 떴다. 에러 메시지 확인 후 해결방법으로 가장 적절한 것은?

① 〈ON〉 버튼을 3초간 길게 눌러 화면을 지운 뒤, 정확한 위치에서 다시 측정한다.

② 렌즈필터가 부착되어 있지 않으므로 깨끗한 새 렌즈필터를 끼운다.

③ 1분간 그대로 뒀서 전원을 끈 다음 〈ON〉 버튼을 눌러 다시 액정화면을 켠다.

④ 건전지 삽입구를 열어 1.5V AA타입 2개의 새 건전지로 교체한다.

⑤ 온도가 10℃와 40℃ 사이인 장소에서 체온계를 30분간 보관한 다음 다시 측정한다.

※ 교육서비스 업체인 K사에서는 업무 효율화를 위해 업무용 태블릿PC '에듀프렌드'를 전 직원에게 제공하기로 결정하였다. 다음 제품 설명서를 참고하여 이어지는 질문에 답하시오. **[6~7]**

---

■ **지원기능**

  1. 학습자 관리
- 인적사항 등록 매뉴얼에서 학습자 인적사항을 등록할 수 있습니다.
- 학습자 지도 및 평가 계획안을 첨부하여 등록할 수 있습니다.
- 입력된 학습자 인적사항은 가나다순 또는 등록일자순, 나이순, 지역순으로 정렬할 수 있습니다.
- 키워드 입력을 통해 원하는 학습자 정보를 검색할 수 있습니다.

  2. 교사 스케줄링
- 캘린더에 일정을 등록할 수 있고, 등록된 일정은 월별·주별·시간대별로 설정하여 확인할 수 있습니다.
- 중요한 일정은 알람을 설정할 수 있습니다.
- 위치정보를 활용해 학습자 방문지와의 거리 및 시간 정보와 경로를 탐색할 수 있습니다.
- Office 문서작성을 지원하며, 터치펜으로 메모를 작성할 수 있습니다.

  3. 커뮤니티
- 커뮤니티에 접속해 공지사항을 확인할 수 있고, 게시판 기능을 활용할 수 있습니다.
- 화상전화를 지원하여, 학습자와 시간과 장소에 제한 없이 소통할 수 있습니다.

■ **제품사양**

| 프로세서 | CPU 속도 1.7GHz | |
|---|---|---|
| 디스플레이 | Size 165.5×77×8.8mm, Weight 200g | |
| | 해상도 2960×1440 | |
| 메모리 | 내장 500GB, 외장 500GB(총 1TB 지원) | |
| 카메라 | 표준 2,400만 화소 | |
| 연결 | USB 지원 | 블루투스 지원 |
| | GPS 지원 | 이어잭 지원 |
| | Wi-Fi 지원 | |
| 배터리 | 표준 배터리 용량 4000mAh | |
| | 비디오 재생시간 20h | |

■ **주의사항**
- 물 또는 빗물에 던지거나 담그지 마십시오.
- 젖은 배터리를 사용하거나 충전하지 마십시오.
- 화기 가까이 두지 마십시오(가급적 0 ~ 40℃ 사이에서 사용하세요).
- 신용카드, 전화카드, 통장 등의 자성을 이용한 제품에 가까이 두지 마십시오.
- 소량의 유해물질이 있으니 기기를 분해하지 마십시오.
- 기기를 떨어뜨리지 마십시오.
- 기기에 색을 칠하거나 도료를 입히지 마십시오.
- 출력 커넥터에 허용되는 헤드셋 또는 이어폰을 사용하십시오.
- ※ 지시사항을 위반하였을 때 제품손상이 발생할 수 있습니다.

**06** A사원은 '에듀프렌드'를 제공받아 업무를 수행하였다. 다음 중 A사원이 에듀프렌드를 사용하여 수행한 업무로 적절하지 않은 것은?

① 학습자 지도 및 평가 계획안의 메모리 용량(600GB)이 커서 일부분을 업로드하지 못하였다.

② 인적사항 등록 매뉴얼에서 A사원이 관리하는 학생 100명의 인적사항을 등록하였다.

③ A사원의 관리대상인 학습자 B군과 미팅을 잡고, 캘린더에 일정 알람을 등록하였다.

④ GPS를 켜서 학습자 B군의 집까지 최적 경로와 소요 시간을 탐색하였다.

⑤ 커뮤니티에 접속하여 공지사항을 통해 상반기 워크숍 일정을 확인하였다.

**07** A사원이 '에듀프렌드'를 사용하기 위해 전원 버튼을 눌렀지만, 전원이 켜지지 않았다. 다음 중 에듀프렌드의 전원이 켜지지 않는 원인으로 적절하지 않은 것은?

① 에듀프렌드의 출력 커넥터와 맞지 않는 이어폰을 꽂아 사용하였다.

② 차량용 자석 거치대를 설치하여 운전 시에 에듀프렌드를 자석 거치대 위에 두었다.

③ 식당에서 물을 쏟아 가방에 들어있던 에듀프렌드가 물에 젖어버렸다.

④ 주머니에 들어 있던 에듀프렌드를 바닥으로 떨어뜨렸다.

⑤ 에듀프렌드에 보호 커버를 씌우고, 보호 커버 위에 매직펜으로 이름을 썼다.

※ 다음은 전열 난방기구의 설명서이다. 설명서를 읽고 이어지는 질문에 답하시오. [8~10]

■ **설치방법**

[스탠드형]

1) 제품 밑 부분이 위를 향하게 하고, 스탠드와 히터의 나사 구멍이 일치하도록 맞추세요.

2) 십자드라이버를 사용해 스탠드 조립용 나사를 단단히 고정시켜주세요.

3) 스탠드 2개를 모두 조립한 후 제품을 똑바로 세워놓고 흔들리지 않는지 확인합니다.

[벽걸이형]

1) 벽걸이용 거치대를 본체에서 분리해주세요.

2) 벽걸이용 거치대 양쪽 구멍의 거리에 맞춰 벽에 작은 구멍을 냅니다(단단한 콘크리트나 타일이 있을
   경우 전동드릴로 구멍을 내면 좋습니다).

3) 제공되는 나사를 이용해 거치대를 벽에 고정시켜 줍니다.

4) 양손으로 본체를 들어서 평행을 맞춰 거치대에 제품을 고정시킵니다.

5) 거치대의 고정 나사를 단단히 조여 흔들리지 않도록 고정시킵니다.


■ **사용방법**

1) 전원선을 콘센트에 연결합니다.

2) 전원버튼을 누르면 작동을 시작합니다.

3) 1단(750W), 2단(1,500W)의 출력 조절버튼을 터치해 출력을 조절할 수 있습니다.

4) 온도 조절버튼을 터치하여 온도를 조절할 수 있습니다.

   – 설정 가능한 온도 범위는 15 ~ 40℃입니다.

   – 에너지 절약을 위해 실내온도가 설정온도에 도달하면 자동으로 전원이 차단됩니다.

   – 실내온도가 설정온도보다 약 2 ~ 3℃ 내려가면 다시 작동합니다.

5) 타이머 버튼을 터치하여 작동 시간을 설정할 수 있습니다.

6) 출력 조절버튼을 5초 이상 길게 누르면 잠금 기능이 활성화됩니다.


■ **주의사항**

– 제품을 사용하지 않을 때나 제품을 점검할 때는 전원코드를 반드시 콘센트에서 분리하세요.

– 사용자가 볼 수 있는 위치에서만 사용하세요.

– 사용 시에 화상을 입을 수 있으니 손을 대지 마세요.

– 바닥이 고르지 않은 곳에서는 사용하지 마세요.

– 젖은 수건, 의류 등을 히터 위에 올려놓지 마세요.

– 장난감, 철사, 칼, 도구 등을 넣지 마세요.

– 제품 사용 중 이상이 발생한 경우 분해하지 마시고, A/S센터로 문의해주세요.

– 본체 가까이에서 스프레이 캔이나 인화성 위험물을 사용하지 마세요.

– 휘발유, 신나, 벤젠, 등유, 알칼리성 비눗물, 살충제 등을 이용하여 청소하지 마세요.

– 제품을 물에 담그지 마세요.

– 젖은 손으로 전원코드, 본체, 콘센트 등을 만지지 마세요.

– 전원 케이블이 과도하게 꺾이거나 피복이 벗겨진 경우에는 전원을 연결하지 마시고, A/S센터로 문의
  해주세요.

※ 주의사항을 지키지 않을 경우 고장 및 감전, 화재의 원인이 될 수 있습니다.

**08** 작업장에 벽걸이형 난방기구를 설치하고자 한다. 다음 중 벽걸이형 난방기구의 설치방법으로 옳은 것은?

① 벽걸이용 거치대의 양쪽 구멍과 상단 구멍의 위치에 맞게 벽에 작은 구멍을 낸다.

② 스탠드 2개를 조립한 후 벽걸이형 거치대를 본체에서 분리한다.

③ 벽이 단단한 콘크리트로 되어 있을 경우 거치대를 따로 고정하지 않아도 된다.

④ 거치대를 벽에 고정시킨 뒤, 평행을 맞추어 거치대에 제품을 고정시킨다.

⑤ 스탠드의 고정 나사를 조여 제품이 흔들리지 않는지 확인한다.

PART 1

**09** 다음 중 난방기구의 사용방법으로 옳지 않은 것은?

① 전원선을 콘센트에 연결 후 전원버튼을 누른다.

② 출력 조절버튼을 터치하여 출력을 1단으로 낮춘다.

③ 히터를 작동시키기 위해 설정온도를 현재 실내온도인 20℃로 조절하였다.

④ 전기료 절감을 위해 타이머를 1시간으로 맞추어 놓고 사용하였다.

⑤ 잠금 기능을 활성화하기 위해 출력 조절버튼을 5초 이상 길게 눌렀다.

**10** 난방기구가 사용 도중 갑자기 작동하지 않았다. 다음 중 난방기구의 고장 원인이 될 수 없는 것은?

① 바닥 면이 고르지 않은 곳에 두었다.

② 젖은 수건을 히터 위에 두었다.

③ 열원이 방출되는 구멍에 연필이 들어갔다.

④ 전원 케이블의 피복이 벗겨져 있었다.

⑤ 작동되고 있는 히터를 손으로 만졌다.

# CHAPTER 07

# 정보능력

## 합격 Cheat Key

정보능력은 업무를 수행함에 있어 기본적인 컴퓨터를 활용하여 필요한 정보를 수집, 분석, 활용하는 능력을 의미한다. 또한 업무와 관련된 정보를 수집하고, 이를 분석하여 의미 있는 정보를 얻는 능력이다. 국가직무능력표준에 따르면 정보능력의 세부 유형은 컴퓨터 활용·정보 처리로 나눌 수 있다.

### 1 평소에 컴퓨터 활용 스킬을 틈틈이 익혀라!

윈도우(OS)에서 어떠한 설정을 할 수 있는지, 응용프로그램(엑셀 등)에서 어떠한 기능을 활용할 수 있는지를 평소에 직접 사용해 본다면 문제를 보다 수월하게 해결할 수 있다. 여건이 된다면 컴퓨터 활용 능력에 관련된 자격증 공부를 하는 것도 이론과 실무를 익히는 데 도움이 될 것이다.

### 2 문제의 규칙을 찾는 연습을 하라!

일반적으로 코드체계나 시스템 논리체계를 제공하고 이를 분석하여 문제를 해결하는 유형이 출제된다. 이러한 문제는 문제해결능력과 같은 맥락으로 규칙을 파악하여 접근하는 방식으로 연습이 필요하다.

## 3 현재 보고 있는 그 문제에 집중하라!

정보능력의 모든 것을 공부하려고 한다면 양이 너무나 방대하다. 그렇기 때문에 수험서에서 본인이 현재 보고 있는 문제들을 집중적으로 공부하고 기억하려고 해야 한다. 그러나 엑셀의 함수 수식, 연산자 등 암기를 필요로 하는 부분들은 필수적으로 암기를 해서 출제가 되었을 때 오답률을 낮출 수 있도록 한다.

## 4 사진·그림을 기억하라!

컴퓨터 활용 능력을 파악하는 영역이다 보니 컴퓨터 속 옵션, 기능, 설정 등의 사진·그림이 문제에 같이 나오는 경우들이 있다. 그런 부분들은 직접 컴퓨터를 통해서 하나하나 확인을 하면서 공부한다면 더 기억에 잘 남게 된다. 조금 귀찮더라도 한 번씩 클릭하면서 확인을 해보도록 한다.

## | 유형분석 |

- 정보능력 전반에 대한 이해를 확인하는 문제이다.
- 정보능력 이론이나 새로운 정보 기술에 대한 문제가 자주 출제된다.

**다음 중 정보의 가공 및 활용에 대한 설명으로 옳지 않은 것은?**

① 정보는 원형태 그대로 혹은 가공하여 활용할 수 있다.

② 수집된 정보를 가공하여 다른 형태로 재표현하는 방법도 가능하다.

③ 정적정보의 경우, 이용한 이후에도 장래활용을 위해 정리하여 보존한다.

④ USB에 저장된 영상정보는 동적정보에 해당한다.

⑤ 동적정보는 입수하여 처리 후에는 해당 정보를 즉시 폐기해도 된다.

**정답** ④

저장매체에 저장된 자료는 시간이 지나도 언제든지 동일한 형태로 재생이 가능하므로 정적정보에 해당한다.

오답분석

① 정보는 원래 형태 그대로 활용하거나, 분석, 정리 등 가공하여 활용할 수 있다.

② 정보를 가공하는 것뿐 아니라 일정한 형태로 재표현하는 것도 가능하다.

③ 시의성이 사라지면 정보의 가치가 떨어지는 동적정보와 달리 정적정보의 경우, 이용 후에도 장래에 활용을 하기 위해 정리하여 보존하는 것이 좋다.

⑤ 동적정보의 특징은 입수 후 처리한 경우에는 폐기하여도 된다는 것이다. 오히려 시간의 경과에 따라 시의성이 점점 떨어지는 동적정보를 축적하는 것은 비효율적이다.

**풀이 전략!**

자주 출제되는 정보능력 이론을 확인하고, 확실하게 암기해야 한다. 특히 새로운 정보 기술이나 컴퓨터 전반에 대해 관심을 가지는 것이 좋다.

**01** 다음 중 4차 산업혁명의 적용사례로 적절하지 않은 것은?

① 농사 기술에 ICT를 접목한 농장에서는 농작물 재배 시설의 온도 · 습도 · 햇볕량 · 토양 등을 분석하고, 그 결과에 따라 기계 등을 작동하여 적절한 상태로 변화시킨다.

② 주로 경화성 소재를 사용하고, 3차원 모델링 파일을 출력 소스로 활용하여 프린터로 입체 모형의 물체를 뽑아낸다.

③ 인터넷 서버에 데이터를 저장하고 여러 IT 기기를 사용해 언제 어디서든 이용할 수 있는 컴퓨팅 환경에서는 자신의 컴퓨터가 아닌 인터넷으로 연결된 다른 컴퓨터로 정보를 처리할 수 있다.

④ 인터넷에서 정보를 교환하는 시스템으로, 하이퍼텍스트 구조를 활용해서 인터넷상의 정보들을 연결해 준다.

⑤ 사물에 센서를 부착해 실시간으로 데이터를 인터넷으로 주고받는 환경에서는 세상 모든 유형 · 무형 객체들이 연결되어 새로운 서비스를 제공한다.

**02** 다음은 데이터베이스에 대한 설명이다. 빈칸 ㉠, ㉡에 들어갈 말을 순서대로 바르게 나열한 것은?

파일시스템에서 하나의 파일은 독립적이고 어떤 업무를 처리하는 데 필요한 모든 정보를 가지고 있다. 파일도 데이터의 집합이므로 데이터베이스라고 볼 수도 있으나 일반적으로 데이터베이스라 함은 _____㉠_____ 을 의미한다. 따라서 사용자는 여러 개의 파일에 있는 정보를 한 번에 검색해 볼 수 있다. 데이터베이스 관리시스템은 데이터와 파일, 그들의 관계 등을 생성하고, 유지하고 검색할 수 있게 해 주는 소프트웨어이다. 반면에 파일관리시스템은 _____㉡_____ 에 대해서 생성, 유지, 검색을 할 수 있는 소프트웨어이다.

|  | ㉠ | ㉡ |
|---|---|---|
| ① | 여러 개의 연관된 파일 | 한 번에 한 개의 파일 |
| ② | 여러 개의 연관된 파일 | 한 번에 복수의 파일 |
| ③ | 여러 개의 독립된 파일 | 한 번에 복수의 파일 |
| ④ | 여러 개의 독립된 파일 | 한 번에 한 개의 파일 |
| ⑤ | 여러 개의 독립된 파일 | 여러 개의 연관된 파일 |

## | 유형분석 |

- 컴퓨터 활용과 관련된 상황에서 문제를 해결하기 위한 행동이 무엇인지 묻는 문제이다.
- 주로 업무수행 중에 많이 활용되는 대표적인 엑셀 함수(COUNTIF, ROUND, MAX, SUM, COUNT, AVERAGE …)가 출제된다.
- 종종 엑셀시트를 제시하여 각 셀에 들어갈 함수식이 무엇인지 고르는 문제가 출제되기도 한다.

다음 시트에서 판매수량과 추가판매의 합계를 구하기 위해서 [B6] 셀에 들어갈 수식으로 옳은 것은?

| | A | B | C |
|---|---|---|---|
| 1 | 일자 | 판매수량 | 추가판매 |
| 2 | 06월19일 | 30 | 8 |
| 3 | 06월20일 | 48 | |
| 4 | 06월21일 | 44 | |
| 5 | 06월22일 | 42 | 12 |
| 6 | 합계 | 184 | |

① =SUM(B2,C2,C5)

② =LEN(B2:B5, 3)

③ =COUNTIF(B2:B5, "> =12")

④ =SUM(B2:B5)

⑤ =SUM(B2:B5,C2,C5)

정답 ⑤

「=SUM(합계를 구할 처음 셀:합계를 구할 마지막 셀)」으로 표시해야 한다. 판매수량과 추가판매를 더하는 것은 비연속적인 셀을 더하는 것이므로 연속하는 영역을 입력하고 ','로 구분해 준 다음 영역을 다시 지정해야 한다. 따라서 [B6] 셀에 작성해야 할 수식으로는 「=SUM(B2:B5,C2,C5)」이 옳다.

풀이 전략!

제시된 상황에서 사용할 엑셀 함수가 무엇인지 파악한 후, 선택지에서 적절한 함수식을 골라 식을 만들어야 한다. 평소 대표적으로 문제에 자주 출제되는 몇몇 엑셀 함수를 익혀두면 풀이시간을 단축할 수 있다.

**01** 다음 워크시트를 참조하여 작성한 수식 「＝INDEX(B2:D9,2,3)」의 결괏값은?

| | A | B | C | D |
|---|---|---|---|---|
| 1 | 코드 | 정가 | 판매수량 | 판매가격 |
| 2 | L−001 | 25,400 | 503 | 12,776,000 |
| 3 | D−001 | 23,200 | 1,000 | 23,200,000 |
| 4 | D−002 | 19,500 | 805 | 15,698,000 |
| 5 | C−001 | 28,000 | 3,500 | 98,000,000 |
| 6 | C−002 | 20,000 | 6,000 | 96,000,000 |
| 7 | L−002 | 24,000 | 750 | 18,000,000 |
| 8 | L−003 | 26,500 | 935 | 24,778,000 |
| 9 | D−003 | 22,000 | 850 | 18,700,000 |

① 805

② 1,000

③ 19,500

④ 12,776,000

⑤ 23,200,000

**02** 다음 중 함수식에 대한 결괏값으로 옳지 않은 것은?

| | 함수식 | 결괏값 |
|---|---|---|
| ① | ＝TRIM("1/4분기 수익") | 1/4분기 수익 |
| ② | ＝SEARCH("세","세금 명세서",3) | 5 |
| ③ | ＝PROPER("republic of korea") | REPUBLIC OF KOREA |
| ④ | ＝LOWER("Republic of Korea") | republic of korea |
| ⑤ | ＝MOD(18,−4) | −2 |

**03** 다음 시트에서 [B1] 셀에 〈보기〉의 (가) ~ (마) 함수를 입력하였을 때, 표시되는 결괏값이 다른 것은?

|   | A | B |
|---|---|---|
| 1 | 333 |  |
| 2 | 합격 |  |
| 3 | 불합격 |  |
| 4 | 12 |  |
| 5 | 7 |  |

**보기**

(가) =ISNUMBER(A1)  
(나) =ISNONTEXT(A2)  
(다) =ISTEXT(A3)  
(라) =ISEVEN(A4)  
(마) 「=ISODD(A5)」

① (가)  
② (나)  
③ (다)  
④ (라)  
⑤ (마)

**04** 다음 시트에서 'O' 한 개당 20점으로 시험 점수를 계산하여 점수 필드에 입력하려고 할 때, [H2] 셀에 입력해야 할 함수식으로 옳은 것은?

|   | A | B | C | D | E | F | G | H |
|---|---|---|---|---|---|---|---|---|
| 1 | 수험번호 | 성명 | 문항 1 | 문항 2 | 문항 3 | 문항 4 | 문항 5 | 점수 |
| 2 | 20230001 | 구대영 | O | O | × | O | O |  |
| 3 | 20230002 | 오해영 | × | O | O | O | × |  |
| 4 | 20230003 | 김은희 | O | O | O | O | O |  |

① =COUNT(C2:G2, "O")*20

② =COUNTIF(C2:G2, "O")*20

③ =SUM(C2:G2, "O")*20

④ =SUMIF(C2:G2, "O")*20

⑤ =SUM(C2:G2, "O")

**05** K공사 인사부에 근무하는 김대리는 신입사원들의 교육점수를 다음과 같이 정리한 후 VLOOKUP 함수를 이용해 교육점수별 등급을 입력하려고 한다. [E2:F8]의 데이터 값을 이용해 (A) 셀에 함수식을 입력한 후 자동 채우기 핸들로 사원들의 교육점수별 등급을 입력할 때, (A) 셀에 입력해야 할 함수식은?

| | A | B | C | D | E | F |
|---|---|---|---|---|---|---|
| 1 | 사원 | 교육점수 | 등급 | | 교육점수 | 등급 |
| 2 | 최○○ | 100 | (A) | | 100 | A |
| 3 | 이○○ | 95 | | | 95 | B |
| 4 | 김○○ | 95 | | | 90 | C |
| 5 | 장○○ | 70 | | | 85 | D |
| 6 | 정○○ | 75 | | | 80 | E |
| 7 | 소○○ | 90 | | | 75 | F |
| 8 | 신○○ | 85 | | | 70 | G |
| 9 | 구○○ | 80 | | | | |

① $=$ VLOOKUP(B2,E2:F8,2,1)

② $=$ VLOOKUP(B2,E2:F8,2,0)

③ $=$ VLOOKUP(B2,\$E\$2:\$F\$8,2,0)

④ $=$ VLOOKUP(B2,\$E\$2:\$F\$8,1,0)

⑤ $=$ VLOOKUP(B2,\$E\$2:\$F\$8,1,1)

**| 유형분석 |**

- 프로그램의 실행 결과를 코딩을 통해 파악하여 이를 풀이하는 문제이다.
- 대체로 문제에서 규칙을 제공하고 있으며, 해당 규칙을 적용하여 새로운 코드번호를 만들거나 혹은 만들어진 코드번호를 해석하는 등의 문제가 출제된다.

다음 C 프로그램의 실행 결과에서 p의 값으로 옳은 것은?

```
#include ⟨stdio.h⟩
int main()
{
    int x, y, p;
    x = 3;
    y = x++;
    printf("x = %d  y = %d\n", x, y);
    x = 10;
    y = ++x;
    printf("x = %d  y = %d\n", x, y);
    y++;
    p=x+y;
    printf("x = %d  y = %d\n", x, y);
    printf("p = %d\n", p);
    return 0;
}
```

① p=22

② p=23

③ p=24

④ p=25

**정답** ②

x값을 1 증가하여 x에 저장하고, 변경된 x값을 y값에 저장한 후 y값을 1 증가하여 y값에 저장한다. 이후 x값과 y값을 더하여 p에 저장한다. 따라서 x=10+1=11, y=x+1=12 → p=x+y=23이다.

**풀이 전략!**

문제에서 실행 프로그램 내용이 주어지면 핵심 키워드를 확인한다. 코딩 프로그램을 통해 요구되는 내용을 알아맞혀 정답 유무를 판단한다.

※ 다음 프로그램의 실행 결과로 옳은 것을 고르시오. [1~2]

**01**

```
#include <stdio.h>
void main() {
    int array[10] = { 1, 2, 3, 4, 5, 6, 7, 8, 9, 10 };
    int i;
    int num = 0;

    for (i = 0; i < 10; i += 2) {
        num += array[i];
    }
    printf("%d", num);
}
```

① 55                          ② 45
③ 35                          ④ 25
⑤ 0

**02**

```
#include <stdio.h>
void main() {
    int temp = 0;
    int i = 10;

    temp = i++;
    temp = i--;

    printf("%d, %d", temp, i);
}
```

① 10, 10                      ② 11, 10
③ 11, 11                      ④ 10, 11
⑤ 0, 10

교육은 우리 자신의 무지를 점차 발견해 가는 과정이다.

- 월 듀란트 -

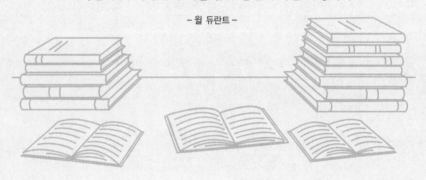

# PART 2

# 최종점검 모의고사

# 제1회
# 최종점검 모의고사

※ 한국가스안전공사 최종점검 모의고사는 채용공고를 기준으로 구성한 것으로 실제 시험과 다를 수 있습니다.

# ■ 취약영역 분석

## | 01 | NCS 공통영역

| 번호 | 01 | 02 | 03 | 04 | 05 | 06 | 07 | 08 | 09 | 10 | 11 | 12 | 13 | 14 | 15 | 16 | 17 | 18 | 19 | 20 |
|---|---|---|---|---|---|---|---|---|---|---|---|---|---|---|---|---|---|---|---|---|
| O/× | | | | | | | | | | | | | | | | | | | | |
| 영역 | 수리능력 |||||||||||||||||||

| 번호 | 21 | 22 | 23 | 24 | 25 | 26 | 27 | 28 | 29 | 30 | 31 | 32 | 33 | 34 | 35 | 36 | 37 | 38 | 39 | 40 |
|---|---|---|---|---|---|---|---|---|---|---|---|---|---|---|---|---|---|---|---|---|
| O/× | | | | | | | | | | | | | | | | | | | | |
| 영역 | 조직이해능력 |||||||||||||||||||

| 번호 | 41 | 42 | 43 | 44 | 45 | 46 | 47 | 48 | 49 | 50 | 51 | 52 | 53 | 54 | 55 | 56 | 57 | 58 | 59 | 60 |
|---|---|---|---|---|---|---|---|---|---|---|---|---|---|---|---|---|---|---|---|---|
| O/× | | | | | | | | | | | | | | | | | | | | |
| 영역 | 문제해결능력 |||||||||||||||||||

## | 02 | NCS 선택영역(행정)

| 번호 | 61 | 62 | 63 | 64 | 65 | 66 | 67 | 68 | 69 | 70 | 71 | 72 | 73 | 74 | 75 | 76 | 77 | 78 | 79 | 80 |
|---|---|---|---|---|---|---|---|---|---|---|---|---|---|---|---|---|---|---|---|---|
| O/× | | | | | | | | | | | | | | | | | | | | |
| 영역 | 자원관리능력 |||||||||| 의사소통능력 ||||||||||

## | 03 | NCS 선택영역(기술)

| 번호 | 61 | 62 | 63 | 64 | 65 | 66 | 67 | 68 | 69 | 70 | 71 | 72 | 73 | 74 | 75 | 76 | 77 | 78 | 79 | 80 |
|---|---|---|---|---|---|---|---|---|---|---|---|---|---|---|---|---|---|---|---|---|
| O/× | | | | | | | | | | | | | | | | | | | | |
| 영역 | 기술능력 |||||||||| 정보능력 ||||||||||

| 평가문항 | 80문항 | 평가시간 | 80분 |
|---|---|---|---|
| 시작시간 | : | 종료시간 | : |
| 취약영역 | | | |

## 01  NCS 공통영역

**01**  농도가 30%인 설탕물을 창가에 두고 물 50g을 증발시켜 농도가 35%인 설탕물을 만들었다. 여기에 설탕을 더 넣어 40%의 설탕물을 만든다면 몇 g의 설탕을 넣어야 하는가?

① 20g

② 25g

③ 30g

④ 35g

⑤ 40g

**02**  K사의 감사팀은 과장 2명, 대리 3명, 사원 3명으로 구성되어 있다. A, B, C, D지역의 지사로 2명씩 나눠서 출장을 간다고 할 때, 각 출장 지역에 대리급 이상이 1명 이상 포함되어 있어야 하고 과장 2명이 각각 다른 지역으로 가야 한다. 과장과 대리가 한 조로 출장에 갈 확률은?

① $\dfrac{1}{2}$

② $\dfrac{1}{3}$

③ $\dfrac{2}{3}$

④ $\dfrac{3}{4}$

⑤ $\dfrac{3}{8}$

**03**  수열 $(a_n)$이 9, 11, 99, 101, 999, 1001, …일 때, 22번째 항의 값은?

① $10^{10}+1$

② $10^{10}-1$

③ $10^{10}+2$

④ $10^{11}-1$

⑤ $10^{11}+1$

**04** 집에서 약수터까지 가는 데 형은 $\frac{1}{2}$ m/s로 걸어서 10분 걸리고, 동생은 15분이 걸린다. 두 사람이 동시에 집에서 출발하여 약수터를 다녀오는 데 형이 집에 도착했다면 동생은 집에서 몇 m 떨어진 곳에 있는가?(단, 약수터에서 머문 시간은 생각하지 않는다)

① 150m
② 200m
③ 250m
④ 300m
⑤ 350m

**05** A와 B는 1.2km 떨어진 직선거리의 양 끝에서부터 12분 동안 마주 보고 달려 한 지점에서 만났다. B는 A보다 1.5배가 빠르다고 할 때, A의 속도는?

① 28m/분
② 37m/분
③ 40m/분
④ 48m/분
⑤ 53m/분

**06** A는 이번 달에 350kWh의 전기를 사용하였으며 B는 A가 내야 할 요금의 2배만큼 사용하였다. 이때 B가 이번 달에 사용한 전기량은 몇 kWh인가?

〈전기 사용량 구간별 요금〉

| 구분 | 요금 |
| --- | --- |
| 200kWh 이하 | 100원/kWh |
| 400kWh 이하 | 200원/kWh |
| 400kWh 초과 | 400원/kWh |

① 350kWh
② 400kWh
③ 450kWh
④ 500kWh
⑤ 550kWh

**07** 인천지역 족구팀이 시합에 이긴 다음 날 시합에서 이길 확률이 $\frac{2}{3}$, 시합에 진 다음 날 시합에서 이길 확률이 $\frac{1}{4}$이다. 이 족구팀이 3일간 경기를 하는 동안 첫째 날에 이겼을 때, 마지막 날에 이길 확률은?(단, 비기는 경우는 없다)

① $\frac{19}{36}$

② $\frac{17}{36}$

③ $\frac{11}{36}$

④ $\frac{19}{31}$

⑤ $\frac{14}{31}$

**08** K사는 A, B사로부터 동일한 양의 부품을 공급받는다. A사가 공급하는 부품의 0.1%는 하자가 있는 제품이고, B사가 공급하는 부품은 0.2%가 하자가 있는 제품이다. K사는 공급받은 부품 중 A사로부터 공급받은 부품 50%와 B사로부터 공급받은 부품 80%를 선별하였다. 이 중 한 부품을 검수하였는데 하자가 있는 제품일 때, 그 제품이 B사 부품일 확률은?(단, 선별 후에도 제품의 불량률은 변하지 않는다)

① $\frac{15}{21}$

② $\frac{16}{21}$

③ $\frac{17}{21}$

④ $\frac{18}{21}$

⑤ $\frac{19}{21}$

**09** 미술 전시를 위해 정육면체 모양의 석고 조각의 각 면에 빨강, 주황, 노랑, 초록, 파랑, 검정으로 색을 칠하려고 한다. 가지고 있는 색깔은 남김없이 모두 사용해야 하고, 이웃하는 면에는 같은 색깔을 칠하지 않는다. 회전해서 같아지는 조각끼리는 서로 같은 정육면체라고 할 때, 만들 수 있는 서로 다른 정육면체는 모두 몇 가지인가?

① 6가지                      ② 15가지

③ 30가지                  ④ 60가지

⑤ 120가지

**10** K공사의 체육대회에서 올해 운영을 위한 임원진(운영위원장 1명, 운영위원 2명)을 새롭게 선출하려고 한다. 추천받은 인원은 20명이며, 임원진으로 남자와 여자가 1명 이상씩 선출되어야 한다. 추천 인원 남녀 성비가 6 : 4일 때, 올해 임원을 선출할 수 있는 경우의 수는 모두 몇 가지인가?

① 916가지                ② 1,374가지

③ 1,568가지             ④ 2,464가지

⑤ 2,592가지

※ 다음은 2023년 지역별 에너지 소비량을 나타낸 자료이다. 이를 참고하여 이어지는 질문에 답하시오.
**[11~12]**

〈지역별 에너지 소비량〉

[단위 : 만 토(toe)]

| 구분 | 석탄 | 석유 | 천연가스 | 수력·풍력 | 원자력 |
|---|---|---|---|---|---|
| 서울 | 885 | 2,849 | 583 | 2 | 574 |
| 인천 | 1,210 | 3,120 | 482 | 4 | 662 |
| 경기 | 2,332 | 2,225 | 559 | 3 | 328 |
| 대전 | 1,004 | 998 | 382 | 0.5 | 112 |
| 강원 | 3,120 | 1,552 | 101 | 28 | 53 |
| 부산 | 988 | 1,110 | 220 | 6 | 190 |
| 충청 | 589 | 1,289 | 88 | 4 | 62 |
| 전라 | 535 | 1,421 | 48 | 2 | 48 |
| 경상 | 857 | 1,385 | 58 | 2 | 55 |
| 대구 | 1,008 | 1,885 | 266 | 1 | 258 |
| 울산 | 552 | 888 | 53 | 1.6 | 65 |
| 광주 | 338 | 725 | 31 | 1 | 40 |
| 제주 | 102 | 1,420 | 442 | 41 | 221 |
| 합계 | 13,520 | 20,867 | 3,313 | 96 | 2,668 |

**11** 다음 〈보기〉 중 지역별 에너지 소비량에 대한 설명으로 옳은 것을 모두 고르면?

> **보기**
> ㄱ. 석유와 천연가스, 원자력의 소비량 상위 3개 지역은 동일하다.
> ㄴ. 강원의 소비량 1위인 에너지원은 총 2가지이다.
> ㄷ. 석유의 소비량이 가장 많은 지역의 소비량은 가장 적은 지역의 소비량의 4배 이상이다.
> ㄹ. 수력·풍력의 소비량 상위 5개 지역의 소비량의 합은 전체 소비량의 90% 이상을 차지한다.

① ㄱ, ㄴ  
② ㄱ, ㄷ  
③ ㄱ, ㄹ  
④ ㄴ, ㄷ  
⑤ ㄷ, ㄹ

**12** 에너지 소비량이 가장 적은 지역의 소비량이 전체 소비량에서 차지하는 비율을 구해 그 비율이 큰 순서대로 에너지원을 바르게 나열한 것은?(단, 비율은 소수점 셋째 자리에서 반올림한다)

① 원자력 – 석유 – 천연가스 – 석탄 – 수력·풍력  
② 석유 – 천연가스 – 원자력 – 석탄 – 수력·풍력  
③ 석유 – 원자력 – 석탄 – 천연가스 – 수력·풍력  
④ 석유 – 원자력 – 천연가스 – 수력·풍력 – 석탄  
⑤ 석유 – 원자력 – 천연가스 – 석탄 – 수력·풍력

※ 다음은 연령별 어린이집 이용 영유아 현황에 대한 자료이다. 이를 참고하여 이어지는 질문에 답하시오.
[13~14]

〈연령별 어린이집 이용 영유아 현황〉

(단위 : 명)

| 구분 | | 국·공립 어린이집 | 법인 어린이집 | 민간 어린이집 | 가정 어린이집 | 부모협동 어린이집 | 직장 어린이집 | 합계 |
|---|---|---|---|---|---|---|---|---|
| 2020년 | 0～2세 | 36,530 | 35,502 | 229,414 | 193,412 | 463 | 6,517 | 501,838 |
| | 3～4세 | 56,342 | 50,497 | 293,086 | 13,587 | 705 | 7,875 | 422,092 |
| | 5세 이상 | 30,533 | 27,895 | 146,965 | 3,388 | 323 | 2,417 | 211,521 |
| 2021년 | 0～2세 | 42,331 | 38,648 | 262,728 | 222,332 | 540 | 7,815 | 574,394 |
| | 3～4세 | 59,947 | 49,969 | 290,620 | 12,091 | 755 | 8,518 | 421,900 |
| | 5세 이상 | 27,378 | 23,721 | 122,415 | 2,420 | 360 | 2,461 | 178,755 |
| 2022년 | 0～2세 | 47,081 | 42,445 | 317,489 | 269,243 | 639 | 9,359 | 686,256 |
| | 3～4세 | 61,609 | 48,543 | 292,599 | 10,603 | 881 | 9,571 | 423,806 |
| | 5세 이상 | 28,914 | 23,066 | 112,929 | 1,590 | 378 | 2,971 | 169,848 |
| 2023년 | 0～2세 | 49,892 | 41,685 | 337,573 | 298,470 | 817 | 10,895 | 739,332 |
| | 3～4세 | 64,696 | 49,527 | 319,903 | 8,869 | 1,046 | 10,992 | 455,033 |
| | 5세 이상 | 28,447 | 21,476 | 99,847 | 1,071 | 423 | 3,100 | 154,364 |

**13** 다음 중 자료에 대한 내용으로 옳지 않은 것은?

① 2020～2023년 0～2세와 3～4세 국·공립 어린이집 이용 영유아 수는 계속 증가하고 있다.

② 2020～2023년 부모협동 어린이집과 직장 어린이집을 이용하는 연령별 영유아 수의 증감 추이는 동일하다.

③ 2021～2023년 전년 대비 가정 어린이집을 이용하는 0～2세 영유아 수는 2023년에 가장 크게 증가했다.

④ 법인 어린이집을 이용하는 5세 이상 영유아 수는 매년 감소하고 있다.

⑤ 매년 3～4세 영유아가 가장 많이 이용하는 곳을 순서대로 나열하면 상위 3곳의 순서가 같다.

**14** 다음 중 2020년과 2023년 전체 어린이집 이용 영유아 수의 차는 몇 명인가?

① 146,829명
② 169,386명
③ 195,298명
④ 213,278명
⑤ 237,536명

※ 다음은 서울특별시의 직종별 구인 · 구직 · 취업 현황을 나타낸 자료이다. 이를 참고하여 이어지는 질문에 답하시오. [15~16]

〈서울특별시 구인 · 구직 · 취업 현황〉

(단위 : 명)

| 직업 중분류 | 구인 | 구직 | 취업 |
|---|---|---|---|
| 관리직 | 993 | 2,951 | 614 |
| 경영 · 회계 · 사무 관련 전문직 | 6,283 | 14,350 | 3,400 |
| 금융보험 관련직 | 637 | 607 | 131 |
| 교육 및 자연과학 · 사회과학 연구 관련직 | 177 | 1,425 | 127 |
| 법률 · 경찰 · 소방 · 교도 관련직 | 37 | 226 | 59 |
| 보건 · 의료 관련직 | 688 | 2,061 | 497 |
| 사회복지 및 종교 관련직 | 371 | 1,680 | 292 |
| 문화 · 예술 · 디자인 · 방송 관련직 | 1,033 | 3,348 | 741 |
| 운전 및 운송 관련직 | 793 | 2,369 | 634 |
| 영업원 및 판매 관련직 | 2,886 | 3,083 | 733 |
| 경비 및 청소 관련직 | 3,574 | 9,752 | 1,798 |
| 미용 · 숙박 · 여행 · 오락 · 스포츠 관련직 | 259 | 1,283 | 289 |
| 음식서비스 관련직 | 1,696 | 2,936 | 458 |
| 건설 관련직 | 3,659 | 4,825 | 656 |
| 기계 관련직 | 742 | 1,110 | 345 |

**15** 관리직의 구직 대비 구인률과 음식서비스 관련직의 구직 대비 취업률의 차이는 얼마인가?(단, 소수점 첫째 자리에서 반올림한다)

① 6%p
② 9%p
③ 12%p
④ 15%p
⑤ 18%p

**16** 다음 중 자료에 대한 설명으로 옳지 않은 것은?

① 구직 대비 취업률이 가장 높은 직종은 기계 관련직이다.
② 취업자 수가 구인자 수를 초과한 직종도 있다.
③ 구인자 수가 구직자 수를 초과한 직종은 한 곳이다.
④ 구직자가 가장 많이 몰리는 직종은 경영 · 회계 · 사무 관련 전문직이다.
⑤ 영업원 및 판매 관련직의 구직 대비 취업률은 25% 이상이다.

※ 다음은 2019 ~ 2023년 우리나라의 분야별 재정지출 추이를 나타낸 자료이다. 이를 참고하여 이어지는 질문에 답하시오. [17~18]

〈우리나라의 분야별 재정지출 추이〉

(단위 : 조 원, %)

| 구분 | 2019년 | 2020년 | 2021년 | 2022년 | 2023년 | 연평균 증가율 |
|---|---|---|---|---|---|---|
| 예산 | 137.3 | 147.5 | 153.7 | 165.5 | 182.8 | 7.4 |
| 기금 | 59.0 | 61.2 | 70.4 | 72.9 | 74.5 | 6.0 |
| 교육 | 24.5 | 27.6 | 28.8 | 31.4 | 35.7 | 9.9 |
| 사회복지 · 보건 | 32.4 | 49.6 | 56.0 | 61.4 | 67.5 | 20.1 |
| R&D | 7.1 | 7.8 | 8.9 | 9.8 | 10.9 | 11.3 |
| SOC | 27.1 | 18.3 | 18.4 | 18.4 | 18.9 | −8.6 |
| 농림 · 해양 · 수산 | 12.3 | 14.1 | 15.5 | 15.9 | 16.5 | 7.6 |
| 산업 · 중소기업 | 11.4 | 11.9 | 12.4 | 12.6 | 12.6 | 2.5 |
| 환경 | 3.5 | 3.6 | 3.8 | 4.0 | 4.4 | 5.9 |
| 국방비 | 18.1 | 21.1 | 22.5 | 24.5 | 26.7 | 10.2 |
| 통일 · 외교 | 1.4 | 2.0 | 2.6 | 2.4 | 2.6 | 16.7 |
| 문화 · 관광 | 2.3 | 2.6 | 2.8 | 2.9 | 3.1 | 7.7 |
| 공공질서 · 안전 | 7.6 | 9.4 | 11.0 | 10.9 | 11.6 | 11.2 |
| 균형발전 | 5.0 | 5.5 | 6.3 | 7.2 | 8.1 | 12.8 |
| 기타 | 43.6 | 35.2 | 35.1 | 37.0 | 38.7 | −2.9 |
| 총지출 | 196.3 | 208.7 | 224.1 | 238.4 | 257.3 | 7.0 |

※ (총지출)=(예산)+(기금)

**17** 다음 중 자료에 대한 내용으로 옳은 것은?(단, 비율은 소수점 첫째 자리에서 반올림한다)

① 교육 분야의 전년 대비 재정지출 증가율이 가장 높은 해는 2020년이다.
② 재정지출액이 전년 대비 증가하지 않은 해가 있는 분야는 5개이다.
③ 사회복지 · 보건 분야가 예산에서 차지하고 있는 비율은 언제나 가장 높다.
④ 기금의 연평균 증가율보다 낮은 연평균 증가율을 보이는 분야는 3개이다.
⑤ 통일 · 외교 분야와 기타 분야의 2019 ~ 2023년 재정지출 증감추이는 동일하다.

**18** 다음 중 2022년 사회복지 · 보건 분야와 공공질서 · 안전 분야 재정지출의 2021년 대비 증감률의 차이는 얼마인가?(단, 소수점 둘째 자리에서 반올림한다)

① 약 9.4%p  ② 약 10.5%p
③ 약 11.2%p  ④ 약 12.6%p
⑤ 약 13.2%p

※ 다음은 5개 도시의 출산율과 사망률을 나타낸 자료이다. 이어지는 질문에 답하시오. [19~20]

### 〈2021년 5개 도시의 출산율 및 사망률 현황〉

(단위 : %)

| 구분 | 2019년 인구수 | 출산율 | 사망률 |
| --- | --- | --- | --- |
| A | 1,800만 명 | 12 | 8 |
| B | 1,450만 명 | 21 | 12 |
| C | 1,680만 명 | 16 | 9 |
| D | 1,250만 명 | 9 | 2 |
| E | 880만 명 | 26 | 11 |

### 〈2022년 5개 도시의 출산율과 사망률〉

(단위 : %)

| 구분 | 출산율 | 사망률 |
| --- | --- | --- |
| A | 8 | 3 |
| B | 16 | 8 |
| C | 18 | 9 |
| D | 14 | 5 |
| E | 11 | 7 |

### 〈2023년 5개 도시의 출산율과 사망률〉

(단위 : %)

| 구분 | 출산율 | 사망률 |
| --- | --- | --- |
| A | 15 | 4 |
| B | 18 | 8 |
| C | 12 | 2 |
| D | 18 | 6 |
| E | 21 | 11 |

※ 출산은 단태아를 기준으로 한다. 예를 들어 인구가 100명일 때, 출산율이 20%라면 총인구수는 120명이다.
※ (당해 인구수)＝(작년 인구수)×[1+(출산율)−(사망률)]

**19** 다음 〈보기〉 중 자료에 대한 설명으로 옳은 것을 모두 고르면?(단, 인구수는 천의 자리에서 버림한다)

> **보기**
>
> ㄱ. 2023년 5개 도시의 총인구수는 8,900만 명 이상이다.
> ㄴ. 2023년 인구수가 2,000만 명을 넘은 도시는 두 곳뿐이다.
> ㄷ. 2020년 인구수 대비 2023년 인구수가 가장 많이 증가한 도시는 A이다.
> ㄹ. 2020년 인구수 대비 2023년 인구수의 증가율이 가장 높은 도시는 C이다.

① ㄱ, ㄴ          ② ㄱ, ㄷ
③ ㄴ, ㄷ          ④ ㄴ, ㄹ
⑤ ㄷ, ㄹ

**20** 다음 〈보기〉를 참고하여 2024년 예상 인구수를 기준으로 1 ~ 5위까지 도시를 순서대로 바르게 나열한 것은?

> **보기**
>
> • 2024년의 A도시의 인구수는 2023년보다 (2023년 인구수)−(2021년 인구수)의 3배만큼 증가할 것이다.
> • 2024년 B도시의 출산율과 사망률은 2023년과 같을 것이다.
> • 2024년 C도시의 출산율은 2023년과 같고, 사망자 수는 출산자 수의 두 배일 것이다.
> • 2024년 D도시의 출생자 수와 사망자 수는 각각 2023년 인구수의 30%, 10%일 것이다.
> • 2024년 E도시의 출산율은 2021년과 같고, 사망률은 1%일 것이다.

① A − B − C − D − E          ② A − B − C − E − D
③ A − C − B − D − E          ④ A − C − B − E − D
⑤ A − B − D − C − E

**21** I지역농협 직원들은 이번 달 금융상품 홍보 방안을 모색하기 위해 한 자리에 모여서 회의를 하고 있다. 다음 중 회의에 임하는 태도가 적절하지 않은 직원은?

> O계장 : 이번 달 실적을 향상시키기 위한 홍보 방안으로는 뭐가 있을까요? 의견이 있으면 주저하지
> 말고 뭐든지 말씀해 주세요.
> J사원 : 저는 조금은 파격적인 이벤트 같은 게 있었으면 좋겠어요. 예를 들면 곧 할로윈이니까 지
> 점 내부를 할로윈 분위기로 꾸민 다음에 가면이나 가발 같은 걸 비치해 두고, 고객들이 인
> 증샷을 찍으면 예금이나 환전 추가혜택을 주는 건 어떨까 싶어요.
> D주임 : 그건 좀 실현가능성이 없지 싶은데요. 그보다는 SNS로 이벤트 응모를 받아서 기프티콘
> 사은품을 쏘는 이벤트가 현실적이겠어요.
> C과장 : 가능성 여부를 떠나서 아이디어는 많을수록 좋으니 반박하지 말고 이야기하세요.
> H사원 : 의견 주시면 제가 전부 받아 적었다가 한꺼번에 정리하도록 할게요.

① O계장
② J사원
③ D주임
④ C과장
⑤ H사원

**22** 다음 대화를 읽고 조직 목표의 기능과 특징으로 적절하지 않은 것은?

> 이대리 : 박부장님께서 우리 회사의 목표가 무엇인지 생각해 본 적 있냐고 하셨을 때 당황했어. 평
> 소에 딱히 생각하고 지내지 않았던 것 같아.
> 김대리 : 응, 그러기 쉽지. 개인에게 목표가 있어야 그것을 위해서 무언가를 하는 것처럼 당연히
> 조직에도 목표가 있어야 하는데 조직에 속해 있으면 당연히 알아두어야 한다고 생각해.

① 조직이 존재하는 정당성을 제공한다.
② 의사결정을 할 때뿐만 아니라 하고 나서의 기준으로도 작용한다.
③ 공식적 목표와 실제적 목표는 다를 수 있다.
④ 동시에 여러 개를 추구하는 것보다 하나씩 순차적으로 처리해야 한다.
⑤ 목표 간에는 위계 관계와 상호 관계가 공존한다.

**23** 다음 중 이사원이 처리해야 할 업무를 〈보기〉에서 순서대로 바르게 나열한 것은?

현재 시각은 10시 30분. 이사원은 30분 후 거래처 직원과의 미팅이 예정되어 있다. 거래처 직원에게는 회사의 제1회의실에서 미팅을 진행하기로 미리 안내하였으나, 오늘 오전 현재 제1회의실 예약이 모두 완료되어 금일 사용이 불가능하다는 연락을 받았다. 또한 이사원은 오후 2시에 김팀장과 면담 예정이었으나, 오늘까지 문서 작업을 완료해 달라는 부서장의 요청을 받았다. 이사원은 면담 시간을 미뤄 보려 했지만 김팀장은 이사원과의 면담 이후 부서 회의에 참여해야 하므로 면담 시간을 미룰 수 없다고 답변했다.

> **보기**
> ㉠ 거래처 직원과의 미팅
> ㉡ 11시에 사용 가능한 회의실 사용 예약
> ㉢ 거래처 직원에게 미팅 장소 변경 안내
> ㉣ 김팀장과의 면담
> ㉤ 부서장이 요청한 문서 작업 완료

① ㉠ – ㉢ – ㉡ – ㉣ – ㉤  
② ㉡ – ㉢ – ㉠ – ㉤ – ㉣  
③ ㉡ – ㉢ – ㉠ – ㉣ – ㉤  
④ ㉢ – ㉡ – ㉠ – ㉤ – ㉣  
⑤ ㉢ – ㉡ – ㉠ – ㉣ – ㉤

※ 다음은 K기관에서 공지한 교육 홍보물의 내용 중 일부를 발췌한 자료이다. 이어지는 질문에 답하시오.
[24~26]

- 상략 -

▶ 신청 자격 : 중소기업 재직자, 중소기업 관련 협회·단체 재직자
　- 성공적인 기술 연구개발을 통해 기술 경쟁력을 강화하고자 하는 중소기업
　- 정부의 중소기업 지원 정책을 파악하고 국가 연구개발 사업에 신청하고자 하는 중소기업

▶ 교육비용 : 100% 무료교육(교재 및 중식 제공)

▶ 교육일자 : 모든 교육과정은 2일 16시간 과정, 선착순 60명 마감

| 과정명 | 교육내용 | 교육일자 | 교육장소 | 접수마감 |
| --- | --- | --- | --- | --- |
| 정규(일반) | 연구개발의 성공을 보장하는 R&D 기획서 작성 | 10. 13(목) ~ 14(금) | B대학교 | 10. 12(수) |
| 정규(종합) | R&D 기획서 작성 및 사업화 연계 | 10. 22(토) ~ 23(일) | A센터 | 10. 17(월) |

※ 선착순 모집으로 접수마감일 전 정원 초과 시 조기 마감될 수 있습니다.

본 교육과 관련하여 보다 자세한 정보를 원하시면 　ⓐ　 G사원(123-4567)에게 문의하여 주시기 바랍니다.

**24** 다음 중 G사원이 속해 있을 부서에서 수행하고 있을 업무로 적절하지 않은 것은?

① 중소기업 R&D 지원 사업 기획 및 평가·관리
② R&D 교육 관련 전문 강사진 관리
③ 연구개발 기획 역량 개발 지원 사업 기획·평가·관리
④ R&D 관련 장비 활용 지원 사업 기획 및 평가·관리
⑤ R&D 사업화 연계·지원 관리

**25** 다음 중 교육 홍보물에 공지한 교육과 관련된 고객의 질문에 대한 G사원의 대답으로 적절하지 않은 것은?

① 교육 과정을 신청할 때 한 기업에서 참여할 수 있는 인원수 제한이 있습니까?
② 본 교육의 내용을 바탕으로 기획서를 작성한다면 저희 기업도 개발 지원이 가능합니까?
③ 접수 마감일인 12일 현재 신청이 마감되었습니까? 혹시 추가 접수도 가능합니까?
④ 이전 차수에서 동일한 교육 과정을 이수했을 경우 이번 교육은 참여가 불가능합니까?
⑤ 일반과 종합과정을 모두 신청하는 것도 가능합니까?

**26** G사원은 상사로부터 위와 같은 교육 사업을 발전시키기 위해 세울 수 있는 목표와 그에 해당하는 과제를 발표하라는 과업을 받았다. 다음 중 교육 사업과 직접적인 관련성이 낮은 발언으로 가장 적절한 것은?

① 중소기업의 혁신 수준별 기술경쟁력을 강화하자는 목표를 바탕으로 R&D를 기획하고 개발하는 역량을 강화할 수 있도록 돕고, 지속적으로 성과를 창출할 수 있는 능력을 향상시켜 주어야 합니다. 또한, 국내뿐만이 아닌 국외로도 진출할 수 있는 글로벌 기술혁신 역량을 제고할 수 있도록 지원해야 합니다.

② 중소기업의 기술사업화 성과를 높이자는 목표를 바탕으로 중소기업들이 보유하고 있는 창의적 아이디어를 꾸준히 발굴해야 합니다. 또한, 시장지향적인 R&D 지원 확대를 통해 중소기업이 자체적인 R&D에서 끝나지 않고 사업화에 연계할 수 있도록 하여 중소기업의 직접적인 성장을 도와야 합니다.

③ 중소기업의 지속적인 발전을 위한 성장 동력 강화를 목표로 잡고, 혁신과 성장을 도울 수 있는 우리 조직의 역량을 강화해야 합니다. 또한, 사회적 책임을 항상 생각하고 고객에게는 신뢰를 주는 조직이 될 수 있도록 소통과 협업을 통해 창조적인 조직문화를 구축해야 합니다.

④ 중소기업의 기술 혁신을 위한 교육 지원 체계를 혁신화하기 위해 중소기업 R&D와 관련 있는 정책연구를 강화하고, 중소기업을 위한 맞춤형 평가체계도 구축해야 할 것입니다. 또한, 기술 혁신을 필요로 하는 대상을 중심으로 하는 기술 혁신 지원 서비스의 강화도 필요할 것입니다.

⑤ 중소기업이 R&D를 효과적으로 하기 위한 성공사례와 이에 대한 보상 등을 조사하고 체계화하여 중소기업의 동기를 강화하고, 단발성이 아닌 지속적 연구가 이루어지기 위한 지원과 정보를 제공해야 합니다.

**27** 다음 〈보기〉 중 경영활동을 이루는 구성요소를 감안할 때, 경영활동을 수행하고 있는 내용으로 적절하지 않은 것은?

> **보기**
>
> (가) 다음 시즌 우승을 목표로 해외 전지훈련에 참여하여 열심히 구슬땀을 흘리고 있는 선수단과 이를 운영하는 구단 직원들
> (나) 자발적인 참여로 뜻을 같이한 동료들과 함께 매주 어려운 이웃을 찾아다니며 봉사활동을 펼치고 있는 S씨
> (다) 교육지원대대장으로서 사병들의 교육이 원활히 진행될 수 있도록 훈련장 관리와 유지에 최선을 다하고 있는 원 대령과 참모진
> (라) 영화 촬영을 앞두고 시나리오와 제작 콘셉트를 회의하기 위해 모인 감독 및 스태프와 출연 배우들
> (마) 대기업을 그만두고 가족들과 함께 조그만 무역회사를 차려 손수 제작한 밀짚 가방을 동남아로 수출하고 있는 B씨

① (가)  ② (나)
③ (다)  ④ (라)
⑤ (마)

**28** 다음 중 집단의사결정의 특징으로 적절하지 않은 것은?

① 한 사람이 가진 지식보다 집단의 지식과 정보가 더 많기 때문에 보다 효과적인 결정을 할 확률이 높다.
② 의사를 결정하는 과정에서 구성원 간 갈등은 불가피하다.
③ 의견이 불일치하는 경우 오히려 특정 구성원에 의해 의사 결정이 독점될 가능성이 있다.
④ 구성원 각자의 시각으로 문제를 바라보기 때문에 다양한 견해를 가지고 접근할 수 있다.
⑤ 여럿의 의견을 일련의 과정을 거쳐 모은 것이기 때문에 결과는 얻을 수 있는 것 중 최선이다.

※ 다음은 K공사 연구소의 주요 사업별 연락처이다. 이어지는 질문에 답하시오. [29~30]

**〈주요 사업별 연락처〉**

| 주요 사업 | 담당부서 | 연락처 |
| --- | --- | --- |
| 고객 지원 | 고객지원팀 | 0××-739-7001 |
| 감사, 부패방지 및 지도 점검 | 감사실 | 0××-739-7011 |
| 국제협력, 경영 평가, 예산 기획, 규정, 이사회 | 전략기획팀 | 0××-739-7023 |
| 인재 개발, 성과 평가, 교육, 인사, ODA사업 | 인재개발팀 | 0××-739-7031 |
| 복무노무, 회계 관리, 계약 및 시설 | 경영지원팀 | 0××-739-7048 |
| 품질 평가 관리, 품질 평가 관련 민원 | 평가관리팀 | 0××-739-7062 |
| 가공품 유통 전반(실태조사, 유통정보), 컨설팅 | 유통정보팀 | 0××-739-7072 |
| 대국민 교육, 기관 마케팅, 홍보 관리, CS, 브랜드 인증 | 고객홍보팀 | 0××-739-7082 |
| 이력 관리, 역학조사 지원 | 이력관리팀 | 0××-739-7102 |
| 유전자 분석, 동일성 검사 | 유전자분석팀 | 0××-739-7111 |
| 연구사업 관리, 기준 개발 및 보완, 시장 조사 | 연구개발팀 | 0××-739-7133 |
| 정부3.0, 홈페이지 운영, 대외자료 제공, 정보 보호 | 정보사업팀 | 0××-739-7000 |

**29** 다음 중 K공사 연구소의 주요 사업별 연락처를 본 채용 지원자의 반응으로 적절하지 않은 것은?

① K공사 연구소는 1개의 실과 11개의 팀으로 이루어져 있구나.
② 예산 기획과 경영 평가는 같은 팀에서 종합적으로 관리하는구나.
③ 평가업무라 하더라도 평가 특성에 따라 담당하는 팀이 달라지는구나.
④ 홈페이지 운영은 고객홍보팀에서 마케팅과 함께 하는구나.
⑤ 부패방지를 위한 부서를 따로 두었구나.

**30** 다음 민원인의 요청을 듣고 난 후 민원을 해결하기 위해 연결할 부서로 가장 적절한 것은?

| 민원인 | 얼마 전 신제품 품질 평가 등급 신청을 했습니다. 신제품 품질에 대한 등급에 대해 이의가 있습니다. 관련 건으로 담당자분과 통화하고 싶습니다. |
| --- | --- |
| 상담직원 | 불편을 드려서 죄송합니다. _____ 연결해 드리겠습니다. 잠시만 기다려 주십시오. |

① 지도 점검 업무를 담당하고 있는 감사실로
② 연구사업을 관리하고 있는 연구개발팀으로
③ 기관의 홈페이지 운영을 전담하고 있는 정보사업팀으로
④ 이력 관리 업무를 담당하고 있는 이력관리팀으로
⑤ 품질 평가를 관리하는 평가관리팀으로

※ 다음은 K공사의 일부 조직도와 부서별 수행 업무이다. 이를 참고하여 이어지는 질문에 답하시오.
[31~32]

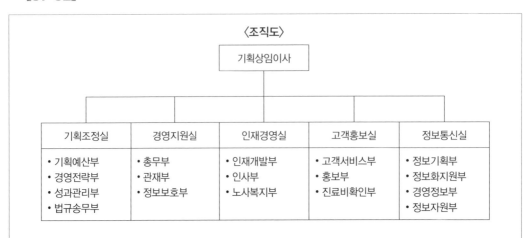

〈조직도〉

기획상임이사

| 기획조정실 | 경영지원실 | 인재경영실 | 고객홍보실 | 정보통신실 |
|---|---|---|---|---|
| • 기획예산부<br>• 경영전략부<br>• 성과관리부<br>• 법규송무부 | • 총무부<br>• 관재부<br>• 정보보호부 | • 인재개발부<br>• 인사부<br>• 노사복지부 | • 고객서비스부<br>• 홍보부<br>• 진료비확인부 | • 정보기획부<br>• 정보화지원부<br>• 경영정보부<br>• 정보자원부 |

〈부서별 수행 업무〉

| 부서 | 업무 |
|---|---|
| 기획조정실 | • 기획예산부 : 연간 사업계획 수립 및 예산 편성<br>• 경영전략부 : 미래전략위원회 운영, 경영혁신 관련 업무<br>• 성과관리부 : 내부 성과관리체계 운영<br>• 법규송무부 : 소송 및 행정심판 지원·법률 검토 |
| 경영지원실 | • 총무부 : 물품의 제조구매 및 용역 계약<br>• 관재부 : 사옥의 유지보수 등 시설 및 위탁업체 관리<br>• 정보보호부 : 개인정보보호 및 정보보안 관리·운영 |
| 인재경영실 | • 인재개발부 : 최고위자과정 운영, 대내외 교육 지원<br>• 인사부 : 직원 채용·승진·승급·전보 및 퇴직 등 임용<br>• 노사복지부 : 임직원 급여 및 보수 관리에 관한 사항 |
| 고객홍보실 | • 고객서비스부 : 고객만족도 조사, 고객센터 운영<br>• 홍보부 : 언론 대응, 홍보자료 발간<br>• 진료비확인부 : 진료비 확인요청 업무 처리 |
| 정보통신실 | • 정보기획부 : IT 전략 계획 수립 및 분석·평가<br>• 정보화지원부 : 요양기관 업무포털 시스템 개발 및 운영<br>• 경영정보부 : 기관운영시스템 개발 및 운영<br>• 정보자원부 : 정보통신시스템 관리 및 운영 |

**31** 다음은 한 입찰공고 중 일부 내용이다. 공고문과 가장 관련이 높은 부서는?

---

〈입찰 공고〉

‘기관홍보 브로슈어·리플릿 제작 용역’ 사업자 선정을 위한 제안서 제출 안내 사항을 아래와 같이 공고합니다.

1. 입찰에 부치는 사항
   • 사업명 : K공사 기관홍보 브로슈어·리플릿 제작 용역
   • 입찰 등록 마감 일시 및 장소
     – 일시 : 3월 27일(수) 14:00
     – 장소 : K공사 25층
     ※ 입찰공고일로부터 입찰 등록 마감 일시까지 상시 접수 가능합니다.

2. 사업 개요
   • 목적
     – 설립목적, 주요 업무 등의 홍보를 통한 기관인지도 제고
     – 대내외 행사에 사용할 주요 업무 소개 간행물 제작
   • 사업 기간 : 계약체결일 ~ 5월

… (하략) …

---

① 총무부, 관재부      ② 총무부, 홍보부

③ 총무부, 고객서비스부      ④ 홍보부, 관재부

⑤ 홍보부, 인사부

**32** 다음은 홍보부의 G대리가 작성 중인 보도자료이다. 보도자료를 작성하던 G대리는 해당 내용에 대해 이해가 부족한 부분이 있어 이를 수정·보완하고자 한다. G대리가 업무 지원을 요청해야 하는 부서는 어디인가?

---

□ K공사는 원주에서 '국민 참여 열린경영위원회' 1차 회의를 개최했다.
　○ 국민 참여 열린경영위원회는 국민 중심의 현장 경영 실천을 위한 국민 참여 기구로서 소비자 단체, 시민단체, 사회복지단체 등 16명으로 구성하여 2020년도에 출범했다.
　○ 국민 참여 열린경영위원회는 그동안 지역인재 양성을 위한 '산·학·관 연계 오픈 캠퍼스' 운영, 시민과 함께하는 '도시농부 아카데미 하우스' 협업사업 추진 등 지역사회 상생·협력, 일자리 창출 등 다양한 제안과 의견을 제시하며 G공사의 사회적 가치 실현을 위한 국민 채널로서 역할을 수행했다.
□ 이날 회의는 '2024년 혁신계획'에 대한 의견수렴 및 소통의 시간을 가졌다.
　○ 2024년 혁신계획은 국민안전과 지역사회 공헌사업이 확대·강화되었다.
□ 국민 참여 열린경영위원회 위원장은 "국민에게 유용한 K공사의 국민 서비스 및 정보를 좀더 친숙한 방법으로 홍보하고, 지역주민과 함께하는 활동을 확대하여 K공사가 A도 대표 공공기관으로 자리매김할 것을 기대한다."고 밝혔다.

---

① 기획예산부
② 경영전략부
③ 총무부
④ 정보보호부
⑤ 노사복지부

**33** 다음 중 조직문화의 구성요소에 대한 설명으로 적절하지 않은 것은?

① 공유가치는 가치관과 이념, 조직관, 전통가치, 기본목적 등을 포함한다.
② 조직구성원은 인력구성뿐만 아니라 그들의 가치관과 신념, 동기, 태도 등을 포함한다.
③ 관리기술은 조직경영에 적용되는 목표관리, 예산관리, 갈등관리 등을 포함한다.
④ 관리시스템으로는 리더와 부하 간 상호관계를 볼 수 있다.
⑤ 조직의 전략은 조직운영에 필요한 장기적인 틀을 제공한다.

**34** K공사는 경영진과 직원의 자유로운 소통, 부서 간 화합 등을 통해 참여와 열린 소통의 조직문화를 조성하고자 노력한다. 이러한 조직문화는 조직의 방향을 결정하고 조직을 존속하게 하는 데 중요한 요인 중의 하나이다. 다음 중 조직문화에 대한 설명으로 적절하지 않은 것은?

① 조직구성원들에게 일체감과 정체성을 부여하고, 결속력을 강화시킨다.

② 조직구성원들의 조직몰입을 높여준다.

③ 조직구성원의 사고방식과 행동양식을 규정한다.

④ 조직구성원들의 생활양식이나 가치를 의미한다.

⑤ 대부분의 조직들은 서로 비슷한 조직문화를 만들기 위해 노력한다.

**35** 직업인은 조직의 구성원으로서 조직체제의 구성요소를 이해하는 체제이해능력이 요구된다. 조직체제의 구성요소가 다음과 같을 때, 이에 대한 설명으로 적절하지 않은 것은?

① 규칙과 규정은 조직 구성원들의 자유로운 활동범위를 보장하는 기능을 가진다.

② 조직구조에서는 의사결정권이 하부 구성원들에게 많이 위임되는 유기적 조직도 볼 수 있다.

③ 조직목표는 조직이 달성하려는 장래의 상태로, 조직이 존재하는 정당성과 합법성을 제공한다.

④ 조직문화는 조직 구성원들의 사고와 행동에 영향을 미치며, 일체감과 정체성을 부여한다.

⑤ 조직구조는 의사결정권의 집중정도, 명령계통, 최고경영자의 통제 등에 따라 달라진다.

**36** 다음 중 아래와 같은 제품 개발 프로세스 모델에 대한 설명으로 적절하지 않은 것은?

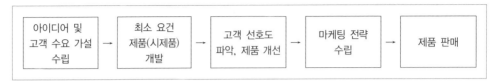

① 일본 도요타 자동차의 린 제조 방식에서 차용하였다.
② 만들기, 측정, 학습의 과정을 반복하면서 꾸준히 혁신한다.
③ 제품 생산의 전 프로세스에서 낭비를 줄이고 최대 효율을 내는 방식이다.
④ 제품 개발이 끝날 때까지 전 과정을 비밀로 한다.
⑤ 고객의 생애 가치나 획득 비용 등을 측정한다.

**37** 다음 중 밑줄 친 ㉠, ㉡에 대한 설명으로 가장 적절한 것은?

> 개발 프로세스 다양하게 이루어지며, 조직목표의 효과적 달성에 영향을 미친다. 조직구조에 대한 많은 연구를 통해 조직구조에 영향을 미치는 요인으로는 조직의 전략, 규모, 기술, 환경 등이 있음을 확인할 수 있다. 이에 따라 ㉠ 기계적 조직 혹은 ㉡ 유기적 조직으로 설계된다.

① ㉠은 의사결정 권한이 조직의 하부 구성원들에게 많이 위임되어 있다.
② ㉡은 상하 간의 의사소통이 공식적인 경로를 통해 이루어진다.
③ ㉠은 규제나 통제의 정도가 낮아 의사소통 결정이 쉽게 변할 수 있다.
④ ㉡은 구성원들의 업무가 분명하게 정의된다.
⑤ 안정적이고 확실한 환경에서는 ㉠이, 급변하는 환경에서는 ㉡이 적합하다.

**38** 해외공항이나 국제기구 및 정부당국 등과 교육협약(MOU)을 맺고 이를 관리하는 업무를 담당하는 글로벌교육팀의 G팀장은 업무와 관련하여 팀원들이 글로벌 경쟁력을 갖출 수 있도록 글로벌 매너에 대해 교육하고자 한다. 다음 중 팀원들에게 교육해야 할 글로벌 매너로 적절하지 않은 것은?

① 미국 사람들은 시간엄수를 중요하게 생각한다.
② 아랍 국가 사람들은 약속한 시간이 지나도 상대방이 당연히 기다려 줄 것으로 생각한다.
③ 아프리카 사람들과 이야기할 때는 눈을 바라보며 대화하는 것이 예의이다.
④ 미국 사람들과 인사를 하거나 이야기할 때는 적당한 거리를 유지하는 것이 좋다.
⑤ 러시아 사람들은 포옹으로 인사를 하는 경우가 많다.

**39** 다음 중 문화충격을 예방하는 방법으로 적절하지 않은 것은?

① 다른 문화환경에 대한 개방적인 태도를 갖도록 한다.

② 자신이 속한 문화를 기준으로 다른 문화를 평가하지 않도록 한다.

③ 새롭고 다른 것을 경험하는 데 적극적인 자세를 취하도록 한다.

④ 새로운 사회환경에 적응하기 위해서 자신의 정체성은 포기하도록 한다.

⑤ 다른 문화에 대한 정보를 미리 습득하도록 한다.

**40** 다음 경영참가제도 중 자본참가에 해당하는 사례로 가장 적절한 것은?

① 임직원들에게 저렴한 가격으로 일정 수량의 주식을 매입할 수 있게 권리를 부여한다.

② 위원회제도를 활용하여 근로자의 경영참여와 개선된 생산의 판매가치를 기초로 성과를 배분한다.

③ 부가가치의 증대를 목표로 하여 이를 노사협력 체제를 통해 달성하고, 이에 따라 증가된 생산성 향상분을 노사 간에 배분한다.

④ 천재지변의 대응, 생산성 하락, 경영성과 전달 등과 같이 단체교섭에서 결정되지 않은 사항에 대하여 노사가 서로 협력할 수 있도록 한다.

⑤ 노동자 또는 노동조합의 대표가 기업의 최고결정기관에 직접 참가해서 기업경영의 여러 문제를 노사가 공동으로 결정한다.

**41** 다음 기사에 나타난 문제 유형을 옳게 설명한 것은?

> 도색이 완전히 벗겨진 차선과 지워지기 직전의 흐릿한 차선이 서울 강남의 도로 여기저기서 발견되고 있다. 알고 보니 규격 미달의 불량 도료 때문이었다. 시공 능력이 없는 업체들이 서울시가 발주한 도색 공사를 따낸 뒤, 브로커를 통해 전문 업체에 공사를 넘겼고, 이 과정에서 수수료를 떼인 전문 업체들은 손해를 만회하기 위해 값싼 도료를 사용한 것이다. 차선용 도료에 값싼 일반용 도료를 섞다 보니 야간에 차선이 잘 보이도록 하는 유리알이 제대로 붙어 있지 못해 차선 마모는 더욱 심해졌다. 지난 4년간 서울 전역에서는 74건의 부실시공이 이뤄졌고, 공사 대금은 총 183억 원에 달하는 것으로 밝혀졌다.

① 발생형 문제로, 일탈 문제에 해당한다.

② 발생형 문제로, 미달 문제에 해당한다.

③ 탐색형 문제로, 잠재 문제에 해당한다.

④ 탐색형 문제로, 예측 문제에 해당한다.

⑤ 탐색형 문제로, 발견 문제에 해당한다.

**42** 한 프랜차이즈 식당의 A ~ D매니저들은 이번에 서울, 인천, 과천, 세종의 4개의 다른 지점에서 근무하게 되었다. 다음 〈조건〉을 참고할 때, 반드시 참인 것은?

조건
- 한 번 근무했던 지점에서는 다시 근무하지 않는다.
- A와 C는 서울 지점에서 근무했었다.
- B와 D는 세종 지점에서 근무했었다.
- B는 이번에 과천 지점에서 일하게 되었다.

① A는 과천 지점에서 일한 적이 있다.

② C는 과천 지점에서 일한 적이 있다.

③ D는 인천 지점에서 일한 적이 있다.

④ A가 일하게 되는 곳은 세종일 수도 있다.

⑤ D는 인천 지점에서 일할 것이다.

**43** K공사의 팀장 P는 효율성을 높이기 위해 순서를 정해서 A ~ G 7가지 업무를 수행하려고 한다. 다음 〈조건〉을 참고하여 가장 먼저 해야 하는 업무가 B일 때, 세 번째로 해야 할 업무는 무엇인가?

조건
- 중간에 수행하는 업무는 F이다.
- A는 F와 C 이후에 수행하는 업무이다.
- B 바로 다음에는 G를 수행한다.
- D와 E는 F 다음에 수행한다.
- E와 C 사이에 있는 업무는 두 가지이다.
- G와 F 사이에는 하나의 업무가 있다.
- D보다 나중에 하는 업무는 없다.

① A

② C

③ E

④ F

⑤ G

**44** 다음 빈칸과 관련된 문제해결을 위한 기본요소로 가장 적절한 것은?

> 문제해결을 위해서는 기존의 패러다임, 고정관념, 편견 등 심리적 타성을 극복하고 새로운 아이디어를 효과적으로 낼 수 있어야 하며, 문제해결과정에 필요한 스킬 등을 습득해야 한다. 문제해결을 위해서는 _____을 통해 문제해결을 위한 기본 지식과 스킬을 습득해야 한다.

① 체계적인 교육훈련
② 문제해결 방법에 대한 지식
③ 문제관련 지식에 대한 가용성
④ 문제해결자의 도전의식과 끈기
⑤ 문제에 대한 체계적인 접근

PART 2

**45** 다음 중 브레인스토밍의 진행 방법으로 적절하지 않은 것은?

① 주제를 구체적이고 명확하게 정한다.
② 실현 가능성이 없는 아이디어는 단호하게 비판한다.
③ 되도록 다양한 분야의 사람들을 구성원으로 참석시킨다.
④ 리더는 누구나 자유롭게 발언할 수 있도록 구성원을 격려한다.
⑤ 리더는 직급과 관계없이 자유로운 분위기를 조성할 수 있는 사람으로 선출한다.

**46** 퇴직을 앞둔 회사원 G씨는 1년 뒤 샐러드 도시락 프랜차이즈 가게를 운영하고자 한다. 다음은 G씨가 회사 근처 샐러드 도시락 프랜차이즈 가게에 대해 SWOT 분석을 실시한 결과이다. 〈보기〉 중 분석에 따른 대응 전략으로 적절한 것을 모두 고르면?

〈샐러드 도시락 프랜차이즈 가게 SWOT 분석 결과〉

| 강점(Strength) | 약점(Weakness) |
| --- | --- |
| • 다양한 연령층을 고려한 메뉴<br>• 월별 새로운 메뉴 제공 | • 부족한 할인 혜택<br>• 홍보 및 마케팅 전략의 부재 |
| 기회(Opportunity) | 위협(Threat) |
| • 건강한 식단에 대한 관심 증가<br>• 회사원들의 간편식 점심 수요 증가 | • 경기 침체로 인한 외식 소비 위축<br>• 주변 음식점과의 경쟁 심화 |

**보기**

ㄱ. 다양한 연령층이 이용할 수 있도록 새로운 한식 도시락을 출시한다.
ㄴ. 계절 채소를 이용한 샐러드 런치 메뉴를 출시한다.
ㄷ. 제품의 가격 상승을 유발하는 홍보 방안보다 먼저 품질 향상 방안을 마련해야 한다.
ㄹ. 주변 회사와 제휴하여 이용 고객에 대한 할인 서비스를 제공한다.

① ㄱ, ㄴ
② ㄱ, ㄷ
③ ㄴ, ㄷ
④ ㄴ, ㄹ
⑤ ㄷ, ㄹ

**47** 경력직 채용공고를 통해 서류를 통과한 지원자 은지, 지현, 영희는 임원면접을 진행하고 있다. 회장, 사장, 이사, 인사팀장으로 이루어진 4명의 임원은 지원자에게 각각 '상, 중, 하' 중 하나의 점수를 줄 수 있으며, 2인 이상에게 '상'을 받은 지원자는 최종 합격, 3인 이상에게 '하'를 받은 지원자는 탈락한다고 한다. 다음 〈조건〉에 따라 항상 옳은 것은?

**조건**

• 임원들은 3명에게 각각 '상, 중, 하'를 하나씩 주었다.
• 사장은 은지에게 '상'을 주고, 다른 한 명에게는 회장보다 낮은 점수를, 다른 한 명에게는 회장과 같은 점수를 주었다.
• 이사는 지원자에게 사장과 같은 점수를 주었다.
• 인사팀장은 한 명에게 '상'을 주었으며, 영희에게는 사장이 준 점수보다 낮은 점수를 주었다.

① 회장이 은지에게 '하'를 주었다면, 은지는 탈락한다.
② 회장이 영희에게 '상'을 주었다면, 영희가 최종 합격한다.
③ 인사팀장이 지현이에게 '중'을 주었다면, 지현이는 탈락한다.
④ 인사팀장이 지현이에게 '상'을 주었다면, 지현이는 탈락하지 않는다.
⑤ 인사팀장이 은지에게 '상'을 주었다면, 은지가 최종 합격한다.

**48** K공사는 워크숍에서 팀을 나눠 배드민턴 게임을 하기로 했다. 배드민턴 규칙은 실제 복식 경기방식을 따르기로 하고, 전략팀 직원 A, B와 총무팀 직원 C, D가 먼저 대결을 한다고 할 때, 다음과 같은 경기상황에 이어질 서브 방향 및 선수 위치로 옳은 것은?

〈배드민턴 복식 경기 방식〉

- 점수를 획득한 팀이 서브권을 갖는다. 다만 서브권이 상대팀으로 넘어가기 전까지는 팀 내에서 같은 선수가 연속해서 서브권을 갖는다.
- 서브하는 팀은 자신의 팀 점수가 0이거나 짝수인 경우는 우측에서, 점수가 홀수인 경우는 좌측에서 서브한다.
- 서브하는 선수로부터 코트의 대각선 위치에 선 선수가 서브를 받는다.
- 서브를 받는 팀은 자신의 팀으로 서브권이 넘어오기 전까지는 팀 내에서 선수끼리 서로 코트 위치를 바꾸지 않는다.
- 좌측, 우측은 각 팀이 네트를 바라보고 인식하는 좌, 우이다.

〈경기 상황〉

- 전략팀(A · B), 총무팀(C · D) 간 복식 경기 진행
- 3 : 3 동점 상황에서 A가 C에 서브하고 전략팀(A · B)이 1점 득점

| 점수 | 서브 방향 및 선수 위치 | 득점한 팀 |
|---|---|---|
| 3 : 3 | D \| C ↗ A \| B | 전략팀 |

①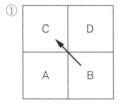

②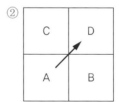

③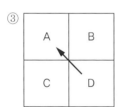

④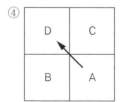

⑤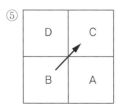

※ K아파트의 자전거 보관소에서는 입주민들의 자전거를 편리하게 관리하기 위해 다음과 같은 방법으로 자전거에 일련번호를 부여한다. 이를 참고하여 이어지는 질문에 답하시오. [49~50]

• 일련번호 순서

| A | L | 1 | 1 | 1 | 0 | 1 | – | 1 |
|---|---|---|---|---|---|---|---|---|
| 종류 | 무게 | 동 | 호수 | | | | – | 등록순서 |

• 자전거 종류 구분

| 일반 자전거 | | | 전기 자전거 |
|---|---|---|---|
| 성인용 | 아동용 | 산악용 | |
| A | K | T | B |

• 자전거 무게 구분

| 10kg 이하 | 10kg 초과 20kg 미만 | 20kg 이상 |
|---|---|---|
| S | M | L |

• 동 구분 : 101동부터 110동까지의 끝자리를 1자리 숫자로 기재(예 101동 – 1)
• 호수 : 4자리 숫자로 기재(예 1101호 – 1101)
• 등록순서 : 동일 세대주당 자전거 등록순서를 1자리로 기재

**49** 다음 중 자전거의 일련번호가 옳게 표기된 것은?

① MT1109−2
② AM2012−2
③ AB10121−1
④ KS90101−2
⑤ BL82002−01

**50** 다음 중 일련번호가 'TM41205−2'인 자전거에 대한 설명으로 옳은 것은?

① 전기 모터를 이용해 주행할 수 있다.
② 자전거의 무게는 10kg 이하이다.
③ 204동 1205호에 거주하는 입주민의 자전거이다.
④ 자전거를 2대 이상 등록한 입주민의 자전거이다.
⑤ 해당 자전거의 소유자는 더 이상 자전거를 등록할 수 없다.

**51** 다음은 A, B사원의 직업기초능력을 평가한 결과이다. 이에 대한 설명으로 가장 적절한 것은?

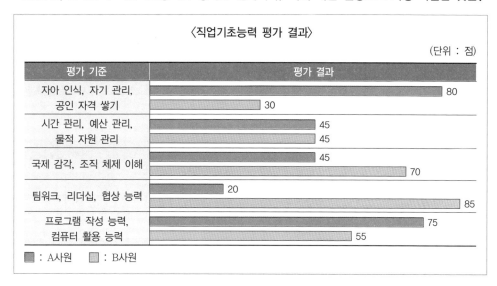

① A사원은 B사원보다 스스로를 관리하고 개발하는 능력이 우수하다.

② A사원은 B사원보다 조직의 체제와 경영을 이해하는 능력이 우수하다.

③ B사원은 A사원보다 정보를 검색하고 정보기기를 활용하는 능력이 우수하다.

④ B사원은 A사원보다 업무 수행에 필요한 시간, 자본 등의 자원을 예측 계획하여 할당하는 능력이 우수하다.

⑤ A사원은 B사원보다 업무 수행 시 만나는 사람들과 원만하게 지내는 능력이 우수하다.

※ 유통업체인 K사는 유통대상의 정보에 따라 12자리로 구성된 분류 코드를 부여하여 관리하고 있다. 다음 자료를 읽고 이어지는 질문에 답하시오. [52~53]

---

### 〈분류 코드 생성 방법〉

- 분류 코드는 한 개 상품당 하나가 부과된다.
- 분류 코드는 '발송 코드 – 배송 코드 – 보관 코드 – 운송 코드 – 서비스 코드'가 순서대로 연속된 12자리 숫자로 구성되어 있다.
- 발송 지역

| 발송 지역 | 발송 코드 | 발송 지역 | 발송 코드 | 발송 지역 | 발송 코드 |
|---|---|---|---|---|---|
| 수도권 | a1 | 강원 | a2 | 경상 | b1 |
| 전라 | b2 | 충청 | c4 | 제주 | t1 |
| 기타 | k9 | – | – | – | – |

- 배송 지역

| 배송 지역 | 배송 코드 | 배송 지역 | 배송 코드 | 배송 지역 | 배송 코드 |
|---|---|---|---|---|---|
| 서울 | 011 | 인천 | 012 | 강원 | 021 |
| 경기 | 103 | 충남 | 022 | 충북 | 203 |
| 경남 | 240 | 경북 | 304 | 전남 | 350 |
| 전북 | 038 | 제주 | 040 | 광주 | 042 |
| 대구 | 051 | 부산 | 053 | 울산 | 062 |
| 대전 | 071 | 세종 | 708 | 기타 | 009 |

- 보관 구분

| 보관 구분 | 보관 코드 | 보관 구분 | 보관 코드 | 보관 구분 | 보관 코드 |
|---|---|---|---|---|---|
| 냉동 | FZ | 냉장 | RF | 파손주의 | FG |
| 고가품 | HP | 일반 | GN | – | – |

- 운송 수단

| 운송 수단 | 운송 코드 | 운송 수단 | 운송 코드 | 운송 수단 | 운송 코드 |
|---|---|---|---|---|---|
| 5톤 트럭 | 105 | 15톤 트럭 | 115 | 30톤 트럭 | 130 |
| 항공운송 | 247 | 열차수송 | 383 | 기타 | 473 |

- 서비스 종류

| 배송 서비스 | 서비스 코드 | 배송 서비스 | 서비스 코드 | 배송 서비스 | 서비스 코드 |
|---|---|---|---|---|---|
| 당일 배송 | 01 | 지정일 배송 | 02 | 일반 배송 | 10 |

※ 수도권은 서울, 경기, 인천 지역이다.

**52** 다음 분류 코드로 확인할 수 있는 정보로 옳지 않은 것은?

c4304HP11501

① 해당 제품은 충청지역에서 발송되어 경북지역으로 배송되는 제품이다.
② 냉장보관이 필요한 제품이다.
③ 15톤 트럭에 의해 배송될 제품이다.
④ 당일 배송 서비스가 적용된 제품이다.
⑤ 해당 제품은 고가품이다.

PART 2

**53** 다음 〈조건〉에 따라 제품 A에 부여될 분류 코드로 옳은 것은?

> **조건**
> • A는 Q업체가 7월 5일에 경기도에서 울산지역에 위치한 구매자에게 발송한 제품이다.
> • 수산품인 만큼, 냉동보관이 필요하며, 발송자는 택배 도착일을 7월 7일로 지정하였다.
> • A는 5톤 트럭을 이용해 배송된다.

① k9062RF10510  ② a1062FZ10502
③ a1062FZ11502  ④ a1103FZ10501
⑤ a1102FZ10502

**54** K사는 신제품의 품번을 다음과 같은 규칙에 따라 정한다고 한다. 제품에 설정된 임의의 영단어가 'INTELLECTUAL'일 때, 이 제품의 품번으로 옳은 것은?

> 〈규칙〉
> 1단계 : 알파벳 A ~ Z를 숫자 1, 2, 3, …으로 변환하여 계산한다.
> 2단계 : 제품에 설정된 임의의 영단어를 숫자로 변환한 값의 합을 구한다.
> 3단계 : 임의의 영단어 속 자음의 합에서 모음의 합을 뺀 값의 절댓값을 구한다.
> 4단계 : 2단계와 3단계의 값을 더한 다음 4로 나누어 2단계의 값에 더한다.
> 5단계 : 4단계의 값이 정수가 아닐 경우에는 소수점 첫째 자리에서 버림한다.

① 120  ② 140
③ 160  ④ 180
⑤ 200

**55** 귀하는 전세버스 대여를 전문으로 하는 여행 업체에 근무하고 있다. 지난 10년 동안 상당한 규모로 성장해 온 귀사는 현재 보유하고 있는 버스의 현황을 실시간으로 파악할 수 있도록 식별 코드를 부여하였다. 식별 코드 부여 방식과 자사보유 전세버스 현황을 참고할 때, 다음 중 옳지 않은 것은?

〈식별 코드 부여 방식〉

[버스 등급] - [승차인원] - [제조국가] - [모델번호] - [제조연월]

| 버스 등급 | 코드 | 제조국가 | 코드 |
| --- | --- | --- | --- |
| 대형버스 | BX | 한국 | KOR |
| 중형버스 | MF | 독일 | DEU |
| 소형버스 | RT | 미국 | USA |

예 BX-45-DEU-15-2210

2022년 10월 독일에서 생산된 45인승 대형버스 15번 모델

〈자사 보유 전세버스 현황〉

| | | |
| --- | --- | --- |
| BX-28-DEU-24-1308 | MF-35-DEU-15-0910 | RT-23-KOR-07-0628 |
| MF-35-KOR-15-1206 | BX-45-USA-11-0712 | BX-45-DEU-06-1105 |
| MF-35-DEU-20-1110 | BX-41-DEU-05-1408 | RT-16-USA-09-0712 |
| RT-25-KOR-18-0803 | RT-25-DEU-12-0904 | MF-35-KOR-17-0901 |
| BX-28-USA-22-1404 | BX-45-USA-19-1108 | BX-28-USA-15-1012 |
| RT-16-DEU-23-1501 | MF-35-KOR-16-0804 | BX-45-DEU-19-1312 |
| MF-35-DEU-20-1005 | BX-45-USA-14-1007 | - |

① 보유 중인 대형버스는 전체의 40% 이상을 차지한다.

② 대형버스 중 28인승은 3대이며, 이 중 한국에서 생산된 차량은 없다.

③ 보유하고 있는 소형버스의 절반 이상은 독일에서 생산되었다.

④ 중형버스의 모델은 최소 3가지 이상이며, 모두 2013년 이전에 생산되었다.

⑤ 미국에서 생산된 버스 중 중형버스는 없으며, 모두 2015년 이전에 생산되었다.

**56** 다음 〈조건〉을 통해 얻을 수 있는 결론으로 옳은 것은?

> **조건**
> • 재현이가 춤을 추면 서현이나 지훈이가 춤을 춘다.
> • 재현이가 춤을 추지 않으면 종열이가 춤을 춘다.
> • 종열이가 춤을 추지 않으면 지훈이도 춤을 추지 않는다.
> • 종열이는 춤을 추지 않았다.

① 재현이만 춤을 추었다.
② 서현이만 춤을 추었다.
③ 지훈이만 춤을 추었다.
④ 재현이와 지훈이 모두 춤을 추었다.
⑤ 재현이와 서현이 모두 춤을 추었다.

PART 2

**57** A ~ D사원은 각각 홍보부, 총무부, 영업부, 기획부 소속으로 3 ~ 6층의 서로 다른 층에서 근무하고 있다. 이들 중 한 명이 거짓말을 하고 있을 때, 다음 중 바르게 추론한 것은?(단, 각 팀은 서로 다른 층에 위치한다)

> A사원 : 저는 홍보부와 총무부 소속이 아니며, 3층에서 근무하고 있지 않습니다.
> B사원 : 저는 영업부 소속이며, 4층에서 근무하고 있습니다.
> C사원 : 저는 홍보부 소속이며, 5층에서 근무하고 있습니다.
> D사원 : 저는 기획부 소속이며, 3층에서 근무하고 있습니다.

① A사원은 홍보부 소속이다.
② B사원은 영업부 소속이다.
③ 기획부는 3층에 위치한다.
④ 홍보부는 4층에 위치한다.
⑤ D사원은 5층에서 근무하고 있다.

※ K사는 모든 임직원에게 다음과 같은 규칙으로 사원번호를 부여한다. 이어지는 질문에 답하시오.
**[58~59]**

〈사원번호 부여 기준〉

| M | 0 | 1 | 2 | 3 | 0 | 1 | 0 | 1 |
|---|---|---|---|---|---|---|---|---|
| 성별 | 부서 | | 입사연도 | | 입사월 | | 입사순서 | |

- 사원번호 부여 순서 : [성별] – [부서] – [입사연도] – [입사월] – [입사순서]
- 성별 구분

| 남성 | 여성 |
|---|---|
| M | W |

- 부서 구분

| 총무부 | 인사부 | 기획부 | 영업부 | 생산부 |
|---|---|---|---|---|
| 01 | 02 | 03 | 04 | 05 |

- 입사년도 : 연도별 끝자리를 2자리 숫자로 기재(예 2023년 – 23)
- 입사월 : 2자리 숫자로 기재(예 5월 – 05)
- 입사순서 : 해당 월의 누적 입사순서(예 해당 월의 3번째 입사자 – 03)
※ K사에 같은 날 입사자는 없다.

**58** 다음 중 사원번호가 'W05220401'인 사원에 대한 설명으로 옳지 않은 것은?

① 생산부서 최초의 여직원이다.
② 2022년에 입사하였다.
③ 4월에 입사한 여성이다.
④ 'M03220511' 사원보다 입사일이 빠르다.
⑤ 생산부서로 입사하였다.

**59** 다음 K사의 2023년 하반기 신입사원 명단을 참고할 때, 기획부에 입사한 여성은 모두 몇 명인가?

| | | | | | |
|---|---|---|---|---|---|
| M01230903 | W03231005 | M05230912 | W05230913 | W01231001 | W04231009 |
| W02230901 | M04231101 | W01230905 | W03230909 | M02231002 | W03231007 |
| M03230907 | M01230904 | W02230902 | M04231008 | M05231107 | M01231103 |
| M03230908 | M05230910 | M02231003 | M01230906 | M05231106 | M02231004 |
| M04231101 | M05230911 | W03231006 | W05231105 | W03231104 | M05231108 |

① 2명      ② 3명
③ 4명      ④ 5명
⑤ 6명

**60** 다음 글과 상황을 근거로 판단할 때, 〈보기〉에서 옳은 설명을 모두 고르면?

G국 사람들은 아래와 같이 한 손으로 1부터 10까지의 숫자를 표현한다.

| 숫자 | 1 | 2 | 3 | 4 | 5 |
|---|---|---|---|---|---|
| 펼친 손가락 개수 | 1개 | 2개 | 3개 | 4개 | 5개 |
| 펼친 손가락 모양 | | | | | |
| 숫자 | 6 | 7 | 8 | 9 | 10 |
| 펼친 손가락 개수 | 2개 | 3개 | 2개 | 1개 | 2개 |
| 펼친 손가락 모양 | | | | | |

〈상황〉

G국에 출장을 간 갑은 G국의 언어를 하지 못하여 물건을 살 때 상인의 손가락을 보고 물건의 가격을 추측한다. G국 사람의 숫자 표현법을 제대로 이해하지 못한 갑은 상인이 금액을 표현하기 위해 펼친 손가락 1개당 1원씩 돈을 지불하려고 한다(단, 갑은 하나의 물건을 구매하며, 물건의 가격은 최소 1원부터 최대 10원까지라고 가정한다).

**보기**

ㄱ. 물건의 가격과 갑이 지불하려는 금액이 일치했다면, 물건의 가격은 5원 이하이다.
ㄴ. 상인이 손가락 3개를 펼쳤다면, 물건의 가격은 최대 7원이다.
ㄷ. 물건의 가격과 갑이 지불하려는 금액이 8원만큼 차이가 난다면, 물건의 가격은 9원이거나 10원이다.
ㄹ. 갑이 물건의 가격을 초과하는 금액을 지불하려는 경우가 발생할 수 있다.

① ㄱ, ㄴ
② ㄴ, ㄷ
③ ㄴ, ㄹ
④ ㄷ, ㄹ
⑤ ㄱ, ㄴ, ㄷ

**61** 다음 중 창의력 증진방법의 하나인 스캠퍼(SCAMPER) 기법의 약자에 대한 설명으로 옳지 않은 것은?

① S – 대체하기(Substitute)　　　　② C – 선택하기(Choose)
③ A – 적용하기(Adapt)　　　　　　④ E – 제거하기(Eliminate)
⑤ R – 재배치하기(Rearrange)


**62** 다음 중 예산관리에 대한 설명으로 적절하지 않은 것은?

① 무조건 비용을 적게 들이는 것이 좋다.
② 개발 책정 비용이 개발 실제 비용보다 더 크면 경쟁력 손실을 입는다.
③ 정해진 예산을 효율적으로 사용하여 최대한의 성과를 내기 위해 필요하다.
④ 예산관리는 예산통제, 비용산정, 예산편성 등을 포함한다.
⑤ 예산을 통제하는 것도 예산관리에 포함된다.


**63** 다음은 K기업의 팀별 성과급 지급 기준 및 영업팀의 분기별 평가표이다. 영업팀에게 지급되는 성과급의 1년 총액은?(단, 성과평가등급이 A등급이면 직전 분기 차감액의 50%를 가산하여 지급한다)

〈성과급 지급 기준〉

| 성과평가 점수 | 성과평가 등급 | 분기별 성과급 지급액 |
| --- | --- | --- |
| 9.0 이상 | A | 100만 원 |
| 8.0 ~ 8.9 | B | 90만 원(10만 원 차감) |
| 7.0 ~ 7.9 | C | 80만 원(20만 원 차감) |
| 6.9 이하 | D | 40만 원(60만 원 차감) |

〈영업팀 평가표〉

| 구분 | 1/4분기 | 2/4분기 | 3/4분기 | 4/4분기 |
| --- | --- | --- | --- | --- |
| 유용성 | 8 | 8 | 10 | 8 |
| 안정성 | 8 | 6 | 8 | 8 |
| 서비스 만족도 | 6 | 8 | 10 | 8 |

※ (성과평가 점수)＝[(유용성)×0.4]＋[(안정성)×0.4]＋[(서비스 만족도)×0.2]

① 350만 원　　　　　　　　　　② 360만 원
③ 370만 원　　　　　　　　　　④ 380만 원
⑤ 400만 원

**64** K회사는 해외지사와 1시간 동안 화상 회의를 하기로 하였다. 모든 지사의 업무시간은 오전 9시부터 오후 6시까지이며, 점심시간은 낮 12시부터 오후 1시까지이다. 〈조건〉이 다음과 같을 때, 회의가 가능한 시간은 언제인가?(단, 회의가 가능한 시간은 서울 기준이다)

> **조건**
> • 헝가리는 서울보다 7시간 느리고, 현지시간으로 오전 10시부터 2시간 동안 외부출장이 있다.
> • 호주는 서울보다 1시간 빠르고, 현지시간으로 오후 2시부터 3시간 동안 회의가 있다.
> • 베이징은 서울보다 1시간 느리다.
> • 헝가리와 호주는 서머타임 +1시간을 적용한다.

① 오전 10시 ~ 오전 11시      ② 오전 11시 ~ 낮 12시

③ 오후 1시 ~ 오후 2시      ④ 오후 2시 ~ 오후 3시

⑤ 오후 3시 ~ 오후 4시

**65** 다음은 K회사의 당직 근무 규칙과 이번 주 당직 근무자들의 일정표이다. 당직 근무 규칙에 따라 이번 주에 당직 근무 일정을 추가해야 하는 사람으로 옳은 것은?

〈당직 근무 규칙〉

• 1일 당직 근무 최소 인원은 오전 1명, 오후 2명으로 총 3명이다.
• 1일 최대 6명을 넘길 수 없다.
• 같은 날 오전·오후 당직 근무는 서로 다른 사람이 해야 한다.
• 오전 또는 오후 당직을 모두 포함하여 당직 근무는 주당 3회 이상 5회 미만으로 해야 한다.

〈당직 근무 일정〉

| 성명 | 일정 | 성명 | 일정 |
|---|---|---|---|
| 공주원 | 월 오전 / 수 오후 / 목 오전 | 최민관 | 월 오후 / 화 오후 / 토 오전 / 일 오전 |
| 이지유 | 월 오후 / 화 오전 / 금 오전 / 일 오후 | 이영유 | 수 오전 / 화 오후 / 금 오후 / 토 오후 |
| 강리환 | 수 오전 / 목 오전 / 토 오후 | 지한준 | 월 오전 / 수 오후 / 금 오전 |
| 최유리 | 화 오전 / 목 오후 / 토 오후 | 강지공 | 수 오후 / 화 오전 / 금 오후 / 토 오전 |
| 이건율 | 목 오전 / 일 오전 | 김민정 | 월 오전 / 수 오후 / 토 오전 / 일 오후 |

① 공주원      ② 이지유

③ 최유리      ④ 지한준

⑤ 김민정

**66** K물류회사에서 근무 중인 S사원에게 화물 운송기사 두 명이 찾아와 운송시간에 대한 질문을 하였다. 주요 도시 간 이동시간 자료를 참고했을 때, 두 기사에게 안내해야 할 시간은?(단, S사원과 두 기사는 A도시에 위치하고 있다)

> G기사 : 저는 여기서 화물을 싣고 E도시로 운송한 후에 C도시로 가서 다시 화물을 싣고 여기로 돌아와야 하는데 시간이 얼마나 걸릴까요? 최대한 빨리 마무리 지었으면 좋겠는데….
>
> P기사 : 저는 여기서 출발해서 모든 도시를 한 번씩 거쳐 다시 여기로 돌아와야 해요. 만약에 가장 짧은 이동시간으로 다녀오면 얼마나 걸릴까요?

### 〈주요 도시 간 이동시간〉

(단위 : 시간)

| 출발도시 \ 도착도시 | A | B | C | D | E |
|---|---|---|---|---|---|
| A | – | 1.0 | 0.5 | – | – |
| B | – | – | – | 1.0 | 0.5 |
| C | 0.5 | 2.0 | – | – | – |
| D | 1.5 | – | – | – | 0.5 |
| E | – | – | 2.5 | 0.5 | – |

※ 화물을 싣고 내리기 위해 각 도시에서 정차하는 시간은 고려하지 않음
※ '–' 표시가 있는 구간은 이동이 불가능함

|     | G기사 | P기사 |
|-----|-------|-------|
| ①   | 4시간   | 4시간   |
| ②   | 4.5시간 | 5시간   |
| ③   | 4.5시간 | 5.5시간 |
| ④   | 5.5시간 | 5시간   |
| ⑤   | 5.5시간 | 5.5시간 |

**67** A는 인천에서 런던으로 가고자 한다. 다음은 인천과 런던을 잇는 항공 노선과 그 관련 정보들이다. A는 노선 지수가 낮은 노선을 선호한다고 할 때, 다음 중 A가 선택할 노선으로 옳은 것은?(단, 노선 지수는 인천에서 런던까지의 각 요소의 총량의 합을 기준으로 계산한다)

| 〈노선 목록〉 | | | | | |
|---|---|---|---|---|---|
| 노선 | 거리 | 시간 | 요금 | 마일리지 | 기타사항 |
| 인천 – 베이징 | 937km | 1시간 | 50만 원 | 104 | 잠정 폐쇄 |
| 인천 – 하노이 | 2,717km | 5시간 | 30만 원 | 302 | – |
| 인천 – 방콕 | 3,700km | 5시간 | 50만 원 | 411 | – |
| 인천 – 델리 | 4,666km | 6시간 | 55만 원 | 518 | – |
| 인천 – 두바이 | 6,769km | 8시간 | 65만 원 | 752 | – |
| 인천 – 카이로 | 8,479km | 8시간 | 70만 원 | 942 | – |
| 인천 – 상하이 | 843km | 1시간 | 45만 원 | 94 | – |
| 베이징 – 런던 | 8,147km | 9시간 | 100만 원 | 905 | – |
| 하노이 – 런던 | 9,244km | 10시간 | 90만 원 | 1,027 | – |
| 방콕 – 런던 | 9,542km | 11시간 | 55만 원 | 1,060 | 잠정 폐쇄 |
| 델리 – 런던 | 6,718km | 7시간 | 55만 원 | 746 | – |
| 두바이 – 런던 | 5,479km | 6시간 | 50만 원 | 609 | – |
| 카이로 – 런던 | 3,514km | 4시간 | 55만 원 | 390 | – |
| 상하이 – 런던 | 9,208km | 10시간 | 90만 원 | 1,023 | – |

※ (노선 지수)=[(총거리 순위)×0.8]+[(총시간 순위)×0.7]+[(총요금 순위)×0.2]
※ 마일리지를 제외한 모든 요소는 값이 작을수록 순위가 높다.
※ 폐쇄노선은 현재 사용이 불가능하다.

① 인천 – 상하이 – 런던
② 인천 – 델리 – 런던
③ 인천 – 카이로 – 런던
④ 인천 – 하노이 – 런던
⑤ 인천 – 두바이 – 런던

**68** G과장은 월요일에 사천연수원에서 진행될 세미나에 참석해야 한다. 세미나는 월요일 낮 12시부터 시작이며, 수요일 오후 6시까지 진행된다. 갈 때는 세미나에 늦지 않게만 도착하면 되지만, 올 때는 목요일 회의 준비를 위해 최대한 일찍 서울로 올라와야 한다. 가능한 적은 비용으로 세미나 참석을 원할 때, 교통비는 얼마가 들겠는가?

〈KTX〉

| 구분 | 월요일 | | 수요일 | | 가격 |
|---|---|---|---|---|---|
| 서울 – 사천 | 08:00 ~ 11:00 | 09:00 ~ 12:00 | 08:00 ~ 11:00 | 09:00 ~ 12:00 | 65,200원 |
| 사천 – 서울 | 16:00 ~ 19:00 | 20:00 ~ 23:00 | 16:00 ~ 19:00 | 20:00 ~ 23:00 | 66,200원 (10% 할인 가능) |

※ 사천역에서 사천연수원까지 택시비는 22,200원이며, 30분이 걸린다(사천연수원에서 사천역까지의 비용과 시간도 동일하다).

〈비행기〉

| 구분 | 월요일 | | 수요일 | | 가격 |
|---|---|---|---|---|---|
| 서울 – 사천 | 08:00 ~ 09:00 | 09:00 ~ 10:00 | 08:00 ~ 09:00 | 09:00 ~ 10:00 | 105,200원 |
| 사천 – 서울 | 19:00 ~ 20:00 | 20:00 ~ 21:00 | 19:00 ~ 20:00 | 20:00 ~ 21:00 | 93,200원 (10% 할인 가능) |

※ 사천공항에서 사천연수원까지 택시비는 21,500원이며, 30분이 걸린다(사천연수원에서 사천공항까지의 비용과 시간도 동일하다).

① 168,280원
② 178,580원
③ 192,780원
④ 215,380원
⑤ 232,080원

※ K공사에서는 임직원 해외연수를 추진하고 있다. 다음 자료를 보고 이어지는 질문에 답하시오. [69~70]

**〈2024년 임직원 해외연수 공지사항〉**

- 해외연수 국가 : 네덜란드, 독일
- 해외연수 일정 : 2024년 4월 11일 ~ 2024년 4월 20일(10일간)
- 해외연수 인원 : 나라별 2명씩 총 4명
- 해외연수 인원 선발 방법 : 2023년 하반기 업무평가 항목 평균 점수 상위 4명 선발

**〈K공사 임직원 2023년 실적평가〉**

(단위 : 점)

| 성명 | 직급 | 2023년 하반기 업무평가 | | |
| --- | --- | --- | --- | --- |
| | | 조직기여 | 대외협력 | 기획 |
| 유시진 | 팀장 | 58 | 68 | 83 |
| 최은서 | 팀장 | 79 | 98 | 96 |
| 양현종 | 과장 | 84 | 72 | 86 |
| 오선진 | 대리 | 55 | 91 | 75 |
| 이진영 | 대리 | 90 | 84 | 97 |
| 장수원 | 대리 | 78 | 95 | 85 |
| 김태균 | 주임 | 97 | 76 | 72 |
| 류현진 | 주임 | 69 | 78 | 54 |
| 강백호 | 사원 | 77 | 83 | 66 |
| 최재훈 | 사원 | 80 | 94 | 92 |

**69** 다음 중 해외연수 대상자가 될 수 있는 직원으로만 묶인 것은?

① 유시진, 최은서
② 양현종, 오선진
③ 이진영, 장수원
④ 김태균, 류현진
⑤ 강백호, 최재훈

**70** K공사는 2024년 임직원 해외연수 인원을 나라별로 1명씩 늘려 총 6명으로 확대하려고 한다. 이때 해외연수 대상자가 될 수 없는 직원은?

① 양현종
② 오선진
③ 이진영
④ 김태균
⑤ 최재훈

**71** 다음 중 의사소통에 대한 설명으로 적절하지 않은 것은?

① 두 사람 이상의 사람들 사이에서 일어나는 의사의 전달이 이루어지는 것이다.

② 적절한 의사소통을 조직 내에서 형성한다는 것은 결코 쉬운 일이 아니다.

③ 직업생활의 의사소통은 정보를 전달하려는 목적만을 가지고 있다.

④ 의사소통에서 상대방이 어떻게 받아들일 것인가에 대한 고려가 바탕이 되어야 한다.

⑤ 의사소통이 이루어져 상호간에 공감하게 된다면 직장의 팀워크는 높아질 수 있다.

**72** 얼마 전 K회사의 프로젝트 진행 과정에 문제가 있다는 뉴스가 보도되었다. K회사의 홍보팀에 근무 중인 A대리는 담당 부서의 설명 자료를 건네받아 뉴스 보도에 반박하는 글을 작성하려고 한다. 이때 A대리가 작성해야 할 문서로 가장 적절한 것은?

① 보도자료          ② 제품설명서

③ 업무지시서        ④ 제안서

⑤ 추천서

**73** 다음 글의 밑줄 친 ㉠~㉤을 바꾸어 쓸 때 적절하지 않은 것은?

> 적혈구는 일정한 수명을 가지고 있어서 그 수와 관계없이 총 적혈구의 약 0.8% 정도는 매일 몸 안에서 파괴된다. 파괴된 적혈구로부터 빌리루빈이라는 물질이 유리되고, 이 빌리루빈은 여러 생화학적 대사 과정을 통해 간과 소장에서 다른 물질로 변환된 후에 대변과 소변을 통해 배설된다. ㉠ 소변의 색깔을 통해 건강상태를 확인할 수 있다.
>
> 적혈구로부터 유리된 빌리루빈이라는 액체는 강한 지용성 물질이어서 혈액의 주요 구성물질인 물에 ㉡ 용해되지 않는다. 이런 빌리루빈을 비결합 빌리루빈이라고 하며, 혈액 내에서 비결합 빌리루빈은 알부민이라는 혈액 단백질에 부착된 상태로 혈류를 따라 간으로 이동한다. 간에서 비결합 빌리루빈은 담즙을 만드는 간세포에 흡수되고 글루쿠론산과 결합하여 물에 잘 녹는 수용성 물질인 결합 빌리루빈으로 바뀌게 된다. 결합 빌리루빈의 대부분은 간세포에서 만들어져 담관을 통해 ㉢ 분비돼는 담즙에 포함되어 소장으로 배출되지만 일부는 다시 혈액으로 되돌려 보내져 혈액 내에서 알부민과 결합하지 않고 혈류를 따라 순환한다.
>
> 간세포에서 분비된 담즙을 통해 소장으로 들어온 결합 빌리루빈의 절반은 장세균의 작용에 의해 소장에서 흡수되어 혈액으로 이동하는 유로빌리노젠으로 전환된다. 나머지 절반의 결합 빌리루빈은 소장에서 흡수되지 않고 대변에 포함되어 배설된다. 혈액으로 이동한 유로빌리노젠의 일부분은 혈액이 신장을 통과할 때 혈액으로부터 여과되어 신장으로 이동한 후 소변으로 배설된다. 하지만 대부분의 혈액 내 유로빌리노젠은 간으로 이동하여 간세포에서 만든 담즙을 통해 소장으로 배출되어 대변을 통해 배설된다.
>
> 빌리루빈의 대사와 배설에 장애가 있을 때 여러 임상 증상이 나타날 수 있다. ㉣ 그러나 빌리루빈이나 빌리루빈 대사물의 양을 측정한 후, 그 값을 정상치와 비교하면 임상 증상을 일으키는 원인이 되는 질병이나 문제를 ㉤ 추측할수 있다.

① ㉠ – 글의 통일성을 해치고 있으므로 삭제한다.
② ㉡ – 문맥에 흐름을 고려하여 '융해되지'로 수정한다.
③ ㉢ – 맞춤법에 어긋나므로 '분비되는'으로 수정한다.
④ ㉣ – 문장을 자연스럽게 연결하기 위해 '따라서'로 고친다.
⑤ ㉤ – 띄어쓰기가 올바르지 않으므로 '추측할 수'로 수정한다.

PART 2

다음 글을 읽고 인조를 비판한 내용으로 적절하지 않은 것은?

> 1636년(인조 14년) 4월 국세를 확장한 후금의 홍타이지(태종)는 스스로 황제라 칭하고, 국호를 청으
> 로, 수도는 심양으로 정하였다. 심양으로의 천도는 명나라를 완전히 압박하여 중원 장악의 기틀을
> 마련하기 위함이었다. 후금은 명 정벌에 앞서 그 배후가 될 수 있는 조선을 확실히 장악하기 위해
> 조선에 군신 관계를 맺을 것도 요구해 왔다. 이러한 청 태종의 요구는 인조와 조선 조정을 격분시켰다.
> 결국, 강화 회담의 성립으로 전쟁은 종료되었지만, 정묘호란 이후에도 후금에 대한 강경책의 목소리
> 가 높았다. 1627년 정묘호란을 겪으면서 맺은 형제 관계조차도 무효로 하고자 하는 상황에서, 청
> 태종을 황제로 섬길 것을 요구하는 무례에 분노했던 것이다. 이제껏 오랑캐라고 무시했던 후금을
> 명나라와 동등하게 대우하여야 한다는 조처는 인조와 서인 정권의 생리에 절대 맞지가 않았다. 특히
> 후금이 통상적인 조건의 10배가 넘는 무역을 요구해 오자 인조의 분노는 폭발하였다.
> 전쟁의 여운이 어느 정도 사라진 1634년 인조는 "이기고 짐은 병가의 상사이다. 금나라 사람이 강
> 하긴 하지만 싸울 때마다 반드시 이기지는 못할 것이며, 아군이 약하지만 싸울 때마다 반드시 패하
> 지도 않을 것이다. 옛말에 '의지가 있는 용사는 목이 떨어질 각오를 한다.'고 하였고, 또 '군사가 교
> 만하면 패한다.'고 하였다. 오늘날 무사들이 만약 자신을 잊고 순국한다면 이 교만한 오랑캐를 무찌
> 르기는 어려운 일이 아니다."라는 하교를 내리면서 전쟁을 결코 피하지 않을 것임을 선언하였다.
> 조선은 또다시 전시 체제에 돌입했다.
> 신흥 강국 후금에 대한 현실적인 힘을 무시하고 의리와 명분을 고집한 집권층의 닫힌 의식은 스스로
> 병란을 자초한 꼴이 되었다. 정묘호란 때 그렇게 당했으면서도 내부의 국방력에 대한 철저한 점검이
> 없이 맞불 작전으로 후금에 맞서는 최악의 길을 택한 것이다.

① 오랑캐의 나라인 후금을 명나라와 동등하게 대우한다는 것은 있을 수 없습니다.

② 감정 따로 현실 따로인 법. 힘과 국력이 문제입니다. 현실을 직시해야 합니다.

③ 그들의 요구를 물리치는 것은 승산 없는 전쟁으로 결과는 불 보듯 뻔합니다.

④ 명분만 내세워 준비 없이 수행하는 전쟁은 더 큰 피해를 입게 될 것입니다.

⑤ 후금은 전쟁을 피해야 할 북방의 최고 강자로 성장한 나라입니다.

**75** 다음 글의 서술상 특징으로 가장 적절한 것은?

> 내가 감각하는 사물들이 정말로 존재하는가? 내가 지금 감각하고 있는 이 책상이 내가 보지 않을 때에도 여전히 존재하는지, 혹시 이것들이 상상의 산물은 아닌지, 내가 꿈을 꾸고 있는 것은 아닌지 어떻게 알 수 있는가? 내 감각을 넘어서 물리적 대상들이 독립적으로 존재한다는 것을 증명할 길은 없다. 데카르트가 방법적 회의를 통해서 보여 주었듯이, 인생이 하나의 긴 꿈에 불과하다는 '꿈의 가설'에서 어떤 논리적 모순도 나오지 않기 때문이다. 그러나 논리적 가능성이 진리를 보장하지는 않으므로, 꿈의 가설을 굳이 진리라고 생각해야 할 이유도 없다.
>
> 꿈의 가설보다는, 나의 감각들은 나와 독립적으로 존재하는 대상들이 나에게 작용하여 만들어 낸 것들이라는 '상식의 가설'이 우리가 경험하는 사실들을 더 잘 설명한다. 개 한 마리가 한순간 방 한편에서 보였다가 잠시 후 방의 다른 곳에 나타났다고 해 보자. 이 경우에 그것이 처음 위치에서 일련의 중간 지점들을 차례로 통과하여 나중 위치로 연속적인 궤적을 따라서 이동하였다고 생각하는 것이 자연스럽다. 그러나 그 개가 감각들의 집합에 불과하다면 내게 보이지 않는 동안에는 그것은 존재할 수가 없다. 꿈의 가설에 따르면 그 개는 내가 보고 있지 않은 동안에 존재하지 않다가 새로운 위치에서 갑자기 생겨났다고 해야 한다.
>
> 그 개가 내게 보일 때나 보이지 않을 때나 마찬가지로 존재한다면, 내 경우에 미루어 그 개가 한 끼를 먹고 나서 다음 끼니 때까지 어떻게 차츰 배고픔을 느끼게 되는지 이해할 수 있다. 그러나 그 개가 내가 보고 있지 않을 때에 존재하지 않는다면, 그것이 존재하지 않는 동안에도 점점 더 배고픔을 느끼게 된다는 것은 이상해 보인다. 따라서 나의 변화하는 감각 경험은, 실재하는 개를 표상하는 것으로 간주하면 아주 자연스럽게 이해되지만, 단지 나에게 감각되는 색깔과 형태들의 변화에 지나지 않는다고 간주하면 전혀 설명할 길이 없다.
>
> 사람의 경우 문제는 더 분명하다. 사람들이 말하는 것을 들을 때, 내가 듣는 소리가 어떤 생각, 즉 내가 그러한 소리를 낼 때에 갖는 생각과 비슷한 어떤 생각을 표현하는 것이 아니라고 여기기는 어렵다. 그러므로 '최선의 설명을 제공하는 가설을 택하라.'는 원칙에 따르면, 나 자신과 나의 감각 경험을 넘어서 나의 지각에 의존하지 않는 대상들이 정말로 존재한다는 상식의 가설을 택하는 것이 합당하다.
>
> — 러셀, 『철학의 문제들』

① 상반된 이론을 제시한 후 절충적 견해를 이끌어 내고 있다.
② 구체적인 사례를 통해 독자의 이해를 돕고 있다.
③ 권위 있는 학자의 주장을 인용하여 내용을 전개하고 있다.
④ 정의를 통해 새로운 개념을 소개하고 있다.
⑤ 객관적 자료를 활용하여 자신의 주장을 강화하고 있다.

사회 현상을 볼 때는 돋보기로 세밀하게 그리고 때로는 멀리 떨어져서 전체 속에 어떻게 위치하고 있는가를 동시에 봐야 한다. 숲과 나무는 서로 다르지만 따로 떼어 생각할 수 없기 때문이다.

현대 사회 현상의 최대 쟁점인 과학 기술에 대해 평가할 때도 마찬가지이다. 로봇 탄생의 숲을 보면, 그 로봇 개발에 투자한 사람과 로봇을 개발한 사람의 의도가 드러난다. 그리고 나무인 로봇을 세밀히 보면, 그 로봇이 생산에 이용되는지 아니면 감옥의 죄수들을 감시하기 위한 것인지 그 용도를 알 수가 있다. 이 광범위한 기술의 성격을 객관적이고 물질적이어서 가치관이 없다고 쉽게 생각하면 로봇에 당하기 십상이다.

자동화는 자본주의의 실업자를 늘려 실업자에 대해 생계의 위협을 가하는 측면뿐 아니라, 기존 근로자에 대한 감시를 더욱 효율적으로 해내는 역할도 수행한다. 자동화를 적용하는 기업 측에서는 자동화가 인간의 삶을 증대시키는 이미지로 일반 사람들에게 인식되기를 바란다. 그래야 자동화 도입에 대한 노동자의 반발을 무마하고 기업가의 구상을 관철할 수 있기 때문이다. 그러나 자동화나 기계화 도입으로 인해 실업을 두려워하고, 업무 내용이 바뀌는 것을 탐탁해 하지 않았던 유럽의 노동자들은 자동화 도입에 대해 극렬히 반대했던 경험이 있다.

지금도 자동화·기계화는 좋은 것이라는 고정관념을 가진 사람이 많고, 현실에서 이러한 고정관념이 가져오는 파급 효과는 의외로 크다. 예를 들어 은행에 현금을 자동으로 세는 기계가 등장하면 은행원이 현금을 세는 작업량은 줄어든다. 손님들도 기계가 현금을 재빨리 세는 것을 보고 감탄하면서 행원이 세는 것보다 더 많은 신뢰를 보낸다. 그러나 현금 세는 기계의 도입에는 이익 추구라는 의도가 숨어 있다. 현금 세는 기계는 행원의 수고를 덜어 준다. 그러나 현금 세는 기계를 들여옴으로써 실업자가 생기고 만다. 사람이 잘만 이용하면 잘 써먹을 수 있을 것만 같은 기계가 엄청나게 혹독한 성품을 지닌 프랑켄슈타인으로 돌변하는 것이다. 자동화와 정보화를 추진하는 핵심 조직이 기업이란 것에서도 알 수 있듯이 기업은 이윤 추구에 도움이 되지 않는 행위는 무가치하다고 판단한다. 그러므로 자동화는 그 계획 단계에서부터 기업의 의도가 스며들어 탄생한다. 또한, 그 의도대로 자동화나 정보화가 진행되면, 다른 한편으로 의도하지 않은 결과를 초래한다. 자동화와 같은 과학 기술이 풍요를 생산하는 수단이라고 생각하는 것은 하나의 ⊙고정관념에 불과하다.

채플린이 제작한 영화 〈모던 타임즈〉에 나타난 것처럼 초기 산업화 시대에는 기계에 종속된 인간의 모습이 가시적으로 드러날 수밖에 없었다. 그래서 이러한 종속에 저항하고자 하는 인간의 노력도 적극적인 모습을 보였다. 그러나 현대의 자동화기기는 그 선두가 정보 통신기기로 바뀌면서 문제가 질적으로 달라진다. 무인 생산까지 진전된 자동화나 정보통신화는 인간에게 단순 노동을 반복시키는 그런 모습을 보이지 않는다. 그 까닭에 정보 통신은 별 무리 없이 어느 나라에서나 급격하게 개발·보급되고 보편화되어 있다. 그런데 문제는 이 자동화기기가 생산에만 이용되는 것이 아니라, 노동자를 감시하거나 관리하는 데도 이용될 수 있다는 것이다. 궁극적으로 정보 통신의 발달로 인해 이전보다 사람들은 더 많은 감시와 통제를 받게 되었다.

**76** 다음 중 밑줄 친 ⊙의 사례로 적절하지 않은 것은?

① 부자는 누구나 행복할 것이라고 믿는 경우이다.

② 고가의 물건이 항상 우수하다고 믿는 경우이다.

③ 구구단이 실생활에 도움을 준다고 믿는 경우이다.

④ 절약이 언제나 경제 발전에 도움을 준다고 믿는 경우이다.

⑤ 아파트가 전통가옥보다 삶의 질을 높여 준다고 믿는 경우이다.

**77** 윗글에 대한 비판적 반응으로 가장 적절한 것은?

① 기업의 이윤 추구가 사회 복지 증진과 직결될 수 있음을 간과하고 있어.

② 기계화·정보화가 인간의 삶의 질 개선에 기여하고 있음을 경시하고 있어.

③ 기계화를 비판하는 주장만 되풀이할 뿐, 구체적인 근거를 제시하지 않고 있어.

④ 화제의 부분적 측면에 관계된 이론을 소개하여 편향적 시각을 갖게 하고 있어.

⑤ 현대의 기술 문명이 가져다줄 수 있는 긍정적인 측면을 과장하여 강조하고 있어.

**78** 다음 글의 주제로 가장 적절한 것은?

> 빅데이터는 스마트 팩토리 등 산업 현장 및 ICT 소프트웨어 설계 등에 주로 활용되어 왔다. 유통이나 물류 업계의 '콘텐츠가 대량으로 이동하는 현장'에서는 데이터가 발생하면, 이를 분석하고 활용하는 쪽으로 주로 사용됐다. 이제는 다양한 영역에서 빅데이터의 적용이 빨라지고 있다. 대표적인 사례가 금융권이다. 국내의 은행들은 현재 빅데이터 스타트업 회사를 상대로 대규모 투자에 나서고 있다. 뉴스와 포털 등 현존하는 데이터를 확보하여 금융 키워드 분석에 활용하기 위해서다. 의료업계도 마찬가지다. 정부는 바이오헬스 산업의 혁신전략을 통해 연구개발 투자를 2025년까지 4조 원 이상으로 확대하겠다고 밝혔으며, 빅데이터와 인공 지능 등을 연계한 다양한 로드맵을 준비하고 있다. 벌써 의료 현장에 빅데이터 전략을 구사하고 있는 병원도 다수이다. 국세청도 빅데이터에 관심이 많다. 빅데이터 플랫폼 인프라 구축을 끝내는 한편, 50명 규모의 빅데이터 센터를 가동하기 시작했다. 조세 행정에서 빅데이터를 통해 탈세를 예방·적발하는 등 다양한 쓰임새를 고민하고 있다.

① 빅데이터의 정의와 장·단점

② 빅데이터의 종류

③ 빅데이터의 중요성

④ 빅데이터의 다양한 활용 방안

⑤ 빅데이터의 한계

**79** 다음 글의 내용으로 가장 적절한 것은?

조선 후기의 대표적인 관료 선발 제도 개혁론인 유형원의 공거제 구상은 능력주의적, 결과주의적 인재 선발의 약점을 극복하려는 의도와 함께 신분적 세습의 문제점도 의식한 것이었다. 중국에서는 17세기 무렵 관료 선발에서 세습과 같은 봉건적인 요소를 부분적으로 재도입하려는 개혁론이 등장했다. 고염무는 관료제의 상층에는 능력주의적 제도를 유지하되, 지방관인 지현들은 어느 정도의 검증 기간을 거친 이후 그 지위를 평생 유지시켜 주고 세습의 길까지 열어 놓는 방안을 제안했다. 황종희는 지방의 관료가 자체적으로 관리를 초빙해서 시험한 후에 추천하는 '벽소'와 같은 옛 제도를 되살리는 방법으로 과거제를 보완하자고 주장했다.

이러한 개혁론은 갑작스럽게 등장한 것이 아니었다. 과거제를 시행했던 국가들에서는 수백 년에 걸쳐 과거제를 개선하라는 압력이 있었다. 시험 방식이 가져오는 부작용들은 과거제의 중요한 문제였으며 치열한 경쟁은 학문에 대한 깊이 있는 학습이 아니라 합격만을 목적으로 하는 형식적 학습을 하게 만들었다. 또한 많은 인재들이 수험 생활에 장기간 매달리면서 재능을 낭비하는 현상도 낳게 되었으며 학습 능력 이외의 인성이나 실무 능력을 평가할 수 없기 때문에 서서히 과거제의 부족함이 드러나곤 했다.

과거제의 부작용에 대한 인식은 과거제를 통해 임용된 관리들의 활동에 대한 비판적 시각으로 연결되었다. 능력주의적 태도는 시험뿐 아니라 관리의 업무에 대한 평가에도 적용되었다. 세습적이지 않으면서 몇 년의 임기마다 다른 지역으로 이동하는 관리들은 승진을 위해서 빨리 성과를 낼 필요가 있었기에, 지역 사회를 위해 장기적인 전망을 가지고 정책을 추진하기보다 가시적이고 단기적인 결과만을 중시하는 부작용을 가져왔다. 개인적 동기가 공공성과 상충되는 현상이 나타났던 것이다. 공동체 의식의 약화 역시 과거제의 부정적 결과로 인식되었다. 과거제 출신의 관리들이 공동체에 대한 소속감이 낮고 출세 지향적이기 때문에 세습 엘리트나 지역에서 천거된 관리에 비해 공동체에 대한 충성심이 약했던 것이다.

① 과거제 출신의 관리들은 공동체에 대한 소속감이 낮고 출세 지향적이었다.
② 고염무는 관료제의 상층에는 세습제를 실시하고, 지방관에게는 능력주의적 제도를 실시하자는 방안을 제안했다.
③ '벽소'는 과거제를 없애고자 등장한 새로운 제도이다.
④ 과거제는 학습 능력 이외의 인성이나 실무 능력까지 정확하게 평가할 수 있는 제도였다.
⑤ 과거제를 통해 임용된 관리들은 지역 사회를 위해 장기적인 전망을 가지고 정책을 추진하였다.

**80** 다음 글의 밑줄 친 ㉠과 가까운 사례를 추론한 내용으로 가장 적절한 것은?

화학 공정을 통하여 저렴하고 풍부한 원료로부터 원하는 물질을 제조하고자 할 때, 촉매는 활성화 에너지가 낮은 새로운 반응 경로를 제공하여 마치 마술처럼 원하는 반응이 쉽게 일어나도록 돕는다. 제1차 세계 대전 직전에 식량 증산에 크게 기여하였던 철촉매에서부터 최근 배기가스를 정화하는 데 사용되는 백금 촉매에 이르기까지 다양한 촉매가 여러 가지 문제 해결의 핵심 기술이 되고 있다. 그러나 전통적인 공업용 촉매개발은 시행착오를 반복하다가 요행히 촉매를 발견하는 식이었다. 이러한 문제점을 해결하기 위해 촉매 설계 방법이 제안되었는데, 이는 표면 화학 기술과 촉매 공학 의 발전으로 가능해졌다. 촉매 설계 방법은 ㉠ 회귀 경로를 통하여 오류를 최소 과정 내에서 통제할 수 있는 체계로서 크게 세 단계로 이루어진다. 첫 번째 단계에서는 대상이 되는 반응을 선정하고, 열역학적 검토와 경제성 평가를 거쳐 목표치를 설정한다. 두 번째 단계에서는 반응물이 촉매 표면에 흡착되어 생성물로 전환되는 반응 경로 모델을 구상하며, 그 다음에 반응의 진행을 쉽게 하는 활성 물질, 활성 물질의 기능을 증진시키는 증진제, 그리고 반응에 적합한 촉매 형태를 유지시키는 지지 체를 선정한다. 마지막 단계에서는 앞에서 선정된 조합으로 촉매 시료를 제조한 후 실험하고, 그 결과를 토대로 촉매의 활성·선택성·내구성을 평가한다. 여기서 결과가 목표치에 미달하면 다시 촉매 조합을 선정하는 단계로 돌아가며, 목표치를 달성하는 경우에도 설정된 경로 모델대로 반응이 진행되지 않았다면, 다시 경로 모델을 설정하는 단계로 회귀한다. 설정된 경로 모델에 따라 목표치 에 도달하면 촉매 설계는 완료된다.

미래 사회에서는 에너지 자원의 효율적 사용과 환경 보존을 최우선시하여, 다양한 촉매의 개발이 필요하게 될 것이다. 특히 반응 단계는 줄이면서도 효과적으로 원하는 물질을 생산하고, 낮은 온도 에서 선택적으로 빠르게 반응을 진행시킬 수 있는 새로운 촉매가 필요하게 된다. 촉매 설계 방법은 환경 및 에너지 문제를 해결하는 마법의 돌을 만드는 체계적 접근법인 것이다.

① 민준이는 현관문 잠금 장치의 비밀번호를 잊어버려 여러 번호를 입력하다가 운 좋게 다섯 번 만에 문을 열었다.

② 승재는 고등학생 때 『목민심서』를 여러 번 읽었으나 잘 이해할 수 없었다. 그 후 대학생이 되어 다시 읽어 보니 내용을 보다 쉽게 이해할 수 있었다.

③ 수아는 좋은 시어를 찾기 위해 우리말 형용사 사전을 뒤졌으나 적절한 시어를 찾지 못했다. 그러 던 어느 날 『토지』를 읽다가 적절한 시어를 찾아냈다.

④ 설아는 방송국 홈페이지에 글을 올리다가 우연히 경품 응모에 당첨되었다. 그 후 설아는 계속해서 글을 올렸고, 경품을 타는 횟수가 더욱 늘어났다.

⑤ 시안이는 설문지를 작성하여 설문 조사를 하던 중에 설문지의 질문이 잘못된 것을 발견하여 설문 지 작성 과정으로 돌아와 질문을 수정하였다.

**61** 다음은 산업재해가 발생한 상황에 대해서 예방 대책을 세운 것이다. 다음 중 재해 예방 대책에서 누락되어 보완해야 할 사항은?

| 사고 사례 | | |
|---|---|---|
| (K소속 정비공인 피재자 A가 대형 해상크레인의 와이어로프 교체작업을 위해 고소작업대(차량탑재형 이동식크레인) 바스켓에 탑승하여 해상크레인 상부 붐(33m)으로 공구를 올리던 중 해상크레인 붐이 바람과 파도에 의해 흔들려 피재자가 탑승한 바스켓에 충격을 가하였고, 바스켓 연결부(로드셀)가 파손되면서 바스켓과 함께 도크 바닥으로 떨어져 사망한 재해임. | | |
| 재해 예방 대책 | 1단계 | 사고 조사, 안전 점검, 현장 분석, 작업자의 제안 및 여론 조사, 관찰 및 보고서 연구 등을 통하여 사실을 발견한다. |
| | 2단계 | 재해의 발생 장소, 재해 형태, 재해 정도, 관련 인원, 직원 감독의 적절성, 공구 장비의 상태 등을 정확히 분석한다. |
| | 3단계 | 원인 분석을 토대로 적절한 시정책, 즉 기술적 개선, 인사 조정 및 교체, 교육, 설득, 공학적 조치 등을 선정한다. |
| | 4단계 | 안전에 대한 교육 및 훈련 시행, 안전시설과 장비의 결함 개선, 안전 감독 실시 등의 선정된 시정책을 적용한다. |

① 안전 관리 조직
② 시정책 선정
③ 원인 분석
④ 시정책 적용 및 뒤처리
⑤ 사실의 발견

**62** 다음 자료가 설명하는 벤치마킹으로 옳은 것은?

동일한 업종의 기업을 대상으로 상품이나 기술 및 경영방식 등을 배워 자사에 맞게 재창조하는 것이다. 동일한 업종이긴 하나 윤리적 문제가 발생할 여지가 없기 때문에 정보에 대한 접근 및 자료 수집이 용이하다. 하지만 문화나 제도적인 차이가 있기 때문에 이로 인해 발생할 문제에 대한 분석을 철저히 하지 않는다면 잘못된 결과를 얻을 수 있다.

① 내부 벤치마킹
② 경쟁적 벤치마킹
③ 비경쟁적 벤치마킹
④ 글로벌 벤치마킹
⑤ 간접적 벤치마킹

**63** 다음 빈칸에 들어갈 용어로 가장 적절한 것은?

> 강사 : 안녕하세요. 오늘은 산업재해의 기본적 원인에 대해 알아보려고 합니다. 산업재해의 기본적 원인으로는 교육적 원인, 기술적 원인, 작업 관리상의 원인과 같이 크게 3가지 유형으로 구분할 수 있다고 저번 강의 때 말씀드렸는데요. 오늘은 이전 시간에 배웠던 교육적 원인 다음으로 기술적 원인에 대해 알아보고자 합니다. 산업재해의 기술적 원인의 사례로는 건물·기계 장치의 설계 불량, ＿＿＿＿＿＿＿＿, 재료의 부적합, 생산 공정의 부적당 등을 볼 수 있습니다.

① 안전 지식의 불충분
② 인원 배치 및 작업 지시 부적당
③ 점검·정비·보존의 불량
④ 유해 위험 작업교육 불충분
⑤ 안전 관리 조직의 결함

**64** 다음 자료를 참고할 때, 〈보기〉에서 설명하는 지식재산권으로 가장 적절한 것은?

> 〈자료〉
>
> 지식재산권이란 인간의 창조적 활동 또는 경험 등을 통해 창출하거나 발견한 지식·정보·기술이나 표현, 표시 그 밖에 무형적인 것으로서, 재산적 가치가 실현될 수 있는 지적 창작물에 부여된 권리를 말하며, 이는 지적소유권이라고 불리기도 한다. 이러한 지식재산권은 산업재산권으로 타인에게 그 권리를 양도하여 판매수입이나 로열티를 받을 수 있게 하고, 실체가 없는 기술상품인 무형의 재산이기 때문에 수출입이 자유로워 국가 간의 장벽을 허물어 다국적 기업화를 이끌고 있다. 또한 이러한 기술상품을 사용함으로써 더 나은 기술개발을 촉진할 계기를 만들어주고 있다.

> 보기
>
> 이것은 지식재산권 중 산업재산권에 해당하며, 심미성을 가진 고안으로 물품의 외관에 미적인 감각을 느낄 수 있도록 하게 하는 것이다. 이것은 물품 자체에 표현되는 것으로 물품을 떠나서는 존재할 수 없기에 물품이 다르면 동일한 형상의 디자인이라 하더라도 별개의 것이 된다.

① 특허　　　　　　　　　　② 실용신안
③ 의장　　　　　　　　　　④ 상표
⑤ 영업비밀

※ 다음은 K공사에서 안전을 위해 정기적으로 시행하는 검침에 대한 안내사항이다. 이어지는 질문에 답하시오. **[65~66]**

〈계기판 검침 안내사항〉

정기적으로 매일 오전 9시에 다음의 안내사항에 따라 검침을 하고 그에 따른 조치를 취하도록 한다.

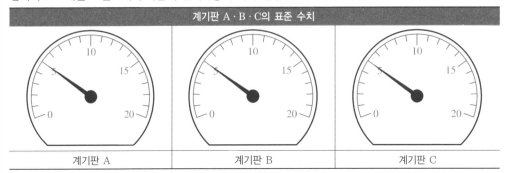

| 계기판 A · B · C의 표준 수치 | | |
|---|---|---|
| 계기판 A | 계기판 B | 계기판 C |

[기계조작실]

1. 계기판을 확인하여 PSD 수치를 구한다.

   ※ 검침하는 시각에 바깥 온도계의 온도가 영상이면 B계기판은 고려하지 않는다.

   ※ 검침하는 시각에 실내 온도계의 온도가 20℃ 미만이면 Parallell Mode를, 20℃ 이상이면 Serial Mode를 적용한다.
   - Parallel Mode
     (PSD)＝(검침 시각 각 계기판 수치의 평균)
   - Serial Mode
     (PSD)＝(검침 시각 각 계기판 수치의 합)

2. PSD 수치에 따라서 적절한 버튼을 누른다.

| 수치 | 버튼 |
|---|---|
| PSD≤기준치 | 정상 |
| 기준치＜PSD＜기준치＋5 | 경계 |
| 기준치＋5≤PSD | 비정상 |

   ※ 화요일과 금요일은 세 계기판의 표준 수치의 합의 1/2을 기준치로 삼고, 나머지 요일은 세 계기판의 표준 수치의 합을 기준치로 삼는다(단, 온도에 영향을 받지 않는다).

3. 기계조작실에서 버튼을 누르면 버튼에 따라 상황통제실의 경고등에 불이 들어온다.

| 버튼 | 경고등 |
|---|---|
| 정상 | 녹색 |
| 경계 | 노란색 |
| 비정상 | 빨간색 |

[상황통제실]

들어온 경고등의 색을 보고 필요한 조치를 취한다.

| 경고등 | 조치 |
|---|---|
| 녹색 | 정상가동 |
| 노란색 | 안전요원 배치 |
| 빨간색 | 접근제한 및 점검 |

**65** 목요일 오전 9시에 실외 온도계의 수치는 15℃이고 실내 온도계의 수치는 22℃이며, 계기판 수치는 다음과 같았다. 눌러야 하는 버튼은 무엇이며, 이를 본 상황통제실에서는 어떤 조치를 취해야 하는가?

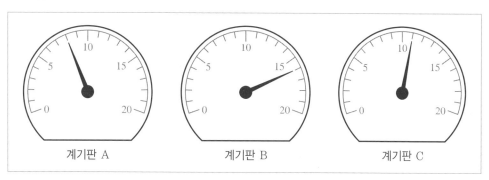

① 정상, 정상 가동

③ 경계, 안전요원 배치

⑤ 비정상, 안전요원 배치

② 정상, 안전요원 배치

④ 비정상, 접근 제한 및 점검

**66** 화요일 오전 9시에 실외 온도계의 수치는 −3℃이고 실내 온도계의 수치는 15℃이며, 계기판 수치는 다음과 같았다. 눌러야 하는 버튼은 무엇이며, 이를 본 상황통제실에서는 어떤 조치를 취해야 하는가?

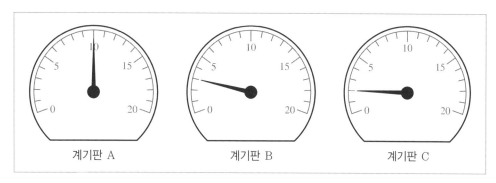

① 정상, 정상 가동

③ 경계, 안전요원 배치

⑤ 비정상, 안전요원 배치

② 정상, 안전요원 배치

④ 비정상, 접근 제한 및 점검

※ 기획전략팀에서는 사무실을 간편히 청소할 수 있는 새로운 청소기를 구매하였다. 기획전략팀의 G대리는 새 청소기를 사용하기 전에 제품설명서를 참고하였다. 이어지는 질문에 답하시오. **[67~68]**

〈사용 설명서〉

1. 충전
   - 충전 시 작동 스위치 2곳을 반드시 꺼주십시오.
   - 타 제품의 충전기를 사용할 경우 고장의 원인이 되오니 반드시 전용 충전기를 사용하십시오.
   - 충전 시 충전기에 열이 느껴지는 것은 고장이 아닙니다.
   - 본 제품에는 배터리 보호를 위하여 과충전 보호회로가 내장되어 있어 적정 충전시간을 초과하여도 배터리는 심한 손상이 없습니다.
   - 충전기의 줄을 잡고 뽑을 경우 감전, 쇼트, 발화 및 고장의 원인이 됩니다.
   - 충전하지 않을 때는 전원 콘센트에서 충전기를 뽑아 주십시오. 절연 열화에 따른 화재, 감전 및 고장의 원인이 됩니다.

2. 이상발생 시 점검 방법

| 증상 | 확인사항 | 해결 방법 |
|---|---|---|
| 스위치를 켜도 청소기가 작동하지 않는다면? | • 청소기가 충전잭에 꽂혀 있는지 확인하세요.<br>• 충전이 되어 있는지 확인하세요.<br>• 본체에 핸디 청소기가 정확히 결합되었는지 확인하세요.<br>• 접점부(핸디, 본체)를 부드러운 면으로 깨끗이 닦아 주세요. | 청소기에서 충전잭을 뽑아 주세요. |
| 사용 중 갑자기 흡입력이 떨어진다면? | • 흡입구를 커다란 이물질이 막고 있는지 확인하세요.<br>• 먼지 필터가 막혀 있는지 확인하세요.<br>• 먼지통 내에 오물이 가득 차 있는지 확인하세요. | 이물질을 없애고 다시 사용하세요. |
| 청소기가 멈추지 않는다면? | • 스틱 손잡이 / 핸디 손잡이가 스위치 2곳 모두 꺼져 있는지 확인하세요.<br>• 청소기 본체에서 핸디 청소기를 분리하세요. | – |
| 사용시간이 짧다고 느껴진다면? | • 10시간 이상 충전하신 후 사용하세요. | – |
| 라이트 불이 켜지지 않는다면? | • 청소기 작동 스위치를 ON으로 하셨는지 확인하세요.<br>• 라이트 스위치를 ON으로 하셨는지 확인하세요. | – |
| 파워브러쉬가 작동하지 않는다면? | • 머리카락이나 실 등 이물질이 감겨 있는지 확인하세요. | 청소기 전원을 끄고 이물질 제거 후 전원을 켜면 파워브러쉬가 재작동하며 평상시에도 파워브러쉬가 멈추었을 때는 전원 스위치를 껐다 켜시면 브러쉬가 재작동합니다. |

**67** 사용 중 충전으로 인한 고장이 발생한 경우, 다음 중 그 원인으로 옳지 않은 것은?

① 충전 시 작동 스위치 2곳을 모두 끄지 않은 경우

② 충전기를 뽑을 때 줄을 잡고 뽑은 경우

③ 충전하지 않을 때 충전기를 계속 꽂아 둔 경우

④ 적정 충전시간을 초과하여 충전한 경우

⑤ 타 제품의 충전기를 사용한 경우

PART 2

**68** G대리는 청소기의 전원을 껐다 켬으로써 청소기의 작동 불량을 해결하였다. 어떤 작동 불량이 발생하였는가?

① 청소기가 멈추지 않았다.

② 사용시간이 짧게 느껴졌다.

③ 파워브러쉬가 작동하지 않았다.

④ 사용 중 흡입력이 떨어졌다.

⑤ 라이트 불이 켜지지 않았다.

**69** 다음 글을 읽고 산업재해에 대한 원인으로 옳은 것은?

> 원유저장탱크에서 탱크 동체 하부에 설치된 믹서 임펠러의 날개깃이 파손됨에 따라, 과진동(과하중)이 발생하여 믹서의 지지부분(볼트)이 파손되어 축이 이탈되면서 생긴 구멍으로 탱크 내부의 원유가 대량으로 유출되었다. 분석에 따르면 임펠러 날개깃의 파손이 피로 현상에 의해 발생되어 표면에 응력집중을 일으킬 수 있는 결함이 존재하였을 가능성이 높다고 한다.

① 작업 관리상 원인          ② 기술적 원인

③ 교육적 원인              ④ 불안전한 행동

⑤ 고의적인 악행

**70** 다음 중 ㉠사와 ㉡사가 활용한 벤치마킹에 대한 종류를 순서대로 바르게 나열한 것은?

> ㉠사는 기존 신용카드사가 시도하지 않았던 새로운 분야를 개척하며 성장했다. ㉠사만의 독특한 문화와 경영방식 중 상당 부분은 회사 바깥에서 얻었다. 이런 작업의 기폭제가 바로 'Insight Tour'이다. ㉠사 직원들은 업종을 불문하고 새로운 마케팅으로 주목받는 곳을 방문한다. 심지어 혁신적인 미술관이나 자동차 회사까지 찾아간다. 금융회사는 가급적 가지 않는다. 카드사는 고객이 결제하는 카드만 취급하는 것이 아니라 회사의 고객 라이프 스타일까지 디자인하는 곳이라는 게 ㉠사의 시각이다. ㉠사의 브랜드 실장은 "카드사는 생활과 밀접한 분야에서 통찰을 얻어야 한다. 'Insight Tour'는 고객의 삶을 업그레이드시키는 데 역점을 둔다."고 강조했다.
>
> ㉡사의 첫 벤치마킹 대상은 선반이 높은 창고형 매장을 운영한 월마트였다. 하지만 한국 문화에 맞지 않았다. 3년 후 일본 할인점인 이토요카토로 벤치마킹 대상을 바꿨다. 신선식품에 주력하고 시식행사도 마련하였고, 결과는 성공이었다. 또한, 자체브랜드(PL; Private Label) 전략도 벤치마킹을 통해 가다듬었다. 기존 ㉡사의 PL은 저가 이미지가 강했지만, 이를 극복하기 위해 ㉡사는 'PL 종주국' 유럽을 벤치마킹했다. 유럽의 기업인 테스코는 PL 브랜드를 세분화해서 '테스코 파이니스트 – 테스코 노멀 – 테스코 벨류'란 브랜드를 달았다. 이와 유사하게 B사도 '베스트 – 벨류 – 세이브' 등의 브랜드로 개편했다.

|  | ㉠사 | ㉡사 |
|---|---|---|
| ① | 경쟁적 벤치마킹 | 비경쟁적 벤치마킹 |
| ② | 간접적 벤치마킹 | 글로벌 벤치마킹 |
| ③ | 비경쟁적 벤치마킹 | 글로벌 벤치마킹 |
| ④ | 직접적 벤치마킹 | 경쟁적 벤치마킹 |
| ⑤ | 비경쟁적 벤치마킹 | 경쟁적 벤치마킹 |

**71** 다음 〈보기〉 중 개인정보의 분류에 대한 내용으로 옳지 않은 것을 모두 고르면?

> **보기**
>
> ㄱ. 소득 정보 : 대부상황, 저당, 신용카드, 담보설정 여부 등
> ㄴ. 의료 정보 : 가족병력기록, 과거 의료기록, 신체장애, 혈액형 등
> ㄷ. 조직 정보 : 고용주, 회사주소, 상관의 이름, 직무수행 평가 기록, 훈련기록, 상벌기록 등
> ㄹ. 법적 정보 : 전과기록, 구속기록, 이혼기록 등

① ㄱ, ㄴ        ② ㄱ, ㄷ

③ ㄴ, ㄷ        ④ ㄴ, ㄹ

⑤ ㄷ, ㄹ

**72** 다음 중 Windows에서 32bit 운영체제인지 64bit 운영체제인지 확인하는 방법으로 옳은 것은?

① [시작] 단추의 바로 가기 메뉴 – [속성]
② [시작] 단추 – [컴퓨터]의 바로 가기 메뉴 – [속성]
③ [시작] 단추 – [제어판]의 바로 가기 메뉴 – [관리 센터]
④ [시작] 단추 – [기본 프로그램]의 바로 가기 메뉴 – [열기]
⑤ [시작] 단추 – [컴퓨터]의 바로 가기 메뉴 – [네트워크]

**73** 다음 중 데이터의 도착 순서가 가변적이며, 짧은 메시지의 일시적인 전송에 가장 유리한 방식은?

① 데이터그램 방식
② 전용회선 방식
③ 회선교환 방식
④ 가상회선 방식
⑤ 회선분할 방식

**74** 다음 중 스프레드 시트의 메모에 대한 설명으로 옳지 않은 것은?

① 메모를 삭제하려면 메모가 삽입된 셀을 선택한 후 [검토] 탭 [메모]그룹의 [삭제]를 선택한다.

② [서식 지우기] 기능을 이용하여 셀의 서식을 지우면 설정된 메모도 함께 삭제된다.

③ 메모가 삽입된 셀을 이동하면 메모의 위치도 셀과 함께 변경된다.

④ 작성된 메모의 내용을 수정하려면 메모가 삽입된 셀의 바로 가기 메뉴에서 [메모편집]을 선택한다.

⑤ 삽입된 메모가 메모 표시 상태로 있다면 보이는 메모의 텍스트를 클릭하여 바로 편집할 수 있다.

**75** 다음 중 온라인에서 개인정보 오남용으로 인한 피해를 예방하기 위한 행동으로 적절하지 않은 것은?

① 회원가입을 하거나 개인정보를 제공할 때 개인정보 취급방침 및 약관을 꼼꼼히 살핀다.

② 회원가입 시 비밀번호를 타인이 유추하기 어렵도록 설정하고 이를 주기적으로 변경한다.

③ 아무 자료나 함부로 다운로드하지 않는다.

④ 온라인에 자료를 올릴 때 개인정보가 포함되지 않도록 한다.

⑤ 금융거래 시 금융정보 등은 암호화하여 저장하고, 되도록 PC방, 공용 컴퓨터 등 개방 환경을 이용한다.

**76** 다음 시트에서 [B9] 셀에 [B2:C8] 영역의 평균을 계산하고 자리 올림을 하여 천의 자리까지 표시하는 함수식으로 옳은 것은?

| | A | B | C |
|---|---|---|---|
| 1 | 1분기 | 2분기 | 3분기 |
| 2 | 91,000 | 91,000 | 91,000 |
| 3 | 81,000 | 82,000 | 83,000 |
| 4 | 71,000 | 72,000 | 73,000 |
| 5 | 61,000 | 62,000 | 63,000 |
| 6 | 51,000 | 52,000 | 53,000 |
| 7 | 41,000 | 42,000 | 43,000 |
| 8 | 91,000 | 91,000 | 91,000 |
| 9 | | | |

① ＝ROUNDUP(AVERAGE(B2:C8),－3)

② ＝ROUND(AVERAGE(B2:C8),－3)

③ ＝ROUNDUP(AVERAGE(B2:C8),3)

④ ＝ROUND(AVERAGE(B2:C8),3)

⑤ ＝ROUND(AVERAGE(B2:C8),－1)

**77** 다음 중 피벗테이블에 대한 설명으로 옳지 않은 것은?

① 피벗테이블 결과 표시는 동일한 시트 내에서만 가능하다.

② 피벗테이블로 작성된 목록에서 행 필드를 열 필드로 편집할 수 있다.

③ 피벗테이블 작성 후에도 사용자가 새로운 수식을 추가하여 표시할 수 있다.

④ 피벗테이블은 많은 양의 데이터를 손쉽게 요약하기 위해 사용되는 기능이다.

⑤ 피벗테이블에서 필터 기능을 사용할 수 있다.

**78** 다음 시트의 [B9] 셀에 「=DSUM(A1:C7,C1,A9:A10)」 함수를 입력했을 때, 결괏값은?

| | A | B | C |
|---|---|---|---|
| 1 | 이름 | 직급 | 상여금 |
| 2 | 장기동 | 과장 | 1,200,000 |
| 3 | 이승연 | 대리 | 900,000 |
| 4 | 김영신 | 차장 | 1,300,000 |
| 5 | 공경호 | 대리 | 850,000 |
| 6 | 표나리 | 사원 | 750,000 |
| 7 | 한미연 | 과장 | 950,000 |
| 8 | | | |
| 9 | 상여금 | | |
| 10 | >=1,000,000 | | |

① 5,950,000
② 2,500,000
③ 1,000,000
④ 3,450,000
⑤ 3,500,000

**79** 다음 중 함수식에 대한 결괏값으로 옳지 않은 것은?

| | 함수식 | 결괏값 |
|---|---|---|
| ① | =ODD(12) | 13 |
| ② | =EVEN(17) | 18 |
| ③ | =MOD(40,-6) | -2 |
| ④ | =POWER(6,3) | 18 |
| ⑤ | =QUOTIENT(19,6) | 3 |

**80** 제시된 워크시트를 참조하여 작성한 수식 「=VLOOKUP(SMALL(A2:A10,3),A2:E10,4,0)」의 결괏값은?

| | A | B | C | D | E |
|---|---|---|---|---|---|
| 1 | 번호 | 억양 | 발표 | 시간 | 자료준비 |
| 2 | 1 | 80 | 84 | 91 | 90 |
| 3 | 2 | 89 | 92 | 86 | 74 |
| 4 | 3 | 72 | 88 | 82 | 100 |
| 5 | 4 | 81 | 74 | 89 | 93 |
| 6 | 5 | 84 | 95 | 90 | 88 |
| 7 | 6 | 83 | 87 | 72 | 85 |
| 8 | 7 | 76 | 86 | 83 | 87 |
| 9 | 8 | 87 | 85 | 97 | 94 |
| 10 | 9 | 98 | 78 | 96 | 81 |

① 82

② 83

③ 86

④ 87

⑤ 88

# 제2회
# 최종점검 모의고사

※ 한국가스안전공사 최종점검 모의고사는 채용공고를 기준으로 구성한 것으로 실제 시험과
다를 수 있습니다.

# ■ 취약영역 분석

## | 01 | NCS 공통영역

| 번호 | 01 | 02 | 03 | 04 | 05 | 06 | 07 | 08 | 09 | 10 | 11 | 12 | 13 | 14 | 15 | 16 | 17 | 18 | 19 | 20 |
|------|----|----|----|----|----|----|----|----|----|----|----|----|----|----|----|----|----|----|----|----|
| O/× |  |  |  |  |  |  |  |  |  |  |  |  |  |  |  |  |  |  |  |  |
| 영역 | 수리능력 ||||||||||||||||||| |

| 번호 | 21 | 22 | 23 | 24 | 25 | 26 | 27 | 28 | 29 | 30 | 31 | 32 | 33 | 34 | 35 | 36 | 37 | 38 | 39 | 40 |
|------|----|----|----|----|----|----|----|----|----|----|----|----|----|----|----|----|----|----|----|----|
| O/× |  |  |  |  |  |  |  |  |  |  |  |  |  |  |  |  |  |  |  |  |
| 영역 | 조직이해능력 ||||||||||||||||||| |

| 번호 | 41 | 42 | 43 | 44 | 45 | 46 | 47 | 48 | 49 | 50 | 51 | 52 | 53 | 54 | 55 | 56 | 57 | 58 | 59 | 60 |
|------|----|----|----|----|----|----|----|----|----|----|----|----|----|----|----|----|----|----|----|----|
| O/× |  |  |  |  |  |  |  |  |  |  |  |  |  |  |  |  |  |  |  |  |
| 영역 | 문제해결능력 ||||||||||||||||||| |

## | 02 | NCS 선택영역(행정)

| 번호 | 61 | 62 | 63 | 64 | 65 | 66 | 67 | 68 | 69 | 70 | 71 | 72 | 73 | 74 | 75 | 76 | 77 | 78 | 79 | 80 |
|------|----|----|----|----|----|----|----|----|----|----|----|----|----|----|----|----|----|----|----|----|
| O/× |  |  |  |  |  |  |  |  |  |  |  |  |  |  |  |  |  |  |  |  |
| 영역 | 자원관리능력 |||||||||| 의사소통능력 |||||||||| |

## | 03 | NCS 선택영역(기술)

| 번호 | 61 | 62 | 63 | 64 | 65 | 66 | 67 | 68 | 69 | 70 | 71 | 72 | 73 | 74 | 75 | 76 | 77 | 78 | 79 | 80 |
|------|----|----|----|----|----|----|----|----|----|----|----|----|----|----|----|----|----|----|----|----|
| O/× |  |  |  |  |  |  |  |  |  |  |  |  |  |  |  |  |  |  |  |  |
| 영역 | 기술능력 |||||||||| 정보능력 |||||||||| |

| 평가문항 | 80문항 | 평가시간 | 80분 |
|----------|--------|----------|------|
| 시작시간 | : | 종료시간 | : |
| 취약영역 | | | |

| 01 | **NCS 공통영역** |
|----|----|

**01** KTX와 새마을호가 서로 마주 보며 오고 있다. 속력은 7 : 5의 비로 운행하고 있으며, 현재 두 열차 사이의 거리는 6km이다. 두 열차가 서로 만났을 때 새마을호가 이동한 거리는?

① 2km  ② 2.5km
③ 3km  ④ 3.5km
⑤ 4km

**02** A사원은 비품 구입을 위해 한 자루에 500원 하는 볼펜과 한 자루에 700원 하는 색연필을 합하여 12자루를 샀다. 구입한 비품을 1,000원짜리 상자에 넣고 총금액으로 8,600원을 지불했을 때, A사원이 구입한 볼펜은 몇 자루인가?

① 8자루  ② 7자루
③ 6자루  ④ 5자루
⑤ 4자루

**03** K사는 작년에 사원 수가 500명이었고, 올해는 남자 사원이 작년보다 10% 감소하고, 여자 사원이 작년보다 40% 증가하였다. 올해 전체 사원 수는 작년보다 8%가 늘어났을 때, 작년 남자 사원 수는 몇 명인가?

① 280명  ② 300명
③ 315명  ④ 320명
⑤ 325명

**04** 두 사람이 이번 주 토요일에 함께 미용실을 가기로 약속했다. 두 사람이 약속한 토요일에 함께 미용실에 다녀온 후에는 한 명은 15일마다, 한 명은 20일마다 미용실에 간다. 처음으로 다시 두 사람이 함께 미용실에 가게 되는 날은 무슨 요일인가?

① 월요일　　　　　　　　　　　② 화요일

③ 수요일　　　　　　　　　　　④ 목요일

⑤ 금요일

**05** 다음은 K회사의 모집단위별 지원자 수 및 합격자 수를 나타낸 표이다. 이에 대한 설명으로 옳지 않은 것은?

〈모집단위별 지원자 수 및 합격자 수〉

(단위 : 명)

| 모집단위 | 남자 | | 여자 | | 합계 | |
|---|---|---|---|---|---|---|
| | 합격자 수 | 지원자 수 | 합격자 수 | 지원자 수 | 모집정원 | 지원자 수 |
| A | 512 | 825 | 89 | 108 | 601 | 933 |
| B | 353 | 560 | 17 | 25 | 370 | 585 |
| C | 138 | 417 | 131 | 375 | 269 | 792 |
| 합계 | 1,003 | 1,802 | 237 | 508 | 1,240 | 2,310 |

※ (경쟁률) = $\dfrac{(지원자 수)}{(모집정원)}$

① 3개의 모집단위 중 총지원자 수가 가장 많은 집단은 A이다.

② 3개의 모집단위 중 합격자 수가 가장 적은 집단은 C이다.

③ K회사 전체 남자 합격자 수는 여자 합격자 수의 5배 이상이다.

④ B집단의 경쟁률은 $\dfrac{117}{74}$ 이다.

⑤ C집단의 모집정원은 K회사 전체 모집정원의 약 22%를 차지한다.

**06** 다음 그림은 OECD 국가의 대학졸업자 취업에 대한 자료이다. A ~ L국가 중 '전체 대학졸업자' 대비 '대학졸업자 중 취업자' 비율이 OECD 평균보다 높은 국가만으로 바르게 짝지어진 것은?

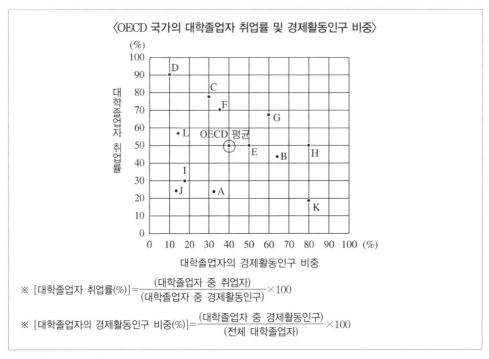

$$※ [대학졸업자 \; 취업률(\%)] = \frac{(대학졸업자 \; 중 \; 취업자)}{(대학졸업자 \; 중 \; 경제활동인구)} \times 100$$

$$※ [대학졸업자의 \; 경제활동인구 \; 비중(\%)] = \frac{(대학졸업자 \; 중 \; 경제활동인구)}{(전체 \; 대학졸업자)} \times 100$$

① A, D

② B, C

③ D, H

④ G, K

⑤ H, L

**07** 제시된 표는 2003년과 2023년 한국, 중국, 일본의 재화 수출액 및 수입액 자료이고, 용어 정의는 무역수지와 무역특화지수에 대한 설명이다. 이에 대한 〈보기〉의 설명 중 옳은 것을 모두 고르면?

〈한국, 중국, 일본의 재화 수출액 및 수입액〉

(단위 : 억 달러)

| 연도 | 국가<br>재화 | 한국 | | 중국 | | 일본 | |
| --- | --- | --- | --- | --- | --- | --- | --- |
| | | 수출액 | 수입액 | 수출액 | 수입액 | 수출액 | 수입액 |
| 2003년 | 원자재 | 578 | 832 | 741 | 1,122 | 905 | 1,707 |
| | 소비재 | 117 | 104 | 796 | 138 | 305 | 847 |
| | 자본재 | 1,028 | 668 | 955 | 991 | 3,583 | 1,243 |
| 2023년 | 원자재 | 2,015 | 3,232 | 5,954 | 9,172 | 2,089 | 4,760 |
| | 소비재 | 138 | 375 | 4,083 | 2,119 | 521 | 1,362 |
| | 자본재 | 3,444 | 1,549 | 12,054 | 8,209 | 4,541 | 2,209 |

〈용어 정의〉

- (무역수지)=(수출액)−(수입액)
  - 무역수지 값이 양(+)이면 흑자, 음(−)이면 적자이다.
- (무역특화지수)$=\dfrac{(수출액)-(수입액)}{(수출액)+(수입액)}$
  - 무역특화지수의 값이 클수록 수출경쟁력이 높다.

> **보기**
>
> ㄱ. 2023년 한국, 중국, 일본 각각에서 원자재 무역수지는 적자이다.
> ㄴ. 2023년 한국의 원자재, 소비재, 자본재 수출액은 2003년에 비해 각각 50% 이상 증가하였다.
> ㄷ. 2023년 자본재 수출경쟁력은 일본이 한국보다 높다.

① ㄱ
② ㄴ
③ ㄱ, ㄴ
④ ㄱ, ㄷ
⑤ ㄴ, ㄷ

**08** 다음은 도로별 일평균 교통량에 대한 자료이다. 이에 대한 설명으로 옳지 않은 것은?

〈고속국도의 일평균 교통량〉

(단위 : 대)

| 구분 | 2019년 | 2020년 | 2021년 | 2022년 | 2023년 |
|---|---|---|---|---|---|
| 승용차 | 28,864 | 31,640 | 32,593 | 33,605 | 35,312 |
| 버스 | 1,683 | 1,687 | 1,586 | 1,594 | 1,575 |
| 화물차 | 13,142 | 11,909 | 12,224 | 13,306 | 13,211 |
| 합계 | 43,689 | 45,236 | 46,403 | 48,505 | 50,098 |

〈일반국도의 일평균 교통량〉

(단위 : 대)

| 구분 | 2019년 | 2020년 | 2021년 | 2022년 | 2023년 |
|---|---|---|---|---|---|
| 승용차 | 7,951 | 8,470 | 8,660 | 8,988 | 9,366 |
| 버스 | 280 | 278 | 270 | 264 | 256 |
| 화물차 | 2,945 | 2,723 | 2,657 | 2,739 | 2,757 |
| 합계 | 11,176 | 11,471 | 11,587 | 11,991 | 12,379 |

〈국가지원지방도의 일평균 교통량〉

(단위 : 대)

| 구분 | 2019년 | 2020년 | 2021년 | 2022년 | 2023년 |
|---|---|---|---|---|---|
| 승용차 | 5,169 | 5,225 | 5,214 | 5,421 | 5,803 |
| 버스 | 230 | 219 | 226 | 231 | 240 |
| 화물차 | 2,054 | 2,126 | 2,059 | 2,176 | 2,306 |
| 합계 | 7,453 | 7,570 | 7,499 | 7,828 | 8,349 |

① 조사기간 중 고속국도의 일평균 승용차 교통량은 일반국도와 국가지원지방도의 일평균 승용차 교통량의 합보다 항상 많았다.

② 전년 대비 일반국도의 일평균 화물차 교통량은 2021년까지 감소하다가 2022년부터 다시 증가하고 있다.

③ 2020 ~ 2023년 중 국가지원지방도의 일평균 버스 교통량의 전년 대비 증가율이 가장 큰 해는 2023년이다.

④ 조사기간 중 고속국도와 일반국도의 일평균 버스 교통량의 증감추이는 같다.

⑤ 2023년 고속국도의 일평균 화물차 교통량은 2023년 일반국도와 국가지원지방도의 일평균 화물차 교통량의 합의 2.5배 이상이다.

**09** 6%의 소금물 700g에서 한 컵의 소금물을 퍼내고, 퍼낸 양만큼 13%의 소금물을 넣었더니 9%의 소금물이 되었다. 이때, 퍼낸 소금물의 양은?

① 300g
② 320g
③ 350g
④ 390g
⑤ 450g

PART 2

**10** A기차와 B기차가 36m/s의 일정한 속력으로 달리고 있다. 600m 길이의 터널을 완전히 통과하는 데 A기차가 25초, B기차가 20초 걸렸다면 각 기차의 길이로 알맞게 짝지어진 것은?

|   | A기차 | B기차 |
|---|-------|-------|
| ① | 200m | 150m |
| ② | 300m | 100m |
| ③ | 150m | 120m |
| ④ | 200m | 130m |
| ⑤ | 300m | 120m |

**11** K여행사에서는 올해에도 크리스마스 행사로 경품 추첨을 진행하려 한다. 작년에는 제주도 숙박권 10명, 여행용 파우치 20명을 추첨하여 경품을 주었으며, 올해는 작년보다 제주도 숙박권은 20%, 여행용 파우치는 10% 더 준비했다. 올해 경품을 받는 인원은 작년보다 몇 명 더 많은가?(단, 경품은 중복 당첨이 불가능하다)

① 1명
② 2명
③ 3명
④ 4명
⑤ 5명

**12** 소비자물가지수란 가계가 일상생활을 영위하기 위해 구입하는 상품 가격과 서비스 요금의 변동을 종합적으로 측정하기 위해 작성하는 지수를 의미한다. K나라에서는 국민들이 오로지 보리와 쌀만을 사고 팔고 서비스는 존재하지 않는다고 가정할 때, 2021 ~ 2023년 보리와 쌀의 가격은 아래의 표와 같다. 매년 K나라 국민은 보리 200g, 쌀 300g을 소비한다고 가정했을 때, 2023년도 물가상승률은?(단, 2021년이 기준 연도이며, 소비자물가지수를 100으로 가정한다)

〈1g당 보리 및 쌀 가격〉

(단위 : 원)

| 연도 | 보리 | 쌀 |
|---|---|---|
| 2021년 | 120 | 180 |
| 2022년 | 150 | 220 |
| 2023년 | 180 | 270 |

※ [물가상승률(%)]$=\dfrac{(\text{해당 연도 소비자물가지수})-(\text{기준 연도 소비자물가지수})}{(\text{기준 연도 소비자물가지수})}\times100$

※ 소비자물가는 연간 국민이 소비한 상품 및 서비스의 총가격이다.

① 10%
② 30%
③ 50%
④ 100%
⑤ 150%

**13** 다음은 국가별 연도별 이산화탄소 배출량에 대한 자료이다. 〈조건〉에 따라 빈칸 ㉠ ~ ㉣에 해당하는 국가명을 순서대로 나열한 것은?

〈국가별 연도별 이산화탄소 배출량〉

(단위 : 백만 톤 $CO_2$ eq)

| 국가 | 1995년 | 2005년 | 2015년 | 2020년 | 2021년 |
|------|--------|--------|--------|--------|--------|
| 일본 | 1,041 | 1,141 | 1,112 | 1,230 | 1,189 |
| 미국 | 4,803 | 5,642 | 5,347 | 5,103 | 5,176 |
| ㉠ | 232 | 432 | 551 | 572 | 568 |
| ㉡ | 171 | 312 | 498 | 535 | 556 |
| ㉢ | 151 | 235 | 419 | 471 | 507 |
| 독일 | 940 | 812 | 759 | 764 | 723 |
| 인도 | 530 | 890 | 1,594 | 1,853 | 2,020 |
| ㉣ | 420 | 516 | 526 | 550 | 555 |
| 중국 | 2,076 | 3,086 | 7,707 | 8,980 | 9,087 |
| 러시아 | 2,163 | 1,474 | 1,529 | 1,535 | 1,468 |

**조건**

• 한국과 캐나다는 제시된 5개 연도의 이산화탄소 배출량 순위에서 8위를 두 번 했다.
• 사우디의 2020년 대비 2021년의 이산화탄소 배출량 증가율은 5% 이상이다.
• 이란과 한국의 이산화탄소 배출량의 합은 2015년부터 이란과 캐나다의 배출량의 합보다 많아진다.

① 캐나다, 이란, 사우디, 한국
② 한국, 사우디, 이란, 캐나다
③ 한국, 이란, 캐나다, 사우디
④ 이란, 한국, 사우디, 캐나다
⑤ 한국, 이란, 사우디, 캐나다

**14** 다음은 K국 여행자들이 자주 방문하는 공항 주변 S편의점의 월별 매출액을 나타낸 표이다. 전체 해외 여행자 수와 K국 여행자 수의 2022년도부터 2023년도의 추세를 아래의 도표와 같이 나타내 었을 때, 이에 대한 설명으로 옳지 않은 것은?

**〈S편의점 월별 매출액(만 원)〉**

| 2022년(상) | 1월 | 2월 | 3월 | 4월 | 5월 | 6월 |
|---|---|---|---|---|---|---|
| 매출액 | 1,020 | 1,350 | 1,230 | 1,550 | 1,602 | 1,450 |
| 2022년(하) | 7월 | 8월 | 9월 | 10월 | 11월 | 12월 |
| 매출액 | 1,520 | 950 | 890 | 750 | 730 | 680 |
| 2023년(상) | 1월 | 2월 | 3월 | 4월 | 5월 | 6월 |
| 매출액 | 650 | 600 | 550 | 530 | 605 | 670 |
| 2023년(하) | 7월 | 8월 | 9월 | 10월 | 11월 | 12월 |
| 매출액 | 700 | 680 | 630 | 540 | 550 | 510 |

〈전체 해외 여행자 수 및 K국 여행자 수(명)〉

① S편의점의 매출액은 해외 여행자 수에 영향을 받고 있다.

② 2022년 7월을 정점으로 K국 여행자들이 줄어드는 추세이다.

③ 전체 해외 여행자 수에서 K국의 영향력이 매우 높은 편이다.

④ S편의점의 매출액은 2022년 7월부터 2023년 12월까지 평균적으로 매달 30만 원씩 감소하였다.

⑤ 2023년 2 ~ 3월 K국 여행자들이 급감하였다.

※ 다음은 연령대별 일자리 규모에 관한 자료이다. 이어지는 질문에 답하시오. **[15~16]**

〈연령대별 일자리 규모〉

(단위 : 만 개)

| 연령대 | 2022년 | | | 2023년 | | |
|---|---|---|---|---|---|---|
| | 합계 | 지속 일자리 | 신규채용 일자리 | 합계 | 지속 일자리 | 신규채용 일자리 |
| 전체 | 2,301 | 1,563 | 738 | 2,323 | 1,587 | 736 |
| 19세 이하 | 26 | 3 | 23 | 25 | 3 | 22 |
| 20대 | 332 | 161 | 171 | 330 | 160 | 170 |
| 30대 | 545 | 390 | 155 | 530 | 382 | 148 |
| 40대 | 623 | 458 | 165 | 618 | 458 | 160 |
| 50대 | 515 | 373 | 142 | 532 | 388 | 144 |
| 60세 이상 | 260 | 178 | 82 | 288 | 196 | 92 |

**15** 50대와 60세 이상의 2023년의 전체 일자리의 2022년 대비 증가 수를 바르게 나열한 것은?

| | 50대 | 60세 이상 |
|---|---|---|
| ① | 150,000개 | 150,000개 |
| ② | 150,000개 | 170,000개 |
| ③ | 170,000개 | 280,000개 |
| ④ | 170,000개 | 310,000개 |
| ⑤ | 200,000개 | 310,000개 |

**16** 다음 자료에 대한 설명으로 옳지 않은 것은?(단, 소수점 둘째 자리에서 반올림한다)

① 2023년 전체 일자리 규모에서 20대가 차지하는 비중은 2022년보다 약 0.2%p 감소했다.

② 2023년 전체 일자리 규모에서 30대가 차지하는 비중은 20% 이상이다.

③ 2022년 40대의 지속 일자리 규모는 신규채용 일자리 규모의 2.5배 이상이다.

④ 2023년 연령대별 전체 일자리 규모는 2022년보다 모두 증가했다.

⑤ 2023년 전체 일자리 규모는 2022년에 비해 22만 개 증가했다.

**17** 다음은 2023년 K국의 강수량에 대한 자료이다. 이를 그래프로 바르게 변환한 것은?

<연 강수량>

(단위 : mm, 위)

| 구분 | 1월 | 2월 | 3월 | 4월 | 5월 | 6월 | 7월 | 8월 | 9월 | 10월 | 11월 | 12월 |
|---|---|---|---|---|---|---|---|---|---|---|---|---|
| 강수량 | 15.3 | 29.8 | 24.1 | 65.0 | 29.5 | 60.7 | 308.0 | 241.0 | 92.1 | 67.6 | 12.7 | 21.9 |
| 역대순위 | 32 | 23 | 39 | 30 | 44 | 43 | 14 | 24 | 26 | 13 | 44 | 27 |

①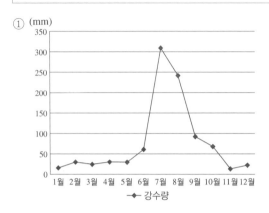

②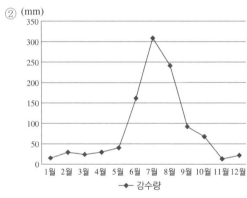

③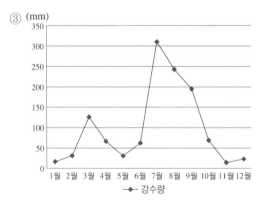

④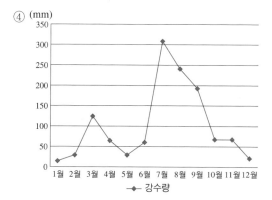

⑤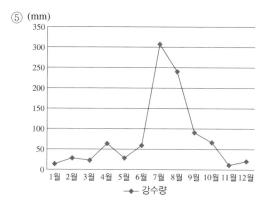

**18** 다음은 2023년 국내 신규 박사학위 취득자 분포에 대한 자료이다. 이에 대한 〈보기〉의 설명 중 옳은 것을 모두 고르면?

〈연령대별 박사학위 취득자 분포〉

(단위 : 명)

| 연령대 | 남성 | 여성 |
| --- | --- | --- |
| 30세 미만 | 196 | 141 |
| 30세 이상 35세 미만 | 1,811 | 825 |
| 35세 이상 40세 미만 | 1,244 | 652 |
| 40세 이상 45세 미만 | 783 | 465 |
| 45세 이상 50세 미만 | 577 | 417 |
| 50세 이상 | 1,119 | 466 |
| 합계 | 5,730 | 2,966 |

〈전공계열별 박사학위 취득자 분포〉

(단위 : 명)

| 전공계열 | 남성 | 여성 |
| --- | --- | --- |
| 인문계열 | 357 | 368 |
| 사회계열 | 1,024 | 649 |
| 공학계열 | 2,441 | 332 |
| 자연계열 | 891 | 513 |
| 의약계열 | 581 | 537 |
| 교육·사범계열 | 172 | 304 |
| 예술·체육계열 | 266 | 260 |
| 합계 | 5,732 | 2,963 |

**보기**

ㄱ. 남성 박사학위 취득자 중 50세 이상이 차지하는 비율은 여성 박사학위 취득자 중 50세 이상이 차지하는 비율보다 높다.

ㄴ. 전공계열별 박사학위 취득자 중 여성보다 남성의 비율이 높은 순위는 1위가 공학계열, 2위가 사회계열, 3위가 자연계열 순서이다.

ㄷ. 남성의 연령대별 박사학위 취득자 수가 많은 순서와 여성의 연령대별 박사학위 취득자 수가 많은 순서는 같다.

ㄹ. 연령대가 올라갈수록 남녀 박사학위 취득자 수의 차이는 점점 커지고 있다.

① ㄱ, ㄴ  　　　　　　　　　② ㄱ, ㄷ

③ ㄱ, ㄹ  　　　　　　　　　④ ㄴ, ㄷ

⑤ ㄴ, ㄹ

**19** A계열사와 B계열사의 제품 생산량의 비율은 3 : 7이고, 각각의 불량률은 2%, 3%이다. 신제품 생산을 위해서 부품을 선정하여 불량품이 나왔을 때, 그 불량품이 B계열사의 불량품일 확률은 얼마인가?

① $\dfrac{13}{21}$　　　　　　　　　　　　② $\dfrac{7}{8}$

③ $\dfrac{7}{9}$　　　　　　　　　　　　④ $\dfrac{13}{15}$

⑤ $\dfrac{15}{17}$

**20** K회사에서는 신입사원 2명을 채용하기 위하여 서류와 필기 전형을 통과한 갑 ~ 정 네 명의 최종 면접을 실시하려고 한다. 다음 표와 같이 네 개 부서의 팀장이 각각 네 명을 모두 면접하여 채용 우선순위를 결정하였다. 면접 결과에 대한 〈보기〉의 설명으로 옳은 것을 모두 고르면?

〈면접 결과〉

| 순위 ＼ 면접관 | 인사팀장 | 경영관리팀장 | 영업팀장 | 회계팀장 |
|---|---|---|---|---|
| 1순위 | 을 | 갑 | 을 | 병 |
| 2순위 | 정 | 을 | 병 | 정 |
| 3순위 | 갑 | 정 | 정 | 갑 |
| 4순위 | 병 | 병 | 갑 | 을 |

※ 우선순위가 높은 사람순으로 2명을 채용한다.
※ 동점자는 인사, 경영관리, 영업, 회계팀장 순서로 부여한 고순위자로 결정한다.
※ 각 팀장이 매긴 순위에 대한 가중치는 모두 동일하다.

**보기**

㉠ '을' 또는 '정' 중 한 명이 입사를 포기하면 '갑'이 채용된다.
㉡ 인사팀장이 '을'과 '정'의 순위를 바꿨다면 '갑'이 채용된다.
㉢ 경영관리팀장이 '갑'과 '병'의 순위를 바꿨다면 '정'은 채용되지 못한다.

① ㉠　　　　　　　　　　　　② ㉠, ㉡

③ ㉠, ㉢　　　　　　　　　　　④ ㉡, ㉢

⑤ ㉠, ㉡, ㉢

**21** 다음 〈보기〉 중 비영리조직으로 적절한 것을 모두 고르면?

**보기**

ㄱ 사기업　　　　　　　　ㄴ 정부조직
ㄷ 병원　　　　　　　　　ㄹ 대학
ㅁ 시민단체

① ㄱ, ㄷ　　　　　　　　② ㄱ, ㄷ, ㄹ

③ ㄴ, ㅁ　　　　　　　　④ ㄴ, ㄹ, ㅁ

⑤ ㄴ, ㄷ, ㄹ, ㅁ

오토바이용 헬멧 제조업체인 K사는 국내 시장의 한계를 느끼고 미국 시장에 진출해 안전과 가격, 디자인 면에서 호평을 받으며 시장의 최강자가 되었다. 외환위기와 키코사태*로 위기 상황에 놓인 적도 있었지만 비상장 및 내실 있는 경영으로 은행에 출자 전환하도록 설득하여 오히려 기사회생하였다.

미국시장 진출 시 OEM 방식을 활용할 수 있었지만 자기 브랜드를 고집한 대표이사의 선택으로 해외에서 개별 도매상들을 상대로 직접 물건을 판매했다. 또한 평판이 좋은 중소규모 도매상을 선정해 유대관계를 강화했다. 한번 계약을 맺은 도매상과는 의리를 지켰고 그 결과 단단한 유통망을 갖출 수 있었다.

유럽 진출 시에는 미국과는 다른 소비자의 특성에 맞춰 고급스런 디자인의 고가 제품을 포지셔닝하여 모토 그랑프리를 후원하고 우승자와 광고 전속 계약을 맺었다. 여기에 신제품인 스피드와 레저를 동시에 즐길 수 있는 실용적인 변신 헬멧으로 유럽 소비자들을 공략해 시장 점유율을 높였다.

*키코사태(KIKO; Knock In Knock Out) : 환율 변동으로 인한 위험을 줄이기 위해 만들어진 파생상품에 가입한 수출 중소기업들이 2008년 미국발 글로벌 금융위기 여파로 환율이 급등하자 막대한 손실을 보게 된 사건이다.

**22** 다음 중 K사가 미국시장에 성공적으로 진출할 수 있었던 요인으로 적절하지 않은 것은?

① OEM 방식을 효율적으로 활용했다.
② 자사 브랜드를 알리는데 주력했다.
③ 평판이 좋은 유통망을 찾아 계약을 맺었다.
④ 안전과 가격, 디자인 모두에 심혈을 기울였다.
⑤ 한번 계약을 맺은 도매상과는 의리를 지켰다.

**23** 다음 중 K사가 유럽시장 진출에서 성공을 거둔 요인으로 적절하지 않은 것은?

① 소비자 특성에 맞춘 고가 제품 포지셔닝
② 모토그랑프리 후원 등 전략적 마케팅 실행
③ 중소규모 도매상과 유대관계 강화
④ 하이브리드가 가능한 실용적 제품 개발
⑤ 고급스런 디자인 제품으로 소비자들을 공략

**24** 다음 〈보기〉 중 K사가 해외 진출 시 분석을 위해 활용한 요소들을 모두 고르면?

보기

ㄱ 현지 시장의 경쟁상황　　　　　　ㄴ 경쟁업체
ㄷ 시장점유율　　　　　　　　　　　ㄹ 제품 가격 및 품질
ㅁ 공급 능력

① ㄱ, ㄴ, ㄷ　　　　　　　　　　　② ㄴ, ㄷ, ㄹ
③ ㄷ, ㄹ, ㅁ　　　　　　　　　　　④ ㄱ, ㄴ, ㄷ, ㄹ
⑤ ㄱ, ㄴ, ㄷ, ㄹ, ㅁ

**25** 다음 〈보기〉 중 경영의 4요소로 적절한 것을 모두 고르면?

보기

ㄱ. 조직의 목적을 달성하기 위해 경영자가 수립하는 것으로, 더욱 구체적인 방법과 과정이 담겨 있다.
ㄴ. 조직에서 일하는 구성원으로, 경영은 이들의 직무수행에 기초하여 이루어지기 때문에 이것의 배치 및 활용이 중요하다.
ㄷ. 생산자가 상품 또는 서비스를 소비자에게 유통하는 데 관련된 모든 체계적 경영 활동이다.
ㄹ. 특정의 경제적 실체에 관하여 이해관계를 이루는 사람들에게 합리적인 경제적 의사결정을 하는 데 유용한 재무적 정보를 제공하기 위한 일련의 과정 또는 체계이다.
ㅁ. 경영하는 데 사용할 수 있는 돈으로, 이것이 충분히 확보되는 정도에 따라 경영의 방향과 범위가 정해지게 된다.
ㅂ. 조직이 변화하는 환경에 적응하기 위하여 경영활동을 체계화하는 것으로, 목표달성을 위한 수단이다.

① ㄱ, ㄴ, ㄷ, ㄹ　　　　　　　　　② ㄱ, ㄴ, ㄷ, ㅁ
③ ㄱ, ㄴ, ㅁ, ㅂ　　　　　　　　　④ ㄷ, ㄹ, ㅁ, ㅂ
⑤ ㄴ, ㄷ, ㅁ, ㅂ

**26** 김부장과 박대리는 K공단의 고객지원실에서 근무하고 있다. 다음 상황에서 김부장이 박대리에게 지시할 사항으로 가장 적절한 것은?

> • 부서별 업무분장
> - 인사혁신실 : 신규 채용, 부서 / 직무별 교육계획 수립 / 시행, 인사고과 등
> - 기획조정실 : 조직문화 개선, 예산사용계획 수립 / 시행, 대외협력, 법률지원 등
> - 총무지원실 : 사무실, 사무기기, 차량 등 업무지원 등
>
> 〈상황〉
>
> 박대리 : 고객지원실에서 사용하는 A4 용지와 볼펜이 부족해서 비품을 신청해야 할 것 같습니다. 그리고 지난번에 말씀하셨던 고객 상담 관련 사내 교육 일정이 이번에 확정되었다고 합니다. 고객지원실 직원들에게 관련 사항을 전달하려면 교육 일정 확인이 필요할 것 같습니다.

① 박대리, 인사혁신실에 전화해서 비품 신청하고, 전화한 김에 교육 일정도 확인해서 나한테 알려 줘요.
② 박대리, 총무지원실에 가서 교육 일정 확인하고, 간 김에 비품 신청도 하고 오세요.
③ 박대리, 기획조정실에 가서 교육 일정 확인하고, 인사혁신실에 가서 비품 신청하고 오도록 해요.
④ 박대리, 총무지원실에 전화해서 비품 신청하고, 기획조정실에 가서 교육 일정 확인하고 나한테 알려줘요.
⑤ 박대리, 총무지원실에 전화해서 비품 신청하고, 인사혁신실에 가서 교육 일정 확인하고 나한테 알려줘요.

**27** 다음 지시사항에 대한 설명으로 적절하지 않은 것은?

> 은경씨, 금요일 오후 2시부터 인 · 적성검사 합격자 10명의 1차 면접이 진행될 예정입니다. 5층 회의실 사용 예약을 지금 미팅이 끝난 직후 해 주시고, 2명씩 다섯 조로 구성하여 10분씩 면접을 진행하니 지금 드리는 지원 서류를 참고하여 수요일 오전까지 다섯 조를 구성한 보고서를 저에게 주십시오. 그리고 2명의 면접위원님께 목요일 오전에 면접진행에 대해 말씀드려 미리 일정 조정을 완료해 주시기 바랍니다.

① 면접은 10분씩 진행된다.
② 은경씨는 수요일 오전까지 보고서를 제출해야 한다.
③ 면접은 금요일 오후에 10명을 대상으로 실시된다.
④ 인 · 적성검사 합격자는 본인이 몇 조인지 알 수 있다.
⑤ 은경씨는 면접위원님께 면접진행에 대해 말씀드려야 한다.

**28**  K기업의 상황을 고려할 때, 다음 중 경영활동과 활동의 사례로 적절하지 않은 것은?

---

- K기업은 국내 자동차 제조업체이다.
- K기업은 최근 인도네시아의 자동차 판매업체와 계약을 하여, 내년부터 인도네시아로 차량을 수출할 계획이다.
- K기업은 중국의 자동차 부품 제조업체와 협력하고 있는데, 최근 중국 내 전염병 확산으로 현지 업체들의 가동률이 급락하였다.
- K기업은 최근 내부 설문조사를 실시한 결과, 사내 유연근무제 도입을 희망하는 직원의 비율은 72%, 희망하지 않는 직원의 비율이 20%, 무응답이 8%였다.
- K기업의 1분기 생산라인 피드백 결과, 엔진 조립 공정에서 진행속도를 20% 개선할 경우 생산성이 12% 증가하는 것으로 나타났다.

---

|   | 경영활동 | 사례 |
|---|---------|------|
| ① | 외부경영활동 | 인도네시아 시장의 자동차 구매성향 파악 |
| ② | 내부경영활동 | 국내 자동차 부품 제조업체와의 협력안 검토 |
| ③ | 내부경영활동 | 인도네시아 현지 자동차 법규 및 제도 조사 |
| ④ | 내부경영활동 | 엔진 조립 공정 개선을 위한 공정 기술 연구개발 |
| ⑤ | 내부경영활동 | 생산라인에 부분적 탄력근무제 도입 |

※ 다음은 K회사의 회의록이다. 이를 참고하여 이어지는 질문에 답하시오. [29~30]

<table>
<tr><td colspan="7" align="center">〈회의록〉</td></tr>
<tr><td>회의일시</td><td>2024년 3월 12일</td><td>부서</td><td>생산팀, 연구팀, 마케팅팀</td><td>작성자</td><td>이○○</td></tr>
<tr><td>참석자</td><td colspan="5">생산팀 팀장·차장, 연구팀 팀장·차장, 마케팅팀 팀장·차장</td></tr>
<tr><td>회의안건</td><td colspan="5">제품에서 악취가 난다는 고객 불만에 따른 원인 조사 및 대책방안</td></tr>
<tr><td>회의내용</td><td colspan="5">주문폭주로 인한 물량증가로 잉크가 덜 마른 포장상자를 사용해 냄새가 제품에 스며든 것으로 추측</td></tr>
<tr><td>결정사항</td><td colspan="5">[생산팀]<br>내부 비닐 포장, 외부 종이상자 포장이었던 기존방식에서 내부 2중 비닐 포장, 외부 종이상자 포장으로 교체<br>[마케팅팀]<br>1. 주문량이 급격히 증가했던 일주일 동안 생산된 제품 전격 회수<br>2. 제품을 공급한 매장에 사과문 발송 및 100% 환불·보상 공지<br>[연구팀]<br>포장 재질 및 인쇄된 잉크의 유해성분 조사</td></tr>
</table>

PART 2

**29** 다음 중 회의록을 통해 알 수 있는 내용으로 가장 적절한 것은?

① 이 조직은 6명으로 이루어져 있다.

② 회의 참석자는 총 3명이다.

③ 연구팀에서 제품을 전격 회수해 포장 재질 및 인쇄된 잉크의 유해성분을 조사하기로 했다.

④ 주문량이 많아 잉크가 덜 마른 포장상자를 사용한 것이 문제 발생의 원인으로 추측된다.

⑤ 포장 재질 및 인쇄된 잉크 유해성분을 조사한 결과 인체에는 무해한 것으로 밝혀졌다.

**30** 회의록을 참고할 때, 회의 후 가장 먼저 해야 할 일로 가장 적절한 것은?

① 해당 브랜드의 전 제품 회수

② 포장 재질 및 인쇄된 잉크 유해성분 조사

③ 새로 도입하는 포장방식 홍보

④ 주문량이 급격히 증가한 일주일 동안 생산된 제품 파악

⑤ 제품을 공급한 매장에 사과문 발송

**31** 다음 중 승진을 하면 할수록 무능력하게 되는 현상으로 가장 적절한 것은?

① 피터의 법칙
② 샐리의 법칙
③ 무어의 법칙
④ 머피의 법칙
⑤ 파킨스의 법칙

**32** 다음 사례의 쟁점과 협상전략을 순서대로 바르게 나열한 것은?

> 대기업 영업부장인 김봉구씨는 기존 재고를 처리할 목적으로 업체 G사와 협상 중이다. 그러나 G사는 자금 부족을 이유로 이를 거절하고 있다. 하지만 김봉구씨는 자신의 회사에서 물품을 제공하지 않으면 G사가 매우 곤란한 지경에 빠진다는 사실을 알고 있다. 그래서 김봉구씨는 앞으로 G사와 거래하지 않을 것이라는 엄포를 놓았다.

① 자금 부족 – 협력전략
② 재고 처리 – 갈등전략
③ 재고 처리 – 경쟁전략(강압전략)
④ 정보 부족 – 양보전략(유화전략)
⑤ 정보 부족 – 경쟁전략(강압전략)

**33** 다음 〈보기〉 중 전통적 리더십과 비교한 서번트 리더십(Servant Leadership)에 대한 설명으로 옳은 것을 모두 고르면?

> **보기**
> ㄱ. 서번트 리더십은 일 추진 시 필요한 지원과 코칭을 하며, 노력에 대한 평가를 한다.
> ㄴ. 서번트 리더십은 내부경쟁이 치열하고, 리더를 중심으로 일을 수행한다.
> ㄷ. 서번트 리더십은 개방적인 가치관과 긍정적 마인드를 가지고 있다.
> ㄹ. 서번트 리더십은 생산에서 양적인 척도를 가지고 결과 중심의 사고를 한다.

① ㄱ, ㄴ
② ㄴ, ㄷ
③ ㄷ, ㄹ
④ ㄱ, ㄷ
⑤ ㄴ, ㄹ

**34** 다음 경제 상식에 대한 대화 내용 중 적절하지 않은 말을 한 사람은?

> A사원 : 주식을 볼 때 미국은 나스닥, 일본은 자스닥, 한국은 코스닥을 운영하고 있던가?
> B사원 : 응, 국가마다 기준이 다른데 MSCI 지수를 통해 상호 비교할 수 있어.
> C사원 : 그렇지. 그리고 요즘 기축통화에 대해 들었어? 한국의 결제나 금융거래에서 기본이 되는 화폐인데 이제 그 가치가 더 상승한대.
> D사원 : 그래? 고도의 경제성장률을 보이는 이머징마켓에 속한 국가들 때문에 그런가?

① A사원            ② B사원
③ C사원            ④ D사원
⑤ 모두 옳다.

PART 2

**35** G씨는 업무상 만난 외국인 파트너와 식사를 하였다. G씨가 한 다음 행동 중 예절에 어긋나는 것은?

① 포크와 나이프를 바깥쪽에 있는 것부터 사용했다.
② 빵을 손으로 뜯어 먹었다.
③ 커피를 마실 때 손가락을 커피잔 고리에 끼지 않았다.
④ 수프를 숟가락으로 저으면 소리가 날까봐 입김을 불어 식혔다.
⑤ 스테이크를 잘라 가면서 먹었다.

**36** K공사 해외사업팀의 조대리는 신규 해외사업을 발굴하는 업무를 담당하고 있다. 조대리는 이러한 업무와 관련하여 국제적인 감각을 키우기 위해 매일 아침 국제동향을 파악한다. 다음 중 국제동향을 파악하기 위한 행동으로 적절하지 않은 것은?

① 해외 사이트를 방문하여 최신 이슈를 확인한다.
② 매일 아침 신문의 국제면을 읽는다.
③ 업무와 관련된 분야의 국제잡지를 정기 구독한다.
④ 업무와 관련된 국내의 법률, 법규 등을 공부한다.
⑤ 업무와 관련된 주요 용어의 외국어를 공부한다.

**37** 다음 글을 읽고 G사원이 해야 할 업무를 〈보기〉에서 순서대로 바르게 나열한 것은?

> 상사 : 벌써 2시 50분이네. 3시에 팀장회의가 있어서 지금 업무지시를 할게요. 업무보고는 내일 9시 30분에 받을게요. 업무보고 전 아침에 회의실과 마이크 체크를 한 내용을 업무보고에 반영해 주세요. 내일 있을 3시 팀장회의도 차질 없이 준비해야 합니다. 아, 그리고 오늘 P사원이 아파서 조퇴했으니 P사원 업무도 부탁할게요. 간단한 겁니다. 사업 브로슈어에 사장님의 개회사를 추가하는 건데, 브로슈어 인쇄는 2시간밖에 걸리지 않지만 인쇄소가 오전 10시부터 6시까지 하니 비서실에 방문해 파일을 미리 받아 늦지 않게 인쇄소에 넘겨 주세요. 비서실은 본관 15층에 있으니 가는 데 15분 정도 걸릴 거예요. 브로슈어는 다음날 오전 10시까지 준비되어야 하는 거 알죠? 팀장회의에 사용할 케이터링 서비스는 매번 시키는 D업체로 예약해 주세요. 24시간 전에는 예약해야 하니 서둘러 주세요.

**보기**

(A) 비서실 방문                     (B) 회의실, 마이크 체크

(C) 케이터링 서비스 예약          (D) 인쇄소 방문

(E) 업무보고

① (A) – (C) – (D) – (B) – (E)

② (B) – (A) – (D) – (E) – (C)

③ (C) – (A) – (D) – (B) – (E)

④ (C) – (B) – (A) – (D) – (E)

⑤ (C) – (B) – (D) – (A) – (E)

**38** 인사팀 팀장인 귀하는 신입사원 채용 면접관으로 참가하게 되었다. 귀하의 회사는 조직 내 팀워크를 가장 중요하게 생각하고 있다. 다음 지원자 중 귀하의 회사에 채용되기에 적절하지 않은 사람은?

① A지원자 : 최선보다는 최고! 무조건 뛰어난 사원이 되도록 하겠습니다.

② B지원자 : 조직 내에서 반드시 필요한 일원이 되겠습니다.

③ C지원자 : 동료와 함께 부족한 부분을 채워 나간다는 생각으로 일하겠습니다.

④ D지원자 : 회사의 목표가 곧 제 목표라는 생각으로 모든 업무에 참여하겠습니다.

⑤ E지원자 : 모든 업무에 능동적으로 참여하는 적극적인 사원이 되겠습니다.

**39** 다음 조직도를 바르게 이해한 사람을 〈보기〉에서 모두 고르면?

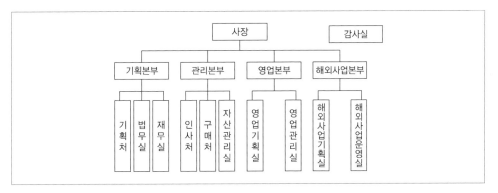

PART 2

보기

A : 조직도를 보면 4개 본부, 3개의 처, 8개의 실로 구성돼 있어.
B : 사장 직속으로 4개의 본부가 있고, 그중 한 본부에서는 인사를 전담하고 있네.
C : 감사실은 사장 직속이지만 별도로 분리되어 있구나.
D : 해외사업기획실과 해외사업운영실은 둘 다 해외사업과 관련이 있으니까 해외사업본부에 소속
　　되어 있는 것이 맞아.

① A, B
② A, C
③ A, D
④ B, C
⑤ B, D

**40** 인사팀 채부장은 신입사원들을 대상으로 '조직'의 의미를 다음과 같이 설명하였다. 채부장의 설명
에 근거할 때, '조직'으로 적절하지 않은 것은?

채부장 : 조직은 특정한 목적을 추구하기 위하여 의도적으로 구성된 사람들의 집합체로서 외부 환
　　　　경과 여러 가지 상호 작용을 하는 사회적 단위라고 말할 수 있지. 한데, 이러한 상호 작용
　　　　이 유기적인 협력 체제하에서 행해지면서 조직이 추구하는 목적을 달성하기 위해서는 내
　　　　부적인 구조가 있어야만 해. 업무와 기능의 분배, 권한과 위임을 통하여 어떤 특정한 조직
　　　　구성원들의 공통된 목표를 달성하기 위하여 여러 사람의 활동을 합리적으로 조정한 것이
　　　　야말로 조직의 정의를 가장 잘 나타내 주는 말이라고 할 수 있다네.

① 영화 촬영을 위해 모인 스태프와 배우들
② 주말을 이용해 춘천까지 다녀오기 위해 모인 자전거 동호회원들
③ 열띤 응원을 펼치고 있는 야구장의 관중들
④ 야간자율학습을 하고 있는 G고등학교 3학년 2반 학생들
⑤ 미국까지 가는 비행기 안에 탑승한 기장과 승무원들

**41** 다음에서 설명하는 문제 유형은 무엇인가?

> 지금까지 해 오던 것과 전혀 관계없이 새로운 과제 또는 목표를 설정함에 따라 발생하는 문제로, 문제 해결에 많은 창조적인 노력이 요구된다.

① 발생형 문제                 ② 설정형 문제

③ 잠재형 문제                 ④ 탐색형 문제

⑤ 원상회복형 문제

**42** 문제 해결을 위해 개인에게 요구되는 기본 요소를 다섯 가지로 나누어 볼 때, 다음 사례에서 문제 해결에 어려움을 겪고 있는 G씨에게 부족한 기본 요소는 무엇인가?

> 스마트폰 앱을 개발하는 G씨는 관련 지식을 바탕으로 다양한 앱을 개발하기 위해 노력하고 있지만, 큰 성공을 거두지는 못하고 있다. G씨는 처음에 사용자 맞춤형 정보를 제공하는 앱을 개발하여 사용자들의 관심을 끌었으나, 사람들의 관심은 오래가지 못했다. 결국 G씨가 개발한 앱은 광고성 정보만 제공하는 플랫폼으로 전락하고 말았다. 광고비로 많은 수익을 얻은 경쟁사의 앱을 따라잡기 위해 처음 개발할 때의 목적과 비전을 쉽게 포기해 버렸기 때문이다. G씨가 최초의 비전을 끝까지 추구하지 못하고 중간에 경로를 변경해 실패한 경험은 이 외에도 많았다. G씨는 자신이 유연하고 변화에 개방된 자세를 견지하고 있다고 생각했지만, 사실은 자신의 아이디어에 대한 확신과 자신의 아이디어를 계속해서 추진할 수 있는 자세가 부족한 것이었다.

① 체계적인 교육훈련           ② 문제 해결 방법에 대한 지식

③ 문제 관련 지식에 대한 가용성     ④ 문제 해결자의 도전 의식과 끈기

⑤ 문제에 대한 체계적인 접근

**43** 기획부 부서회의에 최부장, 김과장, 이대리, 조대리, 한사원, 박사원 중 일부만 회의에 참석할 예정이다. 다음 〈조건〉을 바탕으로 최부장이 회의에 참석했을 때, 회의에 반드시 참석하는 직원의 수는?

> **조건**
> • 한사원이 회의에 참석하지 않으면 박사원도 참석하지 않는다.
> • 조대리가 회의에 참석하면 이대리는 참석하지 않는다.
> • 최부장이 회의에 참석하면 이대리도 참석한다.
> • 박사원이 회의에 참석하지 않으면 최부장도 참석하지 않는다.

① 1명            ② 2명
③ 3명            ④ 4명
⑤ 5명

**44** 마케팅팀 대리인 G씨는 신제품 개발을 위한 시장환경분석과 관련된 업무를 담당하게 되었다. 환경분석 주요 기법 중 사업환경을 구성하고 있는 자사, 경쟁사, 고객에 대한 체계적인 분석은 무엇인가?

① SWOT 분석            ② 3C 분석
③ MECE 사고            ④ SMART 기법
⑤ 브레인스토밍

**45** 제시된 자료와 〈조건〉을 바탕으로 철수, 영희, 민수, 철호가 상품을 구입한 쇼핑몰을 순서대로 바르게 나열한 것은?

**〈이용약관의 주요 내용〉**

| 쇼핑몰 | 주문 취소 | 환불 | 배송비 | 포인트 적립 |
|---|---|---|---|---|
| A | 주문 후 7일 이내<br>취소 가능 | 10% 환불수수료, 송금수수료 차감 | 무료 | 구입 금액의 3% |
| B | 주문 후 10일 이내<br>취소 가능 | 환불수수료, 송금수수료 차감 | 20만 원 이상<br>무료 | 구입 금액의 5% |
| C | 주문 후 7일 이내<br>취소 가능 | 환불수수료, 송금수수료 차감 | 1회 이용 시<br>1만 원 | 없음 |
| D | 주문 후 당일에만<br>취소 가능 | 환불수수료, 송금수수료 차감 | 5만 원 이상 무료 | 없음 |
| E | 취소 불가능 | 고객 귀책 사유에 의한 환불 시에만<br>10% 환불수수료 | 1만 원 이상 무료 | 구입 금액의 10% |
| F | 취소 불가능 | 원칙적으로 환불 불가능<br>(사업자 귀책 사유일 때만 환불 가능) | 100g당 2,500원 | 없음 |

**조건**

- 철수는 부모님의 선물로 등산 용품을 구입하였는데, 판매자의 업무 착오로 배송이 지연되어 판매자에게 전화로 환불을 요구하였다. 판매자는 판매금액 그대로를 통장에 입금해 주었고 구입 시 발생한 포인트도 유지하여 주었다.
- 영희는 옷을 구매할 때 배송료를 고려하여 한 가지씩 여러 번에 나누어 구매하기보다는 가능한 한 한꺼번에 주문하곤 하였다.
- 인터넷 사이트에서 영화티켓을 20,000원에 주문한 민수는 다음날 같은 티켓을 18,000원에 파는 가게를 발견하고 전날 주문한 물건을 취소하려 했지만 취소가 되지 않아 곤란을 겪은 적이 있다.
- 가방을 10만 원에 구매한 철호는 도착한 물건의 디자인이 마음에 들지 않아 환불 및 송금수수료와 배송료를 감수하는 손해를 보면서도 환불할 수밖에 없었다.

| | 철수 | 영희 | 민수 | 철호 |
|---|---|---|---|---|
| ① | E | B | C | D |
| ② | F | E | D | B |
| ③ | E | D | F | C |
| ④ | F | C | E | B |
| ⑤ | E | C | B | D |

**46** 올해 리모델링하는 K호텔에서 근무하는 귀하는 호텔 비품 구매를 담당하게 되었다. 제조사별 소파 특징을 알아본 귀하는 이탈리아제의 천, 쿠션재에 패더를 사용한 소파를 구매하기로 하였다. 쿠션재는 패더와 우레탄뿐이며 이 소파는 침대 겸용은 아니지만 리클라이닝이 가능하고 '조립'이라고 표시되어 있었으며, 커버는 교환할 수 없다. 다음 중 귀하가 구매하려는 소파의 제조사는?

〈제조사별 소파 특징〉

| 제조사 | 특징 |
|---|---|
| A사 | • 쿠션재에 스프링을 사용하지 않는 경우에는 이탈리아제의 천을 사용하지 않는다.<br>• 국내산 천을 사용하는 경우에는 커버를 교환 가능하게 하지 않는다. |
| B사 | • 쿠션재에 우레탄을 사용하는 경우에는 국내산 천을 사용한다.<br>• 리클라이닝이 가능하지 않으면 이탈리아제 천을 사용하지 않는다. |
| C사 | • 쿠션재에 패더를 사용하지 않는 경우에는 국내산 천을 사용한다.<br>• 침대 겸용 소파의 경우에는 쿠션재에 패더를 사용하지 않는다. |
| D사 | • 쿠션재에 패더를 사용하는 경우에는 이탈리아제의 천을 사용한다.<br>• 조립이라고 표시된 소파의 경우에는 쿠션재에 우레탄을 사용한다. |

① A사 또는 B사  
② A사 또는 C사  
③ B사 또는 C사  
④ B사 또는 D사  
⑤ C사 또는 D사  

**47** K공사의 P지부는 공휴일 세미나 진행을 위해 인근의 가게 A ~ F에서 필요한 물품을 구매하고자 한다. 세미나 장소 인근의 가게들에 대한 정보가 다음과 같을 때, 〈조건〉을 토대로 공휴일에 영업하는 가게의 수는?

> **조건**
> • C는 공휴일에 영업하지 않는다.
> • B가 공휴일에 영업하지 않으면, C와 E는 공휴일에 영업한다.
> • E 또는 F가 영업하지 않는 날이면 D는 영업한다.
> • B가 공휴일에 영업하면, A와 E는 공휴일에 영업하지 않는다.
> • B와 F 중 한 곳만 공휴일에 영업한다.

① 2개  
② 3개  
③ 4개  
④ 5개  
⑤ 6개

**48** A ~ E 다섯 약국은 공휴일마다 2곳씩만 영업을 한다. 다음 〈조건〉을 참고할 때, 반드시 참인 것은?(단, 한 달간 각 약국의 공휴일 영업일수는 같다)

> **조건**
> • 이번 달 공휴일은 총 5일이다.
> • 오늘은 세 번째 공휴일이며 A약국, C약국이 영업을 한다.
> • D약국은 오늘을 포함하여 이번 달에는 더 이상 공휴일에 영업을 하지 않는다.
> • E약국은 마지막 공휴일에 영업을 한다.
> • A약국과 E약국은 이번 달에 한 번씩 D약국과 영업을 했다.

① A약국은 이번 달에 두 번의 공휴일을 연달아 영업한다.

② 이번 달에 B약국, E약국이 함께 영업하는 공휴일은 없다.

③ B약국은 두 번째, 네 번째 공휴일에 영업을 한다.

④ 네 번째 공휴일에 영업하는 약국은 B와 C이다.

⑤ E약국은 첫 번째, 다섯 번째 공휴일에 영업을 한다.

**49** 농업인 A ~ E 다섯 명은 감자, 고구마, 오이, 토마토, 고추 순으로 한 명씩 돌아가며 밭을 가꾸기로 하였다. 다음 〈조건〉을 바탕으로 농업인 D가 가꾸는 것을 고르면?

> **조건**
> • A는 토마토와 고추만 가꿀 줄 안다.
> • D는 오이를 가꿀 줄 모른다.
> • E는 고추만 가꿀 줄 안다.
> • C는 감자와 토마토만 가꿀 줄 안다.

① 감자      ② 고구마

③ 오이      ④ 토마토

⑤ 고추

**50** 부산에 사는 어느 고객이 버스터미널에서 근무하는 G씨에게 버스 정보에 대해 문의를 해왔다. 〈보기〉의 대화에서 G씨가 고객에게 바르게 안내한 것을 모두 고르면?

### 〈부산 터미널〉

| 도착지 | 서울 종합 버스터미널 |
|---|---|
| 출발 시간 | 매일 15분 간격(06:00 ~ 23:00) |
| 소요 시간 | 4시간 30분 소요 |
| 운행 요금 | 우등 29,000원 / 일반 18,000원 |

### 〈부산 동부 터미널〉

| 도착지 | 서울 종합 버스터미널 |
|---|---|
| 출발 시간 | 06:30, 08:15, 13:30, 17:15, 19:30 |
| 소요 시간 | 4시간 30분 소요 |
| 운행 요금 | 우등 30,000원 / 일반 18,000원 |

※ 도로 교통 상황에 따라 소요 시간에 차이가 있을 수 있습니다.

보기

고객 : 안녕하세요. 제가 서울에 볼일이 있어 버스를 타고 가려고 하는데요. 어떻게 하면 되나요?

(가) : 네, 고객님. 부산에서 서울로 출발하는 버스 터미널은 부산 터미널과 부산 동부 터미널이 있는데요, 고객님 댁이랑 어느 터미널이 더 가깝나요?

고객 : 부산 동부 터미널이 더 가까운 것 같아요.

(나) : 부산 동부보다 부산 터미널에 더 많은 버스들이 배차되고 있거든요. 새벽 6시부터 밤 11시까지 15분 간격으로 운행되고 있으니 부산 터미널을 이용하시는 것이 좋을 것 같습니다.

고객 : 그럼 서울에 1시까지는 도착해야 하는데 몇 시 버스를 이용하는 것이 좋을까요?

(다) : 부산에서 서울까지 4시간 30분 정도 소요되므로 1시 이전에 여유 있게 도착하려면 오전 8시 또는 8시 15분 출발 버스를 이용하시면 될 것 같습니다.

고객 : 4시간 30분보다 더 소요되는 경우도 있나요?

(라) : 네, 도로 교통 상황에 따라 소요 시간에 차이가 있을 수 있습니다.

고객 : 그럼 운행 요금은 어떻게 되나요?

(마) : 부산 터미널 출발 서울 종합 버스터미널 도착 운행 요금은 29,000원입니다.

① (가), (나)
② (가), (다)
③ (가), (다), (라)
④ (다), (라), (마)
⑤ (나), (다), (라), (마)

**51** K사의 기획팀에 근무 중인 A사원은 자사에 대한 마케팅 전략 보고서를 작성하려고 한다. A사원이 SWOT 분석을 한 결과가 다음과 같을 때, 분석 결과에 대응하는 전략과 그 내용의 연결이 옳지 않은 것은?

〈A사원의 SWOT 분석 결과〉

| 강점(Strength) | 약점(Weakness) |
|---|---|
| • 세계 판매량 1위의 높은 시장 점유율<br>• 제품의 뛰어난 내구성<br>• 다수의 특허 확보 | • 보수적 기업 이미지<br>• 타사 제품에 비해 높은 가격<br>• 경쟁업체 제품과의 차별성 약화 |
| 기회(Opportunity) | 위협(Threat) |
| • 경쟁업체 제품의 결함 발생<br>• 해외 신규시장의 등장<br>• 인공지능, 사물인터넷 등 새로운 기술 등장 | • 중국 업체의 성장으로 가격 경쟁 심화<br>• 미·중 무역전쟁 등 시장의 불확실성 증가에 따른 소비 위축 |

① SO전략 – 뛰어난 내구성을 강조한 마케팅 전략 수립
② SO전략 – 확보한 특허 기술을 바탕으로 사물인터넷 기반의 신사업 추진
③ WO전략 – 안정적 기업 이미지를 활용한 홍보 전략으로 해외 신규시장 진출
④ ST전략 – 해외 공장 설립으로 원가 절감을 통한 가격 경쟁력 확보
⑤ WT전략 – 경쟁업체와 차별화된 브랜드 고급화 전략 수립

**52** 오늘 한국씨는 종합병원에 방문하여 A ~ C과 진료를 모두 받아야 한다. 〈조건〉이 다음과 같을 때, 가장 빠르게 진료를 받을 수 있는 경로는?(단, 주어진 조건 외에는 고려하지 않는다)

> **조건**
> • 모든 과의 진료와 예약은 오전 9시 시작이다.
> • 모든 과의 점심시간은 오후 12시 30분부터 1시 30분이다.
> • A과와 C과는 본관에 있고 B과는 별관동에 있다. 본관과 별관동 이동에는 셔틀로 약 30분이 소요되며, 점심시간에는 셔틀이 운행하지 않는다.
> • A과는 오전 10시부터 오후 3시까지만 진료를 한다.
> • B과는 점심시간 후에 사람이 몰려 약 1시간의 대기시간이 필요하다.
> • A과 진료는 단순 진료로 30분 정도 소요될 예정이다.
> • B과 진료는 치료가 필요하여 1시간 정도 소요될 예정이다.
> • C과 진료는 정밀 검사가 필요하여 2시간 정도 소요될 예정이다.

① A – B – C
② A – C – B
③ B – C – A
④ C – B – A
⑤ C – A – B

**53** 경찰관 또는 소방관이 직업인 네 사람 A ~ D에 대하여 〈조건〉의 내용이 모두 참일 때, 다음 중 반드시 참인 것은?

> **조건**
>
> (가) A, B, C, D 중에 직장 동료가 있다.
> (나) A가 소방관이면 B가 소방관이거나 C가 경찰관이다.
> (다) C가 경찰관이면 D는 소방관이다.
> (라) D는 A의 상관이다.

① A, B의 직업은 다르다.
② A, C의 직업은 다르다.
③ B, C의 직업은 같다.
④ C, D의 직업은 같다.
⑤ B, D의 직업은 다르다.

**54** 자선 축구대회에 한국, 일본, 중국, 미국 대표팀이 초청되었다. 각 팀은 〈조건〉에 따라 월요일부터 금요일까지 서울, 수원, 인천, 대전 경기장을 돌아가며 사용한다고 할 때, 다음 중 옳지 않은 것은?

> **조건**
>
> • 각 경기장에는 한 팀씩 연습하며 연습을 쉬는 팀은 없다.
> • 모든 팀은 모든 경기장에서 적어도 한 번 이상 연습을 해야 한다.
> • 외국에서 온 팀의 첫 훈련은 공항에서 가까운 수도권 지역에 배정한다.
> • 이동거리 최소화를 위해 각 팀은 한 번씩 경기장 한 곳을 이틀 연속해서 사용해야 한다.
> • 미국은 월요일, 화요일에 수원에서 연습을 한다.
> • 목요일에 인천에서는 아시아 팀이 연습을 할 수 없다.
> • 금요일에 중국은 서울에서, 미국은 대전에서 연습을 한다.
> • 한국은 인천에서 연속으로 연습을 한다.

① 목요일, 금요일에 연속으로 같은 지역에서 연습하는 팀은 없다.
② 수요일에 대전에서는 일본이 연습을 한다.
③ 대전에서는 한국, 중국, 일본, 미국의 순서로 연습을 한다.
④ 한국은 화요일, 수요일에 같은 지역에서 연습을 한다.
⑤ 미국과 일본은 한 곳을 연속해서 사용하는 날이 같다.

※ 다음은 K공사의 직원명단과 직원코드 생성방법에 대한 자료이다. 이어지는 질문에 답하시오. [55~56]

<직원명단>

- 1965년 8월 2일생 최지율 : 1988년도 공채 입사 2016년도 퇴사
- 1972년 2월 1일생 강이나라 : 2001년도 공채 입사 현재 재직 중
- 1958년 1월 19일생 김자영 : 1988년도 특채 입사 1999년도 퇴사
- 1993년 6월 5일생 이아름 : 2015년도 공채 입사 현재 재직 중
- 1998년 12월 20일생 유소정 : 2020년도 특채 입사 현재 재직 중

<직원코드 생성방법>

| 입사 연도 | 퇴사 연도 | 재직기간 | 채용전형 | 생년월일 · 성명 |
|---|---|---|---|---|
| • 1960년대 : A6<br>• 1970년대 : A7<br>• 1980년대 : A8<br>• 1990년대 : A9<br>• 2000년대 : B0<br>• 2010년대 : B1<br>• 2020년대 : B2 | • ~ 1999년 : X<br>• 2000년 ~ : Y<br>• 재직자 : Z | • 퇴사자<br>10년 이내 : ㄱ<br>10년 초과 20년 이내 : ㄴ<br>20년 초과 30년 이내 : ㄷ<br>30년 초과 : ㄹ<br>• 재직자 : ㅁ | • 공채 : a<br>• 특채 : b | 주민등록번호 앞자리와 성명 중 앞 두자리 초성<br>예 930801ㅎㅇ |

<직원코드 순서>

'입사 연도 – 퇴사 연도 – 재직기간 – 채용전형 – 생년월일 · 성명' 순으로 코드 생성

**55** 다음 중 위 직원명단의 직원코드로 옳지 않은 것은?

① A8Yㄷa650802ㅊㅈ
② B0Zㅁa720201ㄱㅇ
③ A8Xㄴb580119ㄱㅈ
④ B1Zㅁa930605ㅇㅇ
⑤ B2Zㅁb981220ㅅㅈ

**56** 직원코드 생성방법 내용 중 일부가 다음과 같이 변경되었다. 변경사항을 적용한다면 직원명단에서 찾을 수 없는 직원코드는?

<직원코드 생성방법 변경사항>

- 입사 연도를 두 문자로 구분 : 2000년대 이전 A, 2000년대부터 B
- 재직기간의 재직자 코드 : ㅁ → ㅡ
- 성명 : 성명의 모든 초성 입력

① AYㄷa650802ㅊㅈㅇ
② BZㅁa720201ㄱㅇㄴㄹ
③ AXㄴb580119ㄱㅈㅇ
④ BZ–a930605ㅇㅇㄹ
⑤ BZ–b981220ㅇㅅㅈ

**57** K씨는 영업비밀 보호를 위해 자신의 컴퓨터 속 각 문서의 암호를 다음 규칙에 따라 만들었다. 파일 이름이 아래와 같을 때, 이 파일의 암호는 무엇인가?

---

〈규칙〉

1. 비밀번호 중 첫 번째 자리에는 파일 이름의 첫 문자가 한글일 경우 @, 영어일 경우 #, 숫자일 경우 *로 특수문자를 입력한다.
   → 고슴Dochi=@, haRAMY801=#, 1app루=*
2. 두 번째 자리에는 파일 이름의 총 자리 개수를 입력한다.
   → 고슴Dochi=@7, haRAMY801=#9, 1app루=*5
3. 세 번째 자리부터는 파일 이름 내에 숫자를 순서대로 입력한다. 숫자가 없을 경우 0을 두 번 입력한다.
   → 고슴Dochi=@700, haRAMY801=#9801, 1app루=*51
4. 그 다음 자리에는 파일 이름 중 한글이 있을 경우 초성만 순서대로 입력한다. 없다면 입력하지 않는다.
   → 고슴Dochi=@700ㄱㅅ, haRAMY801=#9801, 1app루=*51ㄹ
5. 그 다음 자리에는 파일 이름 중 영어가 있다면 뒤에 덧붙여 순서대로 입력하되, a, e, i, o, u만 'a=1, e=2, i=3, o=4, u=5'로 변형하여 입력한다(대문자·소문자 구분 없이 모두 소문자로 입력한다).
   → 고슴Dochi=@700ㄱㅅd4ch3, haRAMY801=#9801h1r1my, 1app루=*51ㄹ1pp

---

2022매운전골Cset3인기준recipe8

---

① @23202238ㅁㅇㅈㄱㅇㄱㅈcs2trecipe
② @23202238ㅁㅇㅈㄱㅇㄱㅈcs2tr2c3p2
③ *23202238ㅁㅇㅈㄱㅇㄱㅈcs2trecipe
④ *23202238ㅁㅇㅈㄱㅇㄱㅈcs2tr2c3p2
⑤ *23202238ㅁㅇㅈㄱㅇㄱㅈcsetrecipe

**58** K공사에 대한 SWOT 분석 결과가 다음과 같을 때, 〈보기〉 중 SWOT 분석 내용으로 옳은 것을 모두 고르면?

〈K공사 SWOT 분석 결과〉

| 구분 | 분석결과 |
|---|---|
| 강점(Strength) | • 해외 가스공급기관 대비 높은 LNG 구매력<br>• 세계적으로 우수한 배관 인프라 |
| 약점(Weakness) | • 타 연료 대비 높은 단가 |
| 기회(Opportunity) | • 북아시아 가스관 사업 추진 논의 지속<br>• 수소 자원 개발 고도화 추진 중 |
| 위협(Threat) | • 천연가스에 대한 수요 감소 추세<br>• 원전 재가동 확대 전망에 따른 에너지 점유율 감소 가능성 |

**보기**

ㄱ. 해외 가스공급기관 대비 LNG 확보가 용이하다는 점을 근거로 북아시아 가스관 사업 추진 시 우수한 효율을 이용하는 것은 SO전략에 해당한다.

ㄴ. 지속적으로 감소할 것으로 전망되는 천연가스 수요를 북아시아 가스관 사업을 통해 확보하는 것은 ST전략에 해당한다.

ㄷ. 수소 자원 개발을 고도화하여 다른 연료 대비 상대적으로 높았던 공급단가를 낮추려는 R&D 사업 추진은 WO전략에 해당한다.

ㄹ. 높은 LNG 확보 능력을 이용해 상대적으로 높은 가스 공급단가가 더욱 상승하는 것을 방지하는 것은 WT전략에 해당한다.

① ㄱ, ㄴ
② ㄱ, ㄷ
③ ㄴ, ㄷ
④ ㄴ, ㄹ
⑤ ㄷ, ㄹ

**59** 다음은 국가자격시험 전형관리 및 발급기관에 관한 정보이다. 이를 바탕으로 판단할 때, 〈보기〉에서 적절하게 행동한 사람을 모두 고르면?

〈각 자격증 주관 기관〉

| 업종 | 자격증 종류 | 전형관리 | 자격증관리(발급) |
|---|---|---|---|
| 여행업 | 관광통역 안내사 | 산업인력공단 홈페이지 | 한국관광공사 |
| | 국내여행 안내사 | | 한국관광협회중앙회 |
| | 국외여행 인솔자 | – | 한국여행업협회 |
| 관광숙박업 | 호텔경영사 | 산업인력공단 홈페이지 | 한국관광공사 |
| | 호텔관리사 | | 한국관광공사 |
| | 호텔 서비스사 | | 한국관광협회중앙회 |
| 국제회의업 | 컨벤션기획사 1급 | | 산업인력공단 |
| | 컨벤션기획사 2급 | | |
| 의료관광업 | 국제의료관광 코디네이터 | | |
| 문화관광 해설 | 문화관광해설사 | 지자체 | – |

• 제출서류(온라인 신청 시 파일 첨부)

| 구분 | 제출서류 | 비고 |
|---|---|---|
| 공통 | 반명함판 사진 | 단, 자격증에 사용할 사진 변경을 원하는 자에 한함 |
| 내국인 | 기본증명서 1부(일반)<br>※ 합격자 본인 명의로 주민센터 등에서 발급 | 단, 관광진흥법 제7조 1항에 의거하여 공사에서 신원조회 후 결격사유가 발생하지 않은 경우 발급 |
| 외국인 | 신분증 사본 1부(외국인등록증, 여권) | |

• 발급비용 : 7,800원(발급수수료 5,000원+택배발송비용 2,800원)
  ※ 한국관광공사에서 발급하는 자격증 방문 수령의 경우 강원도 원주 공사 본사를 직접 방문해야 함(발급 수수료 5,000원만 결제)

보기

• 정원 : 관광통역 안내사 자격증의 전형일에 대해 알아보기 위해 광주광역시에 문의하였다.
• 기현 : 호텔관리사 자격증과 호텔경영사 자격증의 발급일에 대해 문의하기 위해 한국관광공사에 연락하였다.
• 미라 : 독일인 친구의 컨벤션기획사1급 자격증 전형응시를 돕기 위해 친구의 반명함판 사진과 여권 사본 1부를 준비하여 제출하도록 하였다.
• 시연 : 국제의료관광 코디네이터 자격증을 발급받기 위해 한국관광공사 본사를 방문하여 5,000원을 지불하였다.

① 정원, 기현
② 정원, 미라
③ 기현, 미라
④ 기현, 시연
⑤ 미라, 시연

PART 2

다음 〈조건〉을 근거로 할 때, 서로 다른 무게의 공 5개를 무게가 무거운 순서대로 바르게 나열한 것은?

> **조건**
> • 파란공은 가장 무겁지도 않고, 세 번째로 무겁지도 않다.
> • 빨간공은 가장 무겁지도 않고, 두 번째로 무겁지도 않다.
> • 흰공은 세 번째로 무겁지도 않고, 네 번째로 무겁지도 않다.
> • 검은공은 파란공과 빨간공보다는 가볍다.
> • 노란공은 파란공보다 무겁고, 흰공보다는 가볍다.

① 흰공 – 빨간공 – 노란공 – 파란공 – 검은공
② 흰공 – 빨간공 – 노란공 – 검은공 – 파란공
③ 흰공 – 노란공 – 검은공 – 빨간공 – 파란공
④ 흰공 – 노란공 – 빨간공 – 파란공 – 검은공
⑤ 흰공 – 노란공 – 빨간공 – 검은공 – 파란공

**61** 인적자원의 특성을 다음과 같이 나누어 살펴볼 때, 인적자원에 대한 설명으로 적절하지 않은 것은?

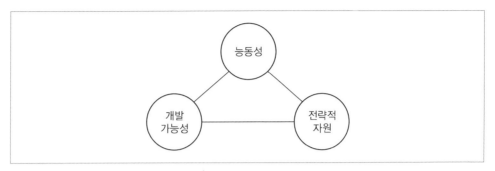

① 인적자원은 능동적이고 반응적인 성격을 지니고 있으므로 이를 잘 관리하면 기업의 성과를 높일 수 있다.

② 인적자원은 오랜 기간 동안에 걸쳐서 개발될 수 있는 많은 잠재능력과 자질을 보유하고 있다.

③ 환경변화에 따른 조직변화가 심해질수록 인적자원 개발가능성의 중요성은 점점 작아질 것이다.

④ 인적자원은 조직에 필요한 자원 활용을 담당하므로 어느 자원보다도 전략적 중요성이 강조된다.

⑤ 인적자원의 모든 특성을 고려할 때 인적자원에 대한 관리는 조직의 성과에 큰 영향을 미친다.

**62** 다음 사원들의 대화를 읽고 빈칸에 들어갈 내용으로 보기 어려운 것은?

> A사원 : 시간은 개인에게 있어서도 중요하지만, 기업 입장에서 매우 중요한 요소임에 틀림없어.
> B사원 : 맞아. 시시각각 변해가는 현대사회에서 기업은 일을 수행하는 데 있어 소요되는 시간을 줄이기 위해 많은 노력을 기울이고 있지.
> C사원 : 기업 입장에서 작업 소요 시간의 단축으로 인해 볼 수 있는 효과는 _____을/를 들 수 있어.

① 생산성 향상      ② 이익 증가

③ 위험 감소      ④ 시장 점유율 증가

⑤ 비용 증가

**63** 다음은 시간계획의 기본원리에 대한 설명이다. 빈칸 ㉠ ~ ㉢에 들어갈 행동을 순서대로 바르게 나열한 것은?

> 시간은 무형의 자원으로, 다른 자원과는 다른 관리방식을 요하는 자원이다. 또한, 가용한 모든 시간을 관리한다는 것은 불가능에 가까운 일이므로 시간을 계획하는 것은 시간관리에 있어서 매우 중요한 것이다. 이에 대해 로타 J. 자이베르트(Lother J. Seiwert)는 시간계획의 기본원칙으로 '60 : 40의 원칙'을 제시하고 있다. 이 원칙은 총 가용시간의 60%를 계획하고, 나머지 40%는 예측하지 못한 사태 및 일의 중단요인, 개인의 창의적 계발 시간으로 남겨 둔다는 것이다. 보다 구체적으로 시간을 계획할 때, 60%의 시간은 ___㉠___ 에 할애하고, 20%는 ___㉡___ 에 할애하고, 마지막 20%를 ___㉢___ 에 할애한다는 것이다.

| | ㉠ | ㉡ | ㉢ |
|---|---|---|---|
| ① | 비자발적 행동 | 자발적 행동 | 계획 행동 |
| ② | 계획 행동 | 계획 외 행동 | 자발적 행동 |
| ③ | 자발적 행동 | 계획 행동 | 계획 외 행동 |
| ④ | 계획 외 행동 | 계획 행동 | 자발적 행동 |
| ⑤ | 계획 행동 | 비자발적 행동 | 계획 외 행동 |

**64** 현재 K마트에서는 배추를 한 포기당 3,000원에 판매하고 있다고 한다. 다음은 배추의 유통 과정을 나타낸 자료이며, 이를 참고하여 최대의 이익을 내고자 할 때, X · Y산지 중 어느 곳을 선택하는 것이 좋으며, 최종적으로 K마트에서 배추 한 포기당 얻을 수 있는 수익은 얼마인가?(단, 소수점 첫째 자리에서 반올림한다)

〈산지별 배추 유통 과정〉

| 구분 | X산지 | Y산지 |
|---|---|---|
| 재배원가 | 1,000원 | 1,500원 |
| 산지 → 경매인 | 재배원가에 20%의 이윤을 붙여서 판매한다. | 재배원가에 10%의 이윤을 붙여서 판매한다. |
| 경매인 → 도매상인 | 산지가격에 25%의 이윤을 붙여서 판매한다. | 산지가격에 10%의 이윤을 붙여서 판매한다. |
| 도매상인 → 마트 | 경매가격에 30%의 이윤을 붙여서 판매한다. | 경매가격에 10%의 이윤을 붙여서 판매한다. |

| | 산지 | 이익 |
|---|---|---|
| ① | X | 1,003원 |
| ② | X | 1,050원 |
| ③ | Y | 1,003원 |
| ④ | Y | 1,050원 |
| ⑤ | Y | 1,100원 |

**65** 다음 중 비효율적인 일중독자의 특징으로 적절하지 않은 것은?

① 위기 상황에 과잉 대처한다.

② 자신의 일을 다른 사람에게 맡기지 않는다.

③ 최우선 업무보다 가시적인 업무에 전력을 다한다.

④ 작은 일을 크게 부풀리거나 과장한다.

⑤ 가장 생산성이 높은 일을 가장 오래 한다.

PART 2

**66** K공단에서는 5월 한 달 동안 임직원을 대상으로 금연교육 4회, 부패방지교육 2회, 성희롱방지교육 1회를 진행하려고 한다. 다음 〈조건〉을 근거로 판단할 때, 옳은 것은?

〈5월〉

| 일 | 월 | 화 | 수 | 목 | 금 | 토 |
|---|---|---|---|---|---|---|
| | | | 1 | 2 | 3 | 4 |
| 5 | 6 | 7 | 8 | 9 | 10 | 11 |
| 12 | 13 | 14 | 15 | 16 | 17 | 18 |
| 19 | 20 | 21 | 22 | 23 | 24 | 25 |
| 26 | 27 | 28 | 29 | 30 | 31 | |

**조건**
- 교육은 하루에 하나만 실시할 수 있고, 주말에는 교육을 실시할 수 없다.
- 매주 월요일은 부서회의로 인해 교육을 실시할 수 없다.
- 5월 1일부터 3일까지는 공단의 주요 행사 기간이므로 어떠한 교육도 실시할 수 없다.
- 금연교육은 정해진 같은 요일에 주1회 실시한다.
- 부패방지교육은 20일 이전 수요일 또는 목요일에 시행하며, 이틀 연속 실시할 수 없다.
- 성희롱방지교육은 5월 31일에 실시한다.

① 5월 넷째 주에는 금연교육만 실시된다.

② 금연교육은 금요일에 실시될 수 있다.

③ 부패방지교육은 같은 요일에 실시되어야 한다.

④ 성희롱방지교육은 목요일에 실시된다.

⑤ 금연교육은 5월 첫째 주부터 실시된다.

K공사는 구내식당 기자재의 납품업체를 선정하고자 한다. 각 입찰업체에 대한 정보와 선정 조건에 따라 업체를 선정할 때, 다음 중 선정될 업체는?

〈선정 조건〉

• 선정 방식
선정점수가 가장 높은 업체를 선정한다. 선정 점수는 납품품질 점수, 가격경쟁력 점수, 직원 규모 점수에 가중치를 반영해 합산한 값을 의미한다. 선정 점수가 가장 높은 업체가 2개 이상일 경우, 가격경쟁력 점수가 더 높은 업체를 선정한다.

• 납품품질 점수
업체별 납품품질 등급에 따라 다음 표와 같이 점수를 부여한다.

| 구분 | 최상 | 상 | 중 | 하 | 최하 |
|---|---|---|---|---|---|
| 점수 | 100점 | 90점 | 80점 | 70점 | 60점 |

• 가격경쟁력
업체별 납품가격 총액 수준에 따라 다음 표와 같이 점수를 부여한다.

| 구분 | 2억 원 미만 | 2억 원 이상<br>2억 5천만 원 미만 | 2억 5천만 원 이상<br>3억 원 미만 | 3억 원 이상 |
|---|---|---|---|---|
| 점수 | 100점 | 90점 | 80점 | 70점 |

• 직원 규모
업체별 직원 규모에 따라 다음 표와 같이 점수를 부여한다.

| 구분 | 50명 미만 | 50명 이상<br>100명 미만 | 100명 이상<br>200명 미만 | 200명 이상 |
|---|---|---|---|---|
| 점수 | 70점 | 80점 | 90점 | 100점 |

• 가중치
납품품질 점수, 가격경쟁력 점수, 직원 규모 점수는 다음 표에 따라 각각 가중치를 부여한다.

| 구분 | 납품품질 점수 | 가격경쟁력 점수 | 직원 규모 점수 | 합계 |
|---|---|---|---|---|
| 가중치 | 40 | 30 | 30 | 100 |

〈입찰업체 정보〉

| 구분 | 납품품질 | 납품가격 총액(원) | 직원 규모(명) |
|---|---|---|---|
| A업체 | 상 | 2억 | 125 |
| B업체 | 중 | 1억 7,000만 | 141 |
| C업체 | 하 | 1억 9,500만 | 91 |
| D업체 | 최상 | 3억 2,000만 | 98 |
| E업체 | 상 | 2억 6천만 | 210 |

① A업체
② B업체
③ C업체
④ D업체
⑤ E업체

**68** 김대리는 이번 분기의 판매동향에 대한 성과 발표회 기획을 맡아 성과 발표회를 준비하는 과정에서 수행해야 될 업무를 모두 나열한 뒤 업무의 선후관계도를 만들었다. 다음 〈보기〉 중 옳은 것을 모두 고르면?

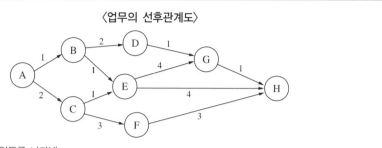

〈업무의 선후관계도〉

※ 화살표는 단위 업무를 나타냄
※ 화살표 위의 숫자는 그 업무를 수행하는 데 소요되는 일수를 나타냄
※ 화살표 좌우의 알파벳은 각각 단위 업무의 시작과 끝을 나타냄
※ 선행하는 화살표가 나타내는 업무는 후속하는 화살표가 나타내는 업무보다 먼저 수행되어야 함

**보기**

㉠ 성과 발표 준비에는 최소 5일이 소요된다.
㉡ 단위작업 E~H를 3일로 단축하면 전체 준비 기간이 짧아진다.
㉢ 단위작업 A~C를 1일로 단축하는 것은 전체 준비 기간에 영향을 준다.
㉣ 단위작업 E~G에 소요되는 시간을 3일로 단축하면 전체 준비 기간이 짧아진다.
㉤ 성과 발표 준비에는 적어도 8일이 소요된다.

① ㉠, ㉡
② ㉠, ㉢
③ ㉢, ㉤
④ ㉣, ㉤
⑤ ㉡, ㉤

※ K공사는 직원들의 복지를 개선하고자 체육관 공사를 계획하고 있다. 다음은 체육관 공사 입찰에 참여한 A ~ F기업을 입찰기준에 따라 분야별로 10점 척도로 점수화한 자료이다. 이어지는 질문에 답하시오. [69~70]

### 〈입찰업체의 분야별 점수〉

(단위 : 점)

| 입찰업체 \ 입찰기준 | 운영건전성 점수 | 환경친화자재 점수 | 시공실적 점수 | 디자인 점수 | 공간효율성 점수 |
|---|---|---|---|---|---|
| A | 6 | 7 | 3 | 4 | 7 |
| B | 7 | 3 | 9 | 8 | 5 |
| C | 5 | 9 | 6 | 1 | 3 |
| D | 8 | 2 | 8 | 2 | 9 |
| E | 9 | 6 | 5 | 8 | 5 |
| F | 6 | 4 | 6 | 3 | 4 |

### 〈입찰업체별 입찰가격〉

| 입찰업체 | 입찰가격(억 원) |
|---|---|
| A | 5 |
| B | 11 |
| C | 7 |
| D | 6 |
| E | 9 |
| F | 10 |

**69** K공사는 〈조건〉에 따라 체육관 공사 업체를 선정하고자 한다. 다음 중 최종 선정될 업체는?

조건
- 입찰가격이 9억 원 이하인 업체를 선정대상으로 한다.
- 운영건전성 점수와 시공실적 점수, 공간효율성 점수에 1 : 2 : 2의 가중치를 적용하여 합산한 값이 가장 높은 3개 업체를 중간 선정한다.
- 중간 선정된 업체들 중 디자인 점수가 가장 높은 곳을 최종 선정한다.

① A
② C
③ D
④ E
⑤ F

**70** K공사가 내부 판단에 따라 환경친화자재 점수도 포함하여 업체를 선정하고자 한다. 다음 변경된 〈조건〉에 따라 최종 선정될 업체는?

> **조건**
> - 입찰가격이 11억 원 미만인 업체를 선정대상으로 한다.
> - 운영건전성 점수, 환경친화자재 점수, 시공실적 점수, 디자인 점수의 가중치를 $2:1:3:1$로 하여 점수를 합산한다.
> - 시공실적 점수가 16점 미만인 업체는 선정에서 제외한다.
> - 합산한 점수가 가장 높은 2개 업체를 중간 선정한다.
> - 중간 선정된 업체들 중 운영건전성 점수가 더 높은 곳을 최종 선정한다.

① A  
② B  
③ C  
④ D  
⑤ E

**71** 다음 중 A의 주장에 대해 반박할 수 있는 내용으로 가장 적절한 것은?

> A : 우리나라의 장기 기증률은 선진국에 비해 너무 낮아. 이게 다 부모로부터 받은 신체를 함부로 훼손해서는 안 된다는 전통적 유교 사상 때문이야.
> B : 맞아. 그런데 장기기증 희망자로 등록이 돼 있어도 유족들이 장기 기증을 반대하여 기증이 이뤄지지 않는 경우도 많아.
> A : 유족들도 결국 유교 사상으로 인해 신체 일부를 다른 사람에게 준다는 방식을 잘 이해하지 못하는 거야.
> B : 글쎄, 유족들이 동의해서 기증이 이뤄지더라도 보상금을 받고 '장기를 팔았다.'는 죄책감을 느끼는 유족들도 있다고 들었어. 또 아직은 장기 기증에 대한 생소함 때문일 수도 있어.

① 캠페인을 통해 장기 기증에 대한 사람들의 인식을 변화시켜야 한다.  
② 유족에게 지급하는 보상금 액수가 증가하면 장기 기증률도 높아질 것이다.  
③ 장기기증 희망자는 반드시 가족들의 동의를 미리 받아야 한다.  
④ 장기 기증률이 낮은 이유에는 유교 사상 외에도 여러 가지 원인이 있을 수 있다.  
⑤ 제도 변화만으로는 장기 기증률을 높이기 어렵다.

파리기후변화협약은 2020년 만료 예정인 교토의정서를 대체하여 2021년부터의 기후변화 대응을 담은 국제협약으로, 2015년 12월 프랑스 파리에서 열린 제21차 유엔기후변화협약(UNFCCC) 당사국총회(COP21)에서 채택되었다.

파리기후변화협약에서는 산업화 이전 대비 지구의 평균기온 상승을 2℃보다 상당히 낮은 수준으로 유지하고, 1.5℃ 이하로 제한하기 위한 노력을 추구하기로 하였다. 또 국가별 온실가스 감축량은 각국이 제출한 자발적 감축 목표를 인정하되, 5년마다 상향된 목표를 제출하도록 하였다. 차별적인 책임 원칙에 따라 선진국의 감축 목표 유형은 절대량 방식을 유지하며, 개발도상국은 자국 여건을 고려해 절대량 방식과 배출 전망치 대비 방식 중 채택하도록 하였다. 미국은 2030년까지 온실가스 배출량을 2005년 대비 26 ~ 65%까지 감축하겠다고 약속했고, 우리나라도 2030년 배출 전망치 대비 37%를 줄이겠다는 내용의 감축 목표를 제출했다. 이 밖에도 온실가스 배출량을 꾸준히 감소시켜 21세기 후반에는 이산화탄소의 순 배출량을 0으로 만든다는 내용에 합의하고, 선진국들은 2020년부터 개발도상국 등의 기후변화 대처를 돕는 데 매년 최소 1,000억 달러(약 118조 원)를 지원하기로 했다.

파리기후변화협약은 사실상 거의 모든 국가가 이 협약에 서명했을 뿐 아니라 환경 보존에 대한 의무를 전 세계의 국가들이 함께 부담하도록 하였다. 즉, 온실가스 감축 의무가 선진국에만 있었던 교토의정서와 달리 195개의 당사국 모두에게 구속력 있는 보편적인 첫 기후 합의인 것이다.

그런데 2017년 6월, 미국의 트럼프 대통령은 환경 보호를 위한 미국의 부담을 언급하며 파리기후변화협약 탈퇴를 유엔에 공식 통보하였다. 그러나 발효된 협약은 3년간 탈퇴를 금지하고 있어 2019년 11월 3일까지는 탈퇴 통보가 불가능하였다. 이에 따라 미국은 다음날인 11월 4일 유엔에 협약 탈퇴를 통보했으며, 통보일로부터 1년이 지난 뒤인 2020년 11월 4일에 파리기후변화협약에서 공식 탈퇴했다. 서명국 중에서 탈퇴한 국가는 미국이 유일하다.

① 교토의정서는 2020년 12월에 만료된다.
② 파리기후변화협약은 2015년 12월 3일에 발효되었다.
③ 파리기후변화협약에서 우리나라는 개발도상국에 해당한다.
④ 현재 미국을 제외한 194개국이 파리기후변화협약에 합의한 상태이다.
⑤ 파리기후변화협약에 따라 선진국과 개발도상국 모두에게 온실가스 감축 의무가 발생하였다.

**73** 다음 글의 주제로 가장 적절한 것은?

정부는 조직 구성원의 다양성 확보와 포용 사회 구현을 위해 지난 2017년 11월 공공부문 여성 대표성 제고 5개년 계획을 수립하고, 2022년까지 고위공무원 여성의 비율 10%, 공공기관 임원 여성의 비율 20% 달성 등 각 분야의 목표치를 설정하였다.

12개 분야 가운데 고위공무원단은 지난해 목표치인 6.8%에 못 미쳤으나, 나머지 11개 분야는 2018년 목표치를 달성했다. 국가직 고위공무원단 여성 비율은 2017년 6.5%에서 2018년 6.7%로 상승했다. 국가직 본부 과장급 공무원 여성 비율은 같은 기간 14.8%에서 17.5%로, 공공기관 임원은 11.8%에서 17.9%로 확대됐다. 여성 국립대 교수는 15.8%에서 16.6%로, 여성 교장·교감은 40.6%에서 42.7%로 늘었다. 또한 여성군인 간부 비율은 5.5%에서 6.2%로 상승했으며, 일반 경찰 중 여성 비율은 10.9%에서 11.7%로, 해경은 11.3%에서 12.0%로 늘었다. 정부위원회 위촉직 여성 참여율은 41.9%까지 높아졌다.

정부는 올해 여성 고위공무원이 없는 중앙부처에 1명 이상의 임용을 추진하고, 범정부 균형 인사 추진계획을 마련할 예정이다. 또한 여성 임원이 없는 공공기관에 여성 임원을 최소 1인 이상 선임하도록 독려할 방침이다. 여성 관리직 목표제 적용 대상은 300인 이상 기업에서 전체 지방공기업으로 확대된다. 국립대 교수 성별 현황 조사를 위한 양성평등 실태조사 법적 근거를 마련하고, 여성군인·경찰 신규 채용을 늘릴 계획이다. 헌법기관·중앙행정기관 위원회 성별 참여 조사 결과도 처음으로 공표한다. 그 외 여성의 실질적인 의사결정 권한 정도가 측정되도록 정부혁신평가 지표를 개선하고 자문단 운영, 성 평등 교육도 계속 시행한다.

여성가족부 장관은 "의사결정 영역에서의 성별 균형적 참여는 결과적으로 조직의 경쟁력 제고에 도움이 된다."라며 "이에 대해 공감대를 갖고 자율적으로 조직 내 성별 균형성을 확보해 나가려는 민간부문에 대해서도 지원할 계획"이라고 말했다.

① 여성 고위관리직 확대를 위한 노력
② 유리천장, 여성들의 승진을 가로막는 장애물
③ 고위공무원단의 여성 비율이 낮은 이유
④ 성차별 없는 블라인드 채용
⑤ 취업난 해결을 위한 정부 정책의 문제점

**74** 다음 문단을 논리적 순서대로 바르게 나열한 것은?

(가) 킬러 T세포는 혈액이나 림프액을 타고 몸속 곳곳을 순찰하는 일을 담당하는 림프 세포의 일종이다. 킬러 T세포는 감염된 세포를 직접 공격하는데, 세포 하나하나를 점검하여 바이러스에 감염된 세포를 찾아낸다. 이 과정에서 바이러스에 감염된 세포가 킬러 T세포에게 발각이 되면 죽게 된다. 그렇다면 킬러 T세포는 어떤 방법으로 바이러스에 감염된 세포를 파괴할까?

(나) 지금도 우리 몸의 이곳저곳에서는 비정상적인 세포분열이나 바이러스 감염이 계속되고 있다. 하지만 우리 몸에 있는 킬러 T세포가 병든 세포를 찾아내 파괴하는 메커니즘이 정상적으로 작동하고 있는 한 건강한 상태를 유지할 수 있다. 이렇듯 면역 시스템은 우리 몸을 지켜주는 수호신이다. 또한 우리 몸이 유기적으로 잘 짜인 구조임을 보여주는 좋은 예라고 할 수 있다.

(다) 그 다음 킬러 T세포가 활동한다. 킬러 T세포는 자기 표면에 있는 TCR(T세포 수용체)을 통해 세포의 밖으로 나온 MHC와 펩티드 조각이 결합해 이루어진 구조를 인식함으로써 바이러스 감염 여부를 판단한다. 만약 MHC와 결합된 펩티드가 바이러스 단백질의 것이라면 T세포는 활성화되면서 세포를 공격하는 단백질을 감염된 세포 속으로 보낸다. 이렇게 T세포의 공격을 받은 세포는 곧 죽게 되며 그 안의 바이러스 역시 죽음을 맞이하게 된다.

(라) 우리 몸은 자연적 치유의 기능을 가지고 있다. 자연적 치유는 우리 몸에 바이러스(항원)가 침투하더라도 외부의 도움 없이 이겨낼 수 있는 면역 시스템을 가지고 있다는 것을 의미한다. 그런데 이러한 면역 시스템에 관여하는 세포 중에서 매우 중요한 역할을 하는 세포가 있다. 그것은 바로 바이러스에 감염된 세포를 직접 찾아내 제거하는 킬러 T세포(Killer T Cells)이다.

(마) 면역 시스템에서 먼저 활동을 시작하는 것은 세포 표면에 있는 MHC(주요 조직 적합성 유전자 복합체)이다. MHC는 꽃게 집게발 모양의 단백질 분자로 세포 안에 있는 단백질 조각을 세포 표면으로 끌고 나오는 역할을 한다. 본래 세포 속에는 자기 단백질이 대부분이지만, 바이러스에 감염되면 원래 없던 바이러스 단백질이 세포 안에 만들어진다. 이렇게 만들어진 자기 단백질과 바이러스 단백질은 단백질 분해효소에 의해 펩티드 조각으로 분해되어 세포 속을 떠돌아다니다가 MHC와 결합해 세포 표면으로 배달되는 것이다.

① (라) – (가) – (마) – (다) – (나)
② (가) – (나) – (마) – (라) – (다)
③ (다) – (가) – (마) – (나) – (라)
④ (라) – (나) – (가) – (다) – (마)
⑤ (나) – (다) – (가) – (라) – (마)

**75** 다음 글을 읽고 추론할 수 있는 내용으로 가장 적절한 것은?

최근 환경에 대한 관심이 증가하면서 상표에도 '에코, 녹색' 등 '친환경'을 표방하는 상표 출원이 꾸준히 증가하는 것으로 나타났다. 특허청에 따르면, '친환경' 관련 상표 출원은 최근 10여 년간 연평균 1,200여 건이 출원돼 꾸준한 관심을 받아온 것으로 나타났다. '친환경' 관련 상표는 제품의 '친환경'을 나타내는 대표적인 문구인 '친환경, 에코, ECO, 녹색, 그린, 생태' 등의 문자를 포함하고 있는 상표이며 출원건수는 상품류를 기준으로 한다. 즉, 단류 출원은 1건, 2개류에 출원된 경우 2건으로 계산한다.

작년 한 해 친환경 상표가 가장 많이 출원된 제품은 화장품(79건)이었으며, 그 다음으로 세제(50건), 치약(48건), 샴푸(47건) 순으로 조사됐다. 특히 출원건수 상위 10개 제품 중 7개가 일상생활에서 흔히 사용하는 미용, 위생 등 피부와 관련된 상품인 것으로 나타나 깨끗하고 순수한 환경에 대한 관심이 친환경 제품으로 확대되고 있는 것으로 분석됐다.

2007년부터 2017년까지의 '친환경' 관련 상표의 출원실적을 보면, 영문자 'ECO'가 4,820건으로 가장 많이 사용되어 기업이나 개인은 제품의 '친환경'을 나타내는 상표 문구로 'ECO'를 가장 선호하는 것으로 드러났다. 다음으로는 '그린'이 3,862건, 한글 '에코'가 3,156건 사용됐고 '초록', '친환경', '녹색', '생태'가 각각 766건, 687건, 536건, 184건으로 그 뒤를 이었다. 특히, '저탄소·녹색성장'이 국가 주요 정책으로 추진되던 2010년에는 '녹색'을 사용한 상표출원이 매우 증가한 것으로 나타났고, 친환경·유기농 먹거리 등에 대한 수요가 늘어나면서 2015년에는 '초록'이 포함된 상표 출원이 상대적으로 증가한 것으로 조사됐다.

최근 환경과 건강에 대한 관심이 증가하면서 이러한 '친환경' 관련 상표를 출원하여 등록받는 것이 소비자들의 안전한 구매를 촉진하는 길이 될 수 있다.

① 환경과 건강에 대한 관심이 증가하지만 '친환경'을 강조하는 상표출원의 증가세가 주춤할 것으로 전망된다.

② 국가 주요 정책이나 환경에 대한 관심이 상표 출원에 많은 영향을 미친다.

③ 친환경 상표가 가장 많이 출원된 제품인 화장품의 경우 대부분 안전하다고 믿고 사용해도 된다.

④ 영문 'ECO'와 한글 '에코'의 의미가 동일하므로 한글 '에코'의 상표 문구 출원이 높아져 영문 'ECO'를 역전할 가능성이 높다.

⑤ 친환경 세제를 개발한 P사는 ECO 달세제, ECO 별세제 2개의 상품을 모두 '표백제 및 기타 세탁용 제제'의 상품류로 등록하여 출원건수는 2건으로 계산될 수 있다.

**76** 다음 글에 나타난 글쓴이의 특징으로 가장 적절한 것은?

우리나라의 전통음악은 정악(正樂)과 민속악으로 나눌 수 있다. 정악은 주로 양반들이 향유하던 음악으로, 궁중에서 제사를 지낼 때 사용하는 제례악과 양반들이 생활 속에서 즐기던 풍류음악 등이 이에 속한다. 이와 달리 민속악은 서민들이 즐기던 음악으로, 서민들이 생활 속에서 느낀 기쁨, 슬픔, 한(恨) 등의 감정이 솔직하게 표현되어 있다.

정악의 제례악에는 종묘제례악과 문묘제례악이 있다. 본래 제례악의 경우 중국 음악을 사용하였는데, 이 때문에 우리나라의 정악을 중국에서 들어온 것으로 여기고 순수한 우리의 음악으로 받아들이지 않을 수 있다. 그러나 종묘제례악은 세조 이후부터 세종대왕이 만든 우리 음악을 사용하였고, 중국 음악으로는 문묘제례악과 이에 사용되는 악기 몇 개일 뿐이다.

정악의 풍류음악은 주로 양반 사대부들이 사랑방에서 즐기던 음악으로, 궁중에서 경사가 있을 때 연주되기도 하였다. 대표적인 곡으로는 '영산회상', '여민락' 등이 있으며, 양반 사대부들은 이러한 정악곡을 반복적으로 연주하면서 음악에 동화되는 것을 즐겼다. 이처럼 대부분의 정악은 이미 오래전부터 우리 민족 고유의 정서와 감각을 바탕으로 만들어져 전해 내려온 것으로 부정할 수 없는 우리의 전통음악이다.

① 예상되는 반론에 대비하여 근거를 들어 주장을 강화하고 있다.

② 비교·대조를 통해 여러 가지 관점에서 대상을 살펴보고 있다.

③ 기존 견해를 비판하고 새로운 견해를 제시하고 있다.

④ 대상의 장점과 단점을 분석하고 있다.

⑤ 구체적인 사례를 들며 대상을 설명하고 있다.

**77** 다음 〈보기〉에서 의사표현에 사용되는 언어로 적절하지 않은 것을 모두 고르면?

보기

㉠ 이해하기 쉬운 언어　　　　　　　㉡ 상세하고 구체적인 언어
㉢ 간결하면서 정확한 언어　　　　　㉣ 전문적 언어
㉤ 단조로운 언어　　　　　　　　　㉥ 문법적 언어

① ㉠, ㉡

② ㉡, ㉢

③ ㉢, ㉣

④ ㉣, ㉤

⑤ ㉤, ㉥

**78** 다음 글의 내용으로 가장 적절한 것은?

통증은 조직 손상이 일어나거나 일어나려고 할 때 의식적인 자각을 주는 방어적 작용으로 감각의 일종이다. 통증을 유발하는 자극에는 강한 물리적 충격에 의한 기계적 자극, 높은 온도에 의한 자극, 상처가 나거나 미생물에 감염되었을 때 세포에서 방출하는 화학 물질에 의한 화학적 자극 등이 있다. 이러한 자극은 온몸에 퍼져 있는 감각 신경의 말단에서 받아들이는데, 이 신경 말단을 통각 수용기라 한다. 통각 수용기는 피부에 가장 많아 피부에서 발생한 통증은 위치를 확인하기 쉽지만, 통각 수용기가 많지 않은 내장 부위에서 발생한 통증은 위치를 정확히 확인하기 어렵다. 후각이나 촉각 수용기 등에는 지속적인 자극에 대해 수용기의 반응이 감소되는 감각 적응 현상이 일어난다. 하지만 통각 수용기에는 지속적인 자극에 대해 감각 적응 현상이 거의 일어나지 않는다. 그래서 우리 몸은 위험한 상황에 대응할 수 있게 된다.

대표적인 통각 수용 신경 섬유에는 Aδ 섬유와 C섬유가 있다. Aδ 섬유에는 기계적 자극이나 높은 온도 자극에 반응하는 통각 수용기가 분포되어 있으며, C섬유에는 기계적 자극이나 높은 온도 자극 뿐만 아니라 화학적 자극에도 반응하는 통각 수용기가 분포되어 있다. Aδ 섬유를 따라 전도된 통증 신호가 대뇌 피질로 전달되면, 대뇌 피질에서는 날카롭고 쑤시는 듯한 짧은 초기 통증을 느끼고 통증이 일어난 위치를 파악한다. C섬유를 따라 전도된 통증 신호가 대뇌 피질로 전달되면, 대뇌 피질에서는 욱신거리고 둔한 지연 통증을 느낀다. 이는 두 신경 섬유의 특징과 관련이 있다. Aδ 섬유는 직경이 크고 전도 속도가 빠르며, C섬유는 직경이 작고 전도 속도가 느리다.

① Aδ 섬유를 따라 전도된 통증 신호가 대뇌 피질로 전달되면, 대뇌 피질에서는 욱신거리고 둔한 지연 통증을 느낀다.
② 통각 수용기는 수용기의 반응이 감소되는 감각 적응 현상이 거의 일어나지 않는다.
③ Aδ 섬유는 C섬유보다 직경이 작고 전도 속도가 빠르다.
④ 통각 수용기가 적은 부위일수록 통증 위치를 확인하기 쉽다.
⑤ 기계적 자극이나 높은 온도에 반응하는 통각 수용기는 Aδ 섬유에만 분포되어 있다.

4차 산업혁명 열풍은 제조업을 넘어, 농축산업, 식품, 유통, 의료 서비스 등 업종에 관계없이 모든 곳으로 퍼져나가고 있다. 에너지 분야도 4차 산업혁명을 통해 기술의 진보와 새로운 비즈니스 영역을 개척할 수 있을 것으로 기대하고 있다.

사실 에너지는 모든 밸류체인에서 4차 산업혁명에 가장 근접해 있다. 자원개발에선 초음파 등을 이용한 탐지기술과 지리정보 빅데이터를 이용한 분석, 설비 건설에서는 다양한 설계 및 시뮬레이션 툴이 동원된다. 자원 채광 설비와 발전소, 석유화학 플랜트에 들어가는 수만 개의 장비들은 센서를 부착하고 산업용 네트워크를 통해 중앙제어실과 실시간으로 소통한다.

원자력 발전소를 사례로 들어보면 원자력 발전소에는 수백 km에 달하는 배관과 수만 개의 밸브, 계량기, 펌프, 전기기기들이 있다. 그리고 그 어느 시설보다 안전이 중요한 만큼 기기 및 인명 안전 관련 센서들도 셀 수 없다. 이를 사람이 모두 관리하고 제어하는 것은 사실상 불가능하다. 원전 종사자들이 매일 현장 순찰을 돌고 이상이 있을 시 정지 등 조치를 취하지만, 대다수의 경우 설비에 이상신호가 발생하면 기기들은 스스로 판단해 작동을 멈춘다.

원전 사례에서 볼 수 있듯이 에너지 설비 운영 부문은 이미 다양한 4차 산업혁명 기술이 사용되고 있다. 그런데도 에너지 4차 산업혁명이 계속 언급되고 있는 것은 그 분야를 설비관리를 넘어 새로운 서비스 창출로까지 확대하기 위함이다.

나주 에너지밸리에서는 드론을 활용해 전신주 전선을 점검하는 모습이 시연됐다. 이 드론은 정부 사업인 '시장 창출형 로봇보급사업'으로 만들어진 것으로 드론과 광학기술을 접목해 산이나 하천 등 사람이 접근하기 힘든 곳의 전선 상태를 확인하기 위해 만들어졌다. 드론은 GPS 경로를 따라 전선 위를 자율비행하면서 고장 부위를 찾는다.

전선 점검 이외에도 드론은 에너지 분야에서 매우 광범위하게 사용되는 아이템이다. 발전소의 굴뚝과 같은 고소설비와 위험지역, 사각지대 등 사람이 쉽게 접근할 수 없는 곳을 직접 확인하고, 고성능·열화상 카메라를 달아 고장 및 화재 위험을 미리 파악하는 등 다양한 활용사례가 개발되고 있다.

가상현실은 엔지니어 교육 분야에서 각광받는 기술이다. 에너지 분야는 중장비와 전기설비 및 화학약품 등을 가까이 하다 보니 항상 사상사고의 위험을 안고 있다. 이 때문에 현장 작업자 교육에선 첫째도 둘째도 안전을 강조한다. 최근에는 현장 작업 시뮬레이션을 3D 가상현실 기술로 수행하려는 시도가 진행되고 있다. 발전소, 변전소 등 현장의 모습을 그대로 3D 모델링한 가상현실 체험으로 복잡한 도면을 해석하거나 숙지할 필요가 없어 훨씬 직관적으로 업무를 할 수 있다. 작업자들은 작업에 앞서, 실제 현장에서 수행해야 할 일들을 미리 점검해 볼 수 있다.

에너지 4차 산업혁명은 큰 변화를 몰고 올 것으로 예상하고 있지만, 그 시작은 매우 사소한 일상생활의 아이디어에서 나올 수 있다. 지금 우리가 전기와 가스를 쓰면서 느끼는 불편함을 개선하려는 시도가 곧 4차 산업혁명의 시작이다.

**79** 에너지신사업처에 근무하는 G대리는 사보에 실릴 4차 산업혁명에 대한 원고를 청탁받았다. 해당 원고를 작성한 후 검수 과정을 거치던 중 G대리가 받게 된 내용에 대한 사보담당자의 피드백으로 적절하지 않은 것은?

① 4차 산업혁명이 어떤 것인지 간단한 정의를 앞부분에 추가해 주세요.

② 서비스 등 에너지와 엔지니어 분야를 제외한 업종에 관한 사례만 언급하고 있으니 관련된 사례를 주제에 맞게 추가해 주세요.

③ 소제목을 이용해 문단을 구분해 줘도 좋을 것 같아요.

④ 4차 산업혁명에 대한 긍정적인 입장만 있으니 반대로 이로 인해 야기되는 문제점도 언급해 주는 게 어떨까요?

⑤ 에너지 4차 산업혁명이 어떤 변화를 가져올지 좀더 구체적인 설명을 덧붙여 주세요.

**80** 윗글은 사보 1면을 장식하고 회사 블로그에도 게재되었다. 이를 읽고 독자가 할 말로 적절하지 않은 것은?

① 지금은 에너지 설비 운영 부문에 4차 산업혁명 기술이 도입되는 첫 단계군요.

② 드론을 이용해 사람이 접근하기 힘든 곳을 점검하는 등 많은 활용을 할 수 있겠어요.

③ 엔지니어 교육 분야에 4차 산업혁명을 적용하면 안전사고를 줄일 수 있겠어요.

④ 4차 산업혁명이 현장에 적용되면 직관적으로 업무 진행이 가능하겠어요.

⑤ 4차 산업혁명의 시작은 일상의 불편함을 해결하기 위한 시도군요.

**61** 다음에서 설명하는 네트워크 혁명 법칙은?

> 반도체의 성능은 24개월마다 2배씩 증가한다.

① 카오의 법칙　　　　　　　　　② 무어의 법칙
③ 황의 법칙　　　　　　　　　　④ 메트칼프의 법칙
⑤ 던바의 법칙

**62** 다음 사례에서 나타나는 산업재해 원인으로 가장 적절한 것은?

> G씨는 퇴근하면서 회사 엘리베이터를 이용하던 중 갑자기 엘리베이터가 멈춰 그 안에 20분 동안
> 갇히는 사고를 당하였다. 20분 후 G씨는 실신한 상태로 구조되었고 바로 응급실로 옮겨졌다. 이후
> G씨는 응급실로 옮겨져 의식을 되찾았지만, 극도의 불안감과 공포감을 느껴 결국 병원에서는 G씨
> 에게 공황장애 진단을 내렸다.

① 교육적 원인　　　　　　　　　② 기술적 원인
③ 작업 관리상 원인　　　　　　　④ 불안전한 행동
⑤ 불안전한 상태

**63** 다음 중 벤치마킹의 주요 단계에 대한 설명으로 옳지 않은 것은?

① 범위 결정 : 벤치마킹이 필요한 상세 분야를 정의하고 목표와 범위를 결정하며 벤치마킹을 수행할 인력들을 결정

② 개선계획 수립 : 벤치마킹 결과를 바탕으로 성과차이를 측정항목별로 분석

③ 대상 결정 : 비교분석의 대상이 되는 기업·기관들을 결정하고, 대상 후보별 벤치마킹 수행의 타당성을 검토하여 최종적인 대상 및 대상별 수행방식을 결정

④ 측정 범위 결정 : 상세분야에 대한 측정항목을 결정하고, 측정항목이 벤치마킹의 목표를 달성하는 데 적정한가를 검토

⑤ 변화 관리 : 개선목표 달성을 위한 변화사항을 지속적으로 관리하고, 개선 후 변화사항과 예상했던 변화사항을 비교

**64** 다음 글에서 설명하는 기술혁신의 특성으로 가장 적절한 것은?

> 새로운 기술을 개발하기 위한 아이디어의 원천이나 신제품에 대한 소비자의 수요, 기술개발의 결과 등은 예측하기가 매우 어렵기 때문에, 기술개발의 목표나 일정, 비용, 지출, 수익 등에 대한 사전계획을 세우기란 쉽지 않다. 또 이러한 사전계획을 세운다 하더라도 모든 기술혁신의 성공이 사전의 의도나 계획대로 이루어지진 않는다. 때로는 그러한 성공들은 우연한 기회에 이루어지기도 하기 때문이다.

① 기술혁신은 장기간의 시간을 필요로 한다.

② 기술혁신은 매우 불확실하다.

③ 기술혁신은 지식 집약적인 활동이다.

④ 기술혁신은 기업 내에서 많은 논쟁을 유발한다.

⑤ 기술혁신은 부서 단독으로 수행되지 않으며, 조직의 경계를 넘나든다.

**65** 다음 글에 나타난 산업재해에 대한 원인으로 옳지 않은 것은?

> 전선 제조 사업장에서 고장난 변압기 교체를 위해 G전력(주) 작업자가 변전실에서 작업 준비를 하다가 특고압 배전반 내 충전부 COS 1차 홀더에 접촉 감전되어 치료 도중 사망하였다. 증언에 따르면 변전실 TR-5 판넬의 내부는 협소하고, 피재자의 키에 비하여 경첩의 높이가 높아 문턱 위에 서서 불안전한 작업자세로 작업을 실시하였다고 한다. 또한 피재자는 전기 관련 자격이 없었으며, 복장은 일반 안전화, 면장갑, 패딩점퍼를 착용한 상태였다.

① 불안전한 행동                    ② 불안전한 상태
③ 작업 관리상 원인                  ④ 기술적 원인
⑤ 작업 준비 불충분

**66** 다음 빈칸에 들어갈 문장으로 적절하지 않은 것은?

> 기술능력은 직업에 종사하기 위해 모든 사람들이 필요로 하는 능력이며, 이것을 넓은 의미로 확대해 보면 기술교양(Technical Literacy)이라는 개념으로 사용될 수 있다. 즉 기술능력은 기술교양의 개념을 보다 구체화시킨 개념으로 볼 수 있다.
> 일반적으로 기술교양을 지닌 사람들은 _____

① 기술학의 특성과 역할을 이해한다.
② 기술과 관련된 위험을 평가할 수 있다.
③ 기술에 의한 윤리적 딜레마에 대해 합리적으로 반응할 수 있다.
④ 기술체계가 설계되고, 사용되고, 통제되는 방법을 이해한다.
⑤ 기술과 관련된 이익을 가치화하지 않는다.

**67** 다음 글의 빈칸에 들어갈 용어로 옳은 것은?

_____ 분야에서 유망한 기술로 전망되는 것은 지능형 로봇 분야이다. 지능형 로봇이란 외부 환경을 인식하여 스스로 상황을 판단하여 자율적으로 동작하는 기계 시스템을 말한다. 지능형 로봇은 소득 2만 달러 시대를 선도할 미래 유망산업으로 발전할 것이며, 타 분야에 대한 기술적 파급 효과가 큰 첨단 기술의 복합체이다. 산업적 측면에서 볼 때 지능형 로봇 분야는 자동차 산업 규모 이상의 성장 잠재력을 가지고 있으며, 기술 혁신과 신규투자가 유망한 신산업으로, 국내 로봇 산업은 2020년 국내 시장 규모 100조 원을 달성할 것으로 예측되고 있다.

최근에는 기술혁신과 사회적 패러다임의 변화에 따라 인간 공존, 삶의 질 향상을 이룩하기 위한 새로운 '지능형 로봇'의 개념이 나타나고 있다. 지능형 로봇은 최근 IT기술의 융복합화, 지능화 추세에 따라 점차 네트워크를 통한 로봇의 기능 분산, 가상 공간 내에서의 동작 등 IT와 융합한 '네트워크 기반 로봇'의 개념을 포함하고 있다.

일본이 산업형 로봇 시장을 주도하였다면, IT기술이 접목되는 지능형 로봇은 우리나라가 주도할 수 있도록 국가 발전 전략에 따라 지능형 로봇 분야를 국가 성장 동력산업으로 육성하고 있다.

① 토목공학      ② 환경공학
③ 생체공학      ④ 전기전자공학
⑤ 자원공학

**68** 다음 사례의 재해를 예방하기 위한 대책으로 옳지 않은 것은?

피해자는 G기업에 설치된 소각로 하부에서 정비 작업을 진행 중이었다. 그러다 소각재 및 이물질을 하부 배출구로 밀어주는 4번 푸셔가 정상 작동되지 않았고, 피해자는 경고판을 무시한 채 전원부의 차단 없이 에어건을 사용하여 작업을 진행하다 갑자기 작동된 4번 푸셔에 상체가 끼어 사망하게 되었다.

① 근로자 상호 간에 불안전한 행동을 지적하여 안전에 대한 이해를 증진시킨다.
② 설비의 정비, 청소 등의 작업 시 근로자가 위험해질 우려가 있는 경우 설비를 정지시킨다.
③ 설비의 운전을 정지하였을 때, 타인이 설비를 운전하는 것을 방지한다.
④ 끼임에 대한 위험성이 있는 장소에는 방호울이나 방책을 설치한다.
⑤ 기계가 양호한 상태로 작동되도록 유지 관리를 한다.

※ 다음은 신입사원에게 전화기 사용법을 알려주기 위한 매뉴얼이다. 이를 읽고 이어지는 질문에 답하시오. [69~70]

〈사내전화기 사용방법〉

■ 전화걸기
   • 수화기를 들고 전화번호를 입력한 후 2초간 기다리거나 [#] 버튼을 누른다.
   • 이전 통화자와 다시 통화하기를 원하면 수화기를 들고 [재다이얼] 버튼을 누른다.
   • 통화 중인 상태에서 다른 곳으로 전화를 걸기 원하면 [메뉴 / 보류] 버튼을 누른 뒤 새로운 번호를 입력한 후 2초간 기다리거나 [#] 버튼을 누른다. 다시 이전 통화자와 연결을 원하면 [메뉴 / 보류] 버튼을 누른다.

■ 전화받기
   • 벨이 울릴 때 수화기를 들어 올린다.
   • 통화 중에 다른 전화를 받기를 원하면 [메뉴 / 보류] 버튼을 누른다. 다시 이전 통화자와 연결을 원하면 [메뉴 / 보류] 버튼을 누른다.

■ 통화내역 확인
   • [통화내역] 버튼을 누르면 LCD 창에 '발신', '수신', '부재중' 3가지 메뉴가 뜨며, [볼륨조절] 버튼으로 원하는 메뉴에 위치한 후 [통화내역] 버튼을 눌러 내용을 확인한다.

■ 당겨받기
   • 다른 전화가 울릴 때 자신의 전화로 받을 수 있는 기능이며, 동일 그룹 안에 있는 경우만 가능하다.
   • 수화기를 들고 [당겨받기] 버튼을 누른다.

■ 돌려주기
   • 걸려온 전화를 다른 전화기로 돌려주는 기능이다.
   • 통화 중일 때 [돌려주기] 버튼을 누른 뒤 돌려줄 번호를 입력하고 [#] 버튼을 누르면 새 통화가 연결되며, 그 후에 수화기를 내려놓는다.
   • 즉시 돌려주기를 할 경우에는 위 통화 중일 때 [돌려주기] 버튼을 누른 후 돌려줄 번호를 입력하고 수화기를 내려놓는다.

■ 3자통화
   • 동시에 3인과 통화할 수 있는 기능이다.
   • 통화 중일 때 [메뉴 / 보류] 버튼을 누르고 통화할 번호를 입력한 후, [#] 버튼을 눌러 새 통화가 연결되면 [3자통화] 버튼을 누른다.
   • 통화 중일 때 다른 전화가 걸려 왔다면, [메뉴 / 보류] 버튼을 누른 후 새 통화가 연결되면 [3자통화] 버튼을 누른다.

■ 수신전환
   • 전화가 오면 다른 전화기로 받을 수 있도록 하는 기능으로, 무조건·통화중·무응답 세 가지 방법으로 설정할 수 있다.
   • 전화기 내 [수신전환] 버튼을 누른 뒤 [볼륨조절] 버튼으로 전환방법을 선택한 후 [통화내역] 버튼을 누르고 다른 전화기 번호를 입력한 후 다시 [통화내역] 버튼을 누른다.
   • 해제할 경우에는 [수신전환] 버튼을 누르고 [볼륨조절] 버튼으로 '사용 안 함' 메뉴에 위치한 후 [통화내역] 버튼을 누른다.

**69** 오늘 첫 출근한 귀하에게 선배 사원은 별다른 설명 없이 전화기 사용법 매뉴얼을 건네주었다. 매뉴얼을 한 번 다 읽어본 후에 마침 옆 테이블에 있는 전화기가 울렸다. 그러나 주변에는 아무도 없었다. 이런 상황에서 전화기의 어떤 기능을 활용하면 되는가?

① 전화걸기
② 3자통화
③ 돌려주기
④ 당겨받기
⑤ 수신전환

**70** 귀하가 근무한 지 벌써 두 달이 지나 새로운 인턴사원이 입사하게 되었다. 귀하가 새로운 인턴에게 전화기 사용법 매뉴얼을 전달하고자 한다. 더욱 쉽게 이해할 수 있도록 그림을 추가하고자 할 때, 다음 중 전화걸기 항목에 들어갈 그림으로 옳은 것은?

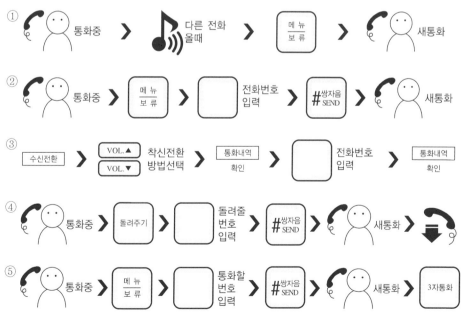

**71** 다음을 참고할 때 1차 자료에 해당하지 않는 것은?

> 정보는 기업이나 어떤 조직을 운영하는 데 있어서 중요한 자원으로, 의사결정을 하거나 문제의 답을
> 알아내고자 할 때 활용하는데, 이러한 정보는 크게 1차 자료와 2차 자료로 구분되어진다. 1차 자료
> 란 원래의 연구 성과가 기록된 자료이며, 2차 자료란 이러한 1차 자료를 효과적으로 찾아보기 위해
> 1차 자료의 정보를 압축하여 정리해 놓은 것을 뜻한다.

① 학술지 논문  ② 연구보고서
③ 단행본  ④ 정기간행물
⑤ 신문

**72** 다음 설명에 해당하는 차트는 무엇인가?

> • 데이터 계열이 하나만 있으므로 축이 없다.
> • 차트의 조각은 사용자가 직접 분리할 수 있다.
> • 차트에서 첫째 조각의 각을 '0° ~ 360°' 사이의 값을 이용하여 회전시킬 수 있다.

① 영역형 차트  ② 분산형 차트
③ 꺾은선형 차트  ④ 원형 차트
⑤ 표면형 차트

**73** 다음 중 엑셀의 메모에 대한 설명으로 옳지 않은 것은?

① 새 메모를 작성하려면 바로가기 키 〈Shift〉+〈F2〉를 누른다.

② 작성된 메모가 표시되는 위치를 자유롭게 지정할 수 있고, 메모가 항상 표시되도록 설정할 수 있다.

③ 피벗 테이블의 셀에 메모를 삽입한 경우 데이터를 정렬하면 메모도 데이터와 함께 정렬된다.

④ 메모의 텍스트 서식을 변경하거나 메모에 입력된 텍스트에 맞도록 메모 크기를 자동으로 조정할 수 있다.

⑤ [메모서식]에서 채우기 효과를 사용하면 이미지를 삽입할 수 있다.

**74** 다음에서 설명하는 내용으로 옳은 것은?

> 코로나19로 인한 경제 침체 상황 속에서 무선 이어폰, 스마트워치 등의 시장이 전년보다 크게 성장해 화제가 되고 있다. 이는 코로나19 팬데믹 확산으로 인한 온라인 학습 및 재택근무, 헬스케어 등이 확대되면서 그와 관련된 기기의 수요가 늘어났기 때문으로 보인다.

① 그리드 컴퓨팅                          ② 디바이스 프리
③ 웨어러블 디바이스                      ④ 유비쿼터스
⑤ 클라우드 컴퓨팅

**75** K공사에서 근무하고 있는 G사원은 2024년 3월 발전소별 생산실적을 엑셀을 이용해 정리하려고 한다. 다음 (A) ~ (E) 셀에 G사원이 입력해야 할 함수로 옳지 않은 것은?

| | A | B | C | D | E | F | G |
|---|---|---|---|---|---|---|---|
| 1 | | | | | | | |
| 2 | | 2024년 3월 발전소별 생산실적 | | | | | |
| 3 | | | | | | | |
| 4 | | 구분 | 열용량(Gcal) | 전기용량(MW) | 열생산량(Gcal) | 발전량(MWH) | 발전량의 순위 |
| 5 | | 파주 | 404 | 516 | 144,600 | 288,111 | (B) |
| 6 | | 판교 | 172 | 146 | 94,657 | 86,382 | |
| 7 | | 광교 | 138 | 145 | 27,551 | 17 | |
| 8 | | 수원 | 71 | 43 | 42,353 | 321,519 | |
| 9 | | 화성 | 407 | 512 | 141,139 | 6,496 | |
| 10 | | 청주 | 105 | 61 | 32,510 | 4,598 | |
| 11 | | 대구 | 71 | 44 | 46,477 | 753 | |
| 12 | | 삼송 | 103 | 99 | 2,792 | 4,321 | |
| 13 | | 평균 | | (A) | (E) | | |
| 14 | | | | | | | |
| 15 | | | | | 열용량의 최댓값(Gcal) | 열생산량 중 세 번째로 높은 값(Gcal) | |
| 16 | | | | | (C) | (D) | |

① (A) : =AVERAGE(D5:D12)

② (B) : =RANK(F5,$F$5:$F$12,1)

③ (C) : =MAX(C5:C12)

④ (D) : =LARGE(E5:E12,3)

⑤ (E) : =AVERAGE(E5:E12)

**76** 다음 중 엑셀의 틀 고정에 대한 설명으로 옳지 않은 것은?

① 고정하고자 하는 행의 위 또는 열의 왼쪽에 셀 포인터를 위치시킨 후 [보기] – [틀 고정]을 선택한다.

② 틀을 고정하면 셀 포인터의 이동에 상관없이 고정된 행이나 열이 표시된다.

③ 문서의 내용이 많은 경우 셀 포인터를 이동하면 문서의 제목 등이 안 보이므로 틀 고정을 사용한다.

④ 인쇄할 때는 틀 고정을 해놓은 것이 적용이 안 되므로 인쇄를 하려면 설정을 바꿔 줘야 한다.

⑤ 틀 고정을 취소할 때에는 셀 포인터의 위치는 상관없이 [보기] – [틀 고정 취소]를 클릭한다.

**77** G대리는 방대한 양의 납품 자료를 한눈에 파악할 수 있게 데이터를 요약해서 보내라는 연락을 받았다. G대리가 이러한 상황에 대응하기 위한 엑셀 기능으로 옳은 것은?

① 매크로 기능을 이용한다.

② 조건부 서식 기능을 이용한다.

③ 피벗 테이블 기능을 이용한다.

④ 유효성 검사 기능을 이용한다.

⑤ 필터 검사 기능을 이용한다.

**78** 다음 시트에서 [A7] 셀에 수식 「=$A$1+$A2」를 입력한 후 [A7] 셀을 복사하여 [C8] 셀에 붙여넣기 했을 때, [C8] 셀에 표시되는 결과로 옳은 것은?

|  | A | B | C |
|---|---|---|---|
| 1 | 1 | 2 | 3 |
| 2 | 2 | 4 | 6 |
| 3 | 3 | 6 | 9 |
| 4 | 4 | 8 | 12 |
| 5 | 5 | 10 | 15 |
| 6 |  |  |  |
| 7 |  |  |  |
| 8 |  |  |  |

① 3

② 4

③ 7

④ 10

⑤ 15

**79** 다음 시트에서 판매수량과 추가판매의 합계를 구하기 위해서 [B6] 셀에 들어갈 수식은?

| | A | B | C |
|---|---|---|---|
| 1 | 일자 | 판매수량 | 추가판매 |
| 2 | 06월19일 | 30 | 8 |
| 3 | 06월20일 | 48 | |
| 4 | 06월21일 | 44 | |
| 5 | 06월22일 | 42 | 12 |
| 6 | 합계 | 164 | |

① =SUM(B2,C2,C5)

② =LEN(B2:B5, 3)

③ =COUNTIF(B2:B5, ">=12")

④ =SUM(B2:B5)

⑤ =SUM(B2:B5,C2,C5)

**80** 다음 중 파일 삭제 시 파일이 [휴지통]에 임시 보관되어 복원이 가능한 경우는?

① 바탕 화면에 있는 파일을 [휴지통]으로 드래그 앤 드롭하여 삭제한 경우

② USB 메모리에 저장되어 있는 파일을 〈Delete〉 키로 삭제한 경우

③ 네트워크 드라이브의 파일을 바로 가기 메뉴의 [삭제]를 클릭하여 삭제한 경우

④ [휴지통]의 크기를 0%로 설정한 후 [내 문서] 폴더 안의 파일을 삭제한 경우

⑤ 네트워크 드라이브 폴더를 〈Shift〉＋〈Delete〉 키로 삭제한 경우

# PART 3

# 채용 가이드

# 블라인드 채용 소개

## 1. 블라인드 채용이란?

채용 과정에서 편견이 개입되어 불합리한 차별을 야기할 수 있는 출신지, 가족관계, 학력, 외모 등의 편견요인은 제외하고, 직무능력만을 평가하여 인재를 채용하는 방식입니다.

## 2. 블라인드 채용의 필요성

- 채용의 공정성에 대한 사회적 요구
  - 누구에게나 직무능력만으로 경쟁할 수 있는 균등한 고용기회를 제공해야 하나, 아직도 채용의 공정성에 대한 불신이 존재
  - 채용상 차별금지에 대한 법적 요건이 권고적 성격에서 처벌을 동반한 의무적 성격으로 강화되는 추세
  - 시민의식과 지원자의 권리의식 성숙으로 차별에 대한 법적 대응 가능성 증가
- 우수인재 채용을 통한 기업의 경쟁력 강화 필요
  - 직무능력과 무관한 학벌, 외모 위주의 선발로 우수인재 선발기회 상실 및 기업경쟁력 약화
  - 채용 과정에서 차별 없이 직무능력중심으로 선발한 우수인재 확보 필요
- 공정한 채용을 통한 사회적 비용 감소 필요
  - 편견에 의한 차별적 채용은 우수인재 선발을 저해하고 외모·학벌 지상주의 등의 심화로 불필요한 사회적 비용 증가
  - 채용에서의 공정성을 높여 사회의 신뢰수준 제고

## 3. 블라인드 채용의 특징

편견요인을 요구하지 않는 대신 직무능력을 평가합니다.

블라인드 채용 = 편견유발 요인제외 + 직무능력 중심평가

※ 직무능력중심 채용이란?
기업의 역량기반 채용, NCS기반 능력중심 채용과 같이 직무수행에 필요한 능력과 역량을 평가하여 선발하는 채용방식을 통칭합니다.

## 4. 블라인드 채용의 평가요소

직무수행에 필요한 지식, 기술, 태도 등을 과학적인 선발기법을 통해 평가합니다.

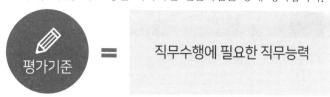

**평가기준** = **직무수행에 필요한 직무능력**

※ 과학적 선발기법이란?
직무분석을 통해 도출된 평가요소를 서류, 필기, 면접 등을 통해 체계적으로 평가하는 방법으로 입사지원서, 자기소개서, 직무수행능력평가, 구조화 면접 등이 해당됩니다.

## 5. 블라인드 채용 주요 도입 내용

- 입사지원서에 인적사항 요구 금지
  - 인적사항에는 출신지역, 가족관계, 결혼여부, 재산, 취미 및 특기, 종교, 생년월일(연령), 성별, 신장 및 체중, 사진, 전공, 학교명, 학점, 외국어 점수, 추천인 등이 해당
  - 채용 직무를 수행하는 데 있어 반드시 필요하다고 인정될 경우는 제외
    예 특수경비직 채용 시 : 시력, 건강한 신체 요구
    연구직 채용 시 : 논문, 학위 요구 등
- 블라인드 면접 실시
  - 면접관에게 응시자의 출신지역, 가족관계, 학교명 등 인적사항 정보 제공 금지
  - 면접관은 응시자의 인적사항에 대한 질문 금지

## 6. 블라인드 채용 도입의 효과성

- 구성원의 다양성과 창의성이 높아져 기업 경쟁력 강화
  - 편견을 없애고 직무능력 중심으로 선발하므로 다양한 직원 구성 가능
  - 다양한 생각과 의견을 통하여 기업의 창의성이 높아져 기업경쟁력 강화
- 직무에 적합한 인재선발을 통한 이직률 감소 및 만족도 제고
  - 사전에 지원자들에게 구체적이고 상세한 직무요건을 제시함으로써 허수 지원이 낮아지고, 직무에 적합한 지원자 모집 가능
  - 직무에 적합한 인재가 선발되어 직무이해도가 높아져 업무효율 증대 및 만족도 제고
- 채용의 공정성과 기업이미지 제고
  - 블라인드 채용은 사회적 편견을 줄인 선발 방법으로 기업에 대한 사회적 인식 제고
  - 채용과정에서 불합리한 차별을 받지 않고 실력에 의해 공정하게 평가를 받을 것이라는 믿음을 제공하고, 지원자들은 평등한 기회와 공정한 선발과정 경험

# CHAPTER

# 02 서류전형 가이드

## 01 채용공고문

### 1. 채용공고문의 변화

| 기존 채용공고문 | 변화된 채용공고문 |
|---|---|
| • 취업준비생에게 불충분하고 불친절한 측면 존재<br>• 모집분야에 대한 명확한 직무관련 정보 및 평가기준 부재<br>• 해당분야에 지원하기 위한 취업준비생의 무분별한 스펙 쌓기 현상 발생 | • NCS 직무분석에 기반한 채용공고를 토대로 채용전형 진행<br>• 지원자가 입사 후 수행하게 될 업무에 대한 자세한 정보 공지<br>• 직무수행내용, 직무수행 시 필요한 능력, 관련된 자격, 직업기초능력 제시<br>• 지원자가 해당 직무에 필요한 스펙만을 준비할 수 있도록 안내 |
| • 모집부문 및 응시자격<br>• 지원서 접수<br>• 전형절차<br>• 채용조건 및 처우<br>• 기타사항 | • 채용절차<br>• 채용유형별 선발분야 및 예정인원<br>• 전형방법<br>• 선발분야별 직무기술서<br>• 우대사항 |

### 2. 지원 유의사항 및 지원요건 확인

채용 직무에 따른 세부사항을 공고문에 명시하여 지원자에게 적격한 지원 기회를 부여함과 동시에 채용과정에서의 공정성과 신뢰성을 확보합니다.

| 구성 | 내용 | 확인사항 |
|---|---|---|
| 모집분야 및 규모 | 고용형태(인턴 계약직 등), 모집분야, 인원, 근무지역 등 | 채용직무가 여러 개일 경우 본인이 해당되는 직무의 채용규모 확인 |
| 응시자격 | 기본 자격사항, 지원조건 | 지원을 위한 최소자격요건을 확인하여 불필요한 지원을 예방 |
| 우대조건 | 법정·특별·자격증 가점 | 본인의 가점 여부를 검토하여 가점 획득을 위한 사항을 사실대로 기재 |
| 근무조건 및 보수 | 고용형태 및 고용기간, 보수, 근무지 | 본인이 생각하는 기대수준에 부합하는지 확인하여 불필요한 지원을 예방 |
| 시험방법 | 서류·필기·면접전형 등의 활용방안 | 전형방법 및 세부 평가기법 등을 확인하여 지원전략 준비 |
| 전형일정 | 접수기간, 각 전형 단계별 심사 및 합격자 발표일 등 | 본인의 지원 스케줄을 검토하여 차질이 없도록 준비 |
| 제출서류 | 입사지원서(경력·경험기술서 등), 각종 증명서 및 자격증 사본 등 | 지원요건 부합 여부 및 자격 증빙서류 사전에 준비 |
| 유의사항 | 임용취소 등의 규정 | 임용취소 관련 법적 또는 기관 내부 규정을 검토하여 해당여부 확인 |

직무기술서란 직무수행의 내용과 필요한 능력, 관련 자격, 직업기초능력 등을 상세히 기재한 것으로 입사 후 수행하게 될 업무에 대한 정보가 수록되어 있는 자료입니다.

## 1. 채용분야

설명

NCS 직무분류 체계에 따라 직무에 대한「대분류 – 중분류 – 소분류 – 세분류」체계를 확인할 수 있습니다. 채용 직무에 대한 모든 직무기술서를 첨부하게 되며 실제 수행 업무를 기준으로 세부적인 분류정보를 제공합니다.

| 채용분야 | 분류체계 | | | |
|---|---|---|---|---|
| 사무행정 | 대분류 | 중분류 | 소분류 | 세분류 |
| 분류코드 | 02. 경영·회계·사무 | 03. 재무·회계 | 01. 재무 | 01. 예산 |
| | | | | 02. 자금 |
| | | | 02. 회계 | 01. 회계감사 |
| | | | | 02. 세무 |

## 2. 능력단위

설명

직무분류 체계의 세분류 하위능력단위 중 실질적으로 수행할 업무의 능력만 구체적으로 파악할 수 있습니다.

| 능력단위 | (예산) | 03. 연간종합예산수립 | 04. 추정재무제표 작성 |
|---|---|---|---|
| | | 05. 확정예산 운영 | 06. 예산실적 관리 |
| | (자금) | 04. 자금운용 | |
| | (회계감사) | 02. 자금관리 | 04. 결산관리 |
| | | 05. 회계정보시스템 운용 | 06. 재무분석 |
| | | 07. 회계감사 | |
| | (세무) | 02. 결산관리 | 05. 부가가치세 신고 |
| | | 07. 법인세 신고 | |

## 3. 직무수행내용

설명

세분류 영역의 기본정의를 통해 직무수행내용을 확인할 수 있습니다. 입사 후 수행할 직무내용을 구체적으로 확인할 수 있으며, 이를 통해 입사서류 작성부터 면접까지 직무에 대한 명확한 이해를 바탕으로 자신의 희망직무인지 아닌지, 해당 직무가 자신이 알고 있던 직무가 맞는지 확인할 수 있습니다.

| 직무수행내용 | (예산) 일정기간 예상되는 수익과 비용을 편성, 집행하며 통제하는 일 |
|---|---|
| | (자금) 자금의 계획 수립, 조달, 운용을 하고 발생 가능한 위험 관리 및 성과평가 |
| | (회계감사) 기업 및 조직 내·외부에 있는 의사결정자들이 효율적인 의사결정을 할 수 있도록 유용한 정보를 제공, 제공된 회계정보의 적정성을 파악하는 일 |
| | (세무) 세무는 기업의 활동을 위하여 주어진 세법범위 내에서 조세부담을 최소화시키는 조세전략을 포함하고 정확한 과세소득과 과세표준 및 세액을 산출하여 과세당국에 신고·납부하는 일 |

## 4. 직무기술서 예시

| 태도 | (예산) 정확성, 분석적 태도, 논리적 태도, 타 부서와의 협조적 태도, 설득력 |
|---|---|
|  | (자금) 분석적 사고력 |
|  | (회계 감사) 합리적 태도, 전략적 사고, 정확성, 적극적 협업 태도, 법률준수 태도, 분석적 태도, 신속성, 책임감, 정확한 판단력 |
|  | (세무) 규정 준수 의지, 수리적 정확성, 주의 깊은 태도 |
| 우대 자격증 | 공인회계사, 세무사, 컴퓨터활용능력, 변호사, 워드프로세서, 전산회계운용사, 사회조사분석사, 재경관리사, 회계관리 등 |
| 직업기초능력 | 의사소통능력, 문제해결능력, 자원관리능력, 대인관계능력, 정보능력, 조직이해능력 |

## 5. 직무기술서 내용별 확인사항

| 항목 | 확인사항 |
|---|---|
| 모집부문 | 해당 채용에서 선발하는 부문(분야)명 확인 예 사무행정, 전산, 전기 |
| 분류체계 | 지원하려는 분야의 세부직무군 확인 |
| 주요기능 및 역할 | 지원하려는 기업의 전사적인 기능과 역할, 산업군 확인 |
| 능력단위 | 지원분야의 직무수행에 관련되는 세부업무사항 확인 |
| 직무수행내용 | 지원분야의 직무군에 대한 상세사항 확인 |
| 전형방법 | 지원하려는 기업의 신입사원 선발전형 절차 확인 |
| 일반요건 | 교육사항을 제외한 지원 요건 확인(자격요건, 특수한 경우 연령) |
| 교육요건 | 교육사항에 대한 지원요건 확인(대졸 / 초대졸 / 고졸 / 전공 요건) |
| 필요지식 | 지원분야의 업무수행을 위해 요구되는 지식 관련 세부항목 확인 |
| 필요기술 | 지원분야의 업무수행을 위해 요구되는 기술 관련 세부항목 확인 |
| 직무수행태도 | 지원분야의 업무수행을 위해 요구되는 태도 관련 세부항목 확인 |
| 직업기초능력 | 지원분야 또는 지원기업의 조직원으로서 근무하기 위해 필요한 일반적인 능력사항 확인 |

## 1. 입사지원서의 변화

| 기존지원서 | | 능력중심 채용 입사지원서 | |
|---|---|---|---|
| 직무와 관련 없는 학점, 개인신상, 어학점수, 자격, 수상경력 등을 나열하도록 구성 | VS | 해당 직무수행에 꼭 필요한 정보들을 제시할 수 있도록 구성 | |

| | | |
|---|---|---|
| 직무기술서 | | 인적사항 | 성명, 연락처, 지원분야 등 작성 (평가 미반영) |
| 직무수행내용 | | 교육사항 | 직무지식과 관련된 학교교육 및 직업교육 작성 |
| 요구지식 / 기술 | → | 자격사항 | 직무관련 국가공인 또는 민간자격 작성 |
| 관련 자격증 | | 경력 및 경험사항 | 조직에 소속되어 일정한 임금을 받거나(경력) 임금 없이(경험) 직무와 관련된 활동 내용 작성 |
| 사전직무경험 | | | |

## 2. 교육사항

• 지원분야 직무와 관련된 학교 교육이나 직업교육 혹은 기타교육 등 직무에 대한 지원자의 학습 여부를 평가하기 위한 항목입니다.

• 지원하고자 하는 직무의 학교 전공교육 이외에 직업교육, 기타교육 등을 기입할 수 있기 때문에 전공 제한 없이 직업교육과 기타교육을 이수하여 지원이 가능하도록 기회를 제공합니다.

(기타교육 : 학교 이외의 기관에서 개인이 이수한 교육과정 중 지원직무와 관련이 있다고 생각되는 교육내용)

| 구분 | 교육과정(과목)명 | 교육내용 | 과업(능력단위) |
|---|---|---|---|
| | | | |
| | | | |

## 3. 자격사항

- 채용공고 및 직무기술서에 제시되어 있는 자격 현황을 토대로 지원자가 해당 직무를 수행하는 데 필요한 능력을 가지고 있는지를 평가하기 위한 항목입니다.
- 채용공고 및 직무기술서에 기재된 직무관련 필수 또는 우대자격 항목을 확인하여 본인이 보유하고 있는 자격사항을 기재합니다.

| 자격유형 | 자격증명 | 발급기관 | 취득일자 | 자격증번호 |
|---|---|---|---|---|
|  |  |  |  |  |
|  |  |  |  |  |

## 4. 경력 및 경험사항

- 직무와 관련된 경력이나 경험 여부를 표현하도록 하여 직무와 관련한 능력을 갖추었는지를 평가하기 위한 항목입니다.
- 해당 기업에서 직무를 수행함에 있어 필요한 사항만을 기록하게 되어 있기 때문에 직무와 무관한 스펙을 갖추지 않아도 됩니다.
- 경력 : 금전적 보수를 받고 일정기간 동안 일했던 경우
- 경험 : 금전적 보수를 받지 않고 수행한 활동

※ 기업에 따라 경력 / 경험 관련 증빙자료 요구 가능

| 구분 | 조직명 | 직위 / 역할 | 활동기간(년 / 월) | 주요과업 / 활동내용 |
|---|---|---|---|---|
|  |  |  |  |  |
|  |  |  |  |  |

> **Tip**
>
> 입사지원서 작성 방법
> ○ 경력 및 경험사항 작성
> - 직무기술서에 제시된 지식, 기술, 태도와 지원자의 교육사항, 경력(경험)사항, 자격사항과 연계하여 개인의 직무역량에 대해 스스로 판단 가능
> ○ 인적사항 최소화
> - 개인의 인적사항, 학교명, 가족관계 등을 노출하지 않도록 유의
>
> ┌─────────────────────────────────────────────┐
> │ 부적절한 입사지원서 작성 사례
> │ • 학교 이메일을 기입하여 학교명 노출
> │ • 거주지 주소에 학교 기숙사 주소를 기입하여 학교명 노출
> │ • 자기소개서에 부모님이 재직 중인 기업명, 직위, 직업을 기입하여 가족관계 노출
> │ • 자기소개서에 석·박사 과정에 대한 이야기를 언급하여 학력 노출
> │ • 동아리 활동에 대한 내용을 학교명과 더불어 언급하여 학교명 노출
> └─────────────────────────────────────────────┘

## 1. 자기소개서의 변화

- 기존의 자기소개서는 지원자의 일대기나 관심 분야, 성격의 장·단점 등 개괄적인 사항을 묻는 질문으로 구성되어 지원자가 자신의 직무능력을 제대로 표출하지 못합니다.
- 능력중심 채용의 자기소개서는 직무기술서에 제시된 직업기초능력(또는 직무수행능력)에 대한 지원자의 과거 경험을 기술하게 함으로써 평가 타당도의 확보가 가능합니다.

| 1. 우리 회사와 해당 지원 직무분야에 지원한 동기에 대해 기술해 주세요. |
|---|
| |

| 2. 자신이 경험한 다양한 사회활동에 대해 기술해 주세요. |
|---|
| |

| 3. 지원 직무에 대한 전문성을 키우기 위해 받은 교육과 경험 및 경력사항에 대해 기술해 주세요. |
|---|
| |

| 4. 인사업무 또는 팀 과제 수행 중 발생한 갈등을 원만하게 해결해 본 경험이 있습니까? 당시 상황에 대한 설명과 갈등의 대상이 되었던 상대방을 설득한 과정 및 방법을 기술해 주세요. |
|---|
| |

| 5. 과거에 있었던 일 중 가장 어려웠던(힘들었었던) 상황을 고르고, 어떤 방법으로 그 상황을 해결했는지를 기술해 주세요. |
|---|
| |

자기소개서 작성 방법

① 자기소개서 문항이 묻고 있는 평가 역량 추측하기

예시

- 팀 활동을 하면서 갈등 상황 시 상대방의 니즈나 의도를 명확히 파악하고 해결하여 목표 달성에 기여했던 경험에 대해서 작성해 주시기 바랍니다.
- 다른 사람이 생각해내지 못했던 문제점을 찾고 이를 해결한 경험에 대해 작성해 주시기 바랍니다.

② 해당 역량을 보여줄 수 있는 소재 찾기(시간×역량 매트릭스)

예시

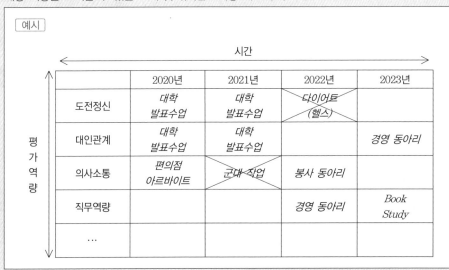

|  | | 시간 | | |
|---|---|---|---|---|
| 평가역량 | | 2020년 | 2021년 | 2022년 | 2023년 |
| 도전정신 | 대학 발표수업 | 대학 발표수업 | ~~다이어트 (헬스)~~ | |
| 대인관계 | 대학 발표수업 | 대학 발표수업 | | 경영 동아리 |
| 의사소통 | 편의점 아르바이트 | ~~군대 작업~~ | 봉사 동아리 | |
| 직무역량 | | | 경영 동아리 | Book Study |
| … | | | | |

③ 자기소개서 작성 Skill 익히기

- 두괄식으로 작성하기
- 구체적 사례를 사용하기
- '나'를 중심으로 작성하기
- 직무역량 강조하기
- 경험 사례의 차별성 강조하기

## 01  인성검사 유형

인성검사는 지원자의 성격특성을 객관적으로 파악하고 그것이 각 기업에서 필요로 하는 인재상과 가치에 부합하는가를 평가하기 위한 검사입니다. 인성검사는 KPDI(한국인재개발진흥원), K-SAD(한국사회적성개발원), KIRBS(한국행동과학연구소), SHR(에스에이치알) 등의 전문기관을 통해 각 기업의 특성에 맞는 검사를 선택하여 실시합니다. 대표적인 인성검사의 유형에는 크게 다음과 같은 세 가지가 있으며, 채용 대행업체에 따라 달라집니다.

### 1. KPDI 검사

조직적응성과 직무적합성을 알아보기 위한 검사로 인성검사, 인성역량검사, 인적성검사, 직종별 인적성 검사 등의 다양한 검사 도구를 구현합니다. KPDI는 성격을 파악하고 정신건강 상태 등을 측정하고, 직무 검사는 해당 직무를 수행하기 위해 기본적으로 갖추어야 할 인지적 능력을 측정합니다. 역량검사는 특정 직무 역할을 효과적으로 수행하는 데 직접적으로 관련 있는 개인의 행동, 지식, 스킬, 가치관 등을 측정합니다.

### 2. KAD(Korea Aptitude Development) 검사

K-SAD(한국사회적성개발원)에서 실시하는 적성검사 프로그램입니다. 개인의 성향, 지적 능력, 기호, 관심, 흥미도를 종합적으로 분석하여 적성에 맞는 업무가 무엇인가 파악하고, 직무수행에 있어서 요구되는 기초능력과 실무능력을 분석합니다.

### 3. SHR 직무적성검사

직무수행에 필요한 종합적인 사고 능력을 다양한 적성검사(Paper and Pencil Test)로 평가합니다. SHR의 모든 직무능력검사는 표준화 검사입니다. 표준화 검사는 표본집단의 점수를 기초로 규준이 만들어진 검사이므로 개인의 점수를 규준에 맞추어 해석·비교하는 것이 가능합니다. S(Standardized Tests), H(Hundreds of Version), R(Reliable Norm Data)을 특징으로 하며, 직군·직급별 특성과 선발 수준에 맞추어 검사를 적용할 수 있습니다.

인성검사는 특히 면접질문과 관련성이 높습니다. 면접관은 지원자의 인성검사 결과를 토대로 질문을 하기 때문입니다. 일관적이고 이상적인 답변을 하는 것이 가장 좋지만, 실제 시험은 매우 복잡하여 전문가라 해도 일정 성격을 유지하면서 답변을 하는 것이 힘듭니다. 또한, 인성검사에는 라이 스케일(Lie Scale) 설문이 전체 설문 속에 교묘하게 섞여 들어가 있으므로 겉치레적인 답을 하게 되면 회답태도의 허위성이 그대로 드러나게 됩니다. 예를 들어 '거짓말을 한 적이 한 번도 없다.'에 '예'로 답하고, '때로는 거짓말을 하기도 한다.'에 '예'라고 답하여 라이 스케일의 득점이 올라가게 되면 모든 회답의 신빙성이 사라지고 '자신을 돋보이게 하려는 사람'이라는 평가를 받을 수 있으므로 주의해야 합니다. 따라서 모의테스트를 통해 인성검사의 유형과 실제 시험 시 어떻게 문제를 풀어야 하는지 연습해 보고 체크한 부분 중 자신의 단점과 연결되는 부분은 면접에서 질문이 들어왔을 때 어떻게 대처해야 하는지 생각해 보는 것이 좋습니다.

## 1. 기업의 인재상을 파악하라!

인성검사를 통해 개인의 성격 특성을 파악하고 그것이 기업의 인재상과 가치에 부합하는지를 평가하는 시험이기 때문에 해당 기업의 인재상을 먼저 파악하고 시험에 임하는 것이 좋습니다. 모의테스트에서 인재상에 맞는 가상의 인물을 설정하고 문제에 답해 보는 것도 많은 도움이 됩니다.

## 2. 일관성 있는 대답을 하라!

짧은 시간 안에 다양한 질문에 답을 해야 하는데, 그 안에는 중복되는 질문이 여러 번 나옵니다. 이때 앞서 자신이 체크했던 대답을 잘 기억해뒀다가 일관성 있는 답을 하는 것이 중요합니다.

## 3. 모든 문항에 대답하라!

많은 문제를 짧은 시간 안에 풀려다 보니 다 못 푸는 경우도 종종 생깁니다. 하지만 대답을 누락하거나 끝까지 다 못했을 경우 좋지 않은 결과를 가져올 수도 있으니 최대한 주어진 시간 안에 모든 문항에 답할 수 있도록 해야 합니다.

※ 모의테스트는 질문 및 답변 유형 연습을 위한 것으로 실제 시험과 다를 수 있습니다.
※ 인성검사는 정답이 따로 없는 유형의 검사이므로 결과지를 제공하지 않습니다.

| 번호 | 내용 | 예 | 아니요 |
|---|---|---|---|
| 001 | 나는 솔직한 편이다. | ☐ | ☐ |
| 002 | 나는 리드하는 것을 좋아한다. | ☐ | ☐ |
| 003 | 법을 어겨서 말썽이 된 적이 한 번도 없다. | ☐ | ☐ |
| 004 | 거짓말을 한 번도 한 적이 없다. | ☐ | ☐ |
| 005 | 나는 눈치가 빠르다. | ☐ | ☐ |
| 006 | 나는 일을 주도하기보다는 뒤에서 지원하는 것을 선호한다. | ☐ | ☐ |
| 007 | 앞일은 알 수 없기 때문에 계획은 필요하지 않다. | ☐ | ☐ |
| 008 | 거짓말도 때로는 방편이라고 생각한다. | ☐ | ☐ |
| 009 | 사람이 많은 술자리를 좋아한다. | ☐ | ☐ |
| 010 | 걱정이 지나치게 많다. | ☐ | ☐ |
| 011 | 일을 시작하기 전 재고하는 경향이 있다. | ☐ | ☐ |
| 012 | 불의를 참지 못한다. | ☐ | ☐ |
| 013 | 처음 만나는 사람과도 이야기를 잘 한다. | ☐ | ☐ |
| 014 | 때로는 변화가 두렵다. | ☐ | ☐ |
| 015 | 나는 모든 사람에게 친절하다. | ☐ | ☐ |
| 016 | 힘든 일이 있을 때 술은 위로가 되지 않는다. | ☐ | ☐ |
| 017 | 결정을 빨리 내리지 못해 손해를 본 경험이 있다. | ☐ | ☐ |
| 018 | 기회를 잡을 준비가 되어 있다. | ☐ | ☐ |
| 019 | 때로는 내가 정말 쓸모없는 사람이라고 느낀다. | ☐ | ☐ |
| 020 | 누군가 나를 챙겨주는 것이 좋다. | ☐ | ☐ |
| 021 | 자주 가슴이 답답하다. | ☐ | ☐ |
| 022 | 나는 내가 자랑스럽다. | ☐ | ☐ |
| 023 | 경험이 중요하다고 생각한다. | ☐ | ☐ |
| 024 | 전자기기를 분해하고 다시 조립하는 것을 좋아한다. | ☐ | ☐ |

| 025 | 감시받고 있다는 느낌이 든다. | ☐ | ☐ |
|-----|----------------------------|---|---|
| 026 | 난처한 상황에 놓이면 그 순간을 피하고 싶다. | ☐ | ☐ |
| 027 | 세상엔 믿을 사람이 없다. | ☐ | ☐ |
| 028 | 잘못을 빨리 인정하는 편이다. | ☐ | ☐ |
| 029 | 지도를 보고 길을 잘 찾아간다. | ☐ | ☐ |
| 030 | 귓속말을 하는 사람을 보면 날 비난하고 있는 것 같다. | ☐ | ☐ |
| 031 | 막무가내라는 말을 들을 때가 있다. | ☐ | ☐ |
| 032 | 장래의 일을 생각하면 불안하다. | ☐ | ☐ |
| 033 | 결과보다 과정이 중요하다고 생각한다. | ☐ | ☐ |
| 034 | 운동은 그다지 할 필요가 없다고 생각한다. | ☐ | ☐ |
| 035 | 새로운 일을 시작할 때 좀처럼 한 발을 떼지 못한다. | ☐ | ☐ |
| 036 | 기분 상하는 일이 있더라도 참는 편이다. | ☐ | ☐ |
| 037 | 업무능력은 성과로 평가받아야 한다고 생각한다. | ☐ | ☐ |
| 038 | 머리가 맑지 못하고 무거운 느낌이 든다. | ☐ | ☐ |
| 039 | 가끔 이상한 소리가 들린다. | ☐ | ☐ |
| 040 | 타인이 내게 자주 고민상담을 하는 편이다. | ☐ | ☐ |

※ 모의테스트는 질문 및 답변 유형 연습을 위한 것으로 실제 시험과 다를 수 있습니다.
※ 인성검사는 정답이 따로 없는 유형의 검사이므로 결과지를 제공하지 않습니다.

※ 이 성격검사의 각 문항에는 서로 다른 행동을 나타내는 네 개의 문장이 제시되어 있습니다. 이 문장들을 비교하여, 자신의 평소 행동과 가장 가까운 문장을 'ㄱ' 열에 표기하고, 가장 먼 문장을 'ㅁ' 열에 표기하십시오.

**01** 나는 _____

|  | ㄱ | ㅁ |
|---|---|---|
| A. 실용적인 해결책을 찾는다. | ☐ | ☐ |
| B. 다른 사람을 돕는 것을 좋아한다. | ☐ | ☐ |
| C. 세부 사항을 잘 챙긴다. | ☐ | ☐ |
| D. 상대의 주장에서 허점을 잘 찾는다. | ☐ | ☐ |

**02** 나는 _____

|  | ㄱ | ㅁ |
|---|---|---|
| A. 매사에 적극적으로 임한다. | ☐ | ☐ |
| B. 즉흥적인 편이다. | ☐ | ☐ |
| C. 관찰력이 있다. | ☐ | ☐ |
| D. 임기응변에 강하다. | ☐ | ☐ |

**03** 나는 _____

|  | ㄱ | ㅁ |
|---|---|---|
| A. 무서운 영화를 잘 본다. | ☐ | ☐ |
| B. 조용한 곳이 좋다. | ☐ | ☐ |
| C. 가끔 울고 싶다. | ☐ | ☐ |
| D. 집중력이 좋다. | ☐ | ☐ |

**04** 나는 _____

|  | ㄱ | ㅁ |
|---|---|---|
| A. 기계를 조립하는 것을 좋아한다. | ☐ | ☐ |
| B. 집단에서 리드하는 역할을 맡는다. | ☐ | ☐ |
| C. 호기심이 많다. | ☐ | ☐ |
| D. 음악을 듣는 것을 좋아한다. | ☐ | ☐ |

**05**  나는 _____

| | ㄱ | ㅁ |
|---|---|---|
| A. 타인을 늘 배려한다. | ☐ | ☐ |
| B. 감수성이 예민하다. | ☐ | ☐ |
| C. 즐겨하는 운동이 있다. | ☐ | ☐ |
| D. 일을 시작하기 전에 계획을 세운다. | ☐ | ☐ |

**06**  나는 _____

| | ㄱ | ㅁ |
|---|---|---|
| A. 타인에게 설명하는 것을 좋아한다. | ☐ | ☐ |
| B. 여행을 좋아한다. | ☐ | ☐ |
| C. 정적인 것이 좋다. | ☐ | ☐ |
| D. 남을 돕는 것에 보람을 느낀다. | ☐ | ☐ |

**07**  나는 _____

| | ㄱ | ㅁ |
|---|---|---|
| A. 기계를 능숙하게 다룬다. | ☐ | ☐ |
| B. 밤에 잠이 잘 오지 않는다. | ☐ | ☐ |
| C. 한 번 간 길을 잘 기억한다. | ☐ | ☐ |
| D. 불의를 보면 참을 수 없다. | ☐ | ☐ |

**08**  나는 _____

| | ㄱ | ㅁ |
|---|---|---|
| A. 종일 말을 하지 않을 때가 있다. | ☐ | ☐ |
| B. 사람이 많은 곳을 좋아한다. | ☐ | ☐ |
| C. 술을 좋아한다. | ☐ | ☐ |
| D. 휴양지에서 편하게 쉬고 싶다. | ☐ | ☐ |

**09** 나는 _____

| | ㄱ | ㅁ |
|---|---|---|
| A. 뉴스보다는 드라마를 좋아한다. | ☐ | ☐ |
| B. 길을 잘 찾는다. | ☐ | ☐ |
| C. 주말엔 집에서 쉬는 것이 좋다. | ☐ | ☐ |
| D. 아침에 일어나는 것이 힘들다. | ☐ | ☐ |

**10** 나는 _____

| | ㄱ | ㅁ |
|---|---|---|
| A. 이성적이다. | ☐ | ☐ |
| B. 할 일을 종종 미룬다. | ☐ | ☐ |
| C. 어른을 대하는 게 힘들다. | ☐ | ☐ |
| D. 불을 보면 매혹을 느낀다. | ☐ | ☐ |

**11** 나는 _____

| | ㄱ | ㅁ |
|---|---|---|
| A. 상상력이 풍부하다. | ☐ | ☐ |
| B. 예의 바르다는 소리를 자주 듣는다. | ☐ | ☐ |
| C. 사람들 앞에 서면 긴장한다. | ☐ | ☐ |
| D. 친구를 자주 만난다. | ☐ | ☐ |

**12** 나는 _____

| | ㄱ | ㅁ |
|---|---|---|
| A. 나만의 스트레스 해소 방법이 있다. | ☐ | ☐ |
| B. 친구가 많다. | ☐ | ☐ |
| C. 책을 자주 읽는다. | ☐ | ☐ |
| D. 활동적이다. | ☐ | ☐ |

## 01 면접유형 파악

### 1. 면접전형의 변화

기존 면접전형에서는 일상적이고 단편적인 대화나 지원자의 첫인상 및 면접관의 주관적인 판단 등에 의해서 입사 결정 여부를 판단하는 경우가 많았습니다. 이러한 면접전형은 면접 내용의 일관성이 결여되거나 직무 관련 타당성이 부족하였고, 면접에 대한 신뢰도에 영향을 주었습니다.

| 기존 면접(전통적 면접) | | 능력중심 채용 면접(구조화 면접) |
|---|---|---|
| • 일상적이고 단편적인 대화<br>• 인상, 외모 등 외부 요소의 영향<br>• 주관적인 판단에 의존한 총점 부여<br><br>⇩<br><br>• 면접 내용의 일관성 결여<br>• 직무관련 타당성 부족<br>• 주관적인 채점으로 신뢰도 저하 | VS | • 일관성<br>  – 직무관련 역량에 초점을 둔 구체적 질문 목록<br>  – 지원자별 동일 질문 적용<br>• 구조화<br>  – 면접 진행 및 평가 절차를 일정한 체계에 의해 구성<br>• 표준화<br>  – 평가 타당도 제고를 위한 평가 Matrix 구성<br>  – 척도에 따라 항목별 채점, 개인 간 비교<br>• 신뢰성<br>  – 면접진행 매뉴얼에 따라 면접위원 교육 및 실습 |

### 2. 능력중심 채용의 면접 유형

① 경험 면접
- 목적 : 선발하고자 하는 직무 능력이 필요한 과거 경험을 질문합니다.
- 평가요소 : 직업기초능력과 인성 및 태도적 요소를 평가합니다.

② 상황 면접
- 목적 : 특정 상황을 제시하고 지원자의 행동을 관찰함으로써 실제 상황의 행동을 예상합니다.
- 평가요소 : 직업기초능력과 인성 및 태도적 요소를 평가합니다.

③ 발표 면접
- 목적 : 특정 주제와 관련된 지원자의 발표와 질의응답을 통해 지원자 역량을 평가합니다.
- 평가요소 : 직무수행능력과 인지적 역량(문제해결능력)을 평가합니다.

④ 토론 면접
- 목적 : 토의과제에 대한 의견수렴 과정에서 지원자의 역량과 상호작용능력을 평가합니다.
- 평가요소 : 직무수행능력과 팀워크를 평가합니다.

## 1. 경험 면접

① 경험 면접의 특징
- 주로 직업기초능력에 관련된 지원자의 과거 경험을 심층 질문하여 검증하는 면접입니다.
- 직무능력과 관련된 과거 경험을 평가하기 위해 심층 질문을 하며, 이 질문은 지원자의 답변에 대하여 '꼬리에 꼬리를 무는 형식'으로 진행됩니다.

> - 능력요소, 정의, 심사 기준
>   - 평가하고자 하는 능력요소, 정의, 심사기준을 확인하여 면접위원이 해당 능력요소 관련 질문을 제시합니다.
> - Opening Question
>   - 능력요소에 관련된 과거 경험을 유도하기 위한 시작 질문을 합니다.
> - Follow-up Question
>   - 지원자의 경험 수준을 구체적으로 검증하기 위한 질문입니다.
>   - 경험 수준 검증을 위한 상황(Situation), 임무(Task), 역할 및 노력(Action), 결과(Result) 등으로 질문을 구분합니다.

경험 면접의 형태

[면접관 1] [면접관 2] [면접관 3]    [면접관 1] [면접관 2] [면접관 3]

[지원자]    [지원자 1] [지원자 2] [지원자 3]

〈일대다 면접〉    〈다대다 면접〉

② 경험 면접의 구조

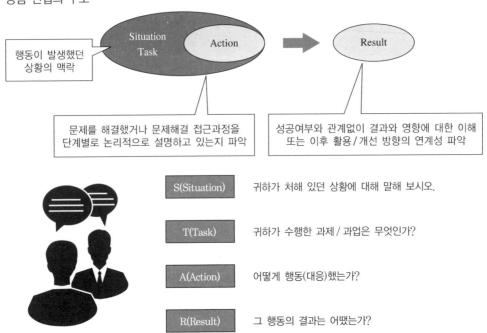

행동이 발생했던 상황의 맥락

문제를 해결했거나 문제해결 접근과정을 단계별로 논리적으로 설명하고 있는지 파악

성공여부와 관계없이 결과와 영향에 대한 이해 또는 이후 활용/개선 방향의 연계성 파악

| S(Situation) | 귀하가 처해 있던 상황에 대해 말해 보시오. |
| T(Task) | 귀하가 수행한 과제/과업은 무엇인가? |
| A(Action) | 어떻게 행동(대응)했는가? |
| R(Result) | 그 행동의 결과는 어땠는가? |

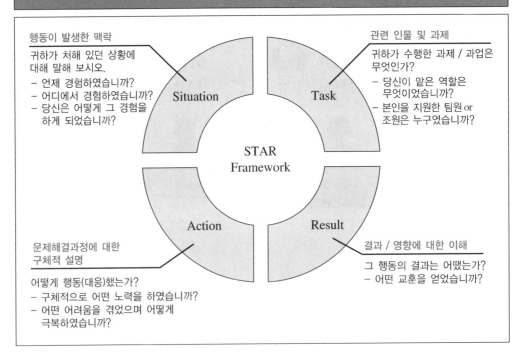

(          )에 관한 과거 경험에 대하여 말해 보시오.

행동이 발생한 맥락
귀하가 처해 있던 상황에 대해 말해 보시오.
– 언제 경험하였습니까?
– 어디에서 경험하였습니까?
– 당신은 어떻게 그 경험을 하게 되었습니까?

**Situation**

관련 인물 및 과제
귀하가 수행한 과제/과업은 무엇인가?
– 당신이 맡은 역할은 무엇이었습니까?
– 본인을 지원한 팀원 or 조원은 누구였습니까?

**Task**

STAR Framework

문제해결과정에 대한 구체적 설명
어떻게 행동(대응)했는가?
– 구체적으로 어떤 노력을 하였습니까?
– 어떤 어려움을 겪었으며 어떻게 극복하였습니까?

**Action**

결과/영향에 대한 이해
그 행동의 결과는 어땠는가?
– 어떤 교훈을 얻었습니까?

**Result**

③ 경험 면접 질문 예시(직업윤리)

| 시작 질문 | |
|---|---|
| 1 | 남들이 신경 쓰지 않는 부분까지 고려하여 절차대로 업무(연구)를 수행하여 성과를 낸 경험을 구체적으로 말해 보시오. |
| 2 | 조직의 원칙과 절차를 철저히 준수하며 업무(연구)를 수행한 것 중 성과를 향상시킨 경험에 대해 구체적으로 말해 보시오. |
| 3 | 세부적인 절차와 규칙에 주의를 기울여 실수 없이 업무(연구)를 마무리한 경험을 구체적으로 말해 보시오. |
| 4 | 조직의 규칙이나 원칙을 고려하여 성실하게 일했던 경험을 구체적으로 말해 보시오. |
| 5 | 타인의 실수를 바로잡고 원칙과 절차대로 수행하여 성공적으로 업무를 마무리하였던 경험에 대해 말해 보시오. |

| 후속 질문 | | |
|---|---|---|
| 상황<br>(Situation) | 상황 | 구체적으로 언제, 어디에서 경험한 일인가? |
| | | 어떤 상황이었는가? |
| | 조직 | 어떤 조직에 속해 있었는가? |
| | | 그 조직의 특성은 무엇이었는가? |
| | | 몇 명으로 구성된 조직이었는가? |
| | 기간 | 해당 조직에서 얼마나 일했는가? |
| | | 해당 업무는 몇 개월 동안 지속되었는가? |
| | 조직규칙 | 조직의 원칙이나 규칙은 무엇이었는가? |
| 임무<br>(Task) | 과제 | 과제의 목표는 무엇이었는가? |
| | | 과제에 적용되는 조직의 원칙은 무엇이었는가? |
| | | 그 규칙을 지켜야 하는 이유는 무엇이었는가? |
| | 역할 | 당신이 조직에서 맡은 역할은 무엇이었는가? |
| | | 과제에서 맡은 역할은 무엇이었는가? |
| | 문제의식 | 규칙을 지키지 않을 경우 생기는 문제점 / 불편함은 무엇인가? |
| | | 해당 규칙이 왜 중요하다고 생각하였는가? |
| 역할 및 노력<br>(Action) | 행동 | 업무 과정의 어떤 장면에서 규칙을 철저히 준수하였는가? |
| | | 어떻게 규정을 적용시켜 업무를 수행하였는가? |
| | | 규정은 준수하는 데 어려움은 없었는가? |
| | 노력 | 그 규칙을 지키기 위해 스스로 어떤 노력을 기울였는가? |
| | | 본인의 생각이나 태도에 어떤 변화가 있었는가? |
| | | 다른 사람들은 어떤 노력을 기울였는가? |
| | 동료관계 | 동료들은 규칙을 철저히 준수하고 있었는가? |
| | | 팀원들은 해당 규칙에 대해 어떻게 반응하였는가? |
| | | 규칙에 대한 태도를 개선하기 위해 어떤 노력을 하였는가? |
| | | 팀원들의 태도는 당신에게 어떤 자극을 주었는가? |
| | 업무추진 | 주어진 업무를 추진하는 데 규칙이 방해되진 않았는가? |
| | | 업무수행 과정에서 규정을 어떻게 적용하였는가? |
| | | 업무 시 규정을 준수해야 한다고 생각한 이유는 무엇인가? |

| 결과<br>(Result) | 평가 | 규칙을 어느 정도나 준수하였는가? |
|---|---|---|
| | | 그렇게 준수할 수 있었던 이유는 무엇이었는가? |
| | | 업무의 성과는 어느 정도였는가? |
| | | 성과에 만족하였는가? |
| | | 비슷한 상황이 온다면 어떻게 할 것인가? |
| | 피드백 | 주변 사람들로부터 어떤 평가를 받았는가? |
| | | 그러한 평가에 만족하는가? |
| | | 다른 사람에게 본인의 행동이 영향을 주었다고 생각하는가? |
| | 교훈 | 업무수행 과정에서 중요한 점은 무엇이라고 생각하는가? |
| | | 이 경험을 통해 느낀 바는 무엇인가? |

## 2. 상황 면접

① 상황 면접의 특징

직무 관련 상황을 가정하여 제시하고 이에 대한 대응능력을 직무관련성 측면에서 평가하는 면접입니다.

- 상황 면접 과제의 구성은 크게 2가지로 구분
  - 상황 제시(Description) / 문제 제시(Question or Problem)
- 현장의 실제 업무 상황을 반영하여 과제를 제시하므로 직무분석이나 직무전문가 워크숍 등을 거쳐 현장성을 높임
- 문제는 상황에 대한 기본적인 이해능력(이론적 지식)과 함께 실질적 대응이나 변수 고려능력(실천적 능력) 등을 고르게 질문해야 함

상황 면접의 형태

[면접관 1]  [면접관 2]

[연기자 1]  [연기자 2]          [면접관 1]  [면접관 2]

[지원자]                    [지원자 1]  [지원자 2]  [지원자 3]
〈시뮬레이션〉                        〈문답형〉

② 상황 면접 예시

| 상황<br>제시 | 인천공항 여객터미널 내에는 다양한 용도의 시설(사무실, 통신실, 식당, 전산실, 창고<br>면세점 등)이 설치되어 있습니다. | 실제 업무<br>상황에 기반함 |
|---|---|---|
| | 금년에 소방배관의 누수가 잦아 메인 배관을 교체하는 공사를 추진하고 있으며, 당신<br>은 이번 공사의 담당자입니다. | 배경 정보 |
| | 주간에는 공항 운영이 이루어져 주로 야간에만 배관 교체 공사를 수행하던 중, 시공하<br>는 기능공의 실수로 배관 연결 부위를 잘못 건드려 고압배관의 소화수가 누출되는<br>사고가 발생하였으며, 이로 인해 인근 시설물에 누수에 의한 피해가 발생하였습니다. | 구체적인 문제 상황 |
| 문제<br>제시 | 일반적인 소방배관의 배관연결(이음)방식과 배관의 이탈(누수)이 발생하는 원인<br>에 대해 설명해 보시오. | 문제 상황 해결을 위한<br>기본 지식 문항 |
| | 담당자로서 본 사고를 현장에서 긴급히 처리하는 프로세스를 제시하고, 보수완료<br>후 사후적 조치가 필요한 부분 및 재발방지 방안에 대해 설명해 보시오. | 문제 상황 해결을 위한<br>추가 대응 문항 |

## 3. 발표 면접

① 발표 면접의 특징

- 직무관련 주제에 대한 지원자의 생각을 정리하여 의견을 제시하고, 발표 및 질의응답을 통해 지원자의 직무능력을 평가하는 면접입니다.
- 발표 주제는 직무와 관련된 자료로 제공되며, 일정 시간 후 지원자가 보유한 지식 및 방안에 대한 발표 및 후속 질문을 통해 직무적합성을 평가합니다.

---

- 주요 평가요소
  - 설득적 말하기 / 발표능력 / 문제해결능력 / 직무관련 전문성
- 이미 언론을 통해 공론화된 시사 이슈보다는 해당 직무분야에 관련된 주제가 발표면접의 과제로 선정되는 경우가 최근 들어 늘어나고 있음
- 짧은 시간 동안 주어진 과제를 빠른 속도로 분석하여 발표문을 작성하고 제한된 시간 안에 면접관에게 효과적인 발표를 진행하는 것이 핵심

---

**발표 면접의 형태**

[면접관 1]　[면접관 2]

[면접관 1]　[면접관 2]

[지원자]

〈개별 과제 발표〉

[지원자 1]　[지원자 2]　[지원자 3]

〈팀 과제 발표〉

※ 면접관에게 시각적 효과를 사용하여 메시지를 전달하는 쌍방향 커뮤니케이션 방식
※ 심층면접을 보완하기 위한 방안으로 최근 많은 기업에서 적극 도입하는 추세

② 발표 면접 예시

## 1. 지시문

당신은 현재 A사에서 직원들의 성과평가를 담당하고 있는 팀원이다. 인사팀은 지난주부터 사내 조직문화관련 인터뷰를 하던 도중 성과평가제도에 관련된 개선 니즈가 제일 많다는 것을 알게 되었다. 이에 팀장님은 인터뷰 결과를 종합하려 성과평가제도 개선 아이디어를 A4용지에 정리하여 신속 보고할 것을 지시하셨다. 당신에게 남은 시간은 1시간이다. 자료를 준비하는 대로 당신은 팀원들이 모인 회의실에서 5분 간 발표할 것이며, 이후 질의응답을 진행할 것이다.

## 2. 배경자료

〈성과평가제도 개선에 대한 인터뷰〉

최근 A사는 회사 사세의 급성장으로 인해 작년보다 매출이 두 배 성장하였고, 직원 수 또한 두 배로 증가하였다. 회사의 성장은 임금, 복지에 대한 상승 등 긍정적인 영향을 주었으나 업무의 불균형 및 성과보상의 불평등 문제가 발생하였다. 또한 수시로 입사하는 신입직원과 경력직원, 퇴사하는 직원들까지 인원들의 잦은 변동으로 인해 평가해야 할 대상이 변경되어 현재의 성과평가제도로는 공정한 평가가 어려운 상황이다.

[생산부서 김상호]
우리 팀은 지난 1년 동안 생산량이 급증했기 때문에 수십 명의 신규인력이 급하게 채용되었습니다. 이 때문에 저희 팀장님은 신규 입사자들의 이름조차 기억 못할 때가 많이 있습니다. 성과평가를 제대로 하고 있는지 의문이 듭니다.

[마케팅 부서 김흥민]
개인의 성과평가의 취지는 충분히 이해합니다. 그러나 현재 평가는 실적기반이나 정성적인 평가가 많이 포함되어 있어 객관성과 공정성에는 의문이 드는 것이 사실입니다. 이러한 상황에서 평가제도를 재수립하지 않고, 인센티브에 계속 반영한다면, 평가제도에 대한 반감이 커질 것이 분명합니다.

[교육부서 홍경민]
현재 교육부서는 인사팀과 밀접하게 일하고 있습니다. 그럼에도 인사팀에서 실시하는 성과평가제도에 대한 이해가 부족한 것 같습니다.

[기획부서 김경호 차장]
저는 저의 평가자 중 하나가 연구부서의 팀장님인데, 일 년에 몇 번 같이 일하지 않는데 어떻게 저를 평가할 수 있을까요? 특히 연구팀은 저희가 예산을 배정하는데, 저에게는 좋지만….

## 4. 토론 면접

① 토론 면접의 특징

- 다수의 지원자가 조를 편성해 과제에 대한 토론(토의)을 통해 결론을 도출해가는 면접입니다.
- 의사소통능력, 팀워크, 종합인성 등의 평가에 용이합니다.

> - 주요 평가요소
>   - 설득적 말하기, 경청능력, 팀워크, 종합인성
> - 의견 대립이 명확한 주제 또는 채용분야의 직무 관련 주요 현안을 주제로 과제 구성
> - 제한된 시간 내 토론을 진행해야 하므로 적극적으로 자신 있게 토론에 임하고 본인의 의견을 개진할 수 있어야 함

토론 면접의 형태

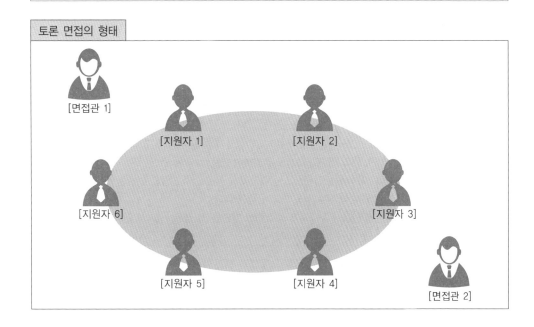

② 토론 면접 예시

| 고객 불만 고충처리 |
| --- |

**1. 들어가며**

최근 우리 상품에 대한 고객 불만의 증가로 고객고충처리 TF가 만들어졌고 당신은 여기에 지원해 배치받았다. 당신의 업무는 불만을 가진 고객을 만나서 애로사항을 듣고 처리해 주는 일이다. 주된 업무로는 고객의 니즈를 파악해 방향성을 제시해 주고 그 해결책을 마련하는 일이다. 하지만 경우에 따라서 고객의 주관적인 의견으로 인해 제대로 된 방향으로 의사결정을 하지 못할 때가 있다. 이럴 경우 설득이나 논쟁을 해서라도 의견을 관철시키는 것이 좋을지 아니면 고객의 의견대로 진행하는 것이 좋을지 결정해야 할 때가 있다. 만약 당신이라면 이러한 상황에서 어떤 결정을 내릴 것인지 여부를 자유롭게 토론해 보시오.

**2. 1분 자유 발언 시 준비사항**

• 당신은 의견을 자유롭게 개진할 수 있으며 이에 따른 불이익은 없습니다.

• 토론의 방향성을 이해하고, 내용의 장점과 단점이 무엇인지 문제를 명확히 말해야 합니다.

• 합리적인 근거에 기초하여 개선방안을 명확히 제시해야 합니다.

• 제시한 방안을 실행 시 예상되는 긍정적·부정적 영향요인도 동시에 고려할 필요가 있습니다.

**3. 토론 시 유의사항**

• 토론 주제문과 제공해드린 메모지, 볼펜만 가지고 토론장에 입장할 수 있습니다.

• 사회자의 지정 또는 발표자가 손을 들어 발언권을 획득할 수 있으며, 사회자의 통제에 따릅니다.

• 토론회가 시작되면, 팀의 의견과 논거를 정리하여 1분간의 자유발언을 할 수 있습니다. 순서는 사회자가 지정합니다. 이후에는 자유롭게 상대방에게 질문하거나 답변을 하실 수 있습니다.

• 핸드폰, 서적 등 외부 매체는 사용하실 수 없습니다.

• 논제에 벗어나는 발언이나 지나치게 공격적인 발언을 할 경우, 위에서 제시한 유의사항을 지키지 않을 경우 불이익을 받을 수 있습니다.

## 1. 면접 Role Play 편성

- 교육생끼리 조를 편성하여 면접관과 지원자 역할을 교대로 진행합니다.
- 지원자 입장과 면접관 입장을 모두 경험해 보면서 면접에 대한 적응력을 높일 수 있습니다.

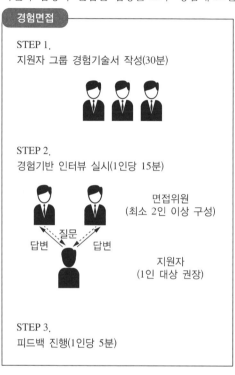

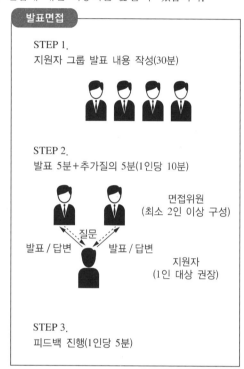

> **Tip**

면접 준비하기

1. 면접 유형 확인 필수
   - 기업마다 면접 유형이 상이하기 때문에 해당 기업의 면접 유형을 확인하는 것이 좋음
   - 일반적으로 실무진 면접, 임원면접 2차례에 거쳐 면접을 실시하는 기업이 많고 실무진 면접과 임원 면접에서 평가요소가 다르기 때문에 유형에 맞는 준비방법이 필요
2. 후속 질문에 대한 사전 점검
   - 블라인드 채용 면접에서는 주요 질문과 함께 후속 질문을 통해 지원자의 직무능력을 판단
   → STAR 기법을 통한 후속 질문에 미리 대비하는 것이 필요

## 1. 2023년 기출질문

- 직업을 선택하는 본인만의 기준이 있다면 말해 보시오.
- LPG와 LNG의 차이점에 대해 아는 대로 말해 보시오.
- 본인의 전공이 해당 직무에서 장점이 될 수 있다면 그에 대해 말해 보시오.
- 팀원과의 갈등 발생 시 어떻게 해결할 것인지 말해 보시오.
- 살면서 가장 힘들었던 경험과 이를 극복하기 위해 노력한 과정에 대해 말해 보시오.
- 더위를 극복하는 방법이 있는가?
- 한국가스안전공사의 사업에 대하여 아는 대로 말해 보시오.
- 한국가스안전공사와 한국가스공사의 차이를 설명해 보시오.
- 블랙컨슈머를 어떻게 대할 것인지 말해 보시오.
- 상사에게 억울하게 지적을 받았을 때 어떻게 행동할 것인가?
- 예기치 못한 교통체증으로 인하여 고객과의 약속시간에 늦었다면 어떻게 할 것인가?
- 본인이 좋아하는 사람의 유형과 싫어하는 사람의 유형에 대하여 말해 보시오.
- 마지막으로 하고 싶은 말이 있는가?
- 노령층과의 소통에 자신이 있는가?
- 공무원 지원자 수가 갈수록 줄어드는 현상에 대하여 의견을 말해 보시오.
- 본인의 약점을 극복한 경험이 있다면 말해 보시오.
- 평소에 가스 점검을 해본 적이 있는가?
- 본인과 잘 맞지 않는 동기를 만난다면 어떻게 할 것인가?
- 업무 중 고객이 본인이 제시한 해결책을 거부한다면 어떻게 대응할 것인가?
- 소통을 통해 갈등을 해결한 경험이 있다면 말해 보시오.
- 대리와 과장의 의견이 다를 경우 어떻게 할 것인가?

## 2. 2022년 기출질문

- 윤리나 법규를 어긴 경험이 있는지 말해 보시오.
- 평소에 정보를 어떻게 수집하는지 말해 보시오.
- 팀 프로젝트 시 갈등을 해결해 본 경험이 있는지 말해 보시오.
- 본인만의 스트레스 해결 방법에 대해 말해 보시오.
- 본인이 생각하는 '안전'이란 무엇인지 경험과 연관 지어 말해 보시오.
- 평소보다 많은 시설물을 검사해야 할 때는 어떻게 대응할 것인지 말해 보시오.
- 한국가스안전공사에 입사하기 위해 어떤 노력을 기울였는지 말해 보시오.
- 누군가와 사이가 멀어졌지만 잘 지내 본 경험이 있는지 말해 보시오.
- 홀로 외근 업무를 나갔을 때 사업자와 갈등이 생긴다면 어떻게 대처할 것인지 말해 보시오.
- 가장 큰 성취를 이뤄 본 경험에 대해 말해 보시오.
- 한국가스안전공사가 맡은 임무에 대해 말해 보시오.
- 가스 점검 시 가장 유의해야 할 사항에 대해 말해 보시오.
- 안전한 가스 관리를 위해 숙지하고 있는 법률에 대해 말해 보시오.
- 실생활에서 일어나는 가스통 폭발사고의 주요 원인에 대해 말해 보시오.
- 천연가스의 성질에 대해 말해 보시오.
- 가스 이용 시 부주의를 막기 위한 방법에 대해 말해 보시오.
- 안전한 가스 관리법에 대해 말해 보시오.
- 열교환기의 역할에 대해 말해 보시오.
- 가스배관 비파괴검사 방법에 대해 말해 보시오.
- 가스배관의 종류에 대해 말해 보시오.
- 응력의 정의에 대해 말해 보시오.
- 압력계를 설치하는 이유에 대해 말해 보시오.

## 3. 과년도 기출질문

- 한국가스안전공사의 주요 업무에 대해 말해 보시오.
- 한국가스안전공사와 한국가스공사의 차이점에 대해 설명해 보시오.
- 팀원들 사이에 갈등이 생겼을 때, 자신만의 해결 방법에 대해 말해 보시오.
- 민원인과 갈등이 생겼을 때, 자신만의 해결 방법에 대해 말해 보시오.
- 봉사활동을 한 경험에 대해 말해 보시오.
- 1분간 자기소개를 해 보시오.
- 가스배관의 종류(강관, 스테인레스관, 플렉시블관, PE관 등)에 대해 설명해 보시오.
- 가스에 대해 아는 대로 말해 보시오.
- 한국가스안전공사에 지원한 동기에 대해 말해 보시오.
- 업무 시 연장자를 대할 경우 어떻게 할 것인지 말해 보시오.
- 업무 시 고객의 기분이 상하지 않도록 하는 자신만의 방법에 대해 말해 보시오.
- 자동차가 없을 경우 검사를 나갈 수 있는 방법에 대해 말해 보시오.
- 가스 종류와 특징에 대해 말해 보시오.
- 동료 간 불미스러운 일이 발생한다면 어떻게 할 것인지 말해 보시오.
- 한국가스안전공사에 지원한 동기가 무엇인지 말해 보시오.
- LPG에 대해 아는 것을 20초 동안 설명해 보시오.
- LPG와 LNG의 차이점을 말해 보시오.
- 업무 시 중요하게 생각하는 가치에 대해 말해 보시오.
- 본인의 협상 능력을 말해 보시오.
- 상사에게 억울한 일을 당했을 때 어떻게 할 것인지 말해 보시오.
- 지원자가 가지고 있는 강점 중에서 다른 지원자들과 차별되는 강점을 말해 보시오.
- 고객이 불만을 표현했을 때 어떻게 대처할 것인지 말해 보시오.
- 본인 전공과 지원한 직무의 연관성을 말해 보시오.
- 창의력을 발휘한 경험이 있는지 말해 보시오.
- 부서 내 팀원들과 갈등이 발생했을 때 어떻게 해결할 것인지 말해 보시오.
- 살면서 가장 힘들었던 경험을 말해 보시오.
- LPG 사용 가정 중에서 금전적인 어려움을 겪는 가정이 있는데 가스 안전을 위해서는 추가적인 금전 부담이 들 때, 이 경우 어떻게 설득할 것인지 말해 보시오.
- 대학교 때 세웠던 목표 중 이룬 것이 있는지, 목표를 이루는 과정에서 배운 것을 실무에서 어떻게 적용할 것인지 말해 보시오.
- 상사가 부당한 지시를 내리면 어떻게 대처할 것인지 말해 보시오.
- 법 제도 개선을 요구하는 민원인을 어떻게 응대할 것인지 말해 보시오.
- 최근 가스 안전과 관련한 사고 사례 2가지를 말하고, 예방 대책을 말해 보시오.
- 지원자가 반드시 채용되어야 하는 이유는 무엇인지 말해 보시오.
- 지진 발생 이후 가스시설 점검을 어떻게 할 것인지 말해 보시오.
- 배관 이음부에 생길 수 있는 결함의 원인과 해결방안을 말해 보시오.
- 미세먼지를 줄이기 위한 정책이 전기 요금에 미치는 영향을 가스와 연관 지어 설명해 보시오.

행운이란 100%의 노력 뒤에 남는 것이다.

− 랭스턴 콜먼 −

배우기만 하고 생각하지 않으면 얻는 것이 없고,
생각만 하고 배우지 않으면 위태롭다.

- 공자 -

# 현재 나의 실력을 객관적으로 파악해 보자!

# 모바일 OMR
## 답안채점 / 성적분석 서비스

도서에 수록된 모의고사에 대한 객관적인 결과(정답률, 순위)를 종합적으로 분석하여 제공합니다.

### OMR 입력

### 성적분석

### 채점결과

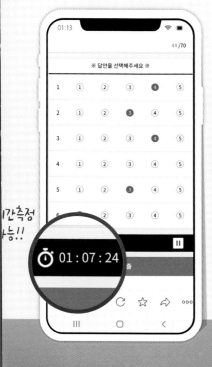

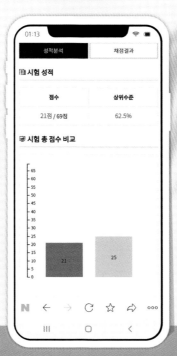

※OMR 답안채점 / 성적분석 서비스는 등록 후 30일간 사용 가능합니다.

**참여방법**

도서 내 모의고사 우측 상단에 위치한 QR코드 찍기 →  로그인 하기 → '시작하기' 클릭 → '응시하기' 클릭 → 나의 답안을 모바일 OMR 카드에 입력 →  '성적분석 & 채점결과' 클릭 → 현재 내 실력 확인하기

# Add+

# 2023년 주요 공기업
# NCS 기출복원문제

| 01 | 02 | 03 | 04 | 05 | 06 | 07 | 08 | 09 | 10 | 11 | 12 | 13 | 14 | 15 | 16 | 17 | 18 | 19 | 20 |
|----|----|----|----|----|----|----|----|----|----|----|----|----|----|----|----|----|----|----|----|
| ⑤ | ⑤ | ④ | ④ | ② | ⑤ | ④ | ① | ② | ④ | ④ | ① | ④ | ③ | ③ | ③ | ③ | ④ | ① | ④ |
| 21 | 22 | 23 | 24 | 25 | 26 | 27 | 28 | 29 | 30 | 31 | 32 | 33 | 34 | 35 | 36 | 37 | 38 | 39 | 40 |
| ⑤ | ② | ④ | ④ | ① | ⑤ | ④ | ② | ④ | ⑤ | ③ | ③ | ② | ① | ③ | ③ | ② | ④ | ② | ⑤ |
| 41 | 42 | 43 | 44 | 45 | 46 | 47 | 48 | 49 | 50 | | | | | | | | | | |
| ④ | ④ | ④ | ② | ② | ① | ④ | ③ | ② | ③ | | | | | | | | | | |

## 01

정답 ⑤

제시문의 세 번째 문단에 따르면 스마트 글라스 내부 센서를 통해 충격과 기울기를 감지할 수 있어 작업자에게 위험한 상황이 발생할 경우 통보 시스템을 통해 바로 파악할 수 있게 되었음을 알 수 있다.

오답분석
① 첫 번째 문단에 따라 스마트 글라스를 통한 작업자의 음성인식만으로 철도시설물 점검이 가능해졌음을 알 수 있지만, 다섯 번째 문단에 따르면 아직 유지보수 작업은 가능하지 않음을 알 수 있다.
② 첫 번째 문단에 따르면 스마트 글라스의 도입 이후에도 사람의 작업이 필요함을 알 수 있다.
③ 세 번째 문단에 따르면 스마트 글라스의 도입으로 추락 사고나 그 밖의 위험한 상황을 미리 예측할 수 있어 이를 방지할 수 있게 되었음을 알 수 있지만, 실제로 안전사고 발생 횟수가 감소하였는지는 알 수 없다.
④ 두 번째 문단에 따르면 여러 단계를 거치던 기존 작업 방식에서 스마트 글라스의 도입으로 작업을 한 번에 처리할 수 있게 된 것을 통해 작업 시간이 단축되었음을 알 수 있지만, 필요한 작업 인력의 감소 여부는 알 수 없다.

## 02

정답 ⑤

제시문의 네 번째 문단에 따르면 인공지능 등의 스마트 기술 도입으로 까치집 검출 정확도는 95%까지 상승하였으므로 까치집 제거율 또한 상승할 것임을 예측할 수 있으나, 근본적인 문제인 까치집 생성의 감소를 기대할 수는 없다.

오답분석
① 세 번째 문단과 네 번째 문단에 따르면 정확도가 65%에 불과했던 인공지능의 까치집 식별 능력이 딥러닝 방식의 도입으로 95%까지 상승했음을 알 수 있다.
② 세 번째 문단에서 시속 150km로 빠르게 달리는 열차에서의 까치집 식별 정확도는 65%에 불과하다는 내용으로 보아, 빠른 속도에서는 인공지능의 사물 식별 정확도가 낮음을 알 수 있다.
③ 네 번째 문단에 따르면 작업자의 접근이 어려운 곳에는 드론을 띄워 까치집을 발견 및 제거하는 기술도 시범 운영하고 있다고 하였다.
④ 세 번째 문단에 따르면 실시간 까치집 자동 검출 시스템 개발로 실시간으로 위험 요인의 위치와 이미지를 작업자에게 전달할 수 있게 되었다.

## 03

정답 ④

제시문의 두 번째 문단에 따르면 CCTV는 열차 종류에 따라 운전실에서 실시간으로 상황을 파악할 수 있는 네트워크 방식과 각 객실에서의 영상을 저장하는 개별 독립 방식으로 설치된다고 하였다. 따라서 개별 독립 방식으로 설치된 일부 열차에서는 각 객실의 상황을 실시간으로 파악하지 못할 수 있다.

**오답분석**

① 첫 번째 문단에 따르면 2023년까지 현재 운행하고 있는 열차의 모든 객실에 CCTV를 설치하겠다는 내용으로 보아, 현재 모든 열차의 모든 객실에 CCTV가 설치되지 않았음을 유추할 수 있다.

② 첫 번째 문단에 따르면 2023년까지 모든 열차 승무원에게 바디캠을 지급하겠다고 하였다. 이에 따라 승객이 승무원을 폭행하는 등의 범죄 발생 시 해당 상황을 녹화한 바디캠 영상이 있어 수사의 증거자료로 사용할 수 있게 되었다.

③ 두 번째 문단에 따르면 CCTV는 사각지대 없이 설치되며 일부는 휴대물품 보관대 주변에도 설치된다고 하였다. 따라서 인적 피해와 물적 피해 모두 예방할 수 있게 되었다.

⑤ 세 번째 문단에 따르면 CCTV 품평회와 시험을 통해 제품의 형태와 색상, 재질, 진동과 충격 등에 대한 적합성을 고려한다고 하였다.

## 04

정답 ④

작년 K대학교의 재학생 수는 6,800명이고 남학생과 여학생의 비가 8 : 9이므로, 남학생은 $6,800 \times \frac{8}{8+9} = 3,200$명이고, 여학생은 $6,800 \times \frac{9}{8+9} = 3,600$명이다. 올해 줄어든 남학생과 여학생의 비가 12 : 13이므로 올해 K대학교에 재학 중인 남학생과 여학생의 비는 $(3,200-12k) : (3,600-13k) = 7 : 8$이다.

$7 \times (3,600-13k) = 8 \times (3,200-12k)$

→ $25,200-91k = 25,600-96k$

→ $5k = 400$

∴ $k = 80$

따라서 올해 K대학교에 재학 중인 남학생은 $3,200-12 \times 80 = 2,240$명이고, 여학생은 $3,600-13 \times 80 = 2,560$명이므로 올해 K대학교의 전체 재학생 수는 $2,240+2,560 = 4,800$명이다.

## 05

정답 ②

마일리지 적립 규정에 회원 등급과 관련된 내용은 없으며, 마일리지 적립은 지불한 운임의 액수, 더블적립 열차 탑승 여부, 선불형 교통카드 Rail+ 사용 여부에 따라서만 결정된다.

**오답분석**

① KTX 마일리지는 KTX 열차 이용 시에만 적립된다.

③ 비즈니스 등급은 기업회원 여부와 관계없이 최근 1년간의 활동내역을 기준으로 부여된다.

④ 반기 동안 추석 및 설 명절 특별수송기간 탑승 건을 제외하고 4만 점을 적립하면 VIP 등급을 부여받는다.

⑤ VVIP 등급과 VIP 등급 고객은 한정된 횟수 내에서 무료 업그레이드 쿠폰으로 KTX 특실을 KTX 일반실 가격에 구매할 수 있다.

## 06

정답 ⑤

K공사를 통한 예약 접수는 온라인 쇼핑몰 홈페이지를 통해서만 가능하며, 오프라인(방문) 접수는 우리 · 농협은행의 창구를 통해서만 이루어진다.

**오답분석**

① 구매자를 대한민국 국적자로 제한한다는 내용은 없다.

② 단품으로 구매 시 1인당 화종별 최대 3장으로 총 9장, 세트로 구매할 때도 1인당 최대 3세트로 총 9장까지 신청이 가능하며, 세트와 단품은 중복신청이 가능하므로 1인당 구매 가능한 최대 개수는 18장이다.

③ 우리 · 농협은행의 계좌가 없다면, K공사 온라인 쇼핑몰을 이용하거나 우리 · 농협은행에 직접 방문하여 구입할 수 있다.

④ 총발행량은 예약 주문 이전부터 화종별 10,000장으로 미리 정해져 있다.

## 07

정답 ④

우리·농협은행 계좌 미보유자인 외국인 A씨가 예약 신청을 할 수 있는 방법은 두 가지이다. 하나는 신분증인 외국인등록증을 지참하고 우리·농협은행의 지점을 방문하여 신청하는 것이고, 다른 하나는 K공사 온라인 쇼핑몰에서 가상계좌 방식으로 신청하는 것이다.

[오답분석]
① A씨는 외국인이므로 창구 접수 시 지참해야 하는 신분증은 외국인등록증이다.
② K공사 온라인 쇼핑몰에서는 가상계좌 방식을 통해서만 예약 신청이 가능하다.
③ 홈페이지를 통한 신청이 가능한 은행은 우리은행과 농협은행뿐이다.
⑤ 우리·농협은행의 홈페이지를 통해 예약 접수를 하려면 해당 은행에 미리 계좌가 개설되어 있어야 한다.

## 08

정답 ①

3종 세트는 186,000원, 단품은 각각 63,000원이므로 5명의 구매 금액을 계산하면 다음과 같다.
- A : $(186,000 \times 2) + 63,000 = 435,000$원
- B : $63,000 \times 8 = 504,000$원
- C : $(186,000 \times 2) + (63,000 \times 2) = 498,000$원
- D : $186,000 \times 3 = 558,000$원
- E : $186,000 + (63,000 \times 4) = 438,000$원

따라서 가장 많은 금액을 지불한 사람은 D이며, 구매 금액은 558,000원이다.

## 09

정답 ②

허리디스크는 디스크의 수핵이 탈출하여 생긴 질환이므로 허리를 굽히거나 앉아 있을 때 디스크에 가해지는 압력이 높아져 통증이 더 심해진다. 반면 척추관협착증의 경우 서 있을 때 척추관이 더욱 좁아지게 되어 통증이 더욱 심해진다.

[오답분석]
① 허리디스크는 디스크의 탄력 손실이나 갑작스런 충격으로 인해 균열이 생겨 발생하고, 척추관협착증은 오랜 기간 동안 황색인대가 두꺼워져 척추관에 변형이 일어나 발생하므로 허리디스크가 더 급작스럽게 증상이 나타난다.
③ 허리디스크는 자연치유가 가능하지만, 척추관협착증은 불가능하다. 따라서 허리디스크는 주로 통증을 줄이고 안정을 취하는 보존치료를 하지만, 척추관협착증은 변형된 부분을 제거하는 외과적 수술을 한다.
④ 허리디스크와 척추관협착증 모두 척추 중앙의 신경 다발(척수)이 압박받을 수 있으며, 심할 경우 하반신 마비 증세를 보일 수 있으므로 빠른 치료를 받는 것이 중요하다.

## 10

정답 ④

고령인 사람이 서 있을 때 통증이 나타난다면 퇴행성 척추질환인 척추관협착증(요추관협착증)일 가능성이 높다. 반면 허리디스크(추간판탈출증)는 젊은 나이에도 디스크에 급격한 충격이 가해지면 발생할 수 있고, 앉아 있을 때 통증이 심해진다. 따라서 ㉠에는 척추관협착증, ㉡에는 허리디스크가 들어가야 한다.

## 11

정답 ④

제시문은 장애인 건강주치의 시범사업을 소개하며 3단계 시범사업에서 기존과 달라지는 내용을 위주로 설명하고 있다. 따라서 가장 처음에 와야 할 문단은 3단계 장애인 건강주치의 시범사업을 소개하는 (마) 문단이다. 이어서 장애인 건강주치의 시범사업 세부 서비스를 소개하는 문단이 와야 하는데, 서비스 종류를 소개하는 문장이 있는 (다) 문단이 이어지는 것이 가장 적절하다. 그리고 2번째 서비스인 주장애관리를 소개하는 (가) 문단이 와야 하며, 그 다음으로 3번째 서비스인 통합관리 서비스와 추가적으로 방문 서비스를 소개하는 (라) 문단이 오는 것이 적절하다. 마지막으로 장애인 건강주치의 시범사업에 신청하는 방법을 소개하며 글을 끝내는 것이 적절하므로 (나) 문단이 이어져야 한다. 따라서 제시문을 순서대로 바르게 나열하면 (마) – (다) – (가) – (라) – (나)이다.

## 12

정답 ①

- 2019년 직장가입자 및 지역가입자의 건강보험금 징수율

  − 직장가입자 : $\dfrac{6,698,187}{6,706,712} \times 100 ≒ 99.87\%$

  − 지역가입자 : $\dfrac{886,396}{923,663} \times 100 ≒ 95.97\%$

- 2020년 직장가입자 및 지역가입자의 건강보험금 징수율

  − 직장가입자 : $\dfrac{4,898,775}{5,087,163} \times 100 ≒ 96.3\%$

  − 지역가입자 : $\dfrac{973,681}{1,003,637} \times 100 ≒ 97.02\%$

- 2021년 직장가입자 및 지역가입자의 건강보험금 징수율

  − 직장가입자 : $\dfrac{7,536,187}{7,763,135} \times 100 ≒ 97.08\%$

  − 지역가입자 : $\dfrac{1,138,763}{1,256,137} \times 100 ≒ 90.66\%$

- 2022년 직장가입자 및 지역가입자의 건강보험금 징수율

  − 직장가입자 : $\dfrac{8,368,972}{8,376,138} \times 100 ≒ 99.91\%$

  − 지역가입자 : $\dfrac{1,058,943}{1,178,572} \times 100 ≒ 89.85\%$

따라서 직장가입자의 건강보험금 징수율이 가장 높은 해는 2022년이고, 지역가입자의 건강보험금 징수율이 가장 높은 해는 2020년이다.

## 13

정답 ④

이뇨제의 1인 투여량은 60mL/일이고 진통제의 1인 투여량은 60mg/일이므로 이뇨제를 투여한 환자 수와 진통제를 투여한 환자 수의 비는 이뇨제 사용량과 진통제 사용량의 비와 같다.

- 2018년 : $3,000 \times 2 < 6,720$
- 2019년 : $3,480 \times 2 = 6,960$
- 2020년 : $3,360 \times 2 < 6,840$
- 2021년 : $4,200 \times 2 > 7,200$
- 2022년 : $3,720 \times 2 > 7,080$

따라서 2018년과 2020년에 진통제를 투여한 환자 수는 이뇨제를 투여한 환자 수의 2배보다 많다.

오답분석

① 2022년에 전년 대비 사용량이 감소한 의약품은 이뇨제와 진통제로 이뇨제의 사용량 감소율은 $\dfrac{3,720-4,200}{4,200} \times 100 ≒ -11.43\%$이고, 진통제의 사용량 감소율은 $\dfrac{7,080-7,200}{7,200} \times 100 ≒ -1.67\%$이다. 따라서 전년 대비 2022년 사용량 감소율이 가장 큰 의약품은 이뇨제이다.

② 5년 동안 지사제 사용량의 평균은 $\dfrac{30+42+48+40+44}{5} = 40.8$정이고, 지사제의 1인 1일 투여량은 2정이다. 따라서 지사제를 투여한 환자 수의 평균은 $\dfrac{40.8}{2} = 20.4$이므로 약 20명이다.

③ 이뇨제 사용량은 매년 '증가 − 감소 − 증가 − 감소'를 반복하였다.

## 14

분기별 사회복지사 인력의 합은 다음과 같다.

- 2022년 3분기 : $391+670+1,887=2,948$명
- 2022년 4분기 : $385+695+1,902=2,982$명
- 2023년 1분기 : $370+700+1,864=2,934$명
- 2023년 2분기 : $375+720+1,862=2,957$명

분기별 전체 보건인력 중 사회복지사 인력의 비율은 다음과 같다.

- 2022년 3분기 : $\dfrac{2,948}{80,828} \times 100 = 3.65\%$
- 2022년 4분기 : $\dfrac{2,982}{82,582} \times 100 = 3.61\%$
- 2023년 1분기 : $\dfrac{2,934}{86,236} \times 100 = 3.40\%$
- 2023년 2분기 : $\dfrac{2,957}{86,707} \times 100 = 3.41\%$

따라서 옳지 않은 것은 ③이다.

## 15

건강생활실천지원금제 신청자 목록에 따라 신청자별로 확인하면 다음과 같다.

- A : 주민등록상 주소지는 시범지역에 속하지 않는다.
- B : 주민등록상 주소지는 관리형에 속하지만, 고혈압 또는 당뇨병 진단을 받지 않았다.
- C : 주민등록상 주소지는 예방형에 속하고, 체질량지수와 혈압이 건강관리가 필요한 사람이므로 예방형이다.
- D : 주민등록상 주소지는 관리형에 속하고, 고혈압 진단을 받았으므로 관리형이다.
- E : 주민등록상 주소지는 예방형에 속하고, 체질량지수와 공복혈당 건강관리가 필요한 사람이므로 예방형이다.
- F : 주민등록상 주소지는 시범지역에 속하지 않는다.
- G : 주민등록상 주소지는 관리형에 속하고, 당뇨병 진단을 받았으므로 관리형이다.
- H : 주민등록상 주소지는 시범지역에 속하지 않는다.
- I : 주민등록상 주소지는 예방형에 속하지만, 필수조건인 체질량지수가 정상이므로 건강관리가 필요한 사람에 해당하지 않는다.

따라서 예방형 신청이 가능한 사람은 C, E이고, 관리형 신청이 가능한 사람은 D, G이다.

## 16

출산장려금 지급 시기의 가장 우선순위인 임신일이 가장 긴 임산부는 B, C, D임산부이다. 이 중에서 만 19세 미만인 자녀 수가 많은 임산부는 C, D임산부이고, 소득 수준이 더 낮은 임산부는 C임산부이다. 따라서 C임산부가 가장 먼저 출산장려금을 받을 수 있다.

## 17

'우회수송'은 사고 등의 이유로 직통이 아닌 다른 경로로 우회하여 수송한다는 뜻이기 때문에 '우측 선로로의 변경'은 순화로 적절하지 않다.

오답분석

① '열차 시격'에서 '시격'이란 '사이에 뜬 시간'이라는 뜻의 한자어로, 열차와 열차 사이의 간격, 즉 '배차 간격'으로 순화할 수 있다.
② '전차선'이란 선로를 의미하고, '단전'은 전기의 공급이 중단됨을 말한다. 따라서 바르게 순화되었다.
④ '핸드레일(Handrail)'은 난간을 뜻하는 영어 단어로, 우리말로는 '안전손잡이'로 순화할 수 있다.
⑤ '키스 앤 라이드(Kiss and Ride)'는 헤어질 때 키스를 하는 영미권 문화에서 비롯된 용어로, '환승정차구역'을 지칭한다.

## 18

정답 ④

제시문의 세 번째 문단을 통해 정부가 철도 중심 교통체계 구축을 위해 노력하고 있음을 알 수 있으나, 구체적으로 시행된 조치는 언급되지 않았다.

오답분석

① 첫 번째 문단을 통해 전 세계적으로 탄소중립이 주목받자 이에 대한 방안으로 등장한 것이 철도 수송임을 알 수 있다.
② 첫 번째 문단과 두 번째 문단을 통해 철도 수송의 확대가 온실가스 배출량의 획기적인 감축을 가져올 것임을 알 수 있다.
③ 네 번째 문단을 통해 '중앙선 안동 ~ 영천 간 궤도' 설계 시 탄소 감축 방안으로 저탄소 자재인 유리섬유 보강근이 철근 대신 사용되었음을 알 수 있다.
⑤ 네 번째 문단을 통해 S철도공단은 철도 중심 교통체계 구축을 위해 건설 단계에서부터 친환경·저탄소 자재를 적용하였고, 탄소 감축을 위해 2025년부터는 모든 철도건축물을 일정한 등급 이상으로 설계하기로 결정하였음을 알 수 있다.

## 19

정답 ①

제시문을 살펴보면 먼저 첫 번째 문단에서는 이산화탄소로 메탄올을 만드는 곳이 있다며 관심을 유도하고, 두 번째 문단에서 메탄올을 어떻게 만들고 어디에서 사용하는지 구체적으로 설명함으로써 탄소 재활용의 긍정적인 측면을 부각하고 있다. 하지만 세 번째 문단에서는 앞선 내용과 달리 이렇게 만들어진 메탄올의 부정적인 측면을 설명하고, 네 번째 문단에서는 이와 같은 이유로 탄소 재활용에 대한 결론이 나지 않았다며 글이 마무리되고 있다. 따라서 글의 주제로 가장 적절한 것은 탄소 재활용의 이면을 모두 포함하는 내용인 ①이다.

오답분석

② 두 번째 문단에 한정된 내용이므로 제시문 전체를 다루는 주제로 보기에는 적절하지 않다.
③ 지열발전소의 부산물을 통해 메탄올이 만들어진 것은 맞지만, 새롭게 탄생된 연료로 보기는 어려우며, 글의 전체를 다루는 주제로 보기에도 적절하지 않다.
④·⑤ 제시문의 첫 번째 문단과 두 번째 문단에서는 버려진 이산화탄소 및 부산물의 재활용을 통해 '메탄올'을 제조함으로써 미래 원료를 해결할 수 있을 것처럼 보이지만, 이어지는 세 번째 문단과 네 번째 문단에서는 이렇게 만들어진 '메탄올'이 과연 미래 원료로 적합한지 의문점이 제시되고 있다. 따라서 글의 주제로 적절하지 않다.

## 20

정답 ④

A ~ C철도사의 차량 1량당 연간 승차인원 수는 다음과 같다.

• 2020년

- A철도사 : $\frac{775,386}{2,751} \fallingdotseq 281.86$천 명/년/1량

- B철도사 : $\frac{26,350}{103} \fallingdotseq 255.83$천 명/년/1량

- C철도사 : $\frac{35,650}{185} \fallingdotseq 192.7$천 명/년/1량

• 2021년

- A철도사 : $\frac{768,776}{2,731} \fallingdotseq 281.5$천 명/년/1량

- B철도사 : $\frac{24,746}{111} \fallingdotseq 222.94$천 명/년/1량

- C철도사 : $\frac{33,130}{185} \fallingdotseq 179.08$천 명/년/1량

• 2022년

- A철도사 : $\frac{755,376}{2,710} \fallingdotseq 278.74$천 명/년/1량

- B철도사 : $\frac{23,686}{113} \fallingdotseq 209.61$천 명/년/1량

– C철도사 : $\dfrac{34,179}{185} \fallingdotseq 184.75$천 명/년/1량

따라서 3년간 차량 1량당 연간 평균 승차인원 수는 C철도사가 가장 적다.

오답분석

① 2020 ~ 2022년의 C철도사의 차량 수는 185량으로 변동이 없다.

② 2020 ~ 2022년의 연간 승차인원 비율은 모두 A철도사가 가장 높다.

③ A ~ C철도사의 2020년의 연간 전체 승차인원 수는 775,386+26,350+35,650=837,386천 명, 2021년의 연간 전체 승차인원 수는 768,776+24,746+33,130=826,652천 명, 2022년의 연간 전체 승차인원 수는 755,376+23,686+34,179=813,241천 명으로 매년 감소하였다.

⑤ 2020 ~ 2022년의 C철도사 차량 1량당 연간 승차인원 수는 각각 192.7천 명, 179.08천 명, 184.75천 명이므로 모두 200천 명 미만이다.

# 21

정답 ⑤

2018년 대비 2022년에 석유 생산량이 감소한 국가는 C, F이며, 석유 생산량 감소율은 다음과 같다.

- C : $\dfrac{4,025,936-4,102,396}{4,102,396} \times 100 \fallingdotseq -1.9\%$

- F : $\dfrac{2,480,221-2,874,632}{2,874,632} \times 100 \fallingdotseq -13.7\%$

따라서 석유 생산량 감소율이 가장 큰 국가는 F이다.

오답분석

① 석유 생산량이 매년 증가한 국가는 A, B, E, H로 총 4개이다.

② 2018년 대비 2022년에 석유 생산량이 증가한 국가의 연도별 석유 생산량 증가량은 다음과 같다.

- A : 10,556,259-10,356,185=200,074bbl/day
- B : 8,567,173-8,251,052=316,121bbl/day
- D : 5,422,103-5,321,753=100,350bbl/day
- E : 335,371-258,963=76,408bbl/day
- G : 1,336,597-1,312,561=24,036bbl/day
- H : 104,902-100,731=4,171bbl/day

따라서 석유 생산량 증가량이 가장 많은 국가는 B이다.

③ E국가의 연도별 석유 생산량을 H국가의 연도별 석유 생산량과 비교하면 다음과 같다.

- 2018년 : $\dfrac{258,963}{100,731} \fallingdotseq 2.6$
- 2019년 : $\dfrac{273,819}{101,586} \fallingdotseq 2.7$
- 2020년 : $\dfrac{298,351}{102,856} \fallingdotseq 2.9$
- 2021년 : $\dfrac{303,875}{103,756} \fallingdotseq 2.9$
- 2022년 : $\dfrac{335,371}{104,902} \fallingdotseq 3.2$

따라서 2022년 E국가의 석유 생산량은 H국가 석유 생산량의 약 3.2배이므로 옳지 않다.

④ 석유 생산량 상위 2개국은 매년 A, B이며, 연도별 석유 생산량의 차이는 다음과 같다.

- 2018년 : 10,356,185-8,251,052=2,105,133bbl/day
- 2019년 : 10,387,665-8,297,702=2,089,963bbl/day
- 2020년 : 10,430,235-8,310,856=2,119,379bbl/day
- 2021년 : 10,487,336-8,356,337=2,130,999bbl/day
- 2022년 : 10,556,259-8,567,173=1,989,086bbl/day

따라서 A와 B국가의 석유 생산량의 차이는 '감소 – 증가 – 증가 – 감소'를 보이므로 옳지 않다.

## 22

제시된 법에 따라 공무원인 친구가 받을 수 있는 선물의 최대 금액은 1회에 100만 원이다.

$$12x < 100 \rightarrow x < \frac{100}{12} = \frac{25}{3} ≒ 8.33$$

따라서 A씨는 수석을 최대 8개 보낼 수 있다.


## 23

거래처로 가기 위해 C와 G를 거쳐야 하므로, C를 먼저 거치는 최소 이동거리와 G를 먼저 거치는 최소 이동거리를 비교해 본다.
- 본사 − C − D − G − 거래처
  6+3+3+4=16km
- 본사 − E − G − D − C − F − 거래처
  4+1+3+3+3+4=18km

따라서 최소 이동거리는 16km이다.


## 24

- 볼펜을 30자루 구매하면 개당 200원씩 할인되므로 800×30=24,000원이다.
- 수정테이프를 8개 구매하면 2,500×8=20,000원이지만, 10개를 구매하면 개당 1,000원이 할인되어 1,500×10=15,000원이므로 10개를 구매하는 것이 더 저렴하다.
- 연필을 20자루 구매하면 연필 가격의 25%가 할인되므로 400×20×0.75=6,000원이다.
- 지우개를 5개 구매하면 300×5=1,500원이며, 지우개에 대한 할인은 적용되지 않는다.

이때 총금액은 24,000+15,000+6,000+1,500=46,500원이고 3만 원을 초과했으므로 10% 할인이 적용되어 46,500×0.9=41,850원이다. 또한 할인 적용 전 금액이 5만 원 이하이므로 배송료 5,000원이 추가로 부과되어 41,850+5,000=46,850원이 된다. 그런데 만약 비품을 3,600원어치 추가로 주문하면 46,500+3,600=50,100원이므로 할인 적용 전 금액이 5만 원을 초과하여 배송료가 무료가 되고, 총금액이 3만 원을 초과했으므로 지불할 금액은 10% 할인이 적용된 50,100×0.9=45,090원이 된다. 따라서 지불 가능한 가장 저렴한 금액은 45,090원이다.


## 25

A ~ E가 받는 성과급을 구하면 다음과 같다.

| 직원 | 직책 | 매출 순이익 | 기여도 | 성과급 비율 | 성과급 |
| --- | --- | --- | --- | --- | --- |
| A | 팀장 | 4,000만 원 | 25% | 매출 순이익의 5% | 1.2×4,000×0.05=240만 원 |
| B | 팀장 | 2,500만 원 | 12% | 매출 순이익의 2% | 1.2×2,500×0.02=60만 원 |
| C | 팀원 | 1억 2,500만 원 | 3% | 매출 순이익의 1% | 12,500×0.01=125만 원 |
| D | 팀원 | 7,500만 원 | 7% | 매출 순이익의 3% | 7,500×0.03=225만 원 |
| E | 팀원 | 800만 원 | 6% | − | 0원 |

따라서 가장 많은 성과급을 받는 사람은 A이다.

## 26

2023년 6월의 학교폭력 신고 누계 건수는 7,530+1,183+557+601=9,871건으로, 10,000건 미만이다.

오답분석

① • 2023년 1월의 학교폭력 상담 건수 : 9,652−9,195=457건
   • 2023년 2월의 학교폭력 상담 건수 : 10,109−9,652=457건
   따라서 2023년 1월과 2023년 2월의 학교폭력 상담 건수는 같다.
② 학교폭력 상담 건수와 신고 건수 모두 2023년 3월에 가장 많다.
③ 전월 대비 학교폭력 상담 건수가 가장 크게 감소한 때는 2023년 5월이지만, 학교폭력 신고 건수가 가장 크게 감소한 때는 2023년 4월이다.
④ 전월 대비 학교폭력 상담 건수가 증가한 월은 2022년 9월과 2023년 3월이고, 이때 학교폭력 신고 건수 또한 전월 대비 증가하였다.

## 27

연도별 전체 발전량 대비 유류·양수 자원 발전량은 다음과 같다.

• 2018년 : $\dfrac{6,605}{553,256}\times100≒1.2\%$

• 2019년 : $\dfrac{6,371}{537,300}\times100≒1.2\%$

• 2020년 : $\dfrac{5,872}{550,826}\times100≒1.1\%$

• 2021년 : $\dfrac{5,568}{553,900}\times100≒1\%$

• 2022년 : $\dfrac{5,232}{593,958}\times100≒0.9\%$

따라서 2022년의 유류·양수 자원 발전량은 전체 발전량의 1% 미만이다.

오답분석

① 원자력 자원 발전량과 신재생 자원 발전량은 매년 증가하였다.
② 연도별 석탄 자원 발전량의 전년 대비 감소폭은 다음과 같다.
   • 2019년 : 226,571−247,670=−21,099GWh
   • 2020년 : 221,730−226,571=−4,841GWh
   • 2021년 : 200,165−221,730=−21,565GWh
   • 2022년 : 198,367−200,165=−1,798GWh
   따라서 석탄 자원 발전량의 전년 대비 감소폭이 가장 큰 해는 2021년이다.
③ 연도별 신재생 자원 발전량 대비 가스 자원 발전량은 다음과 같다.

   • 2018년 : $\dfrac{135,072}{36,905}\times100≒366\%$

   • 2019년 : $\dfrac{126,789}{38,774}\times100≒327\%$

   • 2020년 : $\dfrac{138,387}{44,031}\times100≒314\%$

   • 2021년 : $\dfrac{144,976}{47,831}\times100≒303\%$

   • 2022년 : $\dfrac{160,787}{50,356}\times100≒319\%$

   따라서 연도별 신재생 자원 발전량 대비 가스 자원 발전량이 가장 큰 해는 2018년이다.

⑤ 전체 발전량이 증가한 해는 2020 ~ 2022년이며, 그 증가폭은 다음과 같다.
- 2020년 : 550,826-537,300=13,526GWh
- 2021년 : 553,900-550,826=3,074GWh
- 2022년 : 593,958-553,900=40,058GWh

따라서 전체 발전량의 전년 대비 증가폭이 가장 큰 해는 2022년이다.

## 28

**정답** ②

㉠ 퍼실리테이션(Facilitation)이란 '촉진'을 의미하며, 어떤 그룹이나 집단이 의사결정을 잘하도록 도와주는 일을 가리킨다. 최근 많은 조직에서는 보다 생산적인 결과를 가져올 수 있도록 그룹이 나아갈 방향을 알려 주고, 주제에 대한 공감을 이룰 수 있도록 능숙하게 도와주는 퍼실리테이터를 활용하고 있다. 퍼실리테이션에 의한 문제해결방법은 깊이 있는 커뮤니케이션을 통해 서로의 문제점을 이해하고 공감함으로써 창조적인 문제해결을 도모한다. 소프트 어프로치나 하드 어프로치 방법은 타협점의 단순 조정에 그치지만, 퍼실리테이션에 의한 방법은 초기에 생각하지 못했던 창조적인 해결방법을 도출한다. 동시에 구성원의 동기가 강화되고 팀워크도 한층 강화된다는 특징을 보인다. 이 방법을 이용한 문제해결은 구성원이 자율적으로 실행하는 것이며, 제3자가 합의점이나 줄거리를 준비해 놓고 예정대로 결론이 도출되어 가도록 해서는 안 된다.

㉡ 하드 어프로치에 의한 문제해결방법은 상이한 문화적 토양을 가지고 있는 구성원을 가정하여 서로의 생각을 직설적으로 주장하고 논쟁이나 협상을 통해 의견을 조정해 가는 방법이다. 이때 중심적 역할을 하는 것이 논리, 즉 사실과 원칙에 근거한 토론이다. 제3자는 이것을 기반으로 구성원에게 지도와 설득을 하고 전원이 합의하는 일치점을 찾아내려고 한다. 이러한 방법은 합리적이긴 하지만 잘못하면 단순한 이해관계의 조정에 그치고 말아서 그것만으로는 창조적인 아이디어나 높은 만족감을 이끌어 내기 어렵다.

㉢ 소프트 어프로치에 의한 문제해결방법은 대부분의 기업에서 볼 수 있는 전형적인 스타일로, 조직 구성원들은 같은 문화적 토양을 가지고 이심전심으로 서로를 이해하는 상황을 가정한다. 코디네이터 역할을 하는 제3자는 결론으로 끌고 갈 지점을 미리 머릿속에 그려가면서 권위나 공감에 의지하여 의견을 중재하고, 타협과 조정을 통하여 해결을 도모한다. 결론이 애매하게 끝나는 경우가 적지 않으나, 그것은 그것대로 이심전심을 유도하여 파악하면 된다. 소프트 어프로치에서는 문제해결을 위해서 직접 표현하는 것이 바람직하지 않다고 여기며, 무언가를 시사하거나 암시를 통하여 의사를 전달하고 기분을 서로 통하게 함으로써 문제해결을 도모하고자 한다.

## 29

**정답** ④

네 번째 조건을 제외한 모든 조건과 그 대우를 논리식으로 표현하면 다음과 같다.

- $\sim(D \lor G) \rightarrow F$ / $\sim F \rightarrow (D \land G)$
- $F \rightarrow \sim E$ / $E \rightarrow \sim F$
- $\sim(B \lor E) \rightarrow \sim A$ / $A \rightarrow (B \land E)$

네 번째 조건에 따라 A가 투표를 하였으므로, 세 번째 조건의 대우에 의해 B와 E 모두 투표를 하였다. 또한 E가 투표를 하였으므로, 두 번째 조건의 대우에 따라 F는 투표하지 않았으며, F가 투표하지 않았으므로 첫 번째 조건의 대우에 따라 D와 G는 모두 투표하였다. A, B, D, E, G 5명이 모두 투표하였으므로 네 번째 조건에 따라 C는 투표하지 않았다. 따라서 투표를 하지 않은 사람은 C와 F이다.

## 30

**정답** ⑤

VLOOKUP 함수는 열의 첫 열에서 수직으로 검색하여 원하는 값을 출력하는 함수이다. 함수의 형식은 「=VLOOKUP(찾을 값,범위,열 번호,찾기 옵션)」이며 이 중 근삿값을 찾기 위해서는 찾기 옵션에 1을 입력해야 하고, 정확히 일치하는 값을 찾기 위해서는 0을 입력해야 한다. 상품코드 S3310897의 값을 일정한 범위에서 찾아야 하는 것이므로 범위는 절대참조로 지정해야 하며, 크기 '중'은 범위 중 3번째 열에 위치하고, 정확히 일치하는 값을 찾아야 하므로 입력해야 하는 함수식은 「=VLOOKUP("S3310897", $B$2:$E$8,3,0)」이다.

[오답분석]

①·② HLOOKUP 함수를 사용하려면 찾고자 하는 값은 '중'이고, [B2:E8] 범위에서 찾고자 하는 행 'S3310897'은 6번째 행이므로 「=HLOOKUP("중",$B$2:$E$8,6,0)」을 입력해야 한다.

③·④ '중'은 테이블 범위에서 3번째 열이다.

## 31

정답 ③

Windows Game Bar로 녹화한 영상의 저장 위치는 파일 탐색기를 사용하여 [내 PC] – [동영상] – [캡처] 폴더를 원하는 위치로 옮겨 변경할 수 있다.

## 32

정답 ③

수소는 연소 시 탄소를 배출하지 않는 친환경에너지이지만, 수소혼소 발전은 수소와 함께 액화천연가스(LNG)를 혼합하여 발전하므로 기존 LNG 발전에 비해 탄소 배출량은 줄어들지만, 여전히 탄소를 배출한다.

[오답분석]
① 수소혼소 발전은 기존의 LNG 발전설비를 활용할 수 있기 때문에 화석연료 발전에서 친환경에너지 발전으로 전환하는 데 발생하는 사회적 · 경제적 충격을 완화할 수 있다.
② 높은 온도로 연소하는 수소는 공기 중의 질소와 반응하여 질소산화물(NOx)을 발생시키며, 이는 미세먼지와 함께 대기오염의 주요 원인으로 작용한다.
④ 수소혼소 발전에서 수소를 혼입하는 양이 많아질수록 발전에 사용하는 LNG를 많이 대체하므로 탄소 배출량은 줄어든다.

## 33

정답 ②

보기에 주어진 문장은 접속부사 '따라서'로 시작하므로 수소가 2050 탄소중립 실현을 위한 최적의 에너지원이 되는 이유 뒤에 와야 한다. 따라서 보기는 수소 에너지의 장점과 이어지는 (나)에 들어가는 것이 가장 적절하다.

## 34

정답 ①

RPS 제도 이행을 위해 공급의무자는 일정 비율 이상(의무공급비율)을 신재생에너지로 발전해야 한다. 하지만 의무공급비율은 매년 확대되고 있고, 여기에 맞춰 신재생에너지 발전설비를 계속 추가하는 것은 시간적, 물리적으로 어려우므로 공급의무자는 신재생에너지 공급자로부터 REC를 구매하여 의무공급비율을 달성한다.

[오답분석]
② 신재생에너지 공급자가 공급의무자에게 REC를 판매하기 위해서는 에너지관리공단 신재생에너지센터, 한국전력거래소 등 공급인증기관으로부터 공급 사실을 증명하는 공급인증서를 신청해 발급받아야 한다.
③ 2021년 8월 이후 에너지관리공단에서 운영하는 REC 거래시장을 통해 일반기업도 REC를 구매하여 온실가스 감축실적으로 인정받을 수 있게 되었다.
④ REC에 명시된 공급량은 발전방식에 따라 가중치를 곱해 표기하므로 실제 공급량과 다를 수 있다.

## 35

정답 ③

빈칸 ㉠의 앞 문장은 공급의무자의 신재생에너지 발전설비 확대를 통한 RPS 달성에는 한계점이 있음을 설명하고, 뒷 문장은 이에 대한 대안으로서 REC 거래를 설명하고 있다. 따라서 빈칸에 들어갈 접속부사는 '그러므로'가 가장 적절하다.

## 36

정답 ③

[오답분석]
① 인증서의 유효기간은 발급일로부터 3년이다. 2020년 10월 6일에 발급받은 REC의 만료일은 2023년 10월 6일이므로 이미 만료되어 거래할 수 없다.
② 천연가스는 화석연료이므로 REC를 발급받을 수 없다.
④ 기업에 판매하는 REC는 에너지관리공단에서 거래시장을 운영한다.

## 37

정답 ②

N사에서 A지점으로 가려면 1호선으로 역 2개를 지난 후 2호선으로 환승하여 역 5개를 더 가야 한다.
따라서 편도로 이동하는 데 걸리는 시간은 $(2 \times 2) + 3 + (2 \times 5) = 17$분이므로 왕복하는 데 걸리는 시간은 $17 \times 2 = 34$분이다.

## 38

정답 ④

- A지점 : $(900 \times 2) + (950 \times 5) = 6{,}550$m
- B지점 : $900 \times 8 = 7{,}200$m
- C지점 : $(900 \times 2) + (1{,}300 \times 4) = 7{,}000$m 또는 $(900 \times 5) + 1{,}000 + 1{,}300 = 6{,}800$m
- D지점 : $(900 \times 5) + (1{,}000 \times 2) = 6{,}500$m 또는 $(900 \times 2) + (1{,}300 \times 3) + 1{,}000 = 6{,}700$m

따라서 N사로부터 이동거리가 가장 짧은 지점은 D지점이다.

## 39

정답 ②

- A지점 : 이동거리는 6,550m이고 기본요금 및 거리비례 추가비용은 2호선 기준이 적용되므로 $1{,}500 + 100 = 1{,}600$원이다.
- B지점 : 이동거리는 7,200m이고 기본요금 및 거리비례 추가비용은 1호선 기준이 적용되므로 $1{,}200 + 50 \times 4 = 1{,}400$원이다.
- C지점 : 이동거리는 7,000m이고 기본요금 및 거리비례 추가비용은 4호선 기준이 적용되므로 $2{,}000 + 150 = 2{,}150$원이다.
  또는 이동거리가 6,800m일 때, 기본요금 및 거리비례 추가비용은 4호선 기준이 적용되므로 $2{,}000 + 150 = 2{,}150$원이다.
- D지점 : 이동거리는 6,500m이고 기본요금 및 거리비례 추가비용은 3호선 기준이 적용되므로 $1{,}800 + 100 \times 3 = 2{,}100$원이다.
  또는 이동거리가 6,700m일 때, 기본요금 및 거리비례 추가비용은 4호선 기준이 적용되므로 $2{,}000 + 150 = 2{,}150$원이다.

따라서 이동하는 데 드는 비용이 가장 적은 지점은 B지점이다.

## 40

정답 ⑤

미국 컬럼비아 대학교에서 만들어 낸 치즈케이크는 7겹으로, 7가지의 반죽형 식용 카트리지로 만들어졌다. 따라서 페이스트를 층층이 쌓아서 만드는 FDM 방식을 사용하여 제작하였음을 알 수 있다.

[오답분석]
① PBF / SLS 방식 3D 푸드 프린터는 설탕 같은 분말 형태의 재료를 접착제나 레이저로 굳혀 제작하는 것이므로 설탕 케이크 장식을 제작하기에 적절한 방식이다.
② 3D 푸드 프린터는 질감을 조정하거나, 맛을 조정하여 음식을 제작할 수 있으므로 식감 등으로 발생하는 편식을 줄일 수 있다.
③ 3D 푸드 프린터는 음식을 제작할 때 개인별로 필요한 영양소를 첨가하는 등 사용자 맞춤 식단을 제공할 수 있다는 장점이 있다.
④ 네 번째 문단에서 현재 3D 푸드 프린터의 한계점을 보면 디자인적 · 심리적 요소로 인해 3D 푸드 프린터로 제작된 음식에 거부감이 들 수 있다고 하였다.

## 41

정답 ④

(라) 문장이 포함된 세 번째 문단은 3D 푸드 프린터의 장점에 대해 설명하는 문단이며, 특히 대체육 프린팅의 장점에 대해 소개하고 있다. 그러나 (라) 문장은 대체육의 단점에 대해 서술하고 있으므로 네 번째 문단에서 추가로 서술하거나 삭제하는 것이 적절하다.

[오답분석]
① (가) 문장은 컬럼비아 대학교에서 3D 푸드 프린터로 만들어 낸 치즈케이크의 특징을 설명하는 문장이므로 적절하다.
② (나) 문장은 현재 주로 사용되는 3D 푸드 프린터의 작동 방식을 설명하는 문장이므로 적절하다.
③ (다) 문장은 3D 푸드 프린터의 장점을 소개하는 세 번째 문단의 중심내용이므로 적절하다.
⑤ (마) 문장은 3D 푸드 프린터의 한계점인 '디자인으로 인한 심리적 거부감'을 서술하고 있으므로 적절하다.

## 42

네 번째 문단은 3D 푸드 프린터의 한계 및 개선점을 설명하는 문단으로, 3D 푸드 프린터의 장점을 설명한 세 번째 문단과 역접관계에 있다. 따라서 '그러나'가 적절한 접속부사이다.

오답분석

① ㉠ 앞에서 서술된 치즈케이크의 특징이 대체육과 같은 다른 관련 산업에서 주목하게 된 이유가 되므로 '그래서'는 적절한 접속부사이다.
② ㉡ 앞의 문장은 3D 푸드 프린터의 장점을 소개하는 세 번째 문단의 중심내용이고 뒤의 문장은 이에 대한 예시를 설명하고 있으므로 '예를 들어'는 적절한 접속부사이다.
③ ㉢의 앞과 뒤는 다른 내용이지만 모두 3D 푸드 프린터의 장점을 나열한 것이므로 '또한'은 적절한 접속부사이다.
⑤ ㉤의 앞과 뒤는 다른 내용이지만 모두 3D 푸드 프린터의 단점을 나열한 것이므로 '게다가'는 적절한 접속부사이다.

## 43

제시문은 메기 효과에 대한 글이므로 가장 먼저 메기 효과의 기원에 대해 설명한 (마) 문단으로 시작하고, 뒤이어 메기 효과의 기원에 대한 과학적인 검증 및 논란에 대한 (라) 문단이 와야 한다. 이어서 경영학 측면에서의 메기 효과에 대한 내용이 와야 하는데, (다) 문단의 경우 앞의 내용과 뒤의 내용이 상반될 때 쓰는 접속 부사인 '그러나'로 시작하므로 (가) 문단이 먼저 나오고 그 다음에 (다) 문단이 이어지는 것이 적절하다. 그리고 마지막으로 메기 효과에 대한 결론인 (나) 문단으로 끝나야 한다.

## 44

메기 효과는 과학적으로 검증되지 않았지만 적정 수준의 경쟁이 발전을 이룬다는 시사점을 가지고 있다고 하였으므로 낭설에 불과하다고 하는 것은 적절하지 않다.

오답분석

① (라) 문단의 거미와 메뚜기 실험에서 죽은 메뚜기로 인해 토양까지 황폐화되었음을 볼 때, 거대 기업의 출현은 해당 시장의 생태계까지 파괴할 수 있음을 알 수 있다.
③ (나) 문단에서 성장 동력을 발현시키기 위해서는 규제 등의 방법으로 적정 수준의 경쟁을 유지해야 한다고 서술하고 있다.
④ (가) 문단에서 메기 효과는 한국, 중국 등 고도 경쟁사회에서 널리 사용되고 있다고 서술하고 있다.

## 45

식탁 1개와 의자 2개의 합은 20만+(10만×2)=40만 원이고, 30만 원 이상 구매 시 10%를 할인받을 수 있으므로 40만×0.9=36만 원이다. 가구를 구매하고 남은 돈은 50만−36만=14만 원이고 장미 한 송이당 가격은 6,500원이다.
따라서 $14 \div 0.65 ≒ 21.53$이므로 장미꽃은 총 21송이를 살 수 있다.

## 46

작년의 여자 사원 수를 $x$명이라 하면 남자 사원 수는 $(820-x)$명이므로

$$\frac{8}{100}(820-x) - \frac{10}{100}x = -10$$

$$\therefore x = 420$$

따라서 올해 여자 사원 수는 $\frac{90}{100} \times 420 = 378$명이다.

## 47

정답 ④

처음으로 오수 탱크 한 개를 정화하는 데 소요되는 시간은 4+6+5+4+6=25시간이다.
그 후에는 A~E공정 중 가장 긴 공정 시간이 6시간이므로 6시간마다 탱크 한 개씩 처리할 수 있다.
따라서 탱크 30개를 처리하는 데 소요되는 시간은 25+{6×(30-1)}=199시간이다.

## 48

정답 ③

- CBP - <u>WK</u>4A - P31 - B0803 : 배터리 형태 중 WK는 없는 형태이다.
- PBP - DK1E - <u>P21</u> - A8B12 : 고속충전 규격 중 P21은 없는 규격이다.
- NBP - LC3B - P31 - B3<u>230</u> : 생산날짜의 2월에는 30일이 없다.
- <u>CNP</u> - LW4E - P20 - A7A29 : 제품 분류 중 CNP는 없는 분류이다.

따라서 보기에서 시리얼 넘버가 잘못 부여된 제품은 모두 4개이다.

## 49

정답 ②

고객이 설명한 제품 정보를 정리하면 다음과 같다.
- 설치형 : PBP
- 도킹형 : DK
- 20,000mAH 이상 : 2
- 60W 이상 : B
- USB - PD3.0 : P30
- 2022년 10월 12일 : B2012

따라서 S주임이 데이터베이스에 검색할 시리얼 넘버는 PBP - DK2B - P30 - B2012이다.

## 50

정답 ③

흰색 공을 A, 검은색 공을 B, 파란색 공을 C로 치환한 후 논리 기호화하면 다음과 같다.
- 전제 1 : A → ~B
- 전제 2 : _____
- 결론 : A → C

따라서 필요한 전제 2는 '~B → C' 또는 대우인 '~C → B'이므로 '파란색 공을 가지고 있지 않은 사람은 모두 검은색 공을 가지고 있다.'가 전제 2로 적절하다.

[오답분석]
① B → C
② ~C → ~B
④ C → B

많이 보고 많이 겪고 많이 공부하는 것은 배움의 세 기둥이다.

- 벤자민 디즈라엘리 -

# PART 1

# 직업기초능력평가

## 01

떠낸 소금물의 양을 $x$g, 농도 2% 소금물의 양을 $y$g이라고 하면, 떠낸 소금물의 양만큼 부은 물의 양도 $x$g이므로
$200 - x + x + y = 320 \rightarrow y = 120$, 소금물을 떠내고 같은 양의 물을 부어도 농도 8%의 소금물에 있는 소금의 양은 같으므로
$$\frac{8}{100} \times (200 - x) + \frac{2}{100} \times 120 = \frac{3}{100} \times 320 \rightarrow 1,600 - 8x + 240 = 960 \rightarrow 8x = 880$$
$\therefore x = 110$

## 02

올라갈 때 걸은 거리를 $x$km라고 하면, 내려올 때의 거리는 $(x+5)$km이므로
$$\frac{x}{3} + \frac{x+5}{4} = 3 \rightarrow 4x + 3(x+5) = 36$$
$\therefore x = 3$

## 03

A, B기차의 속력은 일정하며 두 기차가 터널 양 끝에서 동시에 출발하면 $\frac{1}{3}$ 지점에서 만난다고 했으므로 두 기차 중 하나는 다른
기차 속력의 2배인 것을 알 수 있다. 또한, A기차보다 B기차가 터널을 통과하는 시간이 짧으므로 B기차의 속력이 더 빠르다.
A기차의 길이를 $x$m, 속력을 $y$m/s라고 하면, B기차의 속력은 $2y$m/s이다.
$570 + x = 50 \times y \cdots \bigcirc$
$570 + (x - 60) = 23 \times 2y \cdots \bigcirc$
$\bigcirc$과 $\bigcirc$을 연립하면
$60 = 4y \rightarrow y = 15$
이를 $\bigcirc$에 대입하면
$x = 50 \times 15 - 570$
$\therefore x = 180$
따라서 A기차의 길이는 180m이다.

## 04

세 자리 수가 홀수가 되려면 끝자리 숫자가 홀수여야 한다. 홀수는 1, 3, 5, 7, 9로 5개이고, 백의 자리와 십의 자리의 숫자의
경우의 수를 고려한다. 백의 자리에 올 수 있는 숫자는 0을 제외한 8가지, 십의 자리는 0을 포함한 8가지 숫자가 올 수 있다.
따라서 홀수인 세 자리 숫자는 모두 $8 \times 8 \times 5 = 320$가지가 가능하다.

## 05

정답 ⑤

주사위를 두 번 던지는 경우의 수는 $6 \times 6 = 36$가지이고, 두 눈의 합이 10 이상인 경우는 다음과 같다.

• 두 눈의 합이 10인 경우 : $(4, 6)$, $(5, 5)$, $(6, 4)$

• 두 눈의 합이 11인 경우 : $(5, 6)$, $(6, 5)$

• 두 눈의 합이 12인 경우 : $(6, 6)$

따라서 두 눈의 합이 10 이상 나올 확률은 $\dfrac{6}{36} = \dfrac{1}{6}$ 이다.

## 06

정답 ③

K야구팀의 작년 총경기 횟수를 $x$회, 작년 승리 횟수를 $0.4x$회라고 하면,

작년과 올해의 경기를 합하여 승률이 45%이므로 다음과 같다.

$\dfrac{0.4x + 65}{x + 120} = 0.45 \rightarrow 5x = 1,100$

$\therefore x = 220$

작년의 총경기 횟수는 220회이고, 승률이 40%이므로 승리한 경기는 $220 \times 0.4 = 88$회이다.

따라서 K야구팀이 작년과 올해에 승리한 총횟수는 $88 + 65 = 153$회이다.

## 07

정답 ⑤

원가를 $x$원이라고 하면, 정가는 $(x + 3,000)$원이다.

정가에서 20%를 할인하여 5개 팔았을 때 순이익과 조각 케이크 1조각당 정가에서 2,000원씩 할인하여 4개를 팔았을 때의 매출액이 같으므로 식으로 나타내면 다음과 같다.

$5 \times [0.8 \times (x + 3,000) - x] = 4 \times (x + 3,000 - 2,000)$

$\rightarrow 5(-0.2x + 2,400) = 4x + 4,000$

$\rightarrow 5x = 8,000$

$\therefore x = 1,600$

따라서 정가는 $1,600 + 3,000 = 4,600$원이다.

## 08

정답 ④

전체 일의 양을 1이라 하고, 선규가 혼자 일을 끝내는 데 걸리는 시간을 $x$일, 승룡이가 혼자 일을 끝내는 데 걸리는 시간을 $y$일이라 하자.

둘이 함께 5일 동안 일을 끝내는 경우는

$\left( \dfrac{1}{x} + \dfrac{1}{y} \right) \times 5 = 1 \cdots \bigcirc$

선규가 먼저 4일 일하고, 승룡이가 7일 일하여 끝내는 경우는

$\dfrac{4}{x} + \dfrac{7}{y} = 1 \cdots \bigcirc\!\!\bigcirc$

$\bigcirc$과 $\bigcirc\!\!\bigcirc$을 연립하면 $y = 15$이다.

따라서 승룡이 혼자서 일을 끝내려면 15일이 걸린다.

## 09

정답 ④

아버지의 나이를 $x$세, 형의 나이를 $y$세라고 하면,

동생의 나이는 $(y - 2)$세이므로 $y + (y - 2) = 40 \rightarrow y = 21$

어머니의 나이는 $(x - 4)$세이므로 $x + (x - 4) = 6 \times 21 \rightarrow 2x = 130$

$\therefore x = 65$

## 10

A가 이긴 횟수(=B가 진 횟수)를 $x$번, A가 진 횟수(=B가 이긴 횟수)를 $y$번이라고 하면,

$2x - y = 11 \cdots \bigcirc$

$2y - x = 2 \rightarrow x = 2y - 2 \cdots \bigcirc\!\!\bigcirc$

$\bigcirc$에 $\bigcirc\!\!\bigcirc$을 대입하면 $x = 8$, $y = 5$이다.

따라서 A가 이긴 횟수는 8번이다.

## 11

처음 숫자의 십의 자리 숫자를 $x$, 일의 자리 숫자를 $y$라고 하면,

$x + y = 10 \cdots \bigcirc$

$\dfrac{10y + x}{2} = 10x + y - 14 \rightarrow 19x - 8y = 28 \cdots \bigcirc\!\!\bigcirc$

$\bigcirc$과 $\bigcirc\!\!\bigcirc$을 연립하면 $x = 4$, $y = 6$이다.

따라서 처음 숫자는 $4 \times 10 + 6 = 46$이다.

## 12

전체 인원을 $x$명이라고 하면,

$\left(x \times \dfrac{3}{7} - 13\right) + \left(x \times \dfrac{1}{2} + 33\right) = x$

$\rightarrow x \times \left(\dfrac{3}{7} + \dfrac{1}{2}\right) + 20 = x$

$\rightarrow x\left(1 - \dfrac{13}{14}\right) = 20$

$\therefore x = 20 \times 14 = 280$

따라서 공청회에 참석한 전체 인원은 280명이다.

## 13

구매할 수 있는 컴퓨터를 $x$대라고 하면, 3대까지는 한 대당 100만 원을 지불해야 하므로 80만 원에 구매할 수 있는 컴퓨터는 $(x - 3)$대이다.

$100 \times 3 + 80 \times (x - 3) \leq 2,750 \rightarrow 80(x - 3) \leq 2,450$

$\rightarrow x - 3 \leq 30.625$

$\therefore x \leq 33.625$

따라서 컴퓨터는 최대 33대 구매 가능하다.

## 14

원의 둘레는 $2 \times \pi \times r$이고, 각 롤러가 칠할 수 있는 면적은 (원의 둘레)×(너비)이다. A롤러의 반지름($r$)은 5cm, B롤러의 반지름($r$)은 1.5cm이므로 A롤러가 1회전 할 때 칠할 수 있는 면적은 $2 \times \pi \times 5 \times$ (너비), B롤러가 1회전 할 때 칠할 수 있는 면적은 $2 \times \pi \times 1.5 \times$ (너비)이다. $\pi$와 롤러의 너비는 같으므로 소거하면, A롤러는 10, B롤러는 3만큼의 면적을 칠한다. 즉, 처음으로 같은 면적을 칠하기 위해 A롤러는 3바퀴, B롤러는 10바퀴를 회전해야 한다.

따라서 A롤러와 B롤러가 회전한 수의 합은 $10 + 3 = 13$바퀴이다.

## 15

정답 ⑤

변 BC의 길이를 $x$cm, 변 AC의 길이를 $y$cm라 할 때, 피타고라스의 정리에 의해

$18^2 + x^2 = y^2 \rightarrow y^2 - x^2 = 324$

$\rightarrow (y+x)(y-x) = 324 \cdots \text{㉠}$

직각삼각형 ABC의 둘레가 72cm이므로

$x + y + 18 = 72$

$\rightarrow x + y = 54 \cdots \text{㉡}$

㉡을 ㉠에 대입하면 $54(y-x) = 324$

$\rightarrow y - x = 6 \cdots \text{㉢}$

㉡과 ㉢을 더하면 $2y = 60$

$\therefore y = 30$

이를 ㉢에 대입하면 $30 - x = 6$

$\therefore x = 24$

따라서 직각삼각형 ABC의 넓이는 $24 \times 18 \times \dfrac{1}{2} = 216 \text{cm}^2$ 이다.

---

**출제유형분석 02** **실전예제**

## 01

정답 ③

종합청렴도 식은 (종합청렴도)=[(외부청렴도)×0.6+(내부청렴도)×0.3+(정책고객평가)×0.1]−(감점요인)이므로, 내부청렴도에 관한 공식을 만들어보면 다음과 같다.

(내부청렴도)=[(종합청렴도)−(외부청렴도)×0.6−(정책고객평가)×0.1+(감점요인)]×$\dfrac{10}{3}$

위 식에 연도별 수치를 대입하여 내부청렴도를 구한다.

- 2020년 : $[6.23 - 8.0 \times 0.6 - 6.9 \times 0.1 + (0.7 + 0.7 + 0.2)] \times \dfrac{10}{3} = 2.34 \times \dfrac{10}{3} = 7.8$

- 2021년 : $[6.21 - 8.0 \times 0.6 - 7.1 \times 0.1 + (0.7 + 0.8 + 0.2)] \times \dfrac{10}{3} = 2.4 \times \dfrac{10}{3} = 8.0$

- 2022년 : $[6.16 - 8.0 \times 0.6 - 7.2 \times 0.1 + (0.7 + 0.8 + 0.2)] \times \dfrac{10}{3} = 2.34 \times \dfrac{10}{3} = 7.8$

- 2023년 : $[6.8 - 8.1 \times 0.6 - 7.3 \times 0.1 + (0.5 + 0.4 + 0.2)] \times \dfrac{10}{3} = 2.31 \times \dfrac{10}{3} = 7.7$

따라서 내부청렴도가 가장 높은 해는 2021년, 가장 낮은 해는 2023년이다.

## 02

정답 ⑤

- (가) : $\dfrac{34,273 - 29,094}{29,094} \times 100 \fallingdotseq 17.8\%$

- (나) : $66,652 + 34,273 + 2,729 = 103,654$백만 달러

- (다) : $\dfrac{103,654 - 91,075}{91,075} \times 100 \fallingdotseq 13.8\%$

## 03

정답 ①

(ㄱ)은 2020년 대비 2021년 의료 폐기물의 증감률로 $\frac{48,934-49,159}{49,159}\times100 ≒ -0.5\%$이고,

(ㄴ)은 2018년 대비 2019년 사업장 배출시설계 폐기물의 증감률로 $\frac{123,604-130,777}{130,777}\times100 ≒ -5.5\%$이다.

## 04

정답 ②

- 공연음악 시장 규모 : 2023년의 후원 규모는 $6,305+118=6,423$백만 달러이고, 티켓 판매 규모는 $22,324+740=23,064$백만 달러이다. 따라서 2023년 공연음악 시장 규모는 $6,423+23,064=29,487$백만 달러이다.
- 스트리밍 시장 규모 : 2018년 스트리밍 시장의 규모가 1,530백만 달러이므로, 2023년의 스트리밍 시장 규모는 $1,530\times2.5=$ 3,825백만 달러이다.
- 오프라인 음반 시장 규모 : 2023년 오프라인 음반 시장 규모를 $x$백만 달러라고 하면, $\frac{x-8,551}{8,551}\times100=-6\%$

$$\therefore\ x=-\frac{6}{100}\times8,551+8,551 ≒ 8,037.9$$

## 05

정답 ④

A, B, E구의 1인당 소비량을 각각 $a$, $b$, $e$라고 하면,
제시된 조건을 식으로 나타내면 다음과 같다.

- 첫 번째 조건 : $a+b=30$ … ㉠
- 두 번째 조건 : $a+12=2e$ … ㉡
- 세 번째 조건 : $e=b+6$ … ㉢

㉢을 ㉡에 대입하여 식을 정리하면, $a+12=2(b+6) \rightarrow a-2b=0$ … ㉣

㉠$-$㉣을 하면 $3b=30 \rightarrow b=10$, $a=20$, $e=16$

A~E구의 변동계수를 구하면 다음과 같다.

- A구 : $\frac{5}{20}\times100=25\%$

- B구 : $\frac{4}{10}\times100=40\%$

- C구 : $\frac{6}{30}\times100=20\%$

- D구 : $\frac{4}{12}\times100 ≒ 33.33\%$

- E구 : $\frac{8}{16}\times100=50\%$

따라서 변동계수가 3번째로 큰 구는 D구이다.

## 06

정답 ③

2023년 전체 실적은 $45+50+48+42=185$억 원이며, 1~2분기와 3~4분기가 차지하는 비율을 각각 구하면 다음과 같다.

- 1~2분기 : $\frac{45+50}{185}\times100 ≒ 51.4\%$

- 3~4분기 : $\frac{48+42}{185}\times100 ≒ 48.6\%$

두 비율의 합은 100%이므로 하나만 계산하고, 나머지는 100%에서 빼면 빠르게 풀 수 있다.

## 01

운항편의 수치는 여객과 화물을 모두 포함한 수치이다. 따라서 여객에 이용된 운항편이 총 몇 대인지 알 수 없으므로 계산할 수 없다.

오답분석

① 운항편이 가장 많은 요일은 토요일이고, 토요일에 여객은 953,945명, 화물은 48,033톤으로 가장 높은 수치를 보이고 있다.

② $\frac{21,615}{11,715} ≒ 1.85$이므로 1.5배 이상이다.

③ 자료를 통해 알 수 있다.

④ '감소 - 증가 - 감소 - 증가 - 증가 - 감소'로 같다.

## 02

10대의 인터넷 공유활동을 참여율이 큰 순서대로 나열하면 '커뮤니티 이용 → 퍼나르기 → 블로그 운영 → UCC 게시 → 댓글달기'이다. 반면 30대는 '커뮤니티 이용 → 퍼나르기 → 블로그 운영 → 댓글달기 → UCC 게시'이다.
따라서 활동 순위가 서로 같지 않다.

오답분석

① 20대가 다른 연령대에 비해 참여율이 비교적 높은 편임을 표에서 쉽게 확인할 수 있다.

② 남성이 여성보다 참여율이 대부분의 활동에서 높지만, 블로그 운영에서는 여성의 참여율이 높다.

③ 남녀 간의 참여율 격차가 가장 큰 영역은 13.8%p로 댓글달기이며, 그 반대로는 2.7%p로 커뮤니티 이용이다.

⑤ 40대는 다른 영역과 달리 댓글달기 활동에서는 다른 연령대보다 높은 참여율을 보이고 있다.

## 03

현재 기온이 가장 높은 지역은 수원으로, 수원의 이슬점 온도는 가장 높지만 습도는 65%로 다섯 번째로 높다.

오답분석

① 파주의 시정은 20km로 가장 좋다.

② 수원이 이슬점 온도와 불쾌지수 모두 가장 높다.

③ 불쾌지수가 70을 초과한 지역은 수원, 동두천 2곳이다.

⑤ 시정이 0.4km로 가장 좋지 않은 백령도의 경우 풍속이 4.4m/s로 가장 강하다.

## 04

2018년부터 공정자산총액과 부채총액의 차를 순서대로 나열하면 952, 1,067, 1,383, 1,127, 1,864, 1,908억 원이다.

오답분석

① 2021년에는 자본총액이 전년 대비 감소했다.

② 직전 해에 비해 당기순이익이 가장 많이 증가한 해는 2022년이다.

④ 총액 규모가 가장 큰 것은 공정자산총액이다.

⑤ 2018년과 2019년을 비교하면, 분모 증가율은 $\frac{1,067-952}{952} = \frac{115}{952} ≒ \frac{1}{8}$ 이고, 분자 증가율은 $\frac{481-464}{464} = \frac{17}{464} ≒ \frac{1}{27}$ 이다.

따라서 2019년에는 비중이 감소했다.

## 05

2015 ~ 2023년까지 전년 대비 사기와 폭행의 발생건수 증감추이는 다음과 같이 서로 반대를 나타낸다.

| 구분 | 2015년 | 2016년 | 2017년 | 2018년 | 2019년 | 2020년 | 2021년 | 2022년 | 2023년 |
|------|--------|--------|--------|--------|--------|--------|--------|--------|--------|
| 사기 | 감소 | 감소 | 감소 | 감소 | 감소 | 감소 | 증가 | 증가 | 감소 |
| 폭행 | 증가 | 증가 | 증가 | 증가 | 증가 | 증가 | 감소 | 감소 | 증가 |

오답분석

① 2015 ~ 2023년 범죄별 발생건수의 1 ~ 5위는 '절도, 사기, 폭행, 살인, 방화' 순이나 2014년에는 '절도, 사기, 폭행, 방화, 살인' 순으로 다르다.

② 2014 ~ 2023년 동안 발생한 방화의 총발생건수는 $5+4+2+1+2+5+2+4+5+3=33$천 건으로 3만 건 이상이다.

④ 2016년 전체 범죄발생건수는 $270+371+148+2+12=803$천 건이며, 이 중 절도의 범죄건수가 차지하는 비율은 $\frac{371}{803} \times 100$ $≒46.2\%$로 50% 미만이다.

⑤ 2014년 전체 범죄발생건수는 $282+366+139+5+3=795$천 건이고, 2023년에는 $239+359+156+3+14=771$천 건이다. 2014년 대비 2023년 전체 범죄발생건수 감소율은 $\frac{795-771}{795} \times 100 ≒ 3\%$로 5% 미만이다.

## 06

생산이 증가한 해에는 수출과 내수 모두 증가했다.

오답분석

① 표에서 ▽는 감소 수치를 나타내고 있으므로 옳은 판단이다.

② 내수가 가장 큰 폭으로 증가한 해는 2021년으로 생산과 수출 모두 감소했다.

③ 수출이 증가한 해는 2019, 2022, 2023년으로 내수와 생산 모두 증가했다.

④ 2021년이 이에 해당한다.

---

## 출제유형분석 01 실전예제

### 01

정답 ⑤

전략 목표를 먼저 설정하고 환경을 분석해야 한다.

### 02

정답 ②

경영 활동을 구성하는 요소는 경영 목적, 인적자원, 자금, 경영 전략이다. (나)의 경우와 같이 봉사활동을 수행하는 일은 목적과 인력, 자금 등이 필요한 일이지만, 정해진 목표를 달성하기 위한 조직의 관리, 전략, 운영활동이라고 볼 수 없으므로 경영 활동이 아니다.

---

## 출제유형분석 02 실전예제

### 01

정답 ③

지수는 비영리조직이면서 대규모조직인 학교에서 5시간 있었다.
- 학교 : 공식조직, 비영리조직, 대규모조직
- 카페 : 공식조직, 영리조직, 대규모조직
- 스터디 : 비공식조직, 비영리조직, 소규모조직

[오답분석]
① 비공식적이면서 소규모조직인 스터디에서 2시간 있었다.
② 공식조직인 학교와 카페에서 8시간 있었다.
④ 영리조직인 카페에서 3시간 있었다.
⑤ 비공식적이면서 비영리조직인 스터디에서 2시간 있었다.

### 02

정답 ②

K사는 기존에 수행하지 않던 해외 판매 업무가 추가될 것이므로 그에 따른 해외영업팀 등의 신설 조직이 필요하게 된다. 해외에 공장 등의 조직을 보유하게 됨으로써 이를 관리하는 해외관리 조직이 필요할 것이며, 물품의 수출에 따른 통관 업무를 담당하는 통관물류팀, 외화 대금 수취 및 해외 조직으로부터의 자금 이동 관련 업무를 담당할 외환업무팀, 국제 거래상 발생하게 될 해외 거래 계약 실무를 담당할 국제법무 조직 등이 필요하게 된다. 기업회계팀은 K사의 해외 사업과 상관없이 기존 회계를 담당하는 조직이라고 볼 수 있다.

## 03

②는 업무의 내용이 유사하고 관련성이 있는 업무들을 결합해서 구분한 것으로, 기능식 조직 구조의 형태로 볼 수 있다.

## 04

정답 ③

마케팅기획본부는 해외마케팅기획팀과 마케팅기획팀으로 구성된다고 했으므로 적절하지 않다.

오답분석

①·② 마케팅본부의 마케팅기획팀과 해외사업본부의 해외마케팅기획팀을 통합해 마케팅기획본부가 신설된다고 했으므로 적절하다.
④ 해외사업본부의 해외사업 1팀과 해외사업 2팀을 해외영업팀으로 통합하고 마케팅본부로 이동한다고 했으므로 적절하다.
⑤ 구매·총무팀에서 구매팀과 총무팀이 분리되고 총무팀과 재경팀을 통합 후 재무팀이 신설된다고 했으므로 적절하다.

## 출제유형분석 03 실전예제

## 01

정답 ①

ㄱ. 조직의 업무는 원칙적으로 업무분장에 따라 이루어져야 하지만, 실제 수행 시에는 상황에 따라 효율성을 극대화시키기 위해 변화를 주는 것이 바람직하다.
ㄴ. 구성원 개인이 조직 내에서 책임을 수행하고 권한을 행사할 때 기반이 되는 것은 근속연수가 아니라 직위이다.

오답분석

ㄷ. 업무는 관련성, 동일성, 유사성, 수행시간대 등 다양한 기준에 따라 통합하여 수행하는 것이 효율적이다.
ㄹ. 직위는 조직의 각 구성원에게 수행해야 할 일정 업무가 할당되고, 그 업무를 수행하는 데 필요한 권한과 책임이 부여된 조직상의 위치이다.

## 02

정답 ③

시간 순서대로 나열해 보면 '회의실 예약 – PPT 작성 – 메일 전송 – 수정사항 반영 – B주임에게 조언 구하기 – 브로슈어에 최종본 입력 – D대리에게 파일 전달 – 인쇄소 방문' 순서이다.

## 03

정답 ③

ㄱ. 최수영 상무이사가 결재한 것은 대결이다. 대결은 결재권자가 출장, 휴가, 기타 사유로 상당 기간 부재중일 때 긴급한 문서를 처리하고자 할 경우에 결재권자의 차하위 직위의 결재를 받아 시행하는 것을 말한다.
ㄴ. 대결 시에는 기안문의 결재란 중 대결한 자의 란에 '대결'을 표시하고 서명 또는 날인한다.

| 담당 | 과장 | 부장 | 상무이사 | 전무이사 |
|------|------|------|---------|---------|
| ○○○ | 최경옥 | 김석호 | 대결<br>최수영 | 전결 |

## 04

**정답** ⑤

최팀장 책상의 서류 읽어 보기(박과장 방문 전) → 박과장 응대하기(오전) → 최팀장에게 서류 갖다 주기(점심시간) → 회사로 온 연락 최팀장에게 알려 주기(오후) → 이팀장에게 전화달라고 전하기(퇴근 전)

## 05

**정답** ⑤

홍보용 보도 자료 작성은 홍보팀의 업무이며, 물품 구매는 총무팀의 업무이다. 즉, 영업팀이 아닌 홍보팀이 홍보용 보도 자료를 작성해야 하며, 홍보용 사은품 역시 직접 구매하는 것이 아니라 홍보팀이 총무팀에 업무협조를 요청하여 총무팀이 구매하도록 하여야 한다.

## 출제유형분석 01 실전예제

## 01

정답 ④

주어진 조건을 정리하면 다음과 같다.

| 구분 | 1일 | 2일 | 3일 | 4일 | 5일 | 6일 |
|------|-----|-----|-----|-----|-----|-----|
| 경우 1 | B | E | F | C | A | D |
| 경우 2 | B | C | F | D | A | E |
| 경우 3 | A | B | F | C | E | D |
| 경우 4 | A | B | C | F | D | E |
| 경우 5 | E | B | F | C | A | D |
| 경우 6 | E | B | C | F | D | A |

따라서 B영화는 어떠한 경우에도 1일 또는 2일에 상영된다.

오답분석

① A영화는 경우 3 또는 4에서 C영화보다 먼저 상영된다.
② C영화는 경우 1 또는 5, 6에서 E영화보다 늦게 상영된다.
③ D영화는 경우 1 또는 3, 5에서 폐막작으로, 경우 4 또는 6에서 5일에 상영된다.
⑤ E영화는 경우 1 또는 3에서 개막작이나 폐막작으로 상영되지 않는다.

## 02

정답 ①

주어진 조건을 정리하면 다음과 같다.

| 구분 | 첫 번째 | 두 번째 | 세 번째 | 네 번째 | 다섯 번째 | 여섯 번째 |
|------|---------|---------|---------|---------|-----------|-----------|
| 경우 1 | 교육 | 보건 | 농림 | 행정 | 국방 | 외교 |
| 경우 2 | 교육 | 보건 | 농림 | 국방 | 행정 | 외교 |
| 경우 3 | 보건 | 교육 | 농림 | 행정 | 국방 | 외교 |
| 경우 4 | 보건 | 교육 | 농림 | 국방 | 행정 | 외교 |

따라서 교육부는 첫 번째 또는 두 번째에 감사를 시작한다.

오답분석

② 경우 3, 4에서 보건복지부는 첫 번째로 감사를 시작한다.
③ 농림축산식품부보다 늦게 감사를 받는 부서는 3개, 일찍 받는 부서는 2개로, 늦게 감사를 받는 부서의 수가 많다.
④ 경우 1, 3에서 국방부는 행정안전부보다 감사를 늦게 받는다.
⑤ 외교부보다 늦게 감사를 받는 부서는 없다.

## 03

정답 ③

주어진 조건을 정리하면 다음과 같다.

| 구분 | A | B | C | D |
| --- | --- | --- | --- | --- |
| 경우 1 | 호밀식빵 | 우유식빵 | 밤식빵 | 옥수수식빵 |
| 경우 2 | 호밀식빵 | 밤식빵 | 우유식빵 | 옥수수식빵 |

따라서 항상 참인 것은 ③이다.

오답분석

①·②·④·⑤ 주어진 조건만으로는 판단하기 힘들다.

## 04

정답 ①

한 번 배정받은 층은 다시 배정받을 수 없기 때문에 A는 3층, B는 2층에 배정받을 수 있다. C는 1층 또는 4층에 배정받을 수 있지만, D는 1층에만 배정받을 수 있기 때문에, C는 4층, D는 1층에 배정받는다. 이를 정리하면 다음과 같다.

| A | B | C | D |
| --- | --- | --- | --- |
| 3층 | 2층 | 4층 | 1층 |

따라서 항상 참인 것은 ①이다.

오답분석

②·③·④ 주어진 조건만으로는 판단하기 힘들다.

⑤ 매년 새롭게 층을 배정받기 때문에 B 또한 3년 이상 기숙사에 살았을 것이다.

## 05

정답 ⑤

5명 중 단 1명만이 거짓말을 하고 있으므로 C와 D 중 1명은 반드시 거짓을 말하고 있다.

1) C의 진술이 거짓일 경우

B와 C의 진술이 모두 거짓이 되므로 1명만 거짓말을 하고 있다는 조건이 성립하지 않는다.

2) D의 진술이 거짓일 경우

| 구분 | A | B | C | D | E |
| --- | --- | --- | --- | --- | --- |
| 출장 지역 | 잠실 | | 여의도 | 강남 | |

이때, B는 상암으로 출장을 가지 않는다는 A의 진술에 따라 상암으로 출장을 가는 사람은 E임을 알 수 있다. 따라서 ⑤는 항상 거짓이 된다.

## 06

정답 ②

'을'과 '정'이 서로 상반된 이야기를 하고 있으므로 둘 중 1명이 거짓말을 하고 있다. 만일 '을'이 참이고 '정'이 거짓이라면 화분을 깨뜨린 사람은 '병', '정'이 되는데, 화분을 깨뜨린 사람은 1명이어야 하므로 모순이다. 따라서 거짓말을 한 사람은 '을'이다.

## 01

발행형태가 4로 전집이기 때문에 한 권으로만 출판된 것이 아님을 알 수 있다.

**오답분석**

① 국가번호가 05(미국)로 미국에서 출판되었다.
② 서명식별번호가 1011로 1011번째 발행되었다. 441은 발행자번호로 이 책을 발행한 출판사의 발행자번호가 441이라는 것을
　의미한다.
③ 발행자번호는 441로 세 자리로 이루어져 있다.
⑤ 도서의 내용이 710(한국어)이지만, 도서가 한국어로 되어 있는지는 알 수 없다.

## 02

(마)의 비상사고 코드가 N134라면, 철도사고 종류는 자연재해(N), 철도사고 형태는 침수(1), 철도사고 대상은 여객열차(3), 철도사
고 위치는 교량(4)이어야 한다. 그러나 (마)의 철도사고 위치가 본선구간(2)이므로 N134가 아닌, N132가 되어야 한다.

## 03

조건에 따라 소괄호 안에 있는 부분을 순서대로 풀이하면
'1 A 5'에서 A는 좌우의 두 수를 더하는 것이지만, 더한 값이 10 미만이면 좌우에 있는 두 수를 곱해야 한다. 1+5=6으로 10
미만이므로 두 수를 곱하여 5가 된다.
'3 C 4'에서 C는 좌우의 두 수를 곱하는 것이지만, 곱한 값이 10 미만이면 좌우에 있는 두 수를 더한다. 이 경우 3×4=12로 10
이상이므로 12가 된다.
대괄호를 풀어보면 '5 B 12'이다. B는 좌우에 있는 두 수 가운데 큰 수에서 작은 수를 빼는 것이지만, 두 수가 같거나 뺀 값이
10 미만이면 두 수를 곱한다. 12-5=7로 10 미만이므로 두 수를 곱해야 한다. 따라서 60이 된다.
'60 D 6'에서 D는 좌우에 있는 두 수 가운데 큰 수를 작은 수로 나누는 것이지만, 두 수가 같거나 나눈 값이 10 미만이면 두 수를
곱해야 한다. 이 경우 나눈 값이 60÷6=10이므로 답은 10이다.

## 04

한글 자음을 순서에 따라 바로 뒤의 자음으로 변환하면 다음과 같다.

| ㄱ | ㄴ | ㄷ | ㄹ | ㅁ | ㅂ | ㅅ |
|---|---|---|---|---|---|---|
| ㄴ | ㄷ | ㄹ | ㅁ | ㅂ | ㅅ | ㅇ |
| ㅇ | ㅈ | ㅊ | ㅋ | ㅌ | ㅍ | ㅎ |
| ㅈ | ㅊ | ㅋ | ㅌ | ㅍ | ㅎ | ㄱ |

한글 모음을 순서에 따라 알파벳으로 변환하면 다음과 같다.

| ㅏ | ㅐ | ㅑ | ㅒ | ㅓ | ㅔ | ㅕ |
|---|---|---|---|---|---|---|
| a | b | c | d | e | f | g |
| ㅖ | ㅗ | ㅘ | ㅙ | ㅚ | ㅛ | ㅜ |
| h | i | j | k | l | m | n |
| ㅝ | ㅞ | ㅟ | ㅠ | ㅡ | ㅢ | ㅣ |
| o | p | q | r | s | t | u |

ㄴ=ㄱ, u=ㅣ, ㅂ=ㅁ, ㅋ=ㅊ, u=ㅣ, ㅊㅊ=ㅉ, u=ㅣ, ㄴ=ㄱ, b=ㅐ
따라서 김대리가 말한 메뉴는 김치찌개이다.

## 05

ㅈ=ㅊ, ㅗ=i, ㄴ=ㄷ, ㅈ=ㅊ, ㅜ=n, ㅇ=ㅈ, ㄱ=ㄴ, ㅘ=j, 공백=0, ㅂ=ㅅ, ㅐ=b, ㄹ=ㅁ, ㅕ=g

## 06

서울 지점의 C씨에게 배송할 제품과 경기남부 지점의 B씨에게 배송할 제품에 대한 기호를 모두 기록해야 한다.
- C씨 : MS11EISS
  - 재료 : 연강(MS)
  - 판매량 : 1box(11)
  - 지역 : 서울(E)
  - 윤활유 사용 : 윤활작용(I)
  - 용도 : 스프링(SS)
- B씨 : AHSS00SSST
  - 재료 : 초고강도강(AHSS)
  - 판매량 : 1set(00)
  - 지역 : 경기남부(S)
  - 윤활유 사용 : 밀폐작용(S)
  - 용도 : 타이어코드(ST)

## 출제유형분석 03 실전예제

## 01

ㄱ. 기술개발을 통해 연비를 개선하는 것은 막대한 R&D 역량이라는 강점으로 휘발유의 부족 및 가격의 급등이라는 위협을 회피하거나 최소화하는 전략에 해당하므로 적절하다.
ㄹ. 생산설비에 막대한 투자를 했기 때문에 차량모델 변경의 어려움이라는 약점이 있는데, 레저용 차량 전반에 대한 수요 침체 및 다른 회사들과의 경쟁이 심화되고 있으므로 생산량 감축을 고려할 수 있다.
ㅁ. 생산 공장을 한 곳만 가지고 있다는 약점이 있지만 새로운 해외시장이 출현하고 있는 기회를 살려서 국내 다른 지역이나 해외에 공장들을 분산 설립할 수 있을 것이다.
ㅂ. 막대한 R&D 역량이라는 강점을 이용하여 휘발유의 부족 및 가격의 급등이라는 위협을 회피하거나 최소화하기 위해 경유용 레저 차량 생산을 고려할 수 있다.

[오답분석]
ㄴ. 소형 레저용 차량에 대한 수요 증대라는 기회 상황에서 대형 레저용 차량을 생산하는 것은 적절하지 않은 전략이다.
ㄷ. 차량모델 변경의 어려움이라는 약점을 보완하는 전략도 아니고, 소형 또는 저가형 레저용 차량에 대한 선호가 증가하는 기회에 대응하는 전략도 아니다. 또한, 차량 안전 기준의 강화 같은 규제 강화는 기회 요인이 아니라 위협 요인이다.
ㅅ. 기회는 새로운 해외시장의 출현인데 내수 확대에 집중하는 것은 기회를 살리는 전략이 아니다.

## 02

제시된 자료는 SWOT 분석을 통해 K섬유회사의 강점(S), 약점(W), 기회(O), 위협(T) 요인을 분석한 것으로, SO전략과 WO전략은 발전 방안으로서 적절하다.

[오답분석]
ㄴ. ST전략에서 경쟁업체에 특허 기술을 무상 이전하는 것은 경쟁이 더 심화될 수 있으므로 적절하지 않다.
ㄹ. WT전략에서는 기존 설비에 대한 재투자보다는 수요에 맞게 다양한 제품을 유연하게 생산할 수 있는 신규 설비에 대한 투자가 필요하다.

## 03

정답 ②

경쟁자의 시장 철수로 인한 시장으로의 진입 가능성은 K공사가 가지고 있는 내부환경의 약점이 아닌 외부환경에서 비롯되는 기회에 해당한다.

## 04

정답 ④

ㄴ. 다수의 풍부한 경제자유구역 성공 사례를 활용하는 것은 강점에 해당되지만, 외국인 근로자를 국내주민과 문화적으로 동화시키려는 시도는 위협을 극복하는 것과는 거리가 멀다. 따라서 해당 전략은 ST전략으로 부적절하다.

ㄹ. 경제자유구역 인근 대도시와의 연계를 활성화하면 오히려 인근 기성 대도시의 산업이 확장된 교통망을 바탕으로 경제자유구역의 사업을 흡수할 위험이 커진다. 또한 인근 대도시와의 연계 확대는 경제자유구역 내 국내·외 기업 간의 구조 및 운영상 이질감을 해소하는 데 직접적인 도움이 된다고 보기 어렵다.

[오답분석]

ㄱ. 경제호황으로 인해 자국을 벗어나 타국으로 진출하려는 해외기업이 증가하는 기회상황에서, 성공적 경험에서 축적된 우리나라의 경제자유구역 조성 노하우로 이들을 유인하여 유치하는 전략은 SO전략으로 적절하다.

ㄷ. 기존에 국내에 입주한 해외기업의 동형화 사례를 활용하여 국내기업과 외국계 기업의 운영상 이질감을 해소하여 생산성을 증대시키는 전략은 WO전략에 해당한다.

## 출제유형분석 04 실전예제

## 01

정답 ④

• 을, 정, 무 : 정이 운전을 하고 을이 차장이며, 부상 중인 사람이 없기 때문에 17시에 도착하므로 정의 당직 근무에도 문제가 없다. 따라서 가능한 조합이다.

[오답분석]

① 갑, 을, 병 : 갑이 부상인 상태이므로 B지사에 17시 30분에 도착하는데, 을이 17시 15분에 계약업체 면담을 진행해야 하므로 가능하지 않은 조합이다.

② 갑, 병, 정 : 갑이 부상인 상태이므로 B지사에 17시 30분에 도착하는데, 정이 17시 10분부터 당직 근무가 예정되어 있으므로 가능하지 않은 조합이다.

③ 을, 병, 무 : 1종 보통 운전면허를 소지하고 있는 사람이 없으므로 가능하지 않은 조합이다.

⑤ 병, 정, 무 : 책임자로서 차장 직위가 한 명은 포함되어야 하므로 가능하지 않은 조합이다.

## 02

정답 ③

B안의 가중치는 전문성인데 자원봉사제도는 (-)이므로 적절하지 않은 판단이다.

[오답분석]

① 전문성 면에서는 유급법률구조제도가 (+), 자원봉사제도가 (-)이므로 옳은 설명이다.

② A안에 가중치를 적용할 경우 접근용이성과 전문성에 가중치를 적용하므로 두 정책목표 모두에서 (+)를 보이는 유급법률구조제도가 가장 적절하다.

④ B안에 가중치를 적용할 경우 전문성에 가중치를 적용하므로 (+)를 보이는 유급법률구조제도가 가장 적절하며, A안에 가중치를 적용할 경우 ②에 의해 유급법률구조제도가 가장 적절하다. 따라서 어떤 것을 적용하더라도 결과는 같다.

⑤ 비용저렴성을 달성하려면 (+)를 보이는 자원봉사제도가 가장 유리하다.

## 03

 정답 ④

K공사의 구매 담당자는 기계의 성능을 모두 같다고 보는데 E사 제품이 성능 면에서 뒤처진다고 설득하는 내용이므로 적절하지 않다.

## 04

정답 ③

제시된 자료와 상황을 바탕으로 투자액에 따른 득실을 정리하면 다음과 같다.

| 구분 | 투자액 | 감면액 | 득실 |
| --- | --- | --- | --- |
| 1등급 – 최우수 | 2억 1천만 원 | 2억 4천만 원 | +3,000만 원 |
| 1등급 – 우수 | 1억 1천만 원 | 1억 6천만 원 | +5,000만 원 |
| 2등급 – 최우수 | 1억 9천만 원 | 1억 6천만 원 | −3,000만 원 |
| 2등급 – 우수 | 9천만 원 | 8천만 원 | −1,000만 원 |

따라서 옳은 것은 ㄱ, ㄴ이다.

## 05

 정답 ②

예상되는 평가점수는 63점이고, 에너지효율이 3등급이기 때문에 취 · 등록세액 감면 혜택을 얻을 수 없다. 추가 투자를 통해서 평가점수와 에너지효율을 높여야 취 · 등록세액 감면 혜택을 얻게 된다.

오답분석

① 현재 신축 건물의 예상되는 친환경 건축물 평가점수는 63점으로 '우량' 등급이다.
③ 친환경 건축물 우수 등급, 에너지효율 1등급을 받는 것이 경제적 이익을 극대화시킨다.
④ 예산 관리는 활동이나 사업에 소요되는 비용을 산정하고, 예산을 편성하는 것 뿐만 아니라 예산을 통제하는 것 모두를 포함한다고 할 수 있다.

## 06

정답 ③

• 부서 배치
 − 성과급 평균은 48만 원이므로, A는 영업부 또는 인사부에서 일한다.
 − B와 D는 각각 비서실, 총무부, 홍보부 중에서 일한다.
 − C는 인사부에서 일한다.
 − D는 비서실에서 일한다.
 따라서 A는 영업부, B는 총무부, C는 인사부, D는 비서실, E는 홍보부에서 일한다.
• 휴가
 − A는 D보다 휴가를 늦게 간다. 따라서 C−D−B−A 또는 D−A−B−C 순으로 휴가를 간다.
• 성과급
 − D사원 : 60만 원
 − C사원 : 40만 원

오답분석

① A의 3개월 치 성과급은 20×3=60만 원, C의 2개월 치 성과급은 40×2=80만 원이므로 옳지 않다.
② C가 맨 먼저 휴가를 갈 경우, A가 맨 마지막으로 휴가를 가게 된다.
④ 휴가를 가지 않은 E는 2배의 성과급을 받기 때문에 총 120만 원의 성과급을 받게 되고, D의 성과급은 60만 원이기 때문에 두 사람의 성과급 차이는 2배이다.
⑤ C가 제일 마지막에 휴가를 갈 경우, B는 A보다 늦게 출발한다.

## 출제유형분석 01 실전예제

## 01

정답 ②

9일은 A기술사 필기시험일이지만 중복이 가능하므로 7 ~ 9일은 H기능사 실기시험 날짜로 가장 적절하다.

[오답분석]

① 3일에는 공사 체육대회가 있다.

③ 14 ~ 16일 동안에는 B산업기사 실기시험이 있다.

④ · ⑤ 24 ~ 29일 동안은 시험장 보수공사로 불가능하다.

## 02

정답 ②

팀장과 과장의 휴가일정과 세미나가 포함된 주를 제외하면 A대리가 연수에 참석할 수 있는 날짜는 첫째 주 금요일부터 둘째 주 화요일까지로 정해진다. 4월은 30일까지 있으므로 주어진 일정을 달력에 표시를 하면 다음과 같다.

| 일요일 | 월요일 | 화요일 | 수요일 | 목요일 | 금요일 | 토요일 |
|---|---|---|---|---|---|---|
|  | 1 | 2<br>팀장 휴가 | 3<br>팀장 휴가 | 4<br>팀장 휴가 | 5<br>A대리 연수 | 6<br>A대리 연수 |
| 7<br>A대리 연수 | 8<br>A대리 연수 | 9<br>A대리 연수 | 10<br>B과장 휴가 | 11<br>B과장 휴가 | 12<br>B과장 휴가 | 13 |
| 14 | 15<br>B과장 휴가 | 16<br>B과장 휴가 | 17<br>C과장 휴가 | 18<br>C과장 휴가 | 19 | 20 |
| 21 | 22 | 23 | 24 | 25 | 26<br>세미나 | 27 |
| 28 | 29 | 30 |  |  |  |  |

따라서 5일 동안 연속으로 참석할 수 있는 날은 4월 5일부터 9일까지이므로 A대리의 연수 마지막 날짜는 9일이다.

## 03

정답 ④

팀원들의 모든 스케줄이 비어 있는 시간대인 16:00 ~ 17:00가 가장 적절하다.

## 04

자동차 부품 생산조건에 따라 반자동라인과 자동라인의 시간당 부품 생산량을 구해보면 다음과 같다.

• 반자동라인 : 4시간에 300개의 부품을 생산하므로, 8시간에 300개×2=600개의 부품을 생산한다. 하지만 8시간마다 2시간씩

생산을 중단하므로, 8+2=10시간에 600개의 부품을 생산하는 것과 같다. 따라서 시간당 부품 생산량은 $\frac{600개}{10시간}$=60개이다.

이때 반자동라인에서 생산된 부품의 20%는 불량이므로, 시간당 정상 부품 생산량은 60개×(1-0.2)=48개이다.

• 자동라인 : 3시간에 400개의 부품을 생산하므로, 9시간에 400개×3=1,200개의 부품을 생산한다. 하지만 9시간마다 3시간씩

생산을 중단하므로, 9+3=12시간에 1,200개의 부품을 생산하는 것과 같다. 따라서 시간당 부품 생산량은 $\frac{1,200개}{12시간}$=100개이

다. 이때 자동라인에서 생산된 부품의 10%는 불량이므로, 시간당 정상 제품 생산량은 100개×(1-0.1)=90개이다.

따라서 반자동라인과 자동라인에서 시간당 생산하는 정상 제품의 생산량은 48+90=138개이므로, 34,500개를 생산하는 데

$\frac{34,500개}{138개/h}$=250시간이 소요되었다.

## 05

두 번째 조건에서 경유지는 서울보다 +1시간, 출장지는 경유지보다 -2시간이므로 서울과 -1시간 차이다.

김대리가 서울에서 경유지를 거쳐 출장지까지 가는 과정을 서울시간 기준으로 정리하면,

서울 5일 오후 1시 35분 출발 → 오후 1시 35분+3시간 45분=오후 5시 20분 경유지 도착 → 오후 5시 20분+3시간 50분(대기시간)=오후 9시 10분 경유지에서 출발 → 오후 9시 10분+9시간 25분=6일 오전 6시 35분 출장지 도착

따라서 출장지에 도착했을 때 현지 시각은 서울보다 1시간 느리므로 오전 5시 35분이다.

---

**실전예제**

---

## 01

수인이가 베트남 현금 1,670만 동을 환전하기 위해 필요한 한국 돈은 수수료를 제외하고 1,670만 동×483원/만 동=806,610원이다. 여기에 우대사항에서 50만 원 이상 환전 시 70만 원까지 수수료가 0.4%로 낮아진다. 70만 원의 수수료는 0.4%가 적용되고 나머지는 0.5%가 적용되어 총수수료를 구하면 700,000×0.004+(806,610-700,000)×0.005=2,800+533.05≒3,330원이다. 따라서 수인이가 원하는 금액을 환전하기 위해서 필요한 총금액은 806,610+3,330=809,940원임을 알 수 있다.

## 02

[(월 임대료)×(12개월)/{(전세 보증금)-(월세 보증금)}]×100=6%가 되어야 한다.

따라서 월 임대료를 $x$원으로 하여 주어진 금액을 대입하고 계산해 보면,

{($x$×12)/(1억 원-1천만 원)}×100=6

$\frac{12x}{900,000}$=6 → $x=\frac{900,000\times6}{12}$

∴ $x$=450,000

## 03

상별로 수상인원을 고려하여, 상패 및 물품별 총수량과 비용을 계산하면 다음과 같다.

| 상패 또는 물품 | 총수량(개) | 개당 가격(원) | 총비용(원) |
|---|---|---|---|
| 금 도금 상패 | 7 | 49,500원(10% 할인) | $7 \times 49,500 = 346,500$ |
| 은 도금 상패 | 5 | 42,000 | $42,000 \times 4(1개\ 무료) = 168,000$ |
| 동 상패 | 2 | 35,000 | $35,000 \times 2 = 70,000$ |
| 식기 세트 | 5 | 450,000 | $5 \times 450,000 = 2,250,000$ |
| 신형 노트북 | 1 | 1,500,000 | $1 \times 1,500,000 = 1,500,000$ |
| 태블릿 PC | 6 | 600,000 | $6 \times 600,000 = 3,600,000$ |
| 만년필 | 8 | 100,000 | $8 \times 100,000 = 800,000$ |
| 안마의자 | 4 | 1,700,000 | $4 \times 1,700,000 = 6,800,000$ |
| 합계 | – | – | 15,534,500 |

따라서 총상품구입비는 15,534,500원이다.

## 04

주어진 조건을 정리하면 다음과 같다.

- $(B+C+D) \times 0.2 = A \rightarrow B+C+D = 5A \cdots$ ⓐ
- $(A+B) \times 0.4 = C \rightarrow A+B = 2.5C \cdots$ ⓑ
- $A+B = C+D \cdots$ ⓒ
- $D - 16,000 = A \cdots$ ⓓ

ⓑ를 ⓒ에 대입하면 $C+D = 2.5C \rightarrow D = 1.5C \cdots$ ㉠

㉠을 ⓓ에 대입하면 $A = 1.5C - 16,000 \cdots$ ㉡

㉠을 ⓒ에 대입하면 $B = 2.5C - A$, 여기에 ㉡을 대입하면 $B = 2.5C - 1.5C + 16,000 = C + 16,000 \cdots$ ㉢

㉠, ㉡, ㉢을 이용해 ⓐ를 C에 대한 식으로 정리하면

$C + 16,000 + C + 1.5C = 7.5C - 80,000$

$\rightarrow 3.5C + 16,000 = 7.5C - 80,000$

$\rightarrow 16,000 + 80,000 = 7.5C - 3.5C$

$\rightarrow 96,000 = 4C$

$\therefore C = 24,000$

## 05

제품군별 지급해야 할 보관료는 다음과 같다.

- A제품군 : 300억$\times 0.01$=3억 원
- B제품군 : 2,000CUBIC$\times 20,000$=4천만 원
- C제품군 : 500톤$\times 80,000$=4천만 원

따라서 K기업이 보관료로 지급해야 할 총금액은 3억+4천만+4천만=3억 8천만 원이다.

## 01

조건에 따라 노트북별로 점수를 산정하면 다음과 같다.

(단위 : 점)

| 구분 | A | B | C | D | E |
|------|-----|--------|-----|--------|--------|
| 저장용량 | 4 | 2+3=5 | 5 | 2+3=5 | 3+3=6 |
| 배터리 지속시간 | 2 | 5 | 1 | 4 | 3 |
| 무게 | 2 | 5 | 1 | 4 | 3 |
| 가격 | 2 | 5 | 1 | 3 | 4 |
| 합계 | 4+2+2+2=10 | 5+5+5+5=20 | 5+1+1+1=8 | 5+4+4+3=16 | 6+3+3+4=16 |

따라서 B노트북을 고른다.

## 02

$20 \times 10 = 200$부이며, $200 \times 30 = 6,000$페이지이다. 이를 활용하여 업체당 인쇄비용을 구하면 다음과 같다.

| 인쇄소 | 페이지 인쇄 비용 | 유광표지 비용 | 제본 비용 | 할인을 적용한 총비용 |
|--------|------------------|----------------|-----------|----------------------|
| A | $6,000 \times 50 = 30$만 원 | $200 \times 500 = 10$만 원 | $200 \times 1,500 = 30$만 원 | $30+10+30=70$만 원 |
| B | $6,000 \times 70 = 42$만 원 | $200 \times 300 = 6$만 원 | $200 \times 1,300 = 26$만 원 | $42+6+26=74$만 원 |
| C | $6,000 \times 70 = 42$만 원 | $200 \times 500 = 10$만 원 | $200 \times 1,000 = 20$만 원 | $42+10+20=72$만 원<br>→ 200부 중 100부 5% 할인<br>→ (할인 안 한 100부 비용)+(할인한 100부 비용)<br>$=36+(36 \times 0.95)=70$만 2천 원 |
| D | $6,000 \times 60 = 36$만 원 | $200 \times 300 = 6$만 원 | $200 \times 1,000 = 20$만 원 | $36+6+20=62$만 원 |
| E | $6,000 \times 100 = 60$만 원 | $200 \times 200 = 4$만 원 | $200 \times 1,000 = 20$만 원 | $60+4+20=84$만 원<br>→ 총비용 20% 할인<br>$84 \times 0.8=67$만 2천 원 |

따라서 가장 저렴한 비용으로 인쇄할 수 있는 인쇄소는 D인쇄소이다.

## 03

매출 순이익은 [(판매 가격)−(생산 단가)]×(판매량)이므로 메뉴별 매출 순이익을 계산하면 다음과 같다.

| 메뉴 | 예상 월간 판매량(개) | 생산 단가(원) | 판매 가격(원) | 매출 순이익(원) |
|------|----------------------|----------------|----------------|------------------|
| A | 500 | 3,500 | 4,000 | $250,000[=(4,000-3,500) \times 500]$ |
| B | 300 | 5,500 | 6,000 | $150,000[=(6,000-5,500) \times 300]$ |
| C | 400 | 4,000 | 5,000 | $400,000[=(5,000-4,000) \times 400]$ |
| D | 200 | 6,000 | 7,000 | $200,000[=(7,000-6,000) \times 200]$ |
| E | 150 | 3,000 | 5,000 | $300,000[=(5,000-3,000) \times 150]$ |

따라서 매출 순이익이 가장 높은 C를 메인 메뉴로 선정하는 것이 가장 적절하다.

## 04

정답 ①

두 번째 조건에서 총구매금액이 30만 원 이상이면 총금액에서 5%를 할인해 주므로 한 벌당 가격이 $300,000 \div 50 = 6,000$원 이상인 품목은 할인적용이 들어간다. 업체별 품목 금액을 보면 모든 품목이 6,000원 이상이므로 5% 할인 적용대상이다. 따라서 모든 품목에 할인이 적용되어 정가로 비교가 가능하다.

세 번째 조건에서 차순위 품목이 1순위 품목보다 총금액이 20% 이상 저렴한 경우 차순위를 선택한다고 했으므로 한 벌당 가격으로 계산하면 1순위인 카라 티셔츠의 20% 할인된 가격은 $8,000 \times 0.8 = 6,400$원이다. 정가가 6,400원 이하인 품목은 A업체의 티셔츠 이므로 팀장은 1순위인 카라 티셔츠보다 2순위인 A업체의 티셔츠를 구입할 것이다.

## 05

정답 ⑤

완성품 납품 수량은 총 100개이다. 완성품 1개당 부품 A는 10개가 필요하므로 총 1,000개가 필요하고, B는 300개, C는 500개가 필요하다. 그런데 A는 500개, B는 120개, C는 250개의 재고가 있으므로, 각각 모자라는 나머지 부품인 500개, 180개, 250개를 주문해야 한다.

## 06

정답 ④

어떤 컴퓨터를 구매하더라도 각각 사는 것보다 세트로 사는 것이 한 세트(모니터＋본체)당 7만 원에서 12만 원 정도 이득이다. 하지만 세트 혜택이 아닌 다른 혜택에 해당하는 조건에서는 비용을 비교해 봐야 한다. 다음은 컴퓨터별 구매 비용을 계산한 것이다. E컴퓨터는 성능평가에서 '하'를 받았으므로 계산에서 제외한다.

- A컴퓨터 : 80만 원×15대＝1,200만 원
- B컴퓨터 : (75만 원×15대)－100만 원＝1,025만 원
- C컴퓨터 : (20만 원×10대)＋(20만 원×0.85×5대)＋(60만 원×15대)＝1,185만 원 또는 70만 원×15대＝1,050만 원
- D컴퓨터 : 66만 원×15대＝990만 원

따라서 D컴퓨터만 예산 범위인 1,000만 원 내에서 구매할 수 있으므로 조건을 만족하는 컴퓨터는 D컴퓨터이다.

## 07

정답 ③

사진 크기별로 장수에 따른 총용량을 구하면 다음과 같다.

- 반명함 : $150 \times 8,000 = 1,200,000$KB(1,200MB)
- 신분증 : $180 \times 6,000 = 1,080,000$KB(1,080MB)
- 여권 : $200 \times 7,500 = 1,500,000$KB(1,500MB)
- 단체사진 : $250 \times 5,000 = 1,250,000$KB(1,250MB)

모든 사진의 총용량을 더하면 $1,200 + 1,080 + 1,500 + 1,250 = 5,030$MB이다.

5,030MB는 5.030GB이므로, 필요한 USB 최소 용량은 5GB이다.

## 01

정답 ④

성과급 기준표를 토대로 교사 A ~ E에 대한 성과급 배점을 정리하면 다음과 같다.

| 교사 | 주당 수업시간 | 수업 공개 유무 | 담임 유무 | 업무 곤란도 | 호봉 | 합계 |
|------|------------|--------------|----------|-----------|------|------|
| A | 14점 | – | 10점 | 20점 | 30점 | 74점 |
| B | 20점 | – | 5점 | 20점 | 30점 | 75점 |
| C | 18점 | 5점 | 5점 | 30점 | 20점 | 78점 |
| D | 14점 | 10점 | 10점 | 30점 | 15점 | 79점 |
| E | 16점 | 10점 | 5점 | 20점 | 25점 | 76점 |

따라서 D교사가 가장 높은 배점을 받게 된다.

## 02

정답 ③

직원들을 요일별로 초과근무 일정을 정리하면 목요일 초과근무자가 5명임을 알 수 있다.

| 월요일 | 화요일 | 수요일 | 목요일 | 금요일 | 토요일 | 일요일 |
|--------|--------|--------|--------|--------|--------|--------|
| 김혜정<br>정해리<br>정지원 | 이지호<br>최명진 | 김재건<br>신혜선 | 박주환<br>신혜선<br>정지원<br>김우석<br>이상엽 | 김혜정<br>김유미 | 이설희<br>임유진<br>김유미 | 임유진<br>한예리<br>이상엽 |

목요일 초과근무자 중 단 1명만 초과근무 일정을 수정해야 한다면 목요일 6시간과 일요일 3시간 일정으로 $6+3 \times 1.5 = 10.5$시간을 근무하는 이상엽 직원의 일정을 수정해야 한다. 따라서 목요일에 초과근무 예정인 이상엽 직원의 요일과 시간을 수정해야 한다.

## 03

정답 ②

(하루 1인당 고용비)=(1인당 수당)+(산재보험료)+(고용보험료)
$$=50,000+(50,000 \times 0.00504)+(50,000 \times 0.013)$$
$$=50,000+252+650=50,902원$$
(하루 동안 고용할 수 있는 인원수)=[(본예산)+(예비비)] / (하루 1인당 고용비)
$$=\frac{600,000}{50,902}$$
$$\fallingdotseq 11.8$$
따라서 하루 동안 고용할 수 있는 최대 인원은 11명이다.

## 04

정답 ⑤

C사원은 혁신성, 친화력, 책임감이 '상 – 상 – 중'으로 영업팀의 중요도에 적합하며, 창의성과 윤리성은 '하'이지만 영업팀에서 중요하게 생각하지 않는 역량이기에 영업팀으로의 부서 배치가 적절하다.
E사원은 혁신성, 책임감, 윤리성이 '중 – 상 – 하'로 지원팀의 핵심역량가치에 부합하기에 지원팀으로의 부서 배치가 적절하다.

## 출제유형분석 01 실전예제

### 01

정답 ③

먼 바다에서 지진해일의 파고는 수십 cm 이하이지만 얕은 바다에서는 급격하게 높아진다.

오답분석

① 화산폭발로 인해 발생하는 건 맞지만 파장이 긴 파도를 지진해일이라 한다.
② 태평양에서 발생한 지진해일은 발생 하루 만에 발생지점에서 지구의 반대편까지 이동할 수 있다.
④ 지진해일이 해안가에 가까워질수록 파도가 강해지는 것은 맞지만, 속도는 시속 45 ~ 60km까지 느려진다.
⑤ 해안의 경사 역시 암초, 항만 등과 마찬가지로 지진해일을 변형시키는 요인이 된다.

### 02

정답 ⑤

시민 단체들은 농부와 노동자들이 스스로 조합을 만들어 환경친화적으로 농산물을 생산하도록 교육하고 이에 필요한 자금을 지원하는 역할을 했을 뿐, 이들이 농산물을 직접 생산하고 판매한 것은 아니다.

### 03

정답 ②

'에너지 하베스팅은 열, 빛, 운동, 바람, 진동, 전자기 등 주변에서 버려지는 에너지를 모아 전기를 얻는 기술을 의미한다.'라는 내용을 통해서 버려진 에너지를 전기라는 에너지로 다시 만든다는 것을 알 수 있다.

오답분석

① 무체물인 에너지도 재활용이 가능하다고 했으므로 적절하지 않은 내용이다.
③ 에너지 하베스팅은 열, 빛, 운동, 바람, 진동, 전자기 등 주변에서 버려지는 에너지를 모아 전기를 얻는 기술이라고 하였고, 다른 에너지에 대한 언급은 없으므로 적절하지 않은 내용이다.
④ 태양광을 이용하는 광 에너지 하베스팅, 폐열을 이용하는 열에너지 하베스팅이라고 구분하여 언급한 것을 통해 다른 에너지원에 속한다는 것을 알 수 있다.
⑤ '사람이 많이 다니는 인도 위에 버튼식 패드를 설치하여 사람이 밟을 때마다 전기가 생산되도록 하는 것이다.'라고 했으므로 사람의 체온을 이용한 신체 에너지 하베스팅 기술이라기보다 진동이나 압력을 가해 이용하는 진동 에너지 하베스팅이 적절하다.

## 01

정답  ②

제시문의 중심 내용을 정리해 보면 '사회 방언은 지역 방언만큼의 주목을 받지는 못하였다.', '사회 계층 간의 방언차는 사회에 따라서는 상당히 현격한 차이를 보여 일찍부터 논의의 대상이 되었다.', '사회 계층 간의 방언 분화는 최근 사회 언어학의 대두에 따라 점차 큰 관심의 대상이 되어 가고 있다.'로 요약할 수 있다. 이 내용을 토대로 제목을 찾는다면 ②가 전체 내용을 아우르는 것을 알 수 있다.

## 02

정답  ①

제시문은 근대문학 형성의 주역들이 시민이었다는 것을 주장하고 있다.

## 03

정답  ⑤

제시문에서는 현대 사회의 소비 패턴이 '보이지 않는 손' 아래의 합리적 소비에서 벗어나 과시 소비가 중심이 되었으며, 그 이면에는 소비를 통해 자신의 물질적 부를 표현함으로써 신분을 과시하려는 욕구가 있다고 설명하고 있다.

## 04

정답  ①

제시문의 첫 번째 문단에서는 사회적 자본이 늘어나면 정치 참여도가 높아진다는 주장을 하였고, 두 번째 문단에서는 사회적 자본의 개념을 사이버공동체에 도입하였으나 현실과 잘 맞지 않는다고 하면서 사회적 자본의 한계를 서술했다. 그리고 마지막 문단에서는 사회적 자본만으로는 정치 참여가 늘어나기 어렵고 정치적 자본의 매개를 통해서 정치 참여가 활성화된다는 주장을 하고 있다. 따라서 ①이 제시문의 주제로 가장 적절하다.

## 01

정답  ②

제시문은 나무를 가꾸기 위해 고려해야 하는 사항에 대해 설명하는 글이다. 따라서 (가) 나무를 가꾸기 위해 고려해야 할 사항과 가장 중요한 생육조건 → (라) 나무를 양육할 때 주로 저지르는 실수인 나무 간격을 촘촘하게 심는 것 → (다) 그러한 실수를 저지르는 이유 → (나) 또 다른 식재계획 시 고려해야 하는 주의점 순으로 나열하는 것이 적절하다.

## 02

정답  ③

제시문은 신앙 미술에 나타난 동물의 상징적 의미와 사례, 변화와 그 원인, 그리고 동물의 상징적 의미가 지닌 문화적 가치에 대하여 설명하는 글이다. 따라서 (나) 신앙 미술에 나타난 동물의 상징적 의미와 그 사례 → (다) 동물의 상징적 의미의 변화 → (라) 동물의 상징적 의미가 변화하는 원인 → (가) 동물의 상징적 의미가 지닌 문화적 가치 순으로 나열하는 것이 적절하다.

## 03

정답 ③

제시문은 '시간의 비용'이라는 개념을 소개하는 글이다. 따라서 (라) 1965년 노벨상 수상자인 게리 베커가 주장한 '시간의 비용' 개념에 대한 소개 → (가) 베커의 '시간의 비용이 가변적'이라는 개념 → (다) 베커와 같이 시간의 비용이 가변적이라고 주장한 경제학자 린더의 주장 → (나) 베커와 린더의 공통적 전제인 사람들에게 주어진 시간이 고정된 양이라는 사실과 기대수명이 늘어남으로써 달라지는 시간의 가치 순으로 나열하는 것이 적절하다.

---

## 출제유형분석 04    실전예제

## 01

정답 ②

자제력이 있는 사람은 합리적 선택에 따라 행위를 하고, 합리적 선택에 따르는 행위는 모두 자발적 행위라고 했다. 따라서 자제력이 있는 사람은 자발적으로 행위를 한다.

## 02

정답 ③

핵융합발전은 원자력발전에 비해 같은 양의 원료로 3 ~ 4배의 전기를 생산할 수 있다고 하였으나, 핵융합발전은 수소의 동위원소를 원료로 사용하는 반면 원자력발전은 우라늄을 원료로 사용한다. 즉, 전력 생산에 서로 다른 원료를 사용하므로 생산된 전력량으로 연료비를 서로 비교할 수 없다.

오답분석

① 핵융합 에너지는 화력발전을 통해 생산되는 전력 공급량을 대체하기 어려운 태양광에 대한 대안이 될 수 있으므로 핵융합발전이 태양열발전보다 더 많은 양의 전기를 생산할 수 있음을 추론할 수 있다.
② 원자력발전은 원자핵이 분열하면서 방출되는 에너지를 이용하며, 핵융합발전은 수소 원자핵이 융합해 헬륨 원자핵으로 바뀌는 과정에서 방출되는 에너지를 이용해 전기를 생산한다. 따라서 원자의 핵을 다르게 이용한다는 것을 알 수 있다.
④ 미세먼지와 대기오염을 일으키는 오염물질은 전혀 나오지 않고 헬륨만 배출된다는 내용을 통해 헬륨은 대기오염을 일으키는 오염물질에 해당하지 않음을 알 수 있다.
⑤ 발전장치가 꺼지지 않도록 정밀하게 제어하는 것이 중요하다는 내용을 통해 알 수 있다.

## 03

정답 ④

밑줄 친 '일부 과학자'들은 목재를 친환경 연료로 바라보지 않고 있으며, 마지막 문장에서 이들은 배출량을 줄이는 것이 아니라 배출하지 않는 방법을 택해야 한다고 말한다. 따라서 ④가 가장 적절하다.

---

## 출제유형분석 05    실전예제

## 01

정답 ④

제시문을 통해 4세대 신냉매는 온실가스를 많이 배출하는 기존 3세대 냉매의 대체 물질로 사용되어 지구 온난화 문제를 해결하는 열쇠가 될 것임을 알 수 있다.

## 02

정답 ①

빈칸 앞 내용은 왼손보다 오른손을 선호하는 이유에 대한 가설을 제시하고, 이러한 가설이 근본적인 설명을 하지 못한다고 말한다. 그러면서 빈칸 뒷부분에서 글쓴이는 왼손이 아닌 '오른손만을 선호'하는 이유에 대한 자신의 생각을 드러내고 있다. 즉, 앞의 가설대로 단순한 기능 분담이라면 먹는 일에 왼손을 사용하는 사회도 존재해야 하는데, 그렇지 않기 때문에 반박하고 있음을 추론해볼 수 있으므로 빈칸에는 사람들이 오른손만 선호하고 왼손을 선호하지 않는다는 주장이 나타나야 한다. 따라서 빈칸에 들어갈 문장으로는 ①이 적절하다.

## 03

정답 ③

빈칸 뒤의 문장은 최근 선진국에서는 스마트팩토리로 인해 해외로 나간 자국 기업들이 다시 본국으로 돌아오는 현상인 '리쇼어링'이 가속화되고 있다는 내용이다. 따라서 빈칸에는 스마트팩토리의 발전이 공장의 위치를 해외에서 본국으로 변화시키고 있다는 내용의 ③이 가장 적절하다.

## 출제유형분석 06  실전예제

## 01

정답 ④

A씨의 아내는 A씨가 자신의 이야기에 공감해주길 바랐지만, A씨는 아내의 이야기를 들어주기보다는 해결책을 찾아 아내의 문제에 대해 조언하려고만 하였다. 즉, 아내는 마음을 털어놓고 남편에게 위로받고 싶었지만, A씨의 조언하려는 태도 때문에 더 이상 대화가 이어질 수 없었다.

오답분석
① 짐작하기 : 상대방의 말을 듣고 받아들이기보다 자신의 생각에 들어맞는 단서들을 찾아 자신의 생각을 확인하는 것이다.
② 걸러내기 : 상대의 말을 듣기는 하지만 상대방의 메시지를 온전하게 듣는 것이 아닌 경우이다.
③ 판단하기 : 상대방에 대한 부정적인 판단 때문에, 또는 상대방을 비판하기 위하여 상대방의 말을 듣지 않는 것이다.
⑤ 옳아야만 하기 : 자존심이 강한 사람은 자존심에 관한 것을 전부 막아버리려 하기 때문에 자신의 부족한 점에 대한 상대방의 말을 들을 수 없게 된다.

## 02

정답 ②

원활한 의사표현을 위해서는 긍정과 공감에 초점을 둔 의사표현 기법을 습득해야 한다. 상대방의 말을 그대로 받아서 맞장구를 치는 것은 상대방에게 공감을 보여주는 가장 쉬운 방법이다.

오답분석
① 상대방의 말이 채 끝나기 전에 어떤 답을 할까 궁리하는 것은 주의를 분산시켜 경청에 몰입하는 것을 방해한다.
③ 핵심은 구체적으로 짚되, 표현은 가능한 간결하게 하도록 하는 것이 바람직한 의사표현법이다.
④ 이견이 있거나 논쟁이 붙었을 때는 무조건 앞뒤 말의 '논리적 개연성'만 따지지 않고 이성과 감성의 조화를 통해 문제를 해결해야 한다.
⑤ 장점은 자신이 부각한다고 해서 공식화되지 않고, 오히려 자신의 단점과 실패경험을 앞세우면 더 많은 지지자를 얻을 수 있다.

## 03

정답 ③

지문에서 설명하고 있는 '상대방의 말을 듣고 받아들이기보다 자신의 생각에 들어맞는 단서를 찾아 자신의 생각을 확인하는 행동'은 '(나) 짐작하기'에 해당하며, '상대방에 대한 부정적인 판단 또는 상대방을 비판하기 위해 상대방의 말을 듣지 않는 행동'은 '(다) 판단하기'에 해당한다.

(가) 다른 생각하기 : 상대방에게 관심을 기울이는 것이 점차 더 힘들어지고 상대방이 말을 할 때 자꾸 다른 생각을 하게 된다면, 이는 현실이 불만족스럽지만 이러한 상황을 회피하고 있다는 위험한 신호이다.
(라) 걸러내기 : 상대의 말을 듣기는 하지만 상대방의 메시지를 온전하게 듣는 것이 아닌 경우이다.

## 04

정답 ④

서희가 말하고 있는 비위 맞추기는 올바른 경청의 자세가 아닌 방해요인이므로 이를 고치지 않아도 된다고 말하는 선미의 의견은 옳지 않다.

## 05

정답 ④

**쉼의 활용**
- 이야기의 전이(轉移)시
- 양해, 동조, 반문의 경우
- 생략, 암시, 반성의 경우
- 여운을 남길 때

---

## 출제유형분석 07  실전예제

## 01

정답 ②

비즈니스 레터는 사업상의 이유로 고객이나 단체에 편지를 쓰는 것이며, 직장업무나 개인 간의 연락, 직접방문하기 어려운 고객관리 등을 위해 사용되는 비공식적 문서이나, 제안서나 보고서 등 공식 문서를 전달할 때에도 사용된다.

## 02

정답 ④

- (가) : 설명서
  - 상품이나 제품에 대해 설명하는 글이므로 정확하게 기술한다.
  - 전문용어는 소비자들이 이해하기 어려우므로 가급적 전문용어의 사용은 삼간다.
- (나) : 공문서
  - 공문서는 대외문서이고, 장기간 보관되는 문서이기 때문에 정확하게 기술한다.
  - 회사 외부로 전달되는 글인 만큼 누가, 언제, 어디서, 무엇을, 어떻게가 드러나도록 써야 한다.
- (다) : 보고서
  - 보통 업무 진행 과정에서 쓰는 경우가 대부분이므로 무엇을 도출하고자 했는지 핵심내용을 구체적으로 제시한다.
  - 간결하고 핵심적인 내용의 도출이 우선이므로 내용의 중복은 피한다.
- (라) : 기획서
  - 기획서는 상대에게 어필해 상대가 채택하게끔 설득력을 갖춰야 하므로 상대가 요구하는 것이 무엇인지 고려하여 작성한다.
  - 기획서는 완벽해야 하므로 제출하기 전에 충분히 검토한다.

# 06 기술능력

## 출제유형분석 01 실전예제

### 01

정답 ①

상향식 기술선택은 기술자들로 하여금 자율적으로 기술을 선택하게 함으로써 기술자들의 흥미를 유발할 수 있고, 이를 통해 그들의 창의적인 아이디어를 활용할 수 있는 장점이 있다.

오답분석

② 하향식 기술선택은 먼저 기업이 직면하고 있는 외부환경과 기업의 보유 자원에 대한 분석을 통해 기업의 중·장기적인 사업목표를 설정하고, 이를 달성하기 위해 확보해야 하는 핵심고객층과 그들에게 제공하고자 하는 제품과 서비스를 결정한다.
③ 상향식 기술선택은 기술자들이 자신의 과학기술 전문 분야에 대한 지식과 흥미만을 고려하여 기술을 선택하게 함으로써 시장의 고객들이 요구하는 제품이나 서비스를 개발하는 데 부적합한 기술이 선택될 수 있다.
④ 하향식 기술선택은 기술에 대한 체계적인 분석을 한 후, 기업이 획득해야 하는 대상기술과 목표기술수준을 결정한다.
⑤ 상향식 기술선택은 기술자들로 하여금 자율적으로 기술을 선택하게 함으로써 시장에서 불리한 기술이 선택될 수 있다.

### 02

정답 ①

석유자원을 대체하고 에너지의 효율성을 높이는 것은 기존 기술에서 탈피하고 새로운 기술을 습득하는 기술경영자의 능력으로 볼 수 있다.

> **기술경영자의 능력**
> • 기술을 기업의 전반적인 전략 목표에 통합시키는 능력
> • 빠르고 효과적으로 새로운 기술을 습득하고 기존의 기술에서 탈피하는 능력
> • 기술을 효과적으로 평가할 수 있는 능력
> • 기술 이전을 효과적으로 할 수 있는 능력
> • 새로운 제품 개발 시간을 단축할 수 있는 능력
> • 크고 복잡하며 서로 다른 분야에 걸쳐 있는 프로젝트를 수행할 수 있는 능력
> • 조직 내의 기술 이용을 수행할 수 있는 능력
> • 기술 전문 인력을 운용할 수 있는 능력

## 01

Index 뒤의 문자 SHAWTY와 File 뒤의 문자 CRISPR에서 일치하는 알파벳의 개수를 확인하면, 'S' 1개만 일치하는 것을 알 수 있다. 따라서 판단 기준에 따라 Final Code는 Atur이다.

## 02

사용 전 알아두기 네 번째에 제습기의 물통이 가득 찰 경우 작동이 멈춘다고 하였으므로 서비스센터에 연락해야 한다.

오답분석

① 실내 온도가 18℃ 미만일 때 냉각기에 결빙이 시작되어 제습량이 줄어들 수 있다.
② 컴프레서 작동으로 실내 온도가 올라갈 수 있다.
④ 여섯 번째 사항에서 10분 꺼두었다가 다시 켜서 작동하면 정상이라고 하였다.
⑤ 희망 습도에 도달하면 운전이 멈추고, 습도가 높아지면 다시 자동 운전으로 작동한다.

## 03

보증서가 없으면 영수증이 대신하는 것이 아니라, 제조일로부터 3개월이 지난 날이 보증기간 시작일이 된다.

오답분석

② 보증기간 안내 두 번째 항목 보증기간 산정 기준을 보면 제품보증기간 정의가 나와 있다.
'제품 보증기간이라 함은 제조사 또는 제품 판매자가 소비자에게 정상적인 상태에서 자연 발생한 품질 성능 기능 하자에 대하여 무료 수리해 주겠다고 약속한 기간'이므로 맞는 내용이다.
③ㆍ④ 2023년 1월 이전 구입 제품은 2년이고, 나머지는 1년이 보증기간이다.
⑤ 제습기 부품 보증기간에 2022년 1월 이후 생산된 제품은 10년이라고 하였다.

## 04

체온 측정을 위한 주의사항에 따르면 체온을 측정할 때는 정확한 측정을 위해 과다한 귀지가 없도록 해야 한다.

오답분석

① 체온을 측정하기 전 새 렌즈필터를 부착해야 한다.
② 오른쪽 귀에서 측정한 체온과 왼쪽 귀에서 측정한 체온은 다를 수 있으므로 항상 같은 귀에서 체온을 측정해야 한다.
④ 영점 조정에 대한 사항은 지문에서 확인할 수 없는 내용이다.
⑤ 체온을 측정하기 전 새 렌즈필터를 부착해야 하며, 렌즈를 알코올 솜으로 닦는 사항은 지문에서 확인할 수 없는 내용이다.

## 05

'POE' 에러 메시지는 체온계가 렌즈의 정확한 위치를 감지할 수 없어 정확한 측정이 어렵다는 메시지이다. 따라서 〈ON〉 버튼을 3초간 길게 눌러 화면을 지운 다음 정확한 위치에 체온계를 넣어 다시 측정해야 한다.

오답분석

② '--' 에러 메시지가 떴을 때의 해결방법에 해당한다.
③ 지문에서 확인할 수 없는 내용이다.
④ '---' 에러 메시지가 떴을 때의 해결방법에 해당한다.
⑤ 'HI℃', 'LO℃' 에러 메시지가 떴을 때의 해결방법에 해당한다.

## 06

정답 ①

제품사양에 따르면 '에듀프렌드'는 내장 500GB, 외장 500GB 총 1TB의 메모리를 지원하고 있다. 1TB까지 저장이 가능하므로 500GB를 초과하더라도 추가로 저장할 수 있다.

오답분석

② 학습자 관리 기능으로 인적사항을 등록할 수 있다.
③ 교사 스케줄링 기능으로 일정을 등록할 수 있고, 중요한 일정은 알람을 설정할 수 있다.
④ GPS를 지원하여 학습자 방문지와의 거리 및 시간 정보와 경로를 탐색할 수 있다.
⑤ 커뮤니티에 접속해 공지사항을 확인할 수 있다.

## 07

정답 ⑤

주의사항에 따르면 기기에 색을 칠하거나 도료를 입히면 안 되며, 이를 위반하였을 경우 제품손상이 발생할 수 있다. 그러나 ⑤와 같이 기기가 아닌 보호 커버 위에 매직펜으로 이름을 쓰는 것은 제품손상과 관계없다.

오답분석

① 출력 커넥터에 허용되는 헤드셋 또는 이어폰을 사용해야 한다.
② 자성을 이용한 제품을 가까이 두어서는 안 된다.
③ 물 또는 빗물에 던지거나 담그는 것은 고장의 원인이 될 수 있다.
④ 기기를 떨어뜨리는 것은 고장의 원인이 될 수 있다.

## 08

정답 ④

벽걸이형 난방기구를 설치하기 위해서는 거치대를 먼저 벽에 고정시킨 뒤, 평행을 맞춰 제품을 거치대에 고정시키고, 거치대의 고정 나사를 단단히 조여 흔들리지 않도록 한다.

오답분석

① 벽걸이용 거치대의 상단 구멍에 대한 내용은 설명서에 나타나 있지 않다.
② 스탠드는 벽걸이형이 아닌 스탠드형 설치에 필요한 제품이다.
③ 벽이 단단한 콘크리트나 타일일 경우 전동드릴로 구멍을 내어 거치대를 고정시킨다.
⑤ 스탠드가 아닌 거치대의 고정 나사를 조여 흔들리지 않도록 고정시킨다.

## 09

정답 ③

실내온도가 설정온도보다 약 2~3℃ 내려가면 히터가 다시 작동한다. 따라서 실내온도가 20℃라면 설정온도를 20℃보다 2~3℃ 이상으로 조절해야 히터가 작동한다.

## 10

정답 ⑤

작동되고 있는 히터를 손으로 만지는 것은 화상을 입을 수 있는 등의 위험한 행동이지만, 난방기 고장의 원인으로 보기에는 거리가 멀다.

## 출제유형분석 01  실전예제

### 01
정답 ④

World Wide Web(www)에 대한 설명으로, 웹은 3차 산업혁명에 큰 영향을 미쳤다.

오답분석
① 스마트 팜에 대한 설명이다.
② 3D프린팅에 대한 설명이다.
③ 클라우드 컴퓨팅에 대한 설명이다.
⑤ 사물인터넷에 대한 설명이다.

### 02
정답 ①

빈칸 ㉠에 들어갈 내용으로 옳은 것은 '여러 개의 연관된 파일'이며, 빈칸 ㉡에 들어갈 내용으로 옳은 것은 '한 번에 한 개의 파일'이다.

## 출제유형분석 02  실전예제

### 01
정답 ⑤

「=INDEX(범위,행,열)」는 해당하는 범위 안에서 지정한 행, 열의 위치에 있는 값을 출력한다. 따라서 [B2:D9]의 범위에서 2행 3열에 있는 값 23,200,000이 결괏값이 된다.

### 02
정답 ③

PROPER 함수는 단어의 첫 글자만 대문자로 나타내고 나머지는 소문자로 나타내주는 함수이다. 따라서 'Republic Of Korea'로 나와야 한다.

## 03

정답 ②

ISNONTEXT 함수는 값이 텍스트가 아닐 경우 논리값 'TRUE'를 반환한다. [A2] 셀의 값은 텍스트이므로 함수의 결괏값으로 'FALSE'가 산출된다.

[오답분석]
① ISNUMBER 함수 : 값이 숫자일 경우 논리값 'TRUE'를 반환한다.
③ ISTEXT 함수 : 값이 텍스트일 경우 논리값 'TRUE'를 반환한다.
④ ISEVEN 함수 : 값이 짝수이면 논리값 'TRUE'를 반환한다.
⑤ ISODD 함수 : 값이 홀수이면 논리값 'TRUE'를 반환한다.

## 04

정답 ②

지정한 범위 내에서 주어진 조건에 맞는 셀의 개수를 추출하는 COUNTIF 함수를 사용해야 한다. ○ 한 개당 20점이므로 ○의 개수를 구한 뒤 그 값에 20을 곱해야 한다. 따라서 [H2] 셀에 입력할 함수식으로 「=COUNTIF(C2:G2,"○")*20」가 옳다.

## 05

정답 ③

VLOOKUP 함수는 「=VLOOKUP(첫 번째 열에서 찾으려는 값, 찾을 값과 결과로 추출할 값들이 포함된 데이터 범위, 값이 입력된 열의 열 번호, 일치 기준)」로 구성된다. 찾으려는 값은 [B2]가 되어야 하며, 추출할 값들이 포함된 데이터 범위는 [E2:F8]이고, 자동 채우기 핸들을 이용하여 사원들의 교육점수를 구해야 하므로 '[$E$2:$F$8]'와 같이 절대참조가 되어야 한다. 그리고 값이 입력된 열의 열 번호는 [E2:F8] 범위에서 2번째 열이 값이 입력된 열이므로 '2'가 되어야 하며, 정확히 일치해야 하는 값을 찾아야 하므로 FALSE 또는 '0'이 들어가야 한다.

## 출제유형분석 03 | 실전예제

## 01

정답 ④

for 반복문은 i 값이 0부터 2씩 증가하면서 10보다 작을 때까지 수행하므로 i 값은 각 배열의 인덱스(0, 2, 4, 6, 8)를 가리키게 된다. num에는 i가 가르키는 배열 요소들에 대한 합이 저장되므로 i 값에 해당하는 배열 인덱스의 각 요소(1, 3, 5, 7, 9)의 합인 25가 출력된다.

## 02

정답 ②

증감 연산자(++, −−)는 피연산자를 1씩 증가시키거나 감소시킨다. 수식에서 증감 연산자가 피연산자의 후의에 사용되었을 때는 값을 먼저 리턴하고 증감시킨다.
temp=i++;은 temp에 i를 먼저 대입하고 난 뒤 i 값을 증가시키기 때문에 temp는 10, i는 11이 된다. temp=i−−; 역시 temp에 먼저 i 값을 대입한 후 감소시키기 때문에 temp는 11, i는 10이 된다.

미래는 자신이 가진 꿈의 아름다움을 믿는 사람들의 것이다.

– 엘리노어 루즈벨트 –

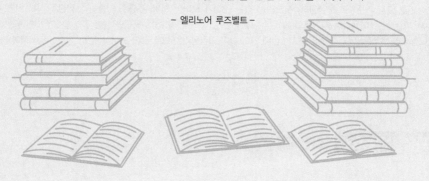

# PART 2

# 최종점검 모의고사

제1회 　최종점검 모의고사

제2회 　최종점검 모의고사

## 01   NCS 공통영역

| 01 | 02 | 03 | 04 | 05 | 06 | 07 | 08 | 09 | 10 | 11 | 12 | 13 | 14 | 15 | 16 | 17 | 18 | 19 | 20 |
|----|----|----|----|----|----|----|----|----|----|----|----|----|----|----|----|----|----|----|----|
| ② | ③ | ⑤ | ② | ③ | ④ | ① | ② | ③ | ⑤ | ② | ⑤ | ③ | ④ | ⑤ | ⑤ | ② | ② | ① | ⑤ |
| 21 | 22 | 23 | 24 | 25 | 26 | 27 | 28 | 29 | 30 | 31 | 32 | 33 | 34 | 35 | 36 | 37 | 38 | 39 | 40 |
| ③ | ④ | ③ | ④ | ② | ③ | ② | ⑤ | ④ | ⑤ | ② | ② | ④ | ⑤ | ① | ④ | ⑤ | ③ | ④ | ① |
| 41 | 42 | 43 | 44 | 45 | 46 | 47 | 48 | 49 | 50 | 51 | 52 | 53 | 54 | 55 | 56 | 57 | 58 | 59 | 60 |
| ② | ④ | ② | ① | ② | ④ | ⑤ | ④ | ④ | ④ | ① | ② | ② | ④ | ③ | ⑤ | ③ | ① | ④ | ⑤ |

## 01

정답 ②

30% 설탕물의 양을 $x$g이라 하면, 증발시킨 후 설탕의 양은 같으므로 $\dfrac{30}{100}x = \dfrac{35}{100} \times (x-50) \rightarrow x=350$ 즉, 35% 설탕물의 양은 300g이다. 여기에 더 넣을 설탕의 양을 $y$g이라 하면,

$$300 \times \frac{35}{100} + y = (300+y) \times \frac{40}{100} \rightarrow 10,500+100y=12,000+40y \rightarrow 60y=1,500$$

$$\therefore \ y=25$$

## 02

정답 ③

과장은 서로 다른 지역으로 출장을 가야 하므로 과장이 서로 다른 지역으로 출장을 가는 경우의 수는 $_4\mathrm{P}_2=120$이다.
또한 각 지역은 대리급 이상이 포함되어야 한다.
• 과장과 대리 1명이 같은 지역으로 출장을 가는 경우의 수
  대리 3명 중 1명이 과장과 같은 지역으로 출장을 가고 남은 대리 둘은 남은 두 지역으로 출장을 간다.
  $_3\mathrm{C}_1 \times _2\mathrm{C}_1 \times 2! = 12$가지
• 과장과 대리가 서로 다른 지역으로 출장을 가는 경우의 수
  대리 2명, 대리 1명으로 나누어 남은 두 지역으로 출장을 간다.
  $_3\mathrm{C}_2 \times 2! = 6$가지
각 경우의 남은 세 자리에 대하여 남은 사원 3명이 출장을 가는 경우의 수는 3!가지이다.
따라서 구하고자 하는 확률은
$$\frac{12 \times 12 \times 3!}{12 \times 12 \times 3! + 12 \times 6 \times 3!} = \frac{12}{12+6} = \frac{2}{3} \ \text{이다.}$$

## 03

정답 ⑤

주어진 수열을 홀수 번째 항과 짝수 번째 항으로 나누어 규칙을 찾아보면
( i ) 홀수 번째 항
    $a_1 = 9 = 10^1 - 1$
    $a_3 = 99 = 10^2 - 1$

$$a_5 = 999 = 10^3 - 1$$
$$\vdots$$
$$\therefore a_{2n-1} = 10^n - 1$$

(ii) 짝수 번째 항
$$a_2 = 11 = 10^1 + 1$$
$$a_4 = 111 = 10^2 + 1$$
$$a_6 = 1,111 = 10^3 + 1$$
$$\vdots$$
$$\therefore a_{2n} = 10^n + 1$$

따라서 $a_{22} = 10^{11} + 1$이다.

## 04

정답 ②

집에서 약수터까지의 거리는 $\frac{1}{2} \times 10 \times 60 = 300$m이고, 동생의 속력은 $\frac{300}{15 \times 60} = \frac{1}{3}$m/s이다. 형이 집에서 약수터까지 왕복한 시간은 $10 \times 2 = 20$분이므로 형이 집에 도착할 때까지 동생이 이동한 거리는 $\frac{1}{3} \times (20 \times 60) = 400$m이고, 약수터에서 집으로 돌아오는 중이다. 따라서 동생은 집으로부터 $300 - 100 = 200$m 떨어진 곳에 있다.

## 05

정답 ③

A의 속도를 $x$m/분이라 하면 B의 속도는 $1.5x$m/분이다.
A, B가 12분 동안 이동한 거리는 각각 $12x$m, $12 \times 1.5x = 18x$m이고, 두 사람이 이동한 거리의 합은 $1,200$m이므로
$$12x + 18x = 1,200$$
$$\therefore x = 40$$
따라서 A의 속도는 40m/분이다.

## 06

정답 ④

A가 이번 달에 내야 하는 전기료는 $(200 \times 100) + (150 \times 200) = 50,000$원이다. B는 A가 내는 전기료의 2배인 10만 원이므로 전기 사용량은 400kWh 초과임을 알 수 있다.
B가 사용한 전기량을 $(400 + x)$kWh로 정하고 전기료에 대한 방정식을 구하면
$$(200 \times 100) + (200 \times 200) + (x \times 400) = 100,000 \rightarrow x \times 400 = 100,000 - 60,000$$
$$\therefore x = 100$$
따라서 B가 사용한 전기량은 총 $400 + 100 = 500$kWh이다.

## 07

정답 ①

- 첫째 날, 둘째 날, 마지막 날에 이길 확률은 $\frac{2}{3} \times \frac{2}{3} = \frac{4}{9}$

- 첫째 날, 마지막 날에 이기고 둘째 날 질 확률은 $\left(1 - \frac{2}{3}\right) \times \frac{1}{4} = \frac{1}{3} \times \frac{1}{4} = \frac{1}{12}$

따라서 구하고자 하는 확률은 $\frac{4}{9} + \frac{1}{12} = \frac{19}{36}$이다.

## 08

정답 ②

A사와 B사로부터 동일한 양의 부품을 공급받는다고 하였으므로 $x$개라고 하자.

| 구분 | A사 | B사 |
| --- | --- | --- |
| 개수 | $x$ | $x$ |
| 불량률 | 0.1% | 0.2% |
| 선별률 | 50% | 80% |

K사가 선별한 A사 부품의 개수는 $x \times 50\%$개, B사 부품의 개수는 $x \times 80\%$개다.

K사가 선별한 부품 중 불량품의 개수는 A사는 $x \times 50\% \times 0.1\%$개, B사는 $x \times 80\% \times 0.2\%$개다.

K사가 선별한 부품 중 불량품의 개수는 $x \times 50\% \times 0.1\% + x \times 80\% \times 0.2\%$개이므로 하자가 있는 제품이 B사 부품일 확률은 다음과 같다.

$$\frac{x \times 80\% \times 0.2\%}{(x \times 50\% \times 0.1\%) + (x \times 80\% \times 0.2\%)} = \frac{x \times 80 \times 0.2}{(x \times 50 \times 0.1) + (x \times 80 \times 0.2)} = \frac{16}{5+16} = \frac{16}{21}$$

## 09

정답 ③

정육면체는 면이 6개이고 회전이 가능하므로 윗면을 기준면으로 삼았을 때, 경우의 수는 다음과 같다.

• 기준면에 색을 칠하는 경우의 수 : $6 \times \frac{1}{6} = 1$가지

• 아랫면에 색을 칠하는 경우의 수 : $6 - 1 = 5$가지

• 옆면에 색을 칠하는 경우의 수 : $(4-1)! = 3! = 6$가지

따라서 $1 \times 5 \times 6 = 30$가지의 서로 다른 정육면체를 만들 수 있다.

## 10

정답 ⑤

임원진 3명 중 남녀가 각 1명 이상씩은 선출되어야 하므로 추천받은 인원(20명)에서 3명을 뽑는 경우에서 남자 또는 여자로만 뽑힐 경우를 제외하는 여사건으로 구한다. 남녀 성비가 6 : 4이므로 남자는 $20 \times \frac{6}{10} = 12$명, 여자는 $20 \times \frac{4}{10} = 8$명이며, 남자 3명 또는 여자 3명이 선출되는 경우의 수는 $_{12}C_3 + {_8}C_3 = \frac{12 \times 11 \times 10}{3 \times 2} + \frac{8 \times 7 \times 6}{3 \times 2} = 220 + 56 = 276$가지가 나온다.

따라서 남녀가 1명 이상씩 선출되는 경우의 수는 $_{20}C_3 - ({_{12}}C_3 + {_8}C_3) = \frac{20 \times 19 \times 18}{3 \times 2} - 276 = 1,140 - 276 = 864$가지이고, 3명 중 1명은 운영위원장, 2명은 운영위원으로 임명하는 방법은 3가지이다.

따라서 올해 임원으로 선출할 수 있는 경우의 수는 $864 \times 3 = 2,592$가지이다.

## 11

정답 ②

ㄱ. 석유와 천연가스, 원자력 소비량 상위 3개 지역은 각각 석유의 상위 소비량 3개 지역 '인천 – 서울 – 경기', 천연가스의 상위 소비량 3개 지역 '서울 – 경기 – 인천', 원자력의 상위 소비량 3개 지역 '인천 – 서울 – 경기'이므로 상위 3개 지역은 모두 동일 하다.

ㄷ. 석유의 소비량이 가장 많은 지역은 인천으로 그 소비량은 3,120만 toe이고, 가장 적은 지역은 광주로 그 소비량은 725만 toe이다. 따라서 인천의 소비량은 광주의 소비량의 $3,120 \div 725 = 4.3$배로 4배 이상이다.

오답분석

ㄴ. 강원에서 소비량이 1위인 에너지원은 석탄 하나이므로 옳지 않다.

ㄹ. 수력·풍력의 소비량 상위 5개 지역은 제주, 강원, 부산, 인천, 충청 지역이다. 이들의 소비량의 합은 $41 + 28 + 6 + 4 + 4 = 83$만 toe로 전체의 $\frac{83}{96} \times 100 = 86.5\%$로 90% 미만이다.

## 12

- 석탄(제주) : $\dfrac{102}{13,520}\times100 \fallingdotseq 0.75\%$

- 석유(광주) : $\dfrac{725}{20,867}\times100 \fallingdotseq 3.47\%$

- 천연가스(광주) : $\dfrac{31}{3,313}\times100 \fallingdotseq 0.94\%$

- 수력・풍력(대전) : $\dfrac{0.5}{96}\times100 \fallingdotseq 0.52\%$

- 원자력(광주) : $\dfrac{40}{2,668}\times100 \fallingdotseq 1.50\%$

따라서 그 비율이 큰 순서대로 에너지원을 나열하면 석유 - 원자력 - 천연가스 - 석탄 - 수력・풍력 순서이다.

## 13

2021 ~ 2023년 전년 대비 가정 어린이집을 이용하는 0 ~ 2세 영유아 수는 다음과 같다.
- 2021년 : 222,332 - 193,412 = 28,920명 증가
- 2022년 : 269,243 - 222,332 = 46,911명 증가
- 2023년 : 298,470 - 269,243 = 29,227명 증가
따라서 전년 대비 가정 어린이집을 이용하는 0 ~ 2세 영유아 수는 2022년에 가장 크게 증가했다.

[오답분석]
① 2020 ~ 2023년 0 ~ 2세와 3 ~ 4세 국・공립 어린이집 이용 영유아 수는 꾸준히 증가하고 있다.
② 2020 ~ 2023년 부모협동 어린이집과 직장 어린이집을 이용하는 영유아 수는 모든 연령대에서 꾸준히 증가하고 있다.
④ 법인 어린이집을 이용하는 5세 이상 영유아 수는 매년 감소하고 있다.
⑤ 3 ~ 4세 영유아가 가장 많이 이용하는 곳을 순서대로 나열한 상위 3곳은 매년 '민간 어린이집, 국・공립 어린이집, 법인 어린이집' 순서이다.

## 14

- 2020년 전체 어린이집 이용 영유아 수의 합 : 501,838 + 422,092 + 211,521 = 1,135,451명
- 2023년 전체 어린이집 이용 영유아 수의 합 : 739,332 + 455,033 + 154,364 = 1,348,729명
따라서 2020년과 2023년 전체 어린이집 이용 영유아 수의 차는 1,348,729 - 1,135,451 = 213,278명이다.

## 15

- 관리직의 구직 대비 구인률 : $\dfrac{993}{2,951}\times100 \fallingdotseq 34\%$

- 음식서비스 관련직의 구직 대비 취업률 : $\dfrac{458}{2,936}\times100 \fallingdotseq 16\%$

따라서 둘의 차이는 34 - 16 = 18%p이다.

## 16

733 × 4 = 2,932 < 3,083이므로 25% 이하이다.

## 17

SOC, 산업·중소기업, 통일·외교, 공공질서·안전, 기타의 5개 분야에 전년 대비 재정지출액이 증가하지 않은 해가 있으므로 옳은 설명이다.

오답분석

① 교육 분야의 전년 대비 재정지출 증가율은 다음과 같다.

- 2020년 : $\dfrac{27.6-24.5}{24.5}\times100 ≒ 12.7\%$

- 2021년 : $\dfrac{28.8-27.6}{27.6}\times100 ≒ 4.3\%$

- 2022년 : $\dfrac{31.4-28.8}{28.8}\times100 ≒ 9.0\%$

- 2023년 : $\dfrac{35.7-31.4}{31.4}\times100 ≒ 13.7\%$

따라서 교육 분야의 전년 대비 재정지출 증가율이 가장 높은 해는 2023년이다.

③ 2019년에는 기타 분야가 예산에서 차지하고 있는 비율이 더 높았다.

④ SOC($-8.6\%$), 산업·중소기업($2.5\%$), 환경($5.9\%$), 기타($-2.9\%$)의 4개 분야가 해당한다.

⑤ 통일·외교 분야는 '증가 – 증가 – 감소 – 증가'이고, 기타 분야는 '감소 – 감소 – 증가 – 증가'로 두 분야의 증감추이는 동일하지 않다.

## 18

- 2022년 사회복지·보건 분야 재정지출의 2021년 대비 증감률 : $\dfrac{61.4-56.0}{56.0}\times100 ≒ 9.6\%$

- 2022년 공공질서·안전 분야 재정지출의 2021년 대비 증감률 : $\dfrac{10.9-11.0}{11.0}\times100 ≒ -0.9\%$

따라서 증감률의 차이는 $9.6-(-0.9)=10.5\%$p이다.

## 19

연도별 도시의 인구수를 정리하면 다음과 같다.

(단위 : 만 명)

| 구분 | 2020년 인구수 | 2021년 인구수 | 2022년 인구수 | 2023년 인구수 |
|---|---|---|---|---|
| A | 1,800 | 1,800×1.04=1,872 | 1,872×1.05≒1,965 | 1,965×1.11≒2,181 |
| B | 1,450 | 1,450×1.09≒1,580 | 1,580×1.08≒1,706 | 1,706×1.1≒1,876 |
| C | 1,680 | 1,680×1.07≒1,797 | 1,797×1.09≒1,958 | 1,958×1.1≒2,153 |
| D | 1,250 | 1,250×1.07≒1,337 | 1,337×1.09≒1,457 | 1,457×1.12≒1,631 |
| E | 880 | 880×1.15=1,012 | 1,012×1.04≒1,052 | 1,052×1.1≒1,157 |

ㄱ. 2023년 5개 도시의 총인구수는 2,181+1,876+2,153+1,631+1,157=8,998만 명이므로 8,900만 명 이상이다.

ㄴ. 2023년 인구수가 2,000만 명을 넘은 도시는 A와 C 두 곳이다.

ㄷ・ㄹ. 2020년과 2023년 인구수의 증가량과 증가율을 구하면 다음과 같다.

| 구분 | 증가 인구수 | 인구수 증가율 |
|---|---|---|
| A | $2,181-1,800=381$만 명 | $\frac{381}{1,800}\times100 \fallingdotseq 21.2\%$ |
| B | $1,876-1,450=426$만 명 | $\frac{426}{1,450}\times100 \fallingdotseq 29.4\%$ |
| C | $2,153-1,680=473$만 명 | $\frac{473}{1,680}\times100 \fallingdotseq 28.2\%$ |
| D | $1,631-1,250=381$만 명 | $\frac{381}{1,250}\times100 \fallingdotseq 30.5\%$ |
| E | $1,157-880=277$만 명 | $\frac{277}{880}\times100 \fallingdotseq 31.5\%$ |

따라서 2020년 인구수 대비 2023년 인구수가 가장 많이 증가한 도시는 C이고, 인구수의 증가율이 가장 높은 도시는 E이다.

## 20    정답 ⑤

각 도시의 2024년 예상 인구수를 구하면 다음과 같다.
- A : $2,181+(2,181-1,872)\times3=3,108$만 명
- B : $1,876\times(1.18-0.08)\fallingdotseq2,063$만 명
- C : $2,155+(2,155\times0.12)-(2,155\times0.12)\times2\fallingdotseq1,897$만 명
- D : $1,631+(1,631\times0.2)\fallingdotseq1,957$만 명
- E : $1,157\times(1.26-0.01)=1,446$만 명

따라서 2024년 예상 인구수를 1위부터 5위까지 차례대로 나열하면 A－B－D－C－E 순서이다.

## 21    정답 ③

회의의 내용으로 보아 의사결정방법 중 브레인스토밍 기법을 사용하고 있다. 브레인스토밍은 문제에 대한 제안이 자유롭게 이어지고, 아이디어는 많을수록 좋으며, 제안한 모든 아이디어를 종합하여 해결책을 내는 방법이다. 따라서 다른 직원의 의견에 대해 반박을 한 D주임의 태도가 적절하지 않다.

## 22    정답 ④

목표의 층위・내용 등에 따라 우선순위가 있을 수는 있지만, 하나씩 순차적으로 처리해야 하는 것은 아니다. 즉, 조직의 목표는 동시에 여러 개가 추구될 수 있다.

## 23    정답 ③

이사원에게 현재 가장 긴급한 업무는 미팅 장소를 변경해야 하는 것이다. 미리 안내했던 장소를 사용할 수 없으므로 11시에 사용 가능한 다른 회의실을 예약해야 한다. 그 후 바로 거래처 직원에게 미팅 장소가 변경된 점을 안내해야 하므로 ⓒ이 ⓒ보다 먼저 이루어져야 한다. 거래처 직원과의 11시 미팅 이후에는 오후 2시에 예정된 김팀장과의 면담이 이루어져야 한다. 김팀장과의 면담 시간은 미룰 수 없으므로 이미 예정되었던 시간에 맞춰 면담을 진행한 후 부서장이 요청한 문서 작업 업무를 처리하는 것이 적절하다. 따라서 이사원은 ⓒ－ⓒ－㉠－㉣－㉤의 순서로 업무를 처리해야 한다.

## 24

교육 홍보물의 교육내용은 '연구개발의 성공을 보장하는 R&D 기획서 작성'과 'R&D 기획서 작성 및 사업화 연계'이므로 G사원이 속한 부서의 업무는 R&D 연구 기획과 사업 연계이다. 따라서 장비 활용 지원은 부서의 업무로 적절하지 않다.

## 25

교육을 바탕으로 기획서를 작성하여 성과를 내는 것은 교육의 효과성이다. 이는 교육을 받은 회사 또는 사람의 역량이 가장 중요하다. 따라서 홍보물과 관련이 적은 성과에 대한 질문인 ②는 G사원이 답하기에는 어려운 질문이다.

## 26

조직의 역량 강화 및 조직문화 구축은 제시된 교육과 관련이 없는 영역이다. G사원은 조직의 사업과 관련된 내용을 발언해야 한다.

## 27

경영활동을 구성하는 요소는 경영목적, 인적자원, 자금, 경영전략이다. (나)의 경우와 같이 봉사활동을 수행하는 일은 목적과 인력, 자금 등이 필요한 일이지만, 정해진 목표를 달성하기 위한 조직의 관리, 전략, 운영활동이라고 볼 수 없으므로 경영활동이 아니다.

## 28

집단에서 일련의 과정을 거쳐 의사가 결정되었다고 해서 최선의 결과라고 단정 지을 수는 없다.

## 29

홈페이지 운영 등은 정보사업팀에서 한다.

오답분석
① 1개의 감사실과 11개의 팀으로 되어 있다.
② 예산 기획과 경영 평가는 전략기획팀에서 관리한다.
③ 경영 평가(전략기획팀), 성과 평가(인재개발팀), 품질 평가(평가관리팀) 등 각각 다른 팀에서 담당한다.
⑤ 감사실을 두어 감사, 부패방지 및 지도 점검을 하게 하였다.

## 30

품질 평가에 대한 민원은 평가관리팀이 담당하고 있다.

## 31

K공사의 기관 홍보를 위한 홍보물 제작 용역에 대한 입찰 공고로, 홍보자료를 발간하는 업무를 담당하는 고객홍보실의 홍보부와 가장 관련이 높다. 또한 마감 이후 입찰된 용역에 대한 계약이 필요하므로 용역 계약 업무를 담당하는 총무부도 해당 공고문과 관련이 있다.

## 32

보도자료는 K공사가 국민 참여 열린경영위원회 1차 회의를 개최했다는 내용으로, 국민 중심의 현장 경영 실천을 위한 국민 참여 기구인 국민 참여 열린경영위원회는 K공사의 경영 과정에 다양한 제안과 의견을 제시하는 역할을 한다. 즉, 국민 참여 열린경영위원회는 K공사의 경영혁신과 관련되므로 홍보부의 G대리는 경영혁신 관련 업무를 담당하는 경영전략부에 업무 지원을 요청해야 한다.

## 33

정답 ④

리더와 부하 간 상호관계는 조직문화의 구성요소 중 리더십 스타일에 대한 설명이다. 관리시스템은 조직문화의 구성요소로서 장기 전략 목적 달성에 적합한 보상제도와 인센티브, 경영정보와 의사결정시스템, 경영계획 등 조직의 목적을 실제로 달성하는 모든 경영관리제도와 절차를 의미한다.

## 34

정답 ⑤

조직문화는 조직의 안정성을 가져 오므로 많은 조직들은 그 조직만의 독특한 조직문화를 만들기 위해 노력한다.

## 35

정답 ①

조직의 규칙과 규정은 조직의 목표나 전략에 따라 수립되어 조직 구성원들이 활동범위를 제약하고 일관성을 부여하는 기능을 한다. 이에는 인사규정, 총무규정, 회계규정 등이 해당한다.

## 36

정답 ④

제시된 제품 개발 프로세스는 린 스타트업(Lean Startup)의 제품 개발 프로세스로, 먼저 단기간 동안 시제품을 만들어 시장에 내놓고 반응과 성과를 측정하여 이를 제품 개선에 반영한다. 이러한 과정을 반복하며 시장에서의 성공 확률을 높인다. 제품 개발이 끝날 때까지 전 과정을 비밀로 하는 것은 린 스타트업 이전의 기존 전략에 해당한다.

## 37

정답 ⑤

기계적 조직과 유기적 조직의 특징을 통해 안정적이고 확실한 환경에서는 기계적 조직이, 급변하는 환경에서는 유기적 조직이 적합함을 알 수 있다.

**기계적 조직과 유기적 조직의 특징**

| 기계적 조직 | • 구성원들의 업무가 분명하게 정의된다.<br>• 많은 규칙과 규제들이 있다.<br>• 상하 간 의사소통이 공식적인 경로를 통해 이루어진다.<br>• 엄격한 위계질서가 존재한다.<br>• 대표적으로 군대를 들 수 있다. |
|---|---|
| 유기적 조직 | • 의사결정 권한이 조직의 하부 구성원들에게 많이 위임되어 있다.<br>• 업무가 고정되지 않고, 공유 가능하다.<br>• 비공식적인 상호 의사소통이 원활하게 이루어진다.<br>• 규제나 통제의 정도가 낮아 변화에 따라 의사결정이 쉽게 변할 수 있다. |

## 38

정답 ③

아프리카 사람들과 이야기할 때 눈을 바라보는 것은 실례이므로 코 끝 정도를 보면서 대화하는 것이 예의이다.

## 39

정답 ④

새로운 사회환경을 접할 때는 개방적 태도를 갖는 동시에 자신의 정체성을 유지하도록 해야 한다.

## 40

정답 ①

스톡옵션제도에 대한 설명으로, 자본참가 유형에 해당한다.

오답분석

② 스캔론 플랜에 대한 설명으로, 성과참가 유형에 해당한다.
③ 럭커 플랜에 대한 설명으로, 성과참가 유형에 해당한다.
④ 노사협의제도에 대한 설명으로, 의사결정참가 유형에 해당한다.
⑤ 노사공동 결정제도에 대한 설명으로, 의사결정참가 유형에 해당한다.

## 41

정답 ②

도색이 벗겨진 차선과 지워지기 직전의 흐릿한 차선은 현재 직면하고 있으면서 바로 해결 방법을 찾아야 하는 문제이므로 눈에 보이는 발생형 문제에 해당한다. 발생형 문제는 기준을 일탈함으로써 발생하는 일탈 문제와 기준에 미달하여 생기는 미달 문제로 나누어 볼 수 있는데, 기사에서는 정해진 규격 기준에 미달하는 불량 도료를 사용하여 문제가 발생하였다고 하였으므로 이를 미달 문제로 분류할 수 있다. 따라서 기사에 나타난 문제는 발생형 문제로, 미달 문제에 해당한다.

## 42

정답 ④

주어진 조건을 정리해보면 다음과 같다.

| 구분 | 서울 | 인천 | 과천 | 세종 |
|---|---|---|---|---|
| 경우 1 | D | A | B | C |
| 경우 2 | D | C | B | A |

따라서 항상 참인 것은 ④이다.

오답분석

①·② 주어진 조건만으로는 판단하기 힘들다.
③ 한 번 근무했던 지점에서 다시 일을 할 수 없다.
⑤ D가 일하게 되는 지점은 서울이다.

## 43

정답 ②

주어진 조건에 따라 해야 할 업무 순서를 배치해보면 다음 표와 같다.

| 첫 번째 | 두 번째 | 세 번째 | 네 번째 | 다섯 번째 | 여섯 번째 | 일곱 번째 |
|---|---|---|---|---|---|---|
| B | G | C | F | A | E | D |

따라서 세 번째로 해야 할 업무는 C이다.

## 44

문제해결 방법에 대한 체계적인 교육을 통해 창조적인 문제해결능력을 향상시킬 수 있다. 따라서 문제해결을 위해서 개인은 체계적인 교육훈련을 통해 문제해결을 위한 기본 지식과 스킬을 습득해야 한다.

## 45

브레인스토밍은 문제의 해결책을 찾기 위해 여러 사람이 자유롭게 아이디어를 제시하는 방법이므로, 어떠한 내용의 아이디어라도 그에 대해 비판을 해서는 안 된다.

## 46

ㄴ. 간편식 점심에 대한 회사원들의 수요가 증가함에 따라 계절 채소를 이용한 샐러드 런치 메뉴를 출시하는 것은 강점을 통해 기회를 포착하는 SO전략에 해당한다.
ㄹ. 경기 침체로 인한 외식 소비가 위축되고 있는 상황에서 주변 회사와의 제휴를 통해 할인 서비스를 제공하는 것은 약점을 보완하여 위협을 회피하는 WT전략에 해당한다.

[오답분석]

ㄱ. 다양한 연령층을 고려한 메뉴가 강점에 해당하기는 하나, 샐러드 도시락 가게에서 한식 도시락을 출시하는 것은 적절한 전략으로 볼 수 없다.
ㄷ. 홍보 및 마케팅 전략의 부재가 약점에 해당하므로 약점을 보완하기 위해서는 적극적인 홍보 활동을 펼쳐야 한다. 따라서 홍보 방안보다 먼저 품질 향상 방안을 마련하는 것은 적절한 전략으로 볼 수 없다.

## 47

먼저 두 번째 조건에 따라 사장은 은지에게 '상'을 주었으므로 나머지 지현과 영희에게 '중' 또는 '하'를 주었음을 알 수 있다. 이때, 인사팀장은 영희에게 사장이 준 점수보다 낮은 점수를 주었다는 네 번째 조건에 따라 사장은 영희에게 '중'을 주었음을 알 수 있다. 따라서 사장은 은지에게 '상', 영희에게 '중', 지현에게 '하'를 주었고, 세 번째 조건에 따라 이사 역시 같은 점수를 주었다. 한편, 사장이 영희 또는 지현에게 회장보다 낮거나 같은 점수를 주었다는 두 번째 조건에 따라 회장이 은지, 영희, 지현에게 줄 수 있는 경우는 다음과 같다.

| 구분 | 은지 | 지현 | 영희 |
| --- | --- | --- | --- |
| 경우 1 | 중 | 하 | 상 |
| 경우 2 | 하 | 상 | 중 |

또한 인사팀장은 '하'를 준 영희를 제외한 은지와 지현에게 '상' 또는 '중'을 줄 수 있다. 따라서 은지, 영희, 지현이 회장, 사장, 이사, 인사팀장에게 받을 수 있는 점수를 정리하면 다음과 같다.

| 구분 | 은지 | 지현 | 영희 |
| --- | --- | --- | --- |
| 회장 | 중 | 하 | 상 |
| | 하 | 상 | 중 |
| 사장 | 상 | 하 | 중 |
| 이사 | 상 | 하 | 중 |
| 인사팀장 | 상 | 중 | 하 |
| | 중 | 상 | 하 |

따라서 인사팀장이 은지에게 '상'을 주었다면, 은지는 사장, 이사, 인사팀장 3명에게 '상'을 받으므로 은지가 최종 합격하게 된다.

## 48

정답 ④

A가 서브한 게임에서 전략팀이 득점하였으므로 이어지는 서브권은 A가 가지며, 총 4점을 득점한 상황이므로 팀 내에서 선수끼리 자리를 교체하여 A가 오른쪽에서 서브를 해야 한다. 그리고 서브를 받는 총무팀은 서브권이 넘어가지 않았기 때문에 선수끼리 코트 위치를 바꾸지 않는다. 따라서 ④가 정답이다.

## 49

정답 ④

'KS90101-2'는 아동용 10kg 이하의 자전거로, 109동 101호 입주민이 2번째로 등록한 자전거이다.

[오답분석]

① 등록순서를 제외한 일련번호는 7자리로 구성되어야 하며, 종류와 무게 구분 번호의 자리가 서로 바뀌어야 한다.
② 등록순서를 제외한 일련번호는 7자리로 구성되어야 한다.
③ 자전거 무게를 구분하는 두 번째 자리에는 L, M, S 중 하나만 올 수 있다.
⑤ 등록순서는 1자리로 기재한다.

## 50

정답 ④

마지막의 숫자는 동일 세대주가 자전거를 등록한 순서를 나타내므로 해당 자전거는 2번째로 등록한 자전거임을 알 수 있다. 따라서 자전거를 2대 이상 등록한 입주민의 자전거이다.

[오답분석]

① 'T'를 통해 산악용 자전거임을 알 수 있다.
② 'M'을 통해 자전거의 무게는 10kg 초과 20kg 미만임을 알 수 있다.
③ 104동 1205호에 거주하는 입주민의 자전거이다.
⑤ 자전거 등록대수 제한에 대한 정보는 나와 있지 않다.

## 51

정답 ①

자아 인식, 자기 관리, 공인 자격 쌓기 등의 평가 기준을 통해 A사원이 B사원보다 스스로 관리하고 개발하는 능력이 우수하다는 것을 알 수 있다.

## 52

정답 ②

분류 코드에서 알 수 있는 정보를 앞에서부터 순서대로 나열하면 다음과 같다.
발송 코드 : 충청지역에서 발송(c4)
배송 코드 : 경북지역으로 배송(304)
보관 코드 : 고가품(HP)
운송 코드 : 15톤 트럭으로 배송(115)
서비스 코드 : 당일 배송 서비스 상품(01)

## 53

정답 ②

제품 A의 분류 코드는 앞에서부터 순서대로, 수도권인 경기도에서 발송되었으므로 a1, 울산지역으로 배송되므로 062, 냉동보관이 필요하므로 FZ, 5톤 트럭으로 운송되므로 105, 배송일을 7월 7일로 지정하였으므로 02가 연속되는 a1062FZ10502이다.

## 54

정답 ④

알파벳 순서에 따라 숫자로 변환하면 다음과 같다.

| A | B | C | D | E | F | G | H | I | J | K | L | M |
|---|---|---|---|---|---|---|---|---|---|---|---|---|
| 1 | 2 | 3 | 4 | 5 | 6 | 7 | 8 | 9 | 10 | 11 | 12 | 13 |
| N | O | P | Q | R | S | T | U | V | W | X | Y | Z |
| 14 | 15 | 16 | 17 | 18 | 19 | 20 | 21 | 22 | 23 | 24 | 25 | 26 |

'INTELLECTUAL'의 품번을 규칙에 따라 정리하면 다음과 같다.

1단계 : 9(I), 14(N), 20(T), 5(E), 12(L), 12(L), 5(E), 3(C), 20(T), 21(U), 1(A), 12(L)

2단계 : 9+14+20+5+12+12+5+3+20+21+1+12=134

3단계 : $|(14+20+12+12+3+20+12)-(9+5+5+21+1)|=|93-41|=52$

4단계 : $(134+52) \div 4+134=46.5+134=180.5$

5단계 : 180.5를 소수점 첫째 자리에서 버림하면 180이다.

따라서 제품의 품번은 '180'이다.

## 55

정답 ③

소형버스인 RT코드를 모두 찾으면 다음과 같다.

RT-25-KOR-18-0803, RT-16-DEU-23-1501, RT-25-DEU-12-0904, RT-23-KOR-07-0628, RT-16-USA-09-0712

소형버스는 총 5대이며, 이 중 독일에서 생산된 것은 2대이다. 따라서 소형버스 전체의 40%를 차지하므로 ③은 옳지 않다.

## 56

정답 ⑤

세 번째와 네 번째 조건에 의해 종열이와 지훈이는 춤을 추지 않았다. 또한, 두 번째 조건의 대우에 의해 재현이가 춤을 추었고, 첫 번째 조건에 따라 서현이가 춤을 추었다.

## 57

정답 ③

먼저 A사원의 진술이 거짓이라면 A사원과 D사원 두 명이 3층에서 근무하게 되고, 반대로 D사원의 진술이 거짓이라면 3층에는 아무도 근무하지 않게 되므로 조건에 어긋난다. 따라서 A사원과 D사원은 진실을 말하고 있음을 알 수 있다. 또한 C사원의 진술이 거짓이라면 아무도 홍보부에 속하지 않으므로 C사원도 진실을 말하고 있음을 알 수 있다. 결국 거짓말을 하고 있는 사람은 B사원이며, A ~ D사원의 소속 부서와 부서 위치를 정리하면 다음과 같다.

| 구분 | 소속 부서 | 부서 위치 |
|---|---|---|
| A사원 | 영업부 | 4층 |
| B사원 | 총무부 | 6층 |
| C사원 | 홍보부 | 5층 |
| D사원 | 기획부 | 3층 |

따라서 기획부는 3층에 위치한다.

## 58

정답 ①

입사순서는 해당 월의 누적 입사순서이므로 'W05220401'은 4월의 첫 번째 입사자임을 나타낼 뿐, 해당 사원이 생산부서 최초의 여직원인지는 알 수 없다.

## 59

| M01230903 | W03231005 | M05230912 | W05230913 | W01231001 | W04231009 |
| M02230901 | M04231101 | W01230905 | W03230909 | M02231002 | W03231007 |
| M03230907 | M01230904 | W02230902 | M04231008 | M05231107 | M01231103 |
| M03230908 | M05230910 | M02231003 | M01230906 | M05231106 | M02231004 |
| M04231101 | M05230911 | W03231006 | W05231105 | W03231104 | M05231108 |

따라서 여성(W) 입사자 중 기획부(03)에 입사한 사원은 모두 5명이다.

## 60

ㄱ. 5원까지는 펼친 손가락의 개수와 실제 가격이 동일하지만 6원부터는 펼친 손가락의 개수와 실제 가격이 일치하지 않는다.
ㄴ. 펼친 손가락의 개수가 3개라면 숫자는 3 혹은 7이므로 물건의 가격은 최대 7원임을 알 수 있다.
ㄷ. 물건의 가격이 최대 10원이라고 하였으므로, 물건의 가격과 갑이 지불하려는 금액이 8원만큼 차이가 나는 경우는 상인이 손가
   락 2개를 펼쳤을 때 지불해야 하는 금액이 10원인 경우와 손가락 1개를 펼쳤을 때 지불해야 하는 금액이 9원인 경우뿐이다.

오답분석

ㄹ. 5원까지는 실제 가격과 지불하려는 금액이 일치하므로 문제가 되지 않으며, 그 이후인 6원부터는 펼친 손가락의 개수가 6개
   이상일 경우는 없으므로 물건의 가격을 초과하는 금액을 지불하는 경우는 발생하지 않는다.

| 61 | 62 | 63 | 64 | 65 | 66 | 67 | 68 | 69 | 70 | 71 | 72 | 73 | 74 | 75 | 76 | 77 | 78 | 79 | 80 |
|----|----|----|----|----|----|----|----|----|----|----|----|----|----|----|----|----|----|----|----|
| ② | ① | ② | ⑤ | ④ | ② | ① | ③ | ③ | ② | ③ | ① | ② | ① | ② | ③ | ② | ④ | ① | ⑤ |

## 61

정답 ②

**스캠퍼(SCAMPER) 기법**
- S : 대체하기(Substitute)
- C : 조합하기(Combine)
- A : 적용하기(Adapt)
- M : 수정·확대·축소하기(Modify·Magnify·Minify)
- P : 다른 용도로 사용하기(Put to other use)
- E : 제거하기(Eliminate)
- R : 재배치하기(Rearrange)

## 62

정답 ①

무조건 비용을 적게 들이는 것이 좋은 것은 아니다. 예를 들어 한 기업에서 개발 프로젝트를 한다고 할 때, 개발 비용을 실제보다 높게 책정하면 경쟁력을 잃어버리게 되고, 낮게 책정하면 프로젝트 자체가 이익을 주는 것이 아니라 오히려 적자가 나는 경우가 발생할 수 있다. 따라서 책정 비용과 실제 비용의 차이를 최대한 줄인 상태가 가장 이상적인 상태라고 할 수 있다.

## 63

정답 ②

성과급 지급 기준에 따라 영업팀의 성과를 평가하면 다음과 같다.

| 구분 | 성과평가 점수 | 성과평가 등급 | 성과급 지급액 |
|------|--------------|--------------|--------------|
| 1/4분기 | $(8 \times 0.4) + (8 \times 0.4) + (6 \times 0.2) = 7.6$ | C | 80만 원 |
| 2/4분기 | $(8 \times 0.4) + (6 \times 0.4) + (8 \times 0.2) = .2$ | C | 80만 원 |
| 3/4분기 | $(10 \times 0.4) + (8 \times 0.4) + (10 \times 0.2) = 9.2$ | A | $100 + 10 = 110$만 원 |
| 4/4분기 | $(8 \times 0.4) + (8 \times 0.4) + (8 \times 0.2) = 8.0$ | B | 90만 원 |

따라서 영업팀에게 1년간 지급된 성과급의 총액은 $80 + 80 + 110 + 90 = 360$만 원이다.

## 64

정답 ⑤

이런 문제 유형은 시간차이를 나라별로 따져서 실제 계산을 해도 되지만, 각각의 선지가 옳은지 하나씩 검토하는 것도 방법이다. 이때 모든 나라를 검토하는 것이 아니라 한 나라라도 안 되는 나라가 있으면 다음 선지로 넘어간다.
- 헝가리 : 서머타임을 적용해 서울보다 6시간 느리다.
- 호주 : 서머타임을 적용해 서울보다 2시간 빠르다.
- 베이징 : 서울보다 1시간 느리다.
따라서 회의가 가능한 시간은 서울 기준 오후 3시 ~ 4시이다.

[오답분석]
① 헝가리가 오전 4시로 업무 시작 전이므로 회의가 불가능하다.
② 헝가리가 오전 5시로 업무 시작 전이므로 회의가 불가능하다.
③ 헝가리가 오전 7시로 업무 시작 전이므로 회의가 불가능하다.
④ 헝가리가 오전 8시로 업무 시작 전이므로 회의가 불가능하다.

# 65

각자의 당직 근무 일정을 표로 정리하면 다음과 같다.

| 구분 | 월 | 화 | 수 | 목 | 금 | 토 | 일 |
|---|---|---|---|---|---|---|---|
| 오전 | 공주원<br>지한준<br>김민정 | 이지유<br>최유리 | 강리환<br>이영유 | 공주원<br>강리환<br>이건율 | 이지유<br>지한준 | 김민정<br>최민관<br>강지공 | 이건율<br>최민관 |
| 오후 | 이지유<br>최민관 | 최민관<br>이영유<br>강지공 | 공주원<br>지한준<br>강지공<br>김민정 | 최유리 | 이영유<br>강지공 | 강리환<br>최유리<br>이영유 | 이지유<br>김민정 |

당직 근무 규칙에 따르면 오후 당직의 경우 최소 2명이 근무해야 한다. 그러나 목요일 오후에 최유리 1명만 근무하므로 최소 1명의 근무자가 더 필요하다. 이때, 한 사람이 같은 날 오전·오후 당직을 모두 할 수 없으므로 목요일 오전 당직 근무자인 공주원, 강리환, 이건율은 제외된다. 또한 당직 근무는 주당 5회 미만이므로 이번 주에 4번의 당직 근무가 예정된 근무자 역시 제외된다. 따라서 지한준의 당직 근무 일정을 추가해야 한다.

# 66

1) G기사가 거쳐야 할 경로는 'A도시 → E도시 → C도시 → A도시'이다. A도시에서 E도시로 바로 갈 수 없으므로 다른 도시를 거쳐야 하는데, 가장 짧은 시간 내에 A도시에서 E도시로 갈 수 있는 경로는 B도시를 경유하는 것이다. 따라서 G기사의 운송경로는 'A도시 → B도시 → E도시 → C도시 → A도시'이며, 이동시간은 1.0+0.5+2.5+0.5=4.5시간이다.

2) P기사는 A도시에서 출발하여 모든 도시를 한 번씩 거친 뒤 다시 A도시로 돌아와야 한다. 해당 조건이 성립하는 운송경로의 경우는 다음과 같다.

- A도시 → B도시 → D도시 → E도시 → C도시 → A도시
  - 이동시간 : 1.0+1.0+0.5+2.5+0.5=5.5시간
- A도시 → C도시 → B도시 → E도시 → D도시 → A도시
  - 이동시간 : 0.5+2.0+0.5+0.5+1.5=5시간

따라서 P기사가 운행할 최소 이동시간은 5시간이다.

# 67

노선 지수를 계산하기 위해선 총거리와 총시간, 총요금을 먼저 계산한 후 순위에 따라 다시 한 번 계산해야 한다.

| 경유지 | 합산거리 | 총거리 순위 | 합산시간 | 총시간 순위 | 합산요금 | 총요금 순위 | 노선지수 |
|---|---|---|---|---|---|---|---|
| 베이징 | 9,084km | 1 | 10시간 | 1 | 150만 원 | 7 | 2.9 |
| 하노이 | 11,961km | 4 | 15시간 | 6 | 120만 원 | 4 | 8.2 |
| 방콕 | 13,242km | 7 | 16시간 | 7 | 105만 원 | 1 | 10.7 |
| 델리 | 11,384km | 3 | 13시간 | 4 | 110만 원 | 2 | 5.6 |
| 두바이 | 12,248km | 6 | 14시간 | 5 | 115만 원 | 3 | 8.9 |
| 카이로 | 11,993km | 5 | 12시간 | 3 | 125만 원 | 5 | 7.1 |
| 상하이 | 10,051km | 2 | 11시간 | 2 | 135만 원 | 6 | 4.2 |

베이징 노선은 잠정 폐쇄되었으므로 그 다음으로 노선 지수가 낮은 상하이를 경유하는 노선이 가장 적합한 노선이다.

## 68

월요일에는 늦지 않게만 도착하면 되므로, 서울역에서 8시에 출발하는 KTX를 이용한다. 수요일에는 최대한 빨리 와야 하므로, 사천공항에서 19시에 출발하는 비행기를 이용한다. 따라서 소요되는 교통비는 65,200(∵ '서울 – 사천' KTX 비용)+22,200(∵ '사천역 – 사천연수원' 택시비)+21,500(∵ '사천연수원 – 사천공항' 택시비)+93,200(∵ '사천 – 서울' 비행기 비용)×0.9=192,780 원이다.

## 69

각 임직원의 항목 평균 점수를 구하면 다음과 같다.

(단위 : 점)

| 성명 | 조직기여 | 대외협력 | 기획 | 평균 | 순위 |
|---|---|---|---|---|---|
| 유시진 | 58 | 68 | 83 | 69.67 | 9 |
| 최은서 | 79 | 98 | 96 | 91 | 1 |
| 양현종 | 84 | 72 | 86 | 80.67 | 6 |
| 오선진 | 55 | 91 | 75 | 73.67 | 8 |
| 이진영 | 90 | 84 | 97 | 90.33 | 2 |
| 장수원 | 78 | 95 | 85 | 86 | 4 |
| 김태균 | 97 | 76 | 72 | 81.67 | 5 |
| 류현진 | 69 | 78 | 54 | 67 | 10 |
| 강백호 | 77 | 83 | 66 | 75.33 | 7 |
| 최재훈 | 80 | 94 | 92 | 88.67 | 3 |

따라서 상위 4명인 최은서, 이진영, 최재훈, 장수원이 해외연수 대상자로 선정된다.

## 70

평균점수의 내림차순으로 순위를 정리하면 다음과 같다.

(단위 : 점)

| 성명 | 조직기여 | 대외협력 | 기획 | 평균 | 순위 |
|---|---|---|---|---|---|
| 최은서 | 79 | 98 | 96 | 91 | 1 |
| 이진영 | 90 | 84 | 97 | 90.33 | 2 |
| 최재훈 | 80 | 94 | 92 | 88.67 | 3 |
| 장수원 | 78 | 95 | 85 | 86 | 4 |
| 김태균 | 97 | 76 | 72 | 81.67 | 5 |
| 양현종 | 84 | 72 | 86 | 80.67 | 6 |
| 강백호 | 77 | 83 | 66 | 75.33 | 7 |
| 오선진 | 55 | 91 | 75 | 73.67 | 8 |
| 유시진 | 58 | 68 | 83 | 69.67 | 9 |
| 류현진 | 69 | 78 | 54 | 67 | 10 |

따라서 오선진은 8위로 해외연수 대상자가 될 수 없다.

## 71

직업생활에 있어서의 의사소통이란 공식적인 조직 안에서의 의사소통을 의미한다. 직업생활에서의 의사소통은 조직의 생산성을 높이고, 사기를 진작시키고 정보를 전달하며, 설득하려는 목적이 있다.

## 72

A대리는 자사의 프로젝트 진행 과정에 대한 자료를 토대로 문제가 되는 뉴스 보도에 반박해야 하므로 주로 기업 등에서 언론용으로 발표하는 문서인 보도자료를 작성해야 한다. 기자들은 주로 정부 기관이나 기업에서 배포한 보도자료를 바탕으로 기사를 작성하기 때문에 A대리는 기자들이 G회사의 입장에서 기사를 작성할 수 있도록 보도자료를 제공해야 한다. 일반적으로 보도자료는 회사 자체에 대한 홍보나 기업정보를 제공하는 경우에 필요하다.

오답분석

② 제품설명서 : 제품에 대한 정보를 제공해야 하는 경우
③ 업무지시서 : 관련 부서나 외부기관, 단체에 명령이나 지시를 내려야 하는 경우
④ 제안서 : 업무에 대한 제안을 하거나 기획을 해야 할 경우
⑤ 추천서 : 개인이 다른 회사에 지원하거나 이직을 하고자 할 경우

## 73

용해는 '물질이 액체 속에서 균일하게 녹아 용액이 만들어지는 현상'이고, 융해는 '고체에 열을 가했을 때 액체로 되는 현상'을 의미한다. 따라서 글의 맥락상 '용해되지'가 적절하다.

## 74

제시문은 청나라에 맞서 싸우자는 척화론에 대한 설명이다. ①은 척화론과 동일한 주장을 하고 있으므로 비판 내용으로 적절하지 않다.

## 75

제시문에서는 한 마리의 개를 사례로 들어 꿈의 가설보다 '상식의 가설'이 우리가 경험하는 사실들을 더 잘 설명한다고 주장한다. 즉, 개는 '나'의 감각에 의존하는 감각들의 집합이 아닌 독립적으로 존재하는 대상이라는 '상식의 가설'을 통해 개가 이동하는 모습이나 개가 배고픔을 느끼는 것 등을 이해할 수 있다는 것이다.

## 76

자동화와 같이 과학 기술의 이면을 바라보지 못하고 장점만을 생각하는 것을 고정관념이라고 한다. 구구단의 경우 실생활에 도움이 되며, 그것이 고정관념이라고 할 만한 뚜렷한 반례는 없다.

오답분석

① 행복은 물질과 비례하는 것이 아닌데 비례할 것이라고 믿고 있는 경우이다.
② 저가의 물건보다 고가의 물건이 반드시 질이 좋다고 할 수 없다.
④ 경제 상황에 따라 저축보다 소비가 미덕이 되는 경우도 있다.
⑤ 아파트가 전통가옥보다 삶의 편의는 제공할 수 있지만 반드시 삶의 질을 높여 준다고 보기는 힘들다.

## 77

제시문에서는 기계화·정보화의 긍정적인 측면보다는 부정적인 측면을 부각하고 있으며, 이것은 기계화·정보화가 인간의 삶의 질 개선에 기여하고 있는 점을 경시하는 것이다.

## 78

정답 ④

제시문에서는 금융권, 의료업계, 국세청 등 다양한 영역에서 빅데이터가 활용되고 있는 사례들을 열거하고 있다.


## 79

정답 ①

세 번째 문단에서 과거제 출신의 관리들이 공동체에 대한 소속감이 낮고 출세 지향적이었다는 내용을 확인할 수 있다.

오답분석

② 첫 번째 문단에서 고염무는 관료제의 상층에는 능력주의적 제도를 유지하되, 지방관인 지현들은 그 지위를 평생 유지시켜 주고 세습의 길까지 열어 놓는 방안을 제안했다고 했으므로 옳지 않다.

③ 첫 번째 문단에서 황종희가 '벽소'와 같은 옛 제도를 되살리는 방법으로 과거제를 보완하자고 주장했다는 내용을 볼 수 있다. 따라서 벽소는 과거제를 없애고자 등장한 새로운 제도가 아니라 과거제를 보완하고자 되살린 옛 제도이므로 옳지 않다.

④ 두 번째 문단에서 과거제는 학습 능력 이외의 인성이나 실무 능력을 평가할 수 없다는 이유로 시험의 익명성에 대한 회의도 있었다고 하였으므로 옳지 않다.

⑤ 세 번째 문단에서 과거제를 통해 임용된 관리들은 승진을 위해서 빨리 성과를 낼 필요가 있었기에, 지역 사회를 위해 장기적인 전망을 가지고 정책을 추진하기보다 가시적이고 단기적인 결과만을 중시하는 부작용을 가져왔다고 하였으므로 옳지 않다.


## 80

정답 ⑤

제시문은 촉매 개발의 필요성과 촉매 설계 방법의 구체적 과정을 설명하고 있다. 회귀 경로는 잘못을 발견했을 경우에 원래의 위치로 복귀해 다른 방법을 시도함으로써 새로운 길을 찾는 것이다. ⑤에서 설문지의 질문이 잘못됨을 발견하고 다시 설문지 작성 과정으로 돌아와 질문을 수정하였으므로, 제시문과 가장 가까운 사례로 볼 수 있다.

| 61 | 62 | 63 | 64 | 65 | 66 | 67 | 68 | 69 | 70 | 71 | 72 | 73 | 74 | 75 | 76 | 77 | 78 | 79 | 80 |
|----|----|----|----|----|----|----|----|----|----|----|----|----|----|----|----|----|----|----|----|
| ① | ④ | ③ | ③ | ③ | ① | ④ | ③ | ② | ③ | ② | ② | ① | ② | ⑤ | ① | ① | ② | ④ | ① |

## 61

**정답** ①

산업재해 예방 대책은 안전 관리 조직 → 사실의 발견(1단계) → 원인 분석(2단계) → 시정책 선정(3단계) → 시정책 적용 및 뒤처리 (4단계) 순이다. 따라서 재해 예방 대책에서 누락된 '안전 관리 조직' 단계를 보완해야 된다.

## 62

**정답** ④

동일한 업종이지만 윤리적 문제가 발생할 여지가 없는 이유는 고객을 공유하지 않는 비경쟁적 관계에 해당하기 때문이다. 또한 문화와 제도적 차이가 있다는 내용으로 보아 국가가 다른 글로벌 벤치마킹에 해당된다는 것을 짐작할 수 있다.

[오답분석]
① 내부 벤치마킹이란 같은 기업 내의 타 지역·타 부서 간의 유사한 활용을 비교 대상으로 하는 것으로서 자료의 벤치마킹에 해당하지 않는다.
② 경쟁적 벤치마킹이란 동일 업종에서 고객을 직접적으로 공유하는 경쟁기업을 대상으로 하는 것으로서 윤리적 문제가 발생할 수 있음은 물론 이러한 이유로 자료의 수집 또한 어렵기 때문에 자료의 벤치마킹에 부합하지 않는다.
③ 비경쟁적 벤치마킹이란 비경쟁적 기업 내의 유사 분야를 대상으로 하는 방법으로 자료의 벤치마킹에 해당하지 않는다.
⑤ 간접적 벤치마킹이란 인터넷이나 문서형태의 자료를 통해 수행하는 것으로서 이러한 자료는 정확성을 확보하기 어려울 뿐만 아니라 핵심자료의 수집 역시 상대적으로 어렵기 때문에 자료의 벤치마킹에 부합하지 않는다.

## 63

**정답** ③

건물, 기계에 대한 점검·정비·보존의 불량은 산업재해의 기술적 원인으로 볼 수 있다.

[오답분석]
①·④ 산업재해의 교육적 원인에 해당된다.
②·⑤ 산업재해의 작업 관리상 원인에 해당된다.

## 64

**정답** ③

보기는 '의장'에 대한 설명으로, 의장은 최근에는 의류나 문구류 등 패션제품은 물론이고 자동차에까지 소비자의 관심을 끌기 위해 등장하고 있다.

[오답분석]
① 특허 : 발명한 사람이 자기가 발명한 기술을 독점적으로 사용할 수 있는 권리
② 실용신안 : 기술적 창작 수준이 소발명 정도인 물품의 형상·구조 및 조합에 대한 실용적인 창작을 보호하기 위한 제도로, 특허제도와 보호대상은 다르나 전체적으로 특허제도와 유사한 제도
④ 상표 : 제조회사가 자사제품의 신용을 유지하기 위해 제품이나 포장 등에 표시하는 표장으로서의 상호나 마크
⑤ 영업비밀 : 기업의 지식 재산권 중 하나로, 공유된 공공의 정보를 기반으로 하지 않은 제조법, 도안, 데이터 수집방법 등 비즈니스에 사용되는 지적 생산품

## 65

정답 ③

실외 온도가 영상이므로 계기판 B의 수치는 고려하지 않으며, 실내 온도는 20℃ 이상이므로 Serial Mode를 적용한다. 이때, PSD는 각 계기판 수치의 합이므로 8+11=19이다. 그리고 검침일이 목요일이므로, 기준치는 세 계기판의 표준 수치 합인 5+5+5=15이다. PSD 수치 범위는 15<19<15+5이므로 눌러야 할 버튼은 경계 버튼이고, 상황통제실의 경고등에는 노란색 불이 들어오며, 필요한 조치는 안전요원 배치이다.

## 66

정답 ①

실외 온도가 영하이므로 세 계기판의 수치를 모두 고려해야 하며, 실내 온도는 20℃ 미만이므로 Parallel Mode를 적용한다. 이때, PSD는 계기판 숫자의 평균이므로 (10+3+2)÷3=5이다. 그리고 검침일이 화요일이므로 기준치는 세 계기판의 표준 수치 합의 1/2인 7.5이다. PSD 수치 범위는 5<7.5이므로 눌러야 할 버튼은 정상 버튼이고, 상황통제실의 경고등에는 녹색 불이 들어오며, 필요한 조치는 정상 가동이다.

## 67

정답 ④

본 제품에는 배터리 보호를 위하여 과충전 보호회로가 내장되어 있어 적정 충전시간을 초과하여도 큰 손상이 없으므로 고장의 원인으로 적절하지 않다.

## 68

정답 ③

청소기 전원을 끄고 이물질 제거 후 전원을 켜면 파워브러쉬가 재작동하며 평상시에도 파워브러쉬가 멈추었을 때는 전원 스위치를 껐다 켜면 재작동한다.

## 69

정답 ②

임펠러 날개깃이 피로 현상으로 인해 결함을 일으킬 수 있다고 하였기 때문에 기술적 원인에 해당된다. 기술적 원인에는 기계 설계 불량, 재료의 부적합, 생산 공정의 부적당, 정비·보존 불량 등이 해당된다.

## 70

정답 ③

㉠사는 경쟁관계에 있지 않은 기업 중 마케팅이 우수한 곳을 찾아가 벤치마킹을 했기 때문에 비경쟁적 벤치마킹이다.
㉡사는 동일 업종이지만 외국에 있어 비경쟁적 기업을 대상으로 벤치마킹을 했기 때문에 글로벌 벤치마킹이다.

오답분석

• 경쟁적 벤치마킹 : 동일 업종이면서 경쟁관계에 있는 기업을 대상으로 하는 벤치마킹
• 직접적 벤치마킹 : 벤치마킹 대상을 직접 방문하여 수행하는 벤치마킹
• 간접적 벤치마킹 : 인터넷 및 문서형태의 자료를 통해서 수행하는 벤치마킹

## 71

정답 ②

ㄱ에 해당하는 것은 소득 정보가 아닌 신용 정보이며, 소득 정보는 직장, 수입원 등을 가리킨다.
ㄷ에 해당하는 것은 조직 정보가 아닌 고용 정보이며, 조직 정보는 가입 정당, 가입 협회 등 사적으로 가입된 조직을 가리킨다.

## 72

정답 ②

본인의 컴퓨터가 32bit 운영체제인지 64bit 운영체제인지 확인하려면 [시작] 단추 – [컴퓨터]의 바로 가기 메뉴 – [속성]을 통해 확인하거나 [시작] 단추 – [제어판] – [시스템]을 통해 확인할 수 있다.

## 73

정답 ①

데이터그램 방식
① 패킷교환방식의 한 종류이다.
② 연결 경로를 확립하지 않고 순서에 무관하게 독립적으로 전송하는 방식
③ 패킷수가 적을 때 유리하며 융통성과 신뢰성이 높다.

## 74

정답 ②

[서식 지우기] 기능을 사용해 셀의 서식을 지우면 글꼴 서식, 셀 병합, 셀 서식(테두리, 배경색) 등이 해제되고 기본 셀 서식으로 변경되지만 셀에 삽입된 메모는 삭제되지 않는다.

## 75

정답 ⑤

금융거래 시 신용카드 번호와 같은 금융정보 등을 저장할 경우 암호화하여 저장하고, 되도록 PC방, 공용 컴퓨터와 같은 개방 환경을 이용하지 않도록 해야 한다.

## 76

정답 ①

AVERAGE로 평균을 구하고 천의 자릿수 자리 올림은 ROUNDUP(수, 자릿수)로 구할 수 있다. 자릿수는 소수점 아래 숫자를 기준으로 하여 일의 자릿수는 0, 십의 자릿수는 $-1$, 백의 자릿수는 $-2$, 천의 자릿수는 $-3$으로 표시한다.

## 77

정답 ①

피벗테이블 결과 표시는 다른 시트에도 가능하다.

## 78

정답 ②

DSUM 함수는 지정한 조건에 맞는 데이터베이스에서 필드 값들의 합을 구하는 함수이다. [A1:C7]에서 상여금이 100만 원 이상인 합계를 구하므로 $2,500,000$원이 도출된다.

## 79

정답 ④

POWER 함수는 밑수를 지정한 만큼 거듭제곱한 결과를 나타내는 함수이다. 따라서 $6^3 = 216$이 옳다.

오답분석
① ODD 함수는 주어진 수에서 가장 가까운 홀수로 변환해 주는 함수이며, 양수인 경우 올림하고 음수인 경우 내림한다.
② EVEN 함수는 주어진 수에서 가장 가까운 짝수로 변환해 주는 함수이며, 양수인 경우 올림하고 음수인 경우 내림한다.
③ MOD 함수는 나눗셈의 나머지를 구하는 함수이다. 40을 $-6$으로 나눈 나머지는 $-2$이다.
⑤ QUOTIENT 함수는 나눗셈 몫의 정수 부분을 구하는 함수이다. 19를 6으로 나눈 몫의 정수는 3이다.

## 80

정답 ①

「VLOOKUP(SMALL(A2:A10,3),A2:E10,4,0)」을 해석해보면, 우선 SMALL(A2:A10,3)은 [A2:A10]의 범위에서 3번째로 작은 숫자이므로 그 값은 '3'이 된다. VLOOKUP 함수는 VLOOKUP(첫 번째 열에서 찾으려는 값, 찾을 값과 결과로 추출할 값들이 포함된 데이터 범위, 값이 입력된 열의 열 번호, 일치 기준)으로 구성되므로 VLOOKUP(3,A2:E10,4,0) 함수는 A열에서 값이 3인 4번째 행 그리고 4번째 열에 위치한 '82'가 적절하다.

# 최종점검 모의고사

## 01　NCS 공통영역

| 01 | 02 | 03 | 04 | 05 | 06 | 07 | 08 | 09 | 10 | 11 | 12 | 13 | 14 | 15 | 16 | 17 | 18 | 19 | 20 |
|----|----|----|----|----|----|----|----|----|----|----|----|----|----|----|----|----|----|----|----|
| ② | ⑤ | ④ | ③ | ③ | ② | ① | ④ | ① | ⑤ | ④ | ③ | ⑤ | ④ | ③ | ④ | ⑤ | ② | ③ | ③ |
| 21 | 22 | 23 | 24 | 25 | 26 | 27 | 28 | 29 | 30 | 31 | 32 | 33 | 34 | 35 | 36 | 37 | 38 | 39 | 40 |
| ⑤ | ① | ③ | ⑤ | ③ | ⑤ | ④ | ③ | ④ | ④ | ① | ③ | ④ | ③ | ④ | ④ | ③ | ① | ③ | ③ |
| 41 | 42 | 43 | 44 | 45 | 46 | 47 | 48 | 49 | 50 | 51 | 52 | 53 | 54 | 55 | 56 | 57 | 58 | 59 | 60 |
| ② | ④ | ④ | ② | ③ | ③ | ② | ① | ④ | ② | ③ | ④ | ③ | ③ | ② | ⑤ | ② | ④ | ③ | ④ |

### 01

**정답** ②

두 열차가 같은 시간 동안 이동한 거리의 합은 6km이다.

두 열차가 이동한 시간을 $x$시간이라고 하면, KTX와 새마을호 속력의 비는 7 : 5이므로 KTX와 새마을호가 이동한 거리는 각각 $7x$km, $5x$km이다.

$7x+5x=6$

$\therefore\ x=0.5$

따라서 새마을호가 이동한 거리는 2.5km, KTX가 이동한 거리는 3.5km이다.

### 02

**정답** ⑤

구입한 볼펜의 개수를 $x$자루, 색연필 개수는 $y$자루라고 하면 다음과 같다.

$x+y=12 \cdots \bigcirc$

$500x+700y+1,000=8,600 \rightarrow 5x+7y=76 \cdots \bigcirc\!\!\bigcirc$

$\bigcirc$과 $\bigcirc\!\!\bigcirc$을 연립하면 $x=4$, $y=8$이므로 볼펜은 4자루, 색연필은 8자루를 구입했다.

### 03

**정답** ④

작년 남자 사원 수를 $x$명, 여자 사원 수를 $y$명이라고 하면 다음과 같다.

$x+y=500 \cdots \bigcirc$

$0.9x+1.4y=500\times1.08 \rightarrow 0.9x+1.4y=540 \cdots \bigcirc\!\!\bigcirc$

$\bigcirc$과 $\bigcirc\!\!\bigcirc$을 연립하면 $x=320$, $y=180$이므로 작년 남자 사원 수는 320명이다.

### 04

**정답** ③

두 사람은 이번 주 토요일 이후에 각각 15일, 20일마다 미용실에 간다. 15와 20의 최소공배수를 구하면 60이므로 60일마다 두 사람은 미용실에 함께 가게 된다. 처음으로 다시 두 사람이 미용실에 같이 가는 요일은 $60\div7=7\times8+4$이므로 토요일의 4일 후는 수요일이다.

## 05

정답 ③

남자 합격자 수는 1,003명, 여자 합격자 수는 237명이다. $\frac{1,003}{237}≒4$이므로, 남자 합격자 수는 여자 합격자 수의 약 4배이다.

오답분석

④ 경쟁률은 $\frac{(지원자\ 수)}{(모집정원)}$이므로, B집단의 경쟁률은 $\frac{585}{370}=\frac{117}{74}$이다.

⑤ C집단의 모집정원은 K회사 전체 모집정원의 $\frac{269}{1,240}×100≒22\%$를 차지한다.

## 06

정답 ②

$\frac{(대학졸업자\ 중\ 취업자)}{(전체\ 대학졸업자)}×100=(대학졸업자\ 취업률)×(대학졸업자의\ 경제활동인구\ 비중)×\frac{1}{100}$

따라서 OECD 평균은 $50×40×\frac{1}{100}=20\%$이고, 이보다 높은 국가는 B, C, E, F, G, H이다.

## 07

정답 ①

ㄱ. 2023년 한국, 중국, 일본 모두 원자재 수출액이 수입액보다 적으므로 원자재 무역수지는 적자이다.

오답분석

ㄴ. 2023년 한국의 소비재 수출액은 138억 달러로 2003년 수출액의 1.5배인 117×1.5=175.5억 달러보다 적다.

ㄷ. 2023년 자본재 수출경쟁력은 일본이 한국보다 낮다.

- 일본 : $\frac{4,541-2,209}{4,541+2,209}≒0.35$

- 한국 : $\frac{3,444-1,549}{3,444+1,549}≒0.38$

## 08

정답 ④

고속국도 일평균 버스 교통량의 증감추이는 '증가 – 감소 – 증가 – 감소'이고, 일반국도 일평균 버스 교통량의 증감추이는 '감소 – 감소 – 감소 – 감소'이다. 따라서 고속국도와 일반국도의 일평균 버스 교통량의 증감추이는 같지 않다.

오답분석

① 2019 ~ 2023년의 일반국도와 국가지원지방도의 일평균 승용차 교통량의 합을 구하면 다음과 같다.

- 2019년 : 7,951+5,169=13,120대
- 2020년 : 8,470+5,225=13,695대
- 2021년 : 8,660+5,214=13,874대
- 2022년 : 8,988+5,421=14,409대
- 2023년 : 9,366+5,803=15,169대

따라서 고속국도의 일평균 승용차 교통량은 일반국도와 국가지원지방도의 일평균 승용차 교통량의 합보다 항상 많음을 알 수 있다.

참고로 해당 선택지는 일일이 계산하지 않고 눈으로만 대략 합산해도 고속국도의 일평균 승용차 교통량이 훨씬 많음을 알 수 있다. 이렇게 눈으로 풀 수 있는지 확인 후 빨리 다음 선택지로 넘어가는 것이 바람직하다.

② 제시된 자료를 통해 확인할 수 있다.

③ 전년 대비 교통량이 감소한 2020년을 제외하고 국가지원지방도의 연도별 일평균 버스 교통량의 전년 대비 증가율을 구하면 다음과 같다.

- 2021년 : $\frac{226-219}{219}×100≒3.20\%$

- 2022년 : $\frac{231-226}{226}×100≒2.21\%$

- 2023년 : $\dfrac{240-231}{231}\times100\fallingdotseq3.90\%$

따라서 2023년에 국가지원지방도의 일평균 버스 교통량의 전년 대비 증가율이 가장 컸다.

⑤ 2023년 일반국도와 국가지원지방도의 일평균 화물차 교통량의 합은 $2,757+2,306=5,063$대이고, $5,063\times2.5=12,657.5<$ $13,211$이다. 따라서 2023년 고속국도의 일평균 화물차 교통량은 2023년 일반국도와 국가지원지방도의 일평균 화물차 교통량의 합의 2.5배 이상이다.

## 09

퍼낸 소금물의 양을 $x$g이라고 하면 다음과 같다.

$\dfrac{6}{100}\times700-\dfrac{6}{100}x+\dfrac{13}{100}x=\dfrac{9}{100}\times700 \rightarrow 4,200-6x+13x=6,300$

$\rightarrow 7x=2,100$

$\therefore x=300$

## 10
정답 ⑤

A, B기차의 길이를 각각 $a$m, $b$m라고 가정하고 터널을 지나는 시간에 대한 방정식을 세우면 다음과 같다.

- A기차 : $\dfrac{600+a}{36}=25 \rightarrow 600+a=900 \rightarrow a=300$

- B기차 : $\dfrac{600+b}{36}=20 \rightarrow 600+b=720 \rightarrow b=120$

따라서 A기차의 길이는 300m이며, B기차의 길이는 120m이다.

## 11
정답 ④

작년보다 제주도 숙박권은 20%, 여행용 파우치는 10%를 더 준비했다고 했으므로 제주도 숙박권은 $10\times0.2=2$명, 여행용 파우치는 $20\times0.1=2$명이 경품을 더 받는다. 따라서 작년보다 총 4명이 경품을 더 받을 수 있다.

## 12
정답 ③

소비자물가를 연도별로 계산해 보면 다음과 같다. 서비스는 존재하지 않기 때문에 재화만 고려한다.

| 연도 | 소비자물가 | 소비자물가지수 |
| --- | --- | --- |
| 2021년 | $120\times200+180\times300=78,000$원 | 100 |
| 2022년 | $150\times200+220\times300=96,000$원 | 123 |
| 2023년 | $180\times200+270\times300=117,000$원 | 150 |

보리와 쌀이 유일한 재화이므로, 물가지수는 보리와 쌀의 가격으로 구할 수 있다.

기준 연도의 물가 : 기준 연도의 물가지수=해당 연도의 물가 : 해당 연도의 물가지수이므로,

2023년 물가지수를 $x$로 두면,

$78,000:100=117,000:x$, $x=150$이 된다.

따라서 2023년도 물가상승률은 $\dfrac{150-100}{100}\times100=50\%$이다.

## 13
정답 ⑤

조건을 분석하면 다음과 같다.

- 첫 번째 조건에 의해 ㉠~㉣ 국가 중 연도별로 8위를 두 번 한 두 나라는 ㉠과 ㉣이므로 둘 중 한 곳이 한국, 나머지 하나가 캐나다임을 알 수 있다.

- 두 번째 조건에 의해 2020년 대비 2021년의 이산화탄소 배출량 증가율은 ⓒ과 ⓒ이 각각 $\frac{556-535}{535}\times100\fallingdotseq3.93\%$와

  $\frac{507-471}{471}\times100\fallingdotseq7.64\%$이므로 ⓒ은 사우디가 되며, 따라서 ⓒ은 이란이 된다.
- 세 번째 조건에 의해 이란의 수치는 고정값으로 놓고 2015년을 기점으로 ㉠이 ㉣보다 배출량이 많아지고 있으므로 ㉠이 한국, ㉣이 캐나다임을 알 수 있다.

  따라서 ㉠ ~ ㉣은 순서대로 한국, 이란, 사우디, 캐나다이다.


## 14

정답 ④

2022년 7월부터 2023년 12월까지 매출액은 1,520-510=1,010만 원 감소했으므로, 평균적으로 매달 약 60만 원 정도 감소하였다.

오답분석

①·② K국 여행자가 감소하는 2022년 7월 이후 매출이 줄어들고 있으므로 옳다.

③ 여행자 수 그래프가 거의 평행하게 변화하므로 옳다.

⑤ 그래프를 보고 2023년 2~3월 K국 여행자들이 급감했음을 알 수 있다.


## 15

정답 ③

- 50대의 2023년 전체 일자리의 2022년 대비 증가 수 : 532-515=17만 개
- 60세 이상의 2023년 전체 일자리의 2022년 대비 증가 수 : 288-260=28만 개


## 16

정답 ④

제시된 자료를 통해 50대와 60세 이상의 연령대를 제외한 다른 연령대의 전체 일자리 규모는 감소했음을 알 수 있다.

오답분석

① 2022년 전체 일자리 규모에서 20대가 차지하는 비중은 $\frac{332}{2,301}\times100\fallingdotseq14.4\%$, 2023년은 $\frac{330}{2,323}\times100\fallingdotseq14.2\%$이므로, 약 0.2%p 감소했다.

② 2023년 전체 일자리 규모에서 30대가 차지하는 비중은 $\frac{530}{2,323}\times100\fallingdotseq22.8\%$이다.

③ 2022년 40대의 지속 일자리 규모는 신규채용 일자리 규모의 $\frac{458}{165}\fallingdotseq2.8$배이다.

⑤ 2023년 전체 일자리 규모는 2022년에 비해 2,323-2,301=22만 개 증가했다.


## 17

정답 ⑤

강수량의 증감추이를 나타내면 다음과 같다.

| 1월 | 2월 | 3월 | 4월 | 5월 | 6월 | 7월 | 8월 | 9월 | 10월 | 11월 | 12월 |
|---|---|---|---|---|---|---|---|---|---|---|---|
| - | 증가 | 감소 | 증가 | 감소 | 증가 | 증가 | 감소 | 감소 | 감소 | 감소 | 증가 |

이와 동일한 추이를 보이는 그래프는 ⑤이다.

오답분석

① 증감추이는 같지만 4월의 강수량이 50mm 이하로 표현되어 있다.

## 18

ㄱ. 남성 박사학위 취득자 중 50세 이상이 차지하는 비율은 $\dfrac{1,119}{5,730} \times 100 \doteqdot 19.5\%$이고, 여성 박사학위 취득자 중 50세 이상이 차지하는 비율은 $\dfrac{466}{2,966} \times 100 \doteqdot 15.7\%$이다. 따라서 남성 박사학위 취득자 중 50세 이상이 차지하는 비율이 더 높다.

ㄷ. 남성과 여성의 연령대별 박사학위 취득자 수가 많은 순위는 30세 이상 35세 미만>35세 이상 40세 미만>50세 이상>40세 이상 45세 미만>45세 이상 50세 미만>30세 미만 순서로 동일하다.

오답분석

ㄴ. 공학계열 박사학위 취득자 중 남성의 비율은 $\dfrac{2,441}{2,441+332} \times 100 \doteqdot 88.0\%$, 사회계열 박사학위 취득자 중 남성의 비율은 $\dfrac{1,024}{1,024+649} \times 100 \doteqdot 61.2\%$, 자연계열 박사학위 취득자 중 남성의 비율은 $\dfrac{891}{891+513} \times 100 \doteqdot 63.5\%$이므로 남성의 비율이 높은 순위는 공학계열>자연계열>사회계열 순서이다.

ㄹ. 연령대별 남녀 박사학위 취득자 수의 차이를 구해보면, 30세 미만은 $196-141=55$명, 30세 이상 35세 미만은 $1,811-825=986$명, 35세 이상 40세 미만은 $1,244-652=592$명, 40세 이상 45세 미만은 $783-465=318$명, 45세 이상 50세 미만은 $577-417=160$명, 50세 이상은 $1,119-466=653$명이다. 따라서 연령대가 올라갈수록 남녀 박사학위 취득자 수의 차이가 점점 커지고 있다는 설명은 옳지 않다.

## 19

조건부 확률을 구하는 문제의 경우 표로 나타내어 풀면 실수를 줄일 수 있다.
전체 부품 생산량을 $x$개라고 하자.

| 구분 | A계열사 | B계열사 | 합계 |
|---|---|---|---|
| 불량 ○ | $0.006x$ | $0.021x$ | $0.027x$ |
| 불량 × | $0.294x$ | $0.679x$ | $0.973x$ |
| 합계 | $0.3x$ | $0.7x$ | $x$ |

- A계열사의 제품이 불량일 확률 : $\dfrac{3}{10} \times \dfrac{2}{100} = \dfrac{6}{1,000}$
- B계열사의 제품이 불량일 확률 : $\dfrac{7}{10} \times \dfrac{3}{100} = \dfrac{21}{1,000}$
- 불량품인 부품을 선정할 확률 : $\dfrac{6}{1,000} + \dfrac{21}{1,000} = \dfrac{27}{1,000}$

따라서 B계열사의 불량품일 확률은 $\dfrac{21}{27} = \dfrac{7}{9}$이다.

## 20

㉠ 각 팀장이 매긴 순위에 대한 가중치는 모두 동일하다고 했으므로 1, 2, 3, 4순위의 가중치를 각각 4, 3, 2, 1점으로 정해 네 사람의 면접점수를 산정하면 다음과 같다.

- 갑 : $2+4+1+2=9$
- 을 : $4+3+4+1=12$
- 병 : $1+1+3+4=9$
- 정 : $3+2+2+3=10$

면접점수가 높은 을, 정 중 한 명이 입사를 포기하면 갑, 병 중 한 명이 채용된다. 갑과 병의 면접점수는 9점으로 동점이지만 조건에 따라 인사팀장이 부여한 순위가 높은 갑을 채용하게 된다.

PART 2

ⓒ 경영관리팀장이 갑과 병의 순위를 바꿨을 때, 네 사람의 면접점수를 산정하면 다음과 같다.
- 갑 : 2+1+1+2=6
- 을 : 4+3+4+1=12
- 병 : 1+4+3+4=12
- 정 : 3+2+2+3=10

따라서 을과 병이 채용되므로 정은 채용되지 못한다.

## 21 정답 ⑤

영리조직의 사례로는 이윤 추구를 목적으로 하는 다양한 사기업을 들 수 있으며, 비영리조직으로는 정부조직, 병원, 대학, 시민단체, 종교단체 등을 들 수 있다.

## 22 정답 ①

K사가 안전과 가격, 디자인 면에서 호평을 받으며 미국시장의 최강자가 될 수 있었던 요인은 OEM 방식을 활용할 수도 있었지만 내실 경영 및 자기 브랜드를 고집한 대표이사의 선택으로 개별 도매상들을 상대로 직접 물건을 판매하고 평판 좋은 도매상들과 유대관계를 강화하는 등 단단한 유통망을 갖추었기 때문이다.

## 23 정답 ③

K사가 평판이 좋은 중소규모 도매상을 선정해 유대관계를 강화한 곳은 미국시장이었다.

[오답분석]

K사가 유럽시장에서 성공을 거둔 요인으로는 소비자의 특성에 맞춘 고급스런 디자인의 고가 제품 포지셔닝, 모토그랑프리 후원 등 전략적 마케팅, 실용적인 신제품 개발 등을 들 수 있다.

## 24 정답 ⑤

K사는 해외 진출 시 분석을 위해 공급 능력 확보를 위한 방안, 현지 시장의 경쟁상황이나 경쟁업체에 대한 차별화 전략으로 인한 제품 가격 및 품질향상, 시장점유율 등을 활용하였다.

## 25 정답 ③

경영은 경영목적, 인적자원, 자금, 전략의 4요소로 구성된다.
ㄱ. 경영목적
ㄴ. 인적자원
ㅁ. 자금
ㅂ. 전략

[오답분석]
ㄷ. 마케팅
ㄹ. 회계

## 26

정답 ⑤

비품은 기관의 비품이나 차량 등을 관리하는 총무지원실에 신청해야 하며, 교육 일정은 사내 직원의 교육 업무를 담당하는 인사혁신실에서 확인해야 한다.

오답분석

③·④ 기획조정실은 전반적인 조직 경영과 조직문화 형성, 예산 업무, 이사회, 국회 협력 업무, 법무 관련 업무를 담당한다.

## 27

정답 ④

인·적성검사 합격자의 조 구성은 은경씨가 하지만, 합격자에게 몇 조인지 미리 공지하는지는 알 수 없다.

## 28

정답 ③

경영활동은 조직의 효과성을 높이기 위해 총수입 극대화, 총비용 극소화를 통해 이윤을 창출하는 것과 관련된 외부경영활동과, 조직내부에서 인적, 물적 자원 및 생산기술을 관리하는 내부경영활동으로 구분할 수 있다. 인도네시아 현지 시장의 규율을 조사하는 것은 시장진출을 준비하는 과정으로, 외부경영활동에 해당된다.

오답분석

① 잠재적 고객인 인도네시아 시장의 고객들의 성향을 파악하는 것은 외부경영활동으로 구분된다.
② 중국 협력업체의 가동률 급락으로 인해 대안이 되는 협력업체로서 국내 업체들과의 협력안을 검토하는 것 역시 내부 생산공정 관리와 같이 생산관리의 일환으로, 내부경영활동에 해당된다.
④ 내부 엔진 조립 공정 개선 시 생산성을 증가시킬 수 있다는 피드백이 있으므로, 이를 위한 기술개발에 투자하는 것은 생산관리로, 내부경영활동에 해당된다.
⑤ 설문조사에 따르면 유연근무제 도입을 원하는 직원이 많은 만큼, 능률적인 인력 관리를 위하여 유연근무제의 일환인 탄력근무제를 도입하는 것은 내부경영활동에 해당한다.

## 29

정답 ④

문제 발생의 원인은 회의내용에서 알 수 있는 내용이다.

오답분석

① 회의에 참가한 인원이 6명일 뿐 조직의 인원은 회의록에서 알 수 없다.
② 회의 참석자는 생산팀 2명, 연구팀 2명, 마케팅팀 2명으로 총 6명이다.
③ 마케팅팀에서 제품을 전격 회수하고 연구팀에서 유해성분을 조사하기로 했다.
⑤ 연구팀에서 유해성분을 조사하기로 결정했을 뿐 결과는 알 수 없다.

## 30

정답 ④

회의 후 가장 먼저 해야 할 일은 '주문량이 급격히 증가한 일주일 동안 생산된 제품 파악'이다. 문제의 제품이 전부 회수돼야 포장 재질 및 인쇄된 잉크 유해성분을 조사한 뒤 적절한 조치가 가능해지기 때문이다.

## 31

정답 ①

피터의 법칙(Peter's Principle)이란 무능력이 개인보다는 위계조직의 메커니즘에서 발생한다고 보는 이론이다. 우리 사회에서 많이 볼 수 있는 무능력, 무책임으로 인해 우리는 많은 불편을 겪으며 막대한 비용을 지출하게 된다. 그렇지만 이러한 무능력은 사라지지 않고 있으며, 오히려 무능한 사람들이 계속 승진하고 성공하는 모순이 발생하고 있다. 대부분의 사람은 무능과 유능이 개인의 역량에 달려 있다고 생각하기 쉽다. 그러나 로런스 피터(Laurence J. Peter)와 레이몬드 헐(Raymond Hull)은 우리 사회의 무능이 개인보다는 위계조직의 메커니즘에서 발생한다고 주장하였다.

## 32

정답 ③

제시된 사례의 쟁점은 재고 처리이며, 여기서 김봉구씨는 G사에 대하여 경쟁전략(강압전략)을 사용하고 있다. 강압전략은 'Win-Lose' 전략이다. 즉, 내가 승리하기 위해서 당신은 희생되어야 한다는 전략인 'I Win, You Lose' 전략이다. 이 전략은 명시적 또는 묵시적으로 강압적 위협이나 강압적 설득, 처벌 등의 방법으로 상대방을 굴복시키거나 순응시키는 방법이다. 자신의 주장을 확실하게 상대방에게 제시하고 상대방에게 이를 수용하지 않으면 보복이 있을 것이며 협상이 결렬될 것이라는 등의 위협을 가하는 것이다. 즉, 강압전략은 일방적인 의사소통으로 일방적인 양보를 받아내려는 것이다.

## 33

정답 ④

서번트 리더십은 다른 사람을 섬기는 사람이 리더가 될 수 있다는 내용의 이론으로, 전통적 리더십과의 차이점은 다음과 같다.

| 요소 | 전통적 리더십 | 서번트 리더십 |
|---|---|---|
| 관심영역 | • 일의 결과<br>• 추진과정과 방법<br>• 최종결과 중심의 평가 | • 일 추진 과정의 장애요소<br>• 일 추진 시 필요한 지원과 코칭<br>• 노력에 대한 평가 |
| 가치관 | • 자기중심적 | • 타인을 믿고 수용하는 개방적인 가치관<br>• 긍정적 마인드 |
| 인간관 | • 여러 자원 중 하나<br>• 과제가 우선 | • 가장 중요한 자원<br>• 사람이 우선 |
| 리더 – 직원 간의 인식 | • 복종 | • 존중, 관심<br>• 공동체 이미지 추구 |
| 경제에 대한 시각 | • 내부경쟁을 조장<br>• 리더를 중심으로 부하의 수행방식을 요구 | • 지나친 개인경쟁을 지양<br>• 구성원의 성공전략을 모색 |
| 생산성 | • 양적인 척도<br>• 결과 중심의 사고 | • 과정 중심의 사고 |

## 34

정답 ③

'기축통화'는 국제 간 결제나 금융거래에서 기본이 되는 화폐로, 미국 예일대학의 로버트 트리핀 교수가 처음 사용한 용어이다. 대표적인 기축통화로는 미국 달러화가 있으며, 유럽에서는 유로화가 통용되고 있다.

### 오답분석

① 나스닥, 자스닥, 코스닥 등은 각 국가에서 운영하는 전자 주식 장외시장이다.

② MSCI 지수(Morgan Stanley Capital International index)는 미국의 모건스탠리캐피털사가 작성해 발표하는 세계 주가지수이다. 글로벌펀드의 투자기준이 되는 지표이자 주요 기준으로 사용되고 있다.

④ 이머징마켓은 개발도상국 가운데 경제성장률이 높고 빠른 속도로 산업화가 진행되는 국가의 시장으로 한국, 브라질, 폴란드 등 여러 국가들이 속해있다.

## 35

정답 ④

뜨거운 수프를 식힐 때는 숟가락으로 조용히 저어야 한다. 입김을 불어 식히는 것은 예절에 어긋나는 행동이다.

## 36

국제동향을 파악하기 위해서는 국제적인 법규나 규정을 숙지해야 한다. 우리나라에서는 합법적인 행동이 다른 나라에서는 불법적일 수 있기 때문에 국제적인 업무를 수행하기 전에 국제적인 법규나 규정을 반드시 숙지하여 피해를 방지해야 한다. 국내의 법률, 법규 등을 공부하는 것은 국제동향을 파악하는 행동으로 적절하지 않다.

## 37

브로슈어 인쇄를 위해 미리 파일을 받아야 하므로 '(A) 비서실 방문'은 '(D) 인쇄소 방문'보다 먼저 이루어져야 한다. '(B) 회의실, 마이크 체크'는 내일 오전 '(E) 업무보고' 전에 준비해야 할 사항이다. '(C) 케이터링 서비스 예약'은 내일 3시 팀장회의를 위해 준비하는 것이므로 24시간 전인 오늘 3시 이전에 실시하여야 한다. 따라서 위 업무순서를 정리하면 (C) – (A) – (D) – (B) – (E)가 되는데, 여기서 (C)가 (A)보다 먼저 이루어져야 하는 이유는 현재 시각이 2시 50분이기 때문이다. 비서실까지 가는 데 걸리는 시간이 15분이므로 비서실에 갔다 오면 3시가 지난다. 그러므로 케이터링 서비스 예약을 먼저 하는 것이 적절하다.

## 38

최선을 다해 최고의 성과를 낸다면 가장 이상적인 결과가 되겠지만, 회사 생활을 하다 보면 그렇지 못한 경우도 많다. 결과를 위해 과정을 무시하는 것은 적절하지 않으며, 본인만 돋보이고자 한다면 팀워크를 망칠 수도 있으므로 A지원자가 적절하지 않다.

## 39

오답분석

• B : 사장 직속으로 4개의 본부가 있다는 설명은 옳지만, 인사를 전담하고 있는 본부는 없으므로 적절하지 않다.
• C : 감사실이 분리되어 있다는 설명은 옳지만, 사장 직속이 아니므로 적절하지 않다.

## 40

조직은 목적을 가지고 있어야 하고, 구조가 있어야 한다. 또한 목적을 달성하기 위해 구성원들은 서로 협동적인 노력을 하고, 외부 환경과 긴밀한 관계를 가지고 있어야 한다. 따라서 야구장에 모인 관중들은 동일한 목적만 가지고 있을 뿐 구조를 갖춘 조직으로 볼 수 없다.

## 41

설정형 문제는 앞으로 어떻게 할 것인가 하는 문제를 의미한다. 설정형 문제는 지금까지 해 오던 것과 전혀 관계없이 미래 지향적으로 새로운 과제 또는 목표를 설정함에 따라 발생하는 문제로서, 목표 지향적 문제라고 할 수 있다. 문제 해결에 많은 창조적인 노력이 요구되어 창조적 문제라고 하기도 한다.

오답분석

① 발생형 문제 : 우리가 바로 직면하고 걱정하고 해결하기 위해 고민하는 문제를 의미한다. 문제의 원인이 내재되어 있기 때문에 원인 지향적인 문제라고도 한다.
③ 잠재형 문제 : 드러나지 않았으나 방치해 두면 불량이 발생하는 문제를 의미한다.
④ 탐색형 문제 : 현재 상황을 개선하거나 효율을 높이기 위한 문제를 의미한다. 문제를 방치하면 뒤에 큰 손실이 따르거나 결국 해결할 수 없는 문제로 나타나게 된다.
⑤ 원상회복형 문제 : 과거의 상태를 이상적인 상태로 여기고 현재의 상태를 과거의 상태로 회복하고자 하는 문제 유형을 의미한다.

## 42

정답 ④

문제 해결은 문제 해결자의 개선 의식, 도전 의식과 끈기를 필요로 한다. 특히 문제 해결자의 현상에 대한 도전 의식과 새로운 것을 추구하려는 자세, 난관에 봉착했을 때 헤쳐 나가려는 태도 등이 문제 해결의 밑바탕이 된다. A씨의 경우 문제 해결 방법에 대한 지식이 충분함에도 불구하고 이런 도전 의식과 끈기가 부족하여 문제 해결에 어려움을 겪고 있다.

## 43

정답 ④

세 번째 조건에 따라 최부장이 회의에 참석하면 이대리도 회의에 참석한다. 이대리가 회의에 참석하면 두 번째 조건의 대우인 '이대리가 회의에 참석하면 조대리는 참석하지 않는다.'에 따라 조대리는 회의에 참석하지 않는다.
또한 최부장이 회의에 참석하면 네 번째 조건의 대우인 '최부장이 회의에 참석하면 박사원도 회의에 참석한다.'에 따라 박사원도 회의에 참석하게 된다. 박사원이 회의에 참석하면 첫 번째 조건의 대우인 '박사원이 회의에 참석하면 한사원도 참석한다.'에 따라 한사원도 회의에 참석하게 된다.
따라서 최부장이 회의에 참석하면 이대리, 박사원, 한사원은 반드시 참석하므로 총 4명이 회의에 반드시 참석한다. 김과장의 참석 여부는 주어진 조건만으로는 알 수 없다.

## 44

정답 ②

환경분석 주요 기법 중 사업 환경을 구성하고 있는 자사, 경쟁사, 고객에 대한 체계적인 분석은 '3C 분석'이라고 한다.

오답분석
① SWOT 분석 : 기업내부의 강점·약점과 외부환경의 기회·위협요인을 분석·평가하고, 이들을 서로 연관지어 전략을 세우고 문제 해결 방안을 개발하는 방법이다.
③ MECE 사고 : 중복이나 누락 없이 대상을 나누어서 생각하는 방법이며, 나눈 부분들은 교집합이 없어야 한다.
④ SMART 기법 : 목표를 세우는 방법으로 구체적이고 현실적으로 실현가능하게 명확한 시간을 정하여 행동하는 것이다. 또한 목표를 어느 정도 달성했는지도 분명히 알 수 있어야 한다.
⑤ 브레인스토밍 : 창의적인 사고를 위한 발산 방법 중 가장 흔히 사용되는 방법으로, 집단의 효과를 살려서 아이디어의 연쇄반응을 일으킴으로써 자유분방하게 아이디어를 만들어 낸다.

## 45

정답 ③

각각의 조건에서 해당되지 않는 쇼핑몰을 체크하여 선지에서 하나씩 제거하는 방법으로 푸는 것이 좋다.
• 철수 : C, D, F는 포인트 적립이 안 되므로 해당 사항이 없다(②, ④ 제외).
• 영희 : A에는 해당 사항이 없다.
• 민수 : A, B, C에는 해당 사항이 없다(①, ⑤ 제외).
• 철호 : 환불 및 송금수수료, 배송료가 포함되었으므로 A, D, E, F에는 해당 사항이 없다.

## 46

정답 ③

구매하려는 소파의 특징에 맞는 제조사를 찾기 위해 제조사별 특징을 대우로 정리하면 다음과 같다. 이때 주어진 조건을 명제로 보고, 명제의 대우는 반드시 참이라는 사실에 기반해, 대우를 만들어 비교하면 도움이 된다.
• A사 : 이탈리아제 천을 사용하면 쿠션재에 스프링을 사용한다. 커버를 교환 가능하게 하면 국내산 천을 사용하지 않는다. → ×
• B사 : 국내산 천을 사용하지 않으면 쿠션재에 우레탄을 사용하지 않는다. 이탈리아제의 천을 사용하면 리클라이닝이 가능하다. → ○
• C사 : 국내산 천을 사용하지 않으면 쿠션재에 패더를 사용한다. 쿠션재에 패더를 사용하면 침대 겸용 소파가 아니다. → ○
• D사 : 이탈리아제 천을 사용하지 않으면 쿠션재에 패더를 사용하지 않는다. 쿠션재에 우레탄을 사용하지 않으면 조립이라고 표시된 소파가 아니다. → ×
따라서 구매하려는 소파의 제조사는 B사 또는 C사이다.

## 47

정답 ①

조건의 명제들을 순서대로 논리 기호화하여 표현하면 다음과 같다.
- 첫 번째 명제 : $\sim C$
- 두 번째 명제 : $\sim B \rightarrow (C \wedge E)$
- 세 번째 명제 : $(\sim E \vee \sim F) \rightarrow D$
- 네 번째 명제 : $B \rightarrow (\sim A \wedge \sim E)$

첫 번째 명제가 참이므로 두 번째 명제의 대우[$(\sim C \vee \sim E) \rightarrow B$]에 따라 B는 공휴일에 영업한다. 그러므로 네 번째 명제에 따라 A와 E는 영업하지 않고, 다섯 번째 명제에 따라 F도 영업하지 않는다. 마지막으로 세 번째 명제에 따라 D는 영업한다. 따라서 공휴일에 영업하는 가게는 B와 D 2개이다.

## 48

정답 ④

주어진 조건을 정리하면 두 가지 경우로 구분되며, 표로 정리하면 다음과 같다.

경우 1)

| 첫 번째 공휴일 | 두 번째 공휴일 | 세 번째 공휴일 | 네 번째 공휴일 | 다섯 번째 공휴일 |
| --- | --- | --- | --- | --- |
| A약국 | D약국 | A약국 | B약국 | B약국 |
| D약국 | E약국 | C약국 | C약국 | E약국 |

경우 2)

| 첫 번째 공휴일 | 두 번째 공휴일 | 세 번째 공휴일 | 네 번째 공휴일 | 다섯 번째 공휴일 |
| --- | --- | --- | --- | --- |
| D약국 | A약국 | A약국 | B약국 | B약국 |
| E약국 | D약국 | C약국 | C약국 | E약국 |

따라서 네 번째 공휴일에 영업하는 약국은 B와 C이다.

오답분석
① A약국은 이번 달에 공휴일에 연달아 영업할 수도, 하지 않을 수도 있다.
② 다섯 번째 공휴일에는 B약국과 E약국이 같이 영업한다.
③ B약국은 네 번째, 다섯 번째 공휴일에 영업을 한다.
⑤ E약국은 두 번째 공휴일, 다섯 번째 공휴일에도 영업을 할 수 있다.

## 49

정답 ②

제시문을 바탕으로 감자 → 고구마 → 오이 → 토마토 → 고추 순으로 정리하면 다음과 같다.

| 구분 | 감자 | 고구마 | 오이 | 토마토 | 고추 |
| --- | --- | --- | --- | --- | --- |
| A | × | × | × | ○ | |
| B | | | ○ | | |
| C | ○ | | | | |
| D | | ○ | × | | |
| E | × | × | × | × | ○ |

첫 번째 조건에 따라 A는 토마토와 고추 중 우선순위에 따라 토마토를 가꾼다.
세 번째 조건에 따라 E는 고추만을 가꾼다.
네 번째 조건에 따라 C는 감자와 토마토 중 A가 가꾸는 토마토를 제외한 감자를 가꾼다.
두 번째 조건에 따라 남은 작물 중 고구마와 오이 중 D는 오이를 가꾸지 못하므로 고구마를 가꾼다.
따라서 D는 고구마를 가꾼다.

## 50

- (가) : 부산에서 서울로 가는 버스터미널은 2개이므로 고객에게 바르게 안내해 주었다.
- (다) : 소요시간을 고려하여 도착시간에 맞게 출발하는 버스 시간을 바르게 안내해 주었다.
- (라) : 도로 교통 상황에 따라 소요시간에 차이가 있다는 사실을 바르게 안내해 주었다.

오답분석

- (나) : 고객의 집은 부산 동부 터미널이 가깝다고 하였으므로 출발해야 되는 시간 등을 물어 부산 동부 터미널에 적당한 차량이 있는지 확인하고, 없을 경우 부산 터미널을 권유하는 것이 맞다. 단지 배차간격이 많다는 이유만으로 부산 터미널을 이용하라고 안내하는 것은 옳지 않다.
- (마) : 우등 운행요금만 안내해 주었고, 일반 운행요금에 대한 안내를 하지 않았다.

## 51

원가 절감을 위해 해외에 공장을 설립하여 가격 경쟁력을 확보하는 것은 약점을 보완하여 위협을 회피하는 WT전략이다.

오답분석

① · ② SO전략은 강점을 활용하여 외부환경의 기회를 포착하는 전략이므로 적절하다.
③ WO전략은 약점을 보완하여 외부환경의 기회를 포착하는 전략이므로 적절하다.
⑤ WT전략은 약점을 보완하여 외부환경의 위협을 회피하는 전략이므로 적절하다.

## 52

오전 9시에 B과 진료를 본다면 10시에 진료가 끝나고, 셔틀을 타고 이동하면 10시 30분이 된다. 이후 C과 진료를 이어보면 12시 30분이 되고, 점심시간 이후 바로 A과 진료를 본다면 오후 2시에 진료를 다 받을 수 있다. 따라서 가장 빠른 경로는 B-C-A이다.

## 53

(가)에 따라 A~D는 모두 직업이 같거나 두 명씩 서로 다른 직업을 가져야 한다. 이때 (라)에 따라 A와 D의 직업은 서로 같아야 하므로 A, B, C, D의 직업이 모두 같은 경우와 (A, D)와 (B, C)의 직업이 서로 다른 경우로 나누어 볼 수 있다.

1) A, B, C, D의 직업이 모두 같은 경우
   (다)에 따라 C가 경찰관인 경우 D와 직업이 같을 수 없으므로 C는 경찰관이 될 수 없다. 따라서 A, B, C, D는 모두 소방관이다.
2) (A, D)와 (B, C)의 직업이 서로 다른 경우
   - A, D가 소방관인 경우
     (나)에 따라 A가 소방관이면 B가 소방관이거나 C는 경찰관이다. 이때, A와 B의 직업이 서로 다르므로 B는 소방관이 될 수 없으며 C가 경찰관이 된다. C가 경찰관이면 (다)에 따라 D는 소방관이 된다. 따라서 A, D는 소방관이며, B, C는 경찰관이다.
   - A, D가 경찰관인 경우
     (다)의 대우 'D가 소방관이 아니면 C는 경찰관이 아니다.'가 성립하므로 D가 경찰관이면 C는 소방관이 된다. 따라서 A, D는 경찰관이며, B, C는 소방관이다.

| 구분 | A | B | C | D |
|------|------|------|------|------|
| 경우 1 | 소방관 | | | |
| 경우 2 | 소방관 | 경찰관 | 경찰관 | 소방관 |
| 경우 3 | 경찰관 | 소방관 | 소방관 | 경찰관 |

따라서 B, C의 직업은 항상 같다.

## 54

다음의 논리 순서를 따라 주어진 조건을 정리하면 쉽게 접근할 수 있다.

- 세 번째 조건 : 한국은 월요일에 대전에서 연습을 한다.
- 다섯 번째 조건 : 미국은 월요일과 화요일에 수원에서 연습을 한다.
- 여섯 번째 조건 : 미국은 목요일에 인천에서 연습을 한다.
- 일곱 번째 조건 : 금요일에 중국과 미국은 각각 서울과 대전에서 연습을 한다.
- 여덟 번째 조건 : 한국은 월요일에 대전에서 연습하므로, 화요일과 수요일에 이틀 연속으로 인천에서 연습을 한다.

이때, 미국은 자연스럽게 수요일에 서울에서 연습함을 추론할 수 있고, 한국은 금요일에 인천에서 연습을 할 수 없으므로, 목요일에는 서울에서, 금요일에는 수원에서 연습함을 알 수 있다. 그리고 만약 중국이 수요일과 목요일에 이틀 연속으로 수원에서 연습을 하게 되면 일본은 수원에서 연습을 못하게 되므로, 중국은 월요일과 목요일에 각각 인천과 수원에서 연습하고, 화요일과 수요일에 대전에서 이틀 연속으로 연습해야 함을 유추할 수 있다. 나머지는 일본이 모두 연습하면 된다. 이를 표로 정리하면 다음과 같다.

| 지역 | 월요일 | 화요일 | 수요일 | 목요일 | 금요일 |
|------|--------|--------|--------|--------|--------|
| 서울 | 일본 | 일본 | 미국 | 한국 | 중국 |
| 수원 | 미국 | 미국 | 일본 | 중국 | 한국 |
| 인천 | 중국 | 한국 | 한국 | 미국 | 일본 |
| 대전 | 한국 | 중국 | 중국 | 일본 | 미국 |

따라서 수요일에 대전에서는 중국이 연습을 한다.

[오답분석]

①·③·④·⑤ 조건을 정리한 표를 통해 쉽게 확인할 수 있다.

## 55

직원명단 순서대로 직원코드를 생성하면 다음과 같다.

| 명단 | 입사 연도 | 퇴사 연도 | 재직기간 | 채용전형 | 생년월일·성명 |
|------|-----------|-----------|----------|----------|----------------|
| 최지율 | 1980년대 : A8 | 2016년 : Y | 20년 초과 30년 이내 : ㄷ | 공채 : a | 650802ㅊㅈ |
| 강이나라 | 2000년대 : B0 | 재직자 : Z | 재직자 : ㅁ | 공채 : a | 720201ㄱㅇ |
| 김자영 | 1980년대 : A8 | 1999년 : X | 10년 초과 20년 이내 : ㄴ | 특채 : b | 580119ㄱㅈ |
| 이아름 | 2010년대 : B1 | 재직자 : Z | 재직자 : ㅁ | 공채 : a | 930605ㅇㅇ |
| 유소정 | 2020년대 : B2 | 재직자 : Z | 재직자 : ㅁ | 특채 : b | 981220ㅇㅅ |

위 명단 순서대로 직원코드를 정리하면 다음과 같다.

- 최지율 : A8Yㄷa650802ㅊㅈ
- 강이나라 : B0Zㅁa720201ㄱㅇ
- 김자영 : A8Xㄴb580119ㄱㅈ
- 이아름 : B1Zㅁa930605ㅇㅇ
- 유소정 : B2Zㅁb981220ㅇㅅ

따라서 ⑤는 유소정의 직원코드와 다르다.

## 56

입사 연도 A6 ~ A9를 A, B0 ~ B2를 B로 수정하고, 세 번째 코드인 재직기간에서 재직자의 코드를 'ㅁ'에서 '-'로 수정해 준다. 마지막으로 생년월일·성명 코드에서 성명의 모든 초성을 적어 변경사항을 적용하면 다음과 같다.

- 최지율 : AYㄷa650802ㅊㅈㅇ
- 강이나라 : BZ-a720201ㄱㅇㄴㄹ
- 김자영 : AXㄴb580119ㄱㅈㅇ
- 이아름 : BZ-a930605ㅇㅇㄹ
- 유소정 : BZ-b981220ㅇㅅㅈ

따라서 ②는 강이나라의 직원코드와 다르다.

## 57

정답 ④

파일 이름에 주어진 규칙을 적용하여 암호를 구하면 다음과 같다.

1. 비밀번호 중 첫 번째 자리에는 파일 이름의 첫 문자가 한글일 경우 @, 영어일 경우 #, 숫자일 경우 *로 특수문자를 입력한다.
   • 2022매운전골Cset3인기준recipe8 → *
2. 두 번째 자리에는 파일 이름의 총 자리 개수를 입력한다.
   • 2022매운전골Cset3인기준recipe8 → *23
3. 세 번째 자리부터는 파일 이름 내에 숫자를 순서대로 입력한다. 숫자가 없을 경우 0을 두 번 입력한다.
   • 2022매운전골Cset3인기준recipe8 → *23202238
4. 그 다음 자리에는 파일 이름 중 한글이 있을 경우 초성만 순서대로 입력한다. 없다면 입력하지 않는다.
   • 2022매운전골Cset3인기준recipe8 → *23202238ㅁㅇㅈㄱㅇㄱㅈ
5. 그 다음 자리에는 파일 이름 중 영어가 있다면 뒤에 덧붙여 순서대로 입력하되, a, e, i, o, u만 'a＝1, e＝2, i＝3, o＝4, u＝5'로 변형하여 입력한다(대문자·소문자 구분 없이 모두 소문자로 입력한다).
   • 2022매운전골Cset3인기준recipe8 → *23202238ㅁㅇㅈㄱㅇㄱㅈcs2tr2c3p2

따라서 주어진 파일 이름의 암호는 '*23202238ㅁㅇㅈㄱㅇㄱㅈcs2tr2c3p2'이다.

## 58

정답 ②

ㄱ. LNG 구매력이 우수하다는 강점을 이용해 북아시아 가스관 사업이라는 기회를 활용하는 것은 SO전략에 해당한다.
ㄷ. 수소 자원 개발이 고도화되고 있는 기회를 이용하여 높은 공급단가라는 약점을 보완하는 것은 WO전략에 해당한다.

[오답분석]
ㄴ. 북아시아 가스관 사업은 강점이 아닌 기회에 해당되므로 ST전략에 해당한다고 볼 수 없다.
ㄹ. 높은 LNG 확보 능력이라는 강점을 이용해 높은 가스 공급단가라는 약점을 보완하려는 것은 WT전략에 해당한다고 볼 수 없다.

## 59

정답 ③

• 기현 : 관광숙박업에 속하는 호텔관리사 자격증과 호텔경영사 자격증의 발급기관은 모두 한국관광공사이므로 올바른 기관에 문의하였다.
• 미라 : 외국인 친구의 제출서류인 반명함판 사진과 신분증 중 여권 사본 1부를 준비하게 하였으므로 적절한 행동이다.

[오답분석]
• 정원 : 관광통역 안내사 자격증의 전형관리기관은 산업인력공단이므로 지자체가 아닌 산업인력공단에 문의하여야 한다.
• 시연 : 의료관광업의 국제의료관광 코디네이터 자격증 발급기관은 산업인력공단이므로 한국관광공사가 아닌 산업인력공단으로 가야 한다.

## 60

정답 ④

• 첫 번째 조건 : 파란공은 두 번째·네 번째·다섯 번째로 무겁다.
• 두 번째 조건 : 빨간공은 세 번째·네 번째·다섯 번째로 무겁다.
• 세 번째 조건 : 흰공은 첫 번째·두 번째·다섯 번째로 무겁다.
• 네 번째 조건 : 무게는 파란공·빨간공＞검은공이다.
• 다섯 번째 조건 : 무게는 흰공＞노란공＞파란공이다.

조건을 바탕으로 무거운 순서대로 나타내면 다음과 같다.

| 첫 번째 | 두 번째 | 세 번째 | 네 번째 | 다섯 번째 |
| --- | --- | --- | --- | --- |
| 흰공 | 노란공 | 빨간공 | 파란공 | 검은공 |

따라서 공 5개를 무게가 무거운 순서대로 바르게 나열한 것은 ④이다.

## 02 NCS 선택영역(행정)

| 61 | 62 | 63 | 64 | 65 | 66 | 67 | 68 | 69 | 70 | 71 | 72 | 73 | 74 | 75 | 76 | 77 | 78 | 79 | 80 |
|----|----|----|----|----|----|----|----|----|----|----|----|----|----|----|----|----|----|----|----|
| ③ | ⑤ | ② | ② | ⑤ | ① | ① | ③ | ④ | ④ | ④ | ② | ① | ① | ② | ① | ④ | ② | ② | ① |

## 61

정답 ③

인적자원은 자연적인 성장과 성숙은 물론, 오랜 기간 동안에 걸쳐 개발될 수 있는 많은 잠재능력과 자질, 즉 개발가능성을 보유하고 있다. 환경변화와 이에 따른 조직변화가 심할수록 현대조직의 인적자원관리에서 개발가능성이 차지하는 중요성은 더욱 커진다.

## 62

정답 ⑤

기업 입장에서는 일을 수행하는 데 있어 소요되는 시간이 단축되면, 그에 따른 비용이 절감되고 상대적으로 이익이 늘어남으로써 사실상 '가격 인상'의 효과를 볼 수 있다.

## 63

정답 ②

제시문은 시간계획의 기본원리 설명에 기본 원칙으로 '60 : 40의 원칙'을 정의하였다. 마지막 문장에서는 좀더 구체적으로 설명해 주는 것이므로 바로 앞 문장을 한 번 더 되풀이한다고 생각하면 된다. 따라서 ㉠은 계획 행동, ㉡은 계획 외 행동, ㉢은 자발적 행동이다.

## 64

정답 ②

X산지와 Y산지의 배추의 재배원가에 대하여 각 유통 과정에 따른 판매가격을 계산하면 다음과 같다.

| 구분 | X산지 | Y산지 |
|------|-------|-------|
| 재배원가 | 1,000원 | 1,500원 |
| 산지 → 경매인 | $1,000 \times (1+0.2) = 1,200$원 | $1,500 \times (1+0.1) = 1,650$원 |
| 경매인 → 도매상인 | $1,200 \times (1+0.25) = 1,500$원 | $1,650 \times (1+0.1) = 1,815$원 |
| 도매상인 → 마트 | $1,500 \times (1+0.3) = 1,950$원 | $1,815 \times (1+0.1) = 1,996.5 ≒ 1,997$원 |

따라서 X산지에서 재배한 배추를 구매하는 것이 좋으며, 최종적으로 G마트에서 얻는 수익은 $3,000-1,950=1,050$원이다.

## 65

정답 ⑤

**비효율적 일중독자의 특징**
- 가장 생산성이 낮은 일을 가장 오래 하는 경향이 있다.
- 최우선 업무보다는 가시적인 업무에 전력을 다하는 경향이 있다.
- 자신이 할 수 있는 일은 다른 사람에게 맡기지 않는 경향이 있다.
- 위기 상황에 과잉 대처하는 경향이 있다.

## 66

정답 ①

부패방지교육은 넷째 주 월요일인 20일 이전에 모두 끝나고, 성희롱방지교육은 마지막 주 금요일인 31일에 실시되므로 5월 넷째 주에는 금연교육만 실시된다.

오답분석

② 마지막 주 금요일에는 성희롱방지교육이 실시되므로 금연교육은 금요일에 실시될 수 없다.
③ 부패방지교육은 수요일과 목요일(8, 16) 또는 목요일과 수요일(9, 15)에도 실시될 수 있다.
④ 성희롱방지교육은 5월 31일 금요일에 실시된다.
⑤ 5월 첫째 주는 공단의 주요 행사 기간이므로 어떠한 교육도 실시할 수 없다.

## 67

정답 ①

업체들의 항목별 가중치 미반영 점수를 도출한 후, 가중치를 적용하여 선정 점수를 도출하면 다음 표와 같다.

(단위 : 점)

| 구분 | 납품품질 점수 | 가격경쟁력 점수 | 직원 규모 점수 | 가중치 반영 선정 점수 |
|---|---|---|---|---|
| A업체 | 90 | 90 | 90 | $(90\times0.4)+(90\times0.3)+(90\times0.3)=90$ |
| B업체 | 80 | 100 | 90 | $(80\times0.4)+(100\times0.3)+(90\times0.3)=89$ |
| C업체 | 70 | 100 | 80 | $(70\times0.4)+(100\times0.3)+(80\times0.3)=82$ |
| D업체 | 100 | 70 | 80 | $(100\times0.4)+(70\times0.3)+(80\times0.3)=85$ |
| E업체 | 90 | 80 | 100 | $(90\times0.4)+(80\times0.3)+(100\times0.3)=90$ |

선정 점수가 가장 높은 업체는 90점을 받은 A업체와 E업체이며, 이 중 가격경쟁력 점수가 더 높은 A업체가 선정된다.

## 68

정답 ③

주어진 임무는 행사와 관련하여 모두 필요한 업무이므로 성과 발표 준비는 가장 오래 걸리는 과정이 끝났을 때 완성된다. 따라서 가장 오래 걸리는 과정인 A → C → E → G → H 과정과 A → C → F → H 과정이 모두 끝나는 데는 8일이 소요되며, 여기서 E → G 과정을 단축하게 되더라도 A → C → F → H 과정이 있으므로 전체 준비 기간은 짧아지지 않는다.

## 69

정답 ④

입찰가격이 9억 원 이하인 업체는 A, C, D, E이고 이 업체들에 가중치를 적용한 점수와 이에 따른 디자인 점수를 나타내면 다음과 같다.

(단위 : 점)

| 입찰기준<br>입찰업체 | 운영건전성 점수 | 시공실적 점수 | 공간효율성 점수 | 종합 | 디자인 점수 |
|---|---|---|---|---|---|
| A | 6 | 6(=3×2) | 14(=7×2) | 26(=6+6+14) | 4 |
| C | 5 | 12(=6×2) | 6(=3×2) | 23(=5+12+6) | 1 |
| D | 8 | 16(=8×2) | 18(=9×2) | 42(=8+16+18) | 2 |
| E | 9 | 10(=5×2) | 10(=5×2) | 29(=9+10+10) | 8 |

중간 선정된 A, D, E 중 디자인 점수가 가장 높은 업체는 E이다. 따라서 E가 최종 선정된다.

## 70

정답 ④

입찰가격이 11억 원 미만인 업체는 B를 제외한 A, C, D, E, F이고 이 업체들에 가중치를 적용한 점수와 이에 따른 최종 선정 결과를 나타내면 다음과 같다.

| 입찰기준<br>입찰업체 | 운영건전성<br>점수 | 환경친화자재<br>점수 | 시공실적<br>점수 | 디자인<br>점수 | 총합 | 비고 |
|---|---|---|---|---|---|---|
| A | 12(=6×2) | 7 | 9(=3×3) | 4 | 32(=12+7+9+4) | 시공실적 점수<br>기준미달 |
| C | 10(=5×2) | 9 | 18(=6×3) | 1 | 38(=10+9+18+1) | 중간 선정 |
| D | 16(=8×2) | 2 | 24(=8×3) | 2 | 44(=16+2+24+2) | 중간 선정 |
| E | 18(=9×2) | 6 | 15(=5×3) | 8 | 47(=18+6+15+8) | 시공실적 점수<br>기준미달 |
| F | 12(=6×2) | 4 | 18(=6×3) | 3 | 37(=12+4+18+3) | 탈락 |

중간 선정된 C, D 중 운영건전성 점수가 가장 높은 업체는 D이다. 따라서 D가 최종 선정된다.

## 71

**정답** ④

우리나라의 낮은 장기 기증률이 전통적 유교 사상 때문이라고 주장하고 있는 A와 달리, B는 이에 대하여 다양한 원인을 제시하고 있다. 따라서 A의 주장에 대해 반박할 수 있는 내용으로 ④가 적절하다.

## 72

**정답** ②

발효된 파리기후변화협약은 3년간 탈퇴가 금지되어 2019년 11월 3일까지는 탈퇴 통보가 불가능하다는 내용을 통해 해당 협약은 2016년 11월 4일에 발효되었음을 알 수 있다. 따라서 파리기후변화협약은 2015년 12월 제21차 유엔기후변화협약 당사국총회에서 채택되었을 뿐, 2015년 12월 3일에 발효된 것은 아니다.

오답분석

① 파리기후변화협약은 2020년 만료 예정인 교토의정서를 대체하여 2021년부터의 기후변화 대응을 담은 국제협약이므로 교토의 정서는 2020년 12월에 만료되는 것을 알 수 있다.
③ 파리기후변화협약에서 개발도상국은 절대량 방식의 감축 목표를 유지해야 하는 선진국과 달리 절대량 방식과 배출 전망치 대비 방식 중 하나를 채택할 수 있다. 우리나라의 감축 목표는 2030년 배출 전망치 대비 37%의 감축이므로 개발도상국에 해당하는 것을 알 수 있다.
④ 파리기후변화협약은 채택 당시 195개의 당사국 모두가 협약에 합의하였으나, 2020년 11월 4일 미국이 공식 탈퇴함에 따라 현재 194개국이 합의한 상태임을 알 수 있다.
⑤ 파리기후변화협약은 온실가스 감축 의무가 선진국에만 있었던 교토의정서와 달리 환경 보존에 대한 의무를 전 세계의 국가들이 함께 부담하도록 하였다.

## 73

**정답** ①

제시문에서는 여성 고위공무원과 공공기관의 임원 여성 비율을 확대하기 위한 정부의 정책과 이에 대한 성과를 이야기하고 있다. 또한 앞으로는 정부가 민간부문에 대해서도 지원할 계획이라고 밝히며 여성 고위관리직 확대를 위한 정부의 노력을 이야기하고 있다. 따라서 글의 주제로 ①이 가장 적절하다.

## 74

**정답** ①

제시문은 우리 몸의 면역 시스템에서 중요한 역할을 하는 킬러 T세포가 있음을 알려 주고, 이것의 역할과 작용 과정을 차례로 설명하며 마지막으로 킬러 T세포의 의의에 대해 이야기하는 글이다. 따라서 (라) 우리 몸의 면역 시스템에 중요한 역할을 하는 킬러 T세포 → (가) 킬러 T세포의 역할 → (마) 킬러 T세포가 작용하기 위해 거치는 단계 → (다) 킬러 T세포의 작용 과정 → (나) 킬러 T세포의 의의로 연결되어야 한다.

PART 2

## 75

정답 ②

국가 주요 정책이나 환경에 대한 관심이 상표 출원에 많은 영향을 미치고 있음을 알 수 있다.

오답분석

① 환경과 건강에 대한 관심이 증가하면서 앞으로도 친환경 관련 상표 출원은 증가할 것으로 추론할 수 있다.
③ 친환경 상표가 가장 많이 출원된 제품이 화장품인 것은 맞지만 그 안전성에 대해서는 언급하고 있지 않기 때문에 추론하기 어렵다.
④ 2007년부터 2017년까지 영문자 ECO가 상표 출원실적이 가장 높았으며 그다음은 그린, 에코 순이다. 본문의 내용만으로는 추론하기 어렵다.
⑤ 출원건수는 상품류를 기준으로 한다. ECO 달세제, ECO 별세제는 모두 친환경 세제라는 상품류에 속하므로 단류 출원 1건으로 계산한다.

## 76

정답 ①

글쓴이는 우리의 전통음악인 정악에 대해 설명하면서 정악을 우리의 음악으로 받아들이지 않는 혹자의 의견을 예상하고 있으며, 이에 대해 종묘제례악과 풍류음악을 근거로 들어 정악은 우리의 전통음악임을 주장하고 있다.

## 77

정답 ④

상대방이 이해하기 어려운 전문적 언어(ㄹ)나 단조로운 언어(ㅁ)는 의사표현에 사용되는 언어로 적절하지 않다.

오답분석

의사표현에 사용되는 적절한 언어로는 이해하기 쉬운 언어(ㄱ), 상세하고 구체적인 언어(ㄴ), 간결하면서 정확한 언어(ㄷ), 문법적 언어(ㅂ), 감각적 언어 등이 있다.

## 78

정답 ②

첫 번째 문단에 통각 수용기에는 감각 적응 현상이 거의 일어나지 않는다는 내용이 나와 있다.

오답분석

① 두 번째 문단에서 A δ 섬유를 따라 전도된 통증 신호가 대뇌 피질로 전달되면, 대뇌 피질에서는 날카롭고 쑤시는 듯한 짧은 초기 통증을 느끼고 통증이 일어난 위치를 파악한다고 하였으므로 옳지 않다.
③ 두 번째 문단에서 A δ 섬유는 직경이 크고 전도 속도가 빠르며, C섬유는 직경이 작고 전도 속도가 느리다고 했으므로 옳지 않다.
④ 첫 번째 문단에서 통각 수용기는 피부에 가장 많아 피부에서 발생한 통증은 위치를 확인하기 쉽다고 했으므로 옳지 않다.
⑤ 두 번째 문단에서 A δ 섬유에는 기계적 자극이나 높은 온도 자극에 반응하는 통각 수용기가 분포되어 있고, C섬유에도 기계적 자극이나 높은 온도 자극에 반응하는 통각 수용기가 분포되어 있다고 했으므로 옳지 않다.

## 79

정답 ②

제시문에서는 에너지와 엔지니어 분야에 관련된 다양한 사례들을 언급하고 있으며 이 외에 다른 분야에 대한 사례는 설명하지 않고 있다. 따라서 ②는 적절하지 않다.

## 80

정답 ①

원자력 발전소에서 설비에 이상신호가 발생하면 스스로 위험을 판단하고 작동을 멈추는 등 에너지 설비 운영 부문은 이미 다양한 4차 산업혁명 기술이 사용되고 있다.

| 61 | 62 | 63 | 64 | 65 | 66 | 67 | 68 | 69 | 70 | 71 | 72 | 73 | 74 | 75 | 76 | 77 | 78 | 79 | 80 |
|----|----|----|----|----|----|----|----|----|----|----|----|----|----|----|----|----|----|----|----|
| ② | ② | ② | ② | ④ | ⑤ | ④ | ① | ④ | ② | ④ | ④ | ③ | ③ | ② | ① | ③ | ② | ⑤ | ① |

## 61

정답 ②

무어의 법칙은 반도체의 성능은 24개월마다 2배씩 증가한다는 법칙으로, 고든 무어가 주장하였다.

오답분석

① 카오(Kao)의 법칙 : 창조성은 네트워크에 접속되어 있는 다양성에 지수함수로 비례한다는 법칙이다.
③ 황(Hwang)의 법칙 : 반도체 메모리 용량은 1년마다 두 배로 증가한다는 법칙이다.
④ 메트칼프(Metcalfe)의 법칙 : 네트워크의 가치는 사용자 수의 제곱에 비례한다는 법칙이다.
⑤ 던바(Dunbar)의 법칙 : SNS 계정이 아무리 확대되어도 인맥은 150명에 불과하다는 법칙이다.

## 62

정답 ②

G씨가 공황장애를 진단받은 원인은 엘리베이터의 고장(시설물 결함)으로 인한 것이므로, 이는 산업재해 중 기술적 원인으로 볼 수 있다.

오답분석

① 해당 산업재해의 원인이 교육적 원인이기 위해서는, 해당 산업재해가 안전 지식이나 경험, 작업방법 등에 대해 충분히 교육이 이루어지지 않아 발생한 것이어야 한다.
③ 해당 산업재해의 원인이 작업 관리상 원인이기 위해서는, 해당 산업재해가 안전 관리 조직의 결함 또는 안전 수칙이나 작업 준비의 불충분 및 인원 배치가 부적당한 이유로 인해 발생한 것이어야 한다.
④ 해당 산업재해의 원인이 불안전한 행동이기 위해서는, 재해당사자가 위험 장소에 접근했거나, 안전장치 기능을 제거했거나, 보호 장비를 미착용 또는 잘못된 착용을 하는 등의 행위를 함으로써 산업재해가 발생한 것이어야 한다.
⑤ 해당 산업재해의 원인이 불안전한 상태이기 위해서는, 시설물이 구조적으로 불안정하거나 충분한 안전장치를 갖추지 못하는 등의 이유로 인해 산업재해가 발생한 것이어야 한다.

## 63

정답 ②

②는 성과차이 분석에 대한 설명이다. 개선계획 수립은 성과차이에 대한 원인 분석을 진행하고 개선을 위한 성과목표를 결정하며, 성과목표를 달성하기 위한 개선계획을 수립하는 것이다.

**벤치마킹의 주요 단계**
1. 범위 결정 : 벤치마킹이 필요한 상세 분야를 정의하고 목표와 범위를 결정하며 벤치마킹을 수행할 인력들을 결정
2. 측정 범위 결정 : 상세분야에 대한 측정항목을 결정하고, 측정항목이 벤치마킹의 목표를 달성하는 데 적정한가를 검토
3. 대상 결정 : 비교분석의 대상이 되는 기업·기관들을 결정하고, 대상 후보별 벤치마킹 수행의 타당성을 검토하여 최종적인 대상 및 대상별 수행방식을 결정
4. 벤치마킹 : 직접 또는 간접적인 벤치마킹을 진행
5. 성과차이 분석 : 벤치마킹 결과를 바탕으로 성과차이를 측정항목별로 분석
6. 개선계획 수립 : 성과차이에 대한 원인 분석을 진행하고 개선을 위한 성과목표를 결정하며, 성과목표를 달성하기 위한 개선계획을 수립
7. 변화 관리 : 개선목표 달성을 위한 변화사항을 지속적으로 관리하고, 개선 후 변화사항과 예상했던 변화사항을 비교

## 64

자료는 기술혁신의 예측 어려움, 즉 불확실성에 대해 설명하고 있으므로 ②가 가장 적절하다.

[오답분석]

① 기술개발로부터 이로 인한 기술혁신의 가시적인 성과가 나타나기까지는 비교적 장시간이 필요하다.

③ 인간의 지식과 경험은 빠른 속도로 축적되고 학습되는데 반해, 기술개발에 참가한 엔지니어의 지식은 문서화되기 어렵기 때문에 다른 사람들에게 쉽게 전파될 수 없어, 해당 엔지니어들이 그 기업을 떠나는 경우 기술과 지식의 손실이 크게 발생하여 기술개발을 지속할 수 없는 경우가 종종 발생하는데, 이는 기술혁신의 지식 집약적 활동이라는 특성 때문이다.

④ 기술혁신은 기업의 기존 조직 운영 절차나 제품구성, 생산방식, 나아가 조직의 권력구조 자체에도 새로운 변화를 야기함으로써 조직의 이해관계자 간의 갈등을 유발하는데 이는 기술혁신으로 인해 조직 내에서도 이익을 보는 집단과 손해를 보는 집단이 생기기 때문이다.

⑤ 기술혁신은 연구개발 부서 단독으로 수행될 수 없다. 예를 들어 새로운 제품에 관한 아이디어는 마케팅 부서를 통해 고객으로부터 수집되었을 것이며, 원재료나 설비는 구매 부서를 통해 얻어졌을 것이기 때문이다. 이처럼 기술혁신은 부서 간의 상호의존성을 갖고 있다.

## 65

'피재자는 전기 관련 자격이 없었으며, 복장은 일반 안전화, 면장갑, 패딩점퍼를 착용한 상태였다.'는 문장만 보더라도 불안전한 행동·상태, 작업 관리상 원인 모두 해당된다. 기술적 원인은 지문에서 찾을 수 없다.

[오답분석]

① 불안전한 행동 : 위험 장소 접근, 안전장치 기능 제거, 보호 장비의 미착용 및 잘못 사용, 운전 중인 기계의 속도 조작, 기계·기구의 잘못된 사용, 위험물 취급 부주의, 불안전한 상태 방치, 불안전한 자세와 동작, 감독 및 연락 잘못 등

② 불안전한 상태 : 시설물 자체 결함, 전기 시설물의 누전, 구조물의 불안정, 소방기구의 미확보, 안전 보호 장치 결함, 복장·보호구의 결함, 시설물의 배치 및 장소 불량, 작업 환경 결함, 생산 공정의 결함, 경계 표시 설비의 결함 등

③ 작업 관리상 원인 : 안전 관리 조직의 결함, 안전 수칙 미제정, 작업 준비 불충분, 인원 배치 및 작업 지시 부적당 등

⑤ 작업 준비 불충분 : 작업 관리상 원인의 하나이며, 피재자는 경첩의 높이가 높음에도 불구하고 작업 준비에 필요한 자재를 준비하지 않고 불안전한 자세로 일을 시작함

## 66

**기술교양을 지닌 사람들의 특징**

• 기술학의 특성과 역할을 이해한다.

• 기술체계가 설계되고, 사용되고, 통제되는 방법을 이해한다.

• 기술과 관련된 이익을 가치화하고 위험을 평가할 수 있다.

• 기술에 의한 윤리적 딜레마에 대해 합리적으로 반응할 수 있다.

## 67

IT와 융합한 지능형 로봇이 유망한 기술로 전망되는 것을 볼 때, 빈칸에 들어갈 용어로 가장 적절한 것은 전기전자공학임을 알 수 있다.

> **전기전자공학**
> 국가 기간산업의 근간을 이룸으로써 최근 전자와 정보(컴퓨터) 그리고 정보통신공학의 기본이 되는 공학이다. 전기전자공학 과에서는 전기 에너지의 생산, 수송 및 변환, 반도체 소자와 컴퓨터를 계측기화할 수 있는 각종 컴퓨터 언어와 하드웨어, 그리고 컴퓨터를 이용한 디지털 시스템 설계, VHDL 및 VLSI 설계, 시스템의 자동계측, 자동화, 디지털통신 기술 및 영상 신호처리, 고속전기철도 등을 중심으로 기본 원리부터 응용에 이르기까지 기술적인 방법 등을 다룬다.

① 토목공학 : 도로·하천·도시계획 등 토목에 관한 이론과 실제를 연구하는 공학의 한 부문으로, 국토를 대상으로 해서 그 보전·개수·개발경영을 맡는 공학이다.

② 환경공학 : 대기·수질·폐기물·토양·해양 등의 오염 예방과 소음 및 진동공해 방지 등의 환경문제를 해결하기 위하여 학문적인 연구를 하는 분야이다.

③ 생체공학 : 생체의 기구·기능을 공학적으로 연구해서 얻은 지식을 기술적 문제에 응용하는 학문이다.

⑤ 자원공학 : 각종 원리와 방법을 통해 지구의 표면 및 내부, 즉 지하와 해저에 부존하는 유용자원과 지하매체를 경제적인 목적과 관련하여 다루는 학문이다.

## 68
**정답** ①

사례는 불안전한 상태가 원인이므로 이에 대한 예방 대책을 세워야 한다. 근로자 상호 간에 불안전한 행동을 지적하여 안전에 대한 이해를 증진시키는 것은 불안전한 행동 방지 방법이며, 해당 사례의 재해를 예방하기 위한 대책으로 적절하지 않다.

## 69
**정답** ④

다른 전화기에서 울리는 전화를 내 전화기에서 받으려면 당겨받기 기능을 활용하면 된다.

## 70
**정답** ②

②의 그림은 전화걸기 중 세 번째 항목에 대한 것으로, 통화 중인 상태에서 다른 곳으로 전화를 걸기 원할 때의 전화기 사용법을 설명한 것이다.

① 전화받기에 해당하는 그림으로, 통화 중에 다른 전화를 받길 원할 때의 방법을 설명하고 있다.

③ 수신전환에 해당하는 그림으로, 다른 전화기로 수신을 전환하는 방법을 설명하고 있다.

④ 돌려주기에 해당하는 그림으로, 통화 중일 때 다른 전화기로 돌려주는 방법을 설명하고 있다.

⑤ 3자통화에 해당하는 그림으로, 통화 중일 때 제3자를 추가하여 통화하는 방법을 설명하고 있다.

## 71
**정답** ④

1차 자료는 원래의 연구 성과가 기록된 자료로 단행본, 학술지와 학술지 논문, 학술회의자료, 연구보고서, 학위논문, 특허정보, 표준 및 규격자료, 레터, 출판 전 배포자료, 신문, 잡지, 웹 정보자원 등이 속하고, 2차 자료는 이러한 1차 자료를 압축정리해 놓은 것으로 사전, 백과사전, 편람, 연감, 서지데이터베이스 등이 해당된다.

여기서 연감이란 어떤 분야에 관하여 한 해 동안 일어난 경과·사건·통계 등을 수록하여 일 년에 한 번씩 간행하는 정기간행물을 뜻하므로, 정기간행물은 1차 자료에 해당하지 않는다.

## 72
**정답** ④

'원형 차트'에 대한 설명이다.

① 영역형 차트 : 시간에 따른 변화를 보여 주며 합계값을 추세와 함께 볼 수 있고, 각 값의 합계를 표시하여 전체에 대한 부분의 관계도 보여준다.

② 분산형 차트 : 가로·세로값 축이 있으며, 각 축의 값이 단일 데이터 요소로 결합되어 일정하지 않은 간격이나 그룹으로 표시된다. 과학, 통계 및 공학 데이터에 많이 이용된다.

③ 꺾은선형 차트 : 항목 데이터는 가로축을 따라 일정 간격으로 표시되고 모든 값 데이터는 세로축을 따라 표시된다. 월, 분기, 회계 연도 등과 같은 일정 간격에 따라 데이터의 추세를 표시하는 데 유용하다.

⑤ 표면형 차트 : 두 데이터 집합 간의 최적 조합을 찾을 때 유용하며, 지형도에서 색과 무늬는 같은 값 범위에 있는 지역을 나타낸다. 또한 항목과 데이터 계열이 숫자 값일 때 이용 가능하다.

## 73

정답 ③

피벗 테이블의 셀에 메모를 삽입한 경우 데이터를 정렬하여도 메모는 피벗 테이블의 셀에 고정되어 있다.

## 74

정답 ③

몸에 부착하거나 착용하여 사용하는 전자장치인 웨어러블 디바이스에 대한 것으로, 이는 손으로 들고 있어야 하는 불편함이 있던 기존 전자장치에서 한 단계 진보해 아예 입을 수 있거나 착용할 수 있는 스마트 장치들이 해당한다.

오답분석

① 그리드 컴퓨팅 : 모든 컴퓨팅 기기를 하나의 초고속 네트워크로 연결하여, 컴퓨터의 계산능력을 극대화한 차세대 디지털 신경망 서비스를 말한다.
② 디바이스 프리 : 콘텐츠를 서버에 저장해 스마트폰·태블릿PC·노트북 등 다양한 모바일 디바이스를 통해 언제든 이용할 수 있는 서비스를 말한다.
④ 유비쿼터스 : 언제 어디서나 편리하게 컴퓨터 자원을 활용할 수 있도록 현실 세계와 가상 세계를 결합시킨 것으로, 소의 귀에 붙여 소비자들이 미리 정보를 확인하고 먹을 수 있도록 하는 RFID가 이에 해당한다.
⑤ 클라우드 컴퓨팅 : 이용자의 모든 정보를 인터넷상의 서버에 저장하고, 이 정보를 각종 IT 기기를 통하여 언제 어디서든 이용할 수 있는 컴퓨팅 환경을 의미한다.

## 75

정답 ②

RANK 함수는 범위에서 특정 데이터의 순위를 구할 때 사용하는 함수이다. RANK 함수의 형식은 「=RANK(인수,범위,논리값)」인데, 논리값의 경우 0이면 내림차순, 1이면 오름차순으로 나타나게 된다. 발전량이 가장 높은 곳부터 순위를 매기려면 내림차순으로 나타내야 하므로 (B) 셀에는 「=RANK(F5,$F$5:$F$12,0)」을 입력해야 한다.

## 76

정답 ①

고정하기를 원하는 행의 아래, 열의 오른쪽에 셀 포인터를 위치시킨 후 [보기] - [틀 고정]을 선택해야 한다.

## 77

정답 ③

피벗 테이블은 대화형 테이블의 일종으로, 데이터의 나열 형태에 따라서 집계나 카운트 등의 계산을 하는 기능을 가지고 있어 방대한 양의 납품 자료를 요약해서 한눈에 파악할 수 있는 형태로 만드는 데 적절하다.

## 78

정답 ②

'$'가 붙으면 절대참조로 위치가 변하지 않고, 붙지 않으면 상대참조로 위치가 변한다. 「$A$1」은 무조건 [A1] 위치로 고정이며 「$A2」는 [A] 열은 고정이지만 행은 변한다는 것을 의미한다. [A7] 셀을 복사했을 때 열이 오른쪽으로 2칸 움직였지만 고정이기에 의미는 없고, 행이 7에서 8로 1행만큼 이동하였기 때문에 [A1]+[A3]의 값이 [C8] 셀이 된다. 따라서 1+3=4이다.

## 79

「=SUM(합계를 구할 처음 셀:합계를 구할 마지막 셀)」로 표시해야 한다. 판매수량과 추가판매를 더하는 것은 비연속적인 셀을 더하는 것이므로 연속하는 영역을 입력하고 ','로 구분해준 뒤 다음 영역을 다시 지정해야 한다. 따라서 [B6] 셀에 들어갈 수식은 「=SUM(B2:B5,C2,C5)」이다.

## 80

[휴지통]에 들어 있는 자료는 언제든지 복원 가능하다. 단, [휴지통] 크기를 0%로 설정한 후, 파일을 삭제하면 복원이 불가능하다.

얼마나 많은 사람들이 책 한 권을 읽음으로써
인생에 새로운 전기를 맞이했던가.

– 헨리 데이비드 소로

# 한국가스안전공사 필기시험 답안카드

| 번호 | 1 | 2 | 3 | 4 | 5 | 번호 | 1 | 2 | 3 | 4 | 5 | 번호 | 1 | 2 | 3 | 4 | 5 | 번호 | 1 | 2 | 3 | 4 | 5 |
|---|---|---|---|---|---|---|---|---|---|---|---|---|---|---|---|---|---|---|---|---|---|---|---|
| 1 | ① | ② | ③ | ④ | ⑤ | 21 | ① | ② | ③ | ④ | ⑤ | 41 | ① | ② | ③ | ④ | ⑤ | 61 | ① | ② | ③ | ④ | ⑤ |
| 2 | ① | ② | ③ | ④ | ⑤ | 22 | ① | ② | ③ | ④ | ⑤ | 42 | ① | ② | ③ | ④ | ⑤ | 62 | ① | ② | ③ | ④ | ⑤ |
| 3 | ① | ② | ③ | ④ | ⑤ | 23 | ① | ② | ③ | ④ | ⑤ | 43 | ① | ② | ③ | ④ | ⑤ | 63 | ① | ② | ③ | ④ | ⑤ |
| 4 | ① | ② | ③ | ④ | ⑤ | 24 | ① | ② | ③ | ④ | ⑤ | 44 | ① | ② | ③ | ④ | ⑤ | 64 | ① | ② | ③ | ④ | ⑤ |
| 5 | ① | ② | ③ | ④ | ⑤ | 25 | ① | ② | ③ | ④ | ⑤ | 45 | ① | ② | ③ | ④ | ⑤ | 65 | ① | ② | ③ | ④ | ⑤ |
| 6 | ① | ② | ③ | ④ | ⑤ | 26 | ① | ② | ③ | ④ | ⑤ | 46 | ① | ② | ③ | ④ | ⑤ | 66 | ① | ② | ③ | ④ | ⑤ |
| 7 | ① | ② | ③ | ④ | ⑤ | 27 | ① | ② | ③ | ④ | ⑤ | 47 | ① | ② | ③ | ④ | ⑤ | 67 | ① | ② | ③ | ④ | ⑤ |
| 8 | ① | ② | ③ | ④ | ⑤ | 28 | ① | ② | ③ | ④ | ⑤ | 48 | ① | ② | ③ | ④ | ⑤ | 68 | ① | ② | ③ | ④ | ⑤ |
| 9 | ① | ② | ③ | ④ | ⑤ | 29 | ① | ② | ③ | ④ | ⑤ | 49 | ① | ② | ③ | ④ | ⑤ | 69 | ① | ② | ③ | ④ | ⑤ |
| 10 | ① | ② | ③ | ④ | ⑤ | 30 | ① | ② | ③ | ④ | ⑤ | 50 | ① | ② | ③ | ④ | ⑤ | 70 | ① | ② | ③ | ④ | ⑤ |
| 11 | ① | ② | ③ | ④ | ⑤ | 31 | ① | ② | ③ | ④ | ⑤ | 51 | ① | ② | ③ | ④ | ⑤ | 71 | ① | ② | ③ | ④ | ⑤ |
| 12 | ① | ② | ③ | ④ | ⑤ | 32 | ① | ② | ③ | ④ | ⑤ | 52 | ① | ② | ③ | ④ | ⑤ | 72 | ① | ② | ③ | ④ | ⑤ |
| 13 | ① | ② | ③ | ④ | ⑤ | 33 | ① | ② | ③ | ④ | ⑤ | 53 | ① | ② | ③ | ④ | ⑤ | 73 | ① | ② | ③ | ④ | ⑤ |
| 14 | ① | ② | ③ | ④ | ⑤ | 34 | ① | ② | ③ | ④ | ⑤ | 54 | ① | ② | ③ | ④ | ⑤ | 74 | ① | ② | ③ | ④ | ⑤ |
| 15 | ① | ② | ③ | ④ | ⑤ | 35 | ① | ② | ③ | ④ | ⑤ | 55 | ① | ② | ③ | ④ | ⑤ | 75 | ① | ② | ③ | ④ | ⑤ |
| 16 | ① | ② | ③ | ④ | ⑤ | 36 | ① | ② | ③ | ④ | ⑤ | 56 | ① | ② | ③ | ④ | ⑤ | 76 | ① | ② | ③ | ④ | ⑤ |
| 17 | ① | ② | ③ | ④ | ⑤ | 37 | ① | ② | ③ | ④ | ⑤ | 57 | ① | ② | ③ | ④ | ⑤ | 77 | ① | ② | ③ | ④ | ⑤ |
| 18 | ① | ② | ③ | ④ | ⑤ | 38 | ① | ② | ③ | ④ | ⑤ | 58 | ① | ② | ③ | ④ | ⑤ | 78 | ① | ② | ③ | ④ | ⑤ |
| 19 | ① | ② | ③ | ④ | ⑤ | 39 | ① | ② | ③ | ④ | ⑤ | 59 | ① | ② | ③ | ④ | ⑤ | 79 | ① | ② | ③ | ④ | ⑤ |
| 20 | ① | ② | ③ | ④ | ⑤ | 40 | ① | ② | ③ | ④ | ⑤ | 60 | ① | ② | ③ | ④ | ⑤ | 80 | ① | ② | ③ | ④ | ⑤ |

※ 본 답안지는 마킹연습용 모의 답안지입니다.

〈절취선〉

# 한국가스안전공사 필기시험 답안카드

| 번호 | 1 | 2 | 3 | 4 | 5 | 번호 | 1 | 2 | 3 | 4 | 5 | 번호 | 1 | 2 | 3 | 4 | 5 | 번호 | 1 | 2 | 3 | 4 | 5 |
|---|---|---|---|---|---|---|---|---|---|---|---|---|---|---|---|---|---|---|---|---|---|---|---|
| 1 | ① | ② | ③ | ④ | ⑤ | 21 | ① | ② | ③ | ④ | ⑤ | 41 | ① | ② | ③ | ④ | ⑤ | 61 | ① | ② | ③ | ④ | ⑤ |
| 2 | ① | ② | ③ | ④ | ⑤ | 22 | ① | ② | ③ | ④ | ⑤ | 42 | ① | ② | ③ | ④ | ⑤ | 62 | ① | ② | ③ | ④ | ⑤ |
| 3 | ① | ② | ③ | ④ | ⑤ | 23 | ① | ② | ③ | ④ | ⑤ | 43 | ① | ② | ③ | ④ | ⑤ | 63 | ① | ② | ③ | ④ | ⑤ |
| 4 | ① | ② | ③ | ④ | ⑤ | 24 | ① | ② | ③ | ④ | ⑤ | 44 | ① | ② | ③ | ④ | ⑤ | 64 | ① | ② | ③ | ④ | ⑤ |
| 5 | ① | ② | ③ | ④ | ⑤ | 25 | ① | ② | ③ | ④ | ⑤ | 45 | ① | ② | ③ | ④ | ⑤ | 65 | ① | ② | ③ | ④ | ⑤ |
| 6 | ① | ② | ③ | ④ | ⑤ | 26 | ① | ② | ③ | ④ | ⑤ | 46 | ① | ② | ③ | ④ | ⑤ | 66 | ① | ② | ③ | ④ | ⑤ |
| 7 | ① | ② | ③ | ④ | ⑤ | 27 | ① | ② | ③ | ④ | ⑤ | 47 | ① | ② | ③ | ④ | ⑤ | 67 | ① | ② | ③ | ④ | ⑤ |
| 8 | ① | ② | ③ | ④ | ⑤ | 28 | ① | ② | ③ | ④ | ⑤ | 48 | ① | ② | ③ | ④ | ⑤ | 68 | ① | ② | ③ | ④ | ⑤ |
| 9 | ① | ② | ③ | ④ | ⑤ | 29 | ① | ② | ③ | ④ | ⑤ | 49 | ① | ② | ③ | ④ | ⑤ | 69 | ① | ② | ③ | ④ | ⑤ |
| 10 | ① | ② | ③ | ④ | ⑤ | 30 | ① | ② | ③ | ④ | ⑤ | 50 | ① | ② | ③ | ④ | ⑤ | 70 | ① | ② | ③ | ④ | ⑤ |
| 11 | ① | ② | ③ | ④ | ⑤ | 31 | ① | ② | ③ | ④ | ⑤ | 51 | ① | ② | ③ | ④ | ⑤ | 71 | ① | ② | ③ | ④ | ⑤ |
| 12 | ① | ② | ③ | ④ | ⑤ | 32 | ① | ② | ③ | ④ | ⑤ | 52 | ① | ② | ③ | ④ | ⑤ | 72 | ① | ② | ③ | ④ | ⑤ |
| 13 | ① | ② | ③ | ④ | ⑤ | 33 | ① | ② | ③ | ④ | ⑤ | 53 | ① | ② | ③ | ④ | ⑤ | 73 | ① | ② | ③ | ④ | ⑤ |
| 14 | ① | ② | ③ | ④ | ⑤ | 34 | ① | ② | ③ | ④ | ⑤ | 54 | ① | ② | ③ | ④ | ⑤ | 74 | ① | ② | ③ | ④ | ⑤ |
| 15 | ① | ② | ③ | ④ | ⑤ | 35 | ① | ② | ③ | ④ | ⑤ | 55 | ① | ② | ③ | ④ | ⑤ | 75 | ① | ② | ③ | ④ | ⑤ |
| 16 | ① | ② | ③ | ④ | ⑤ | 36 | ① | ② | ③ | ④ | ⑤ | 56 | ① | ② | ③ | ④ | ⑤ | 76 | ① | ② | ③ | ④ | ⑤ |
| 17 | ① | ② | ③ | ④ | ⑤ | 37 | ① | ② | ③ | ④ | ⑤ | 57 | ① | ② | ③ | ④ | ⑤ | 77 | ① | ② | ③ | ④ | ⑤ |
| 18 | ① | ② | ③ | ④ | ⑤ | 38 | ① | ② | ③ | ④ | ⑤ | 58 | ① | ② | ③ | ④ | ⑤ | 78 | ① | ② | ③ | ④ | ⑤ |
| 19 | ① | ② | ③ | ④ | ⑤ | 39 | ① | ② | ③ | ④ | ⑤ | 59 | ① | ② | ③ | ④ | ⑤ | 79 | ① | ② | ③ | ④ | ⑤ |
| 20 | ① | ② | ③ | ④ | ⑤ | 40 | ① | ② | ③ | ④ | ⑤ | 60 | ① | ② | ③ | ④ | ⑤ | 80 | ① | ② | ③ | ④ | ⑤ |

성 명

지원분야

문제지 형별기재란    Ⓐ    Ⓑ

형    ( )

수 험 번 호

| ⓪ | ① | ② | ③ | ④ | ⑤ | ⑥ | ⑦ | ⑧ | ⑨ |
| ⓪ | ① | ② | ③ | ④ | ⑤ | ⑥ | ⑦ | ⑧ | ⑨ |
| ⓪ | ① | ② | ③ | ④ | ⑤ | ⑥ | ⑦ | ⑧ | ⑨ |
| ⓪ | ① | ② | ③ | ④ | ⑤ | ⑥ | ⑦ | ⑧ | ⑨ |
| ⓪ | ① | ② | ③ | ④ | ⑤ | ⑥ | ⑦ | ⑧ | ⑨ |
| ⓪ | ① | ② | ③ | ④ | ⑤ | ⑥ | ⑦ | ⑧ | ⑨ |
| ⓪ | ① | ② | ③ | ④ | ⑤ | ⑥ | ⑦ | ⑧ | ⑨ |

감독위원 확인

(인)

# 2024 최신판 SD에듀 한국가스안전공사
# NCS + 최종점검 모의고사 4회 + 무료NCS특강

| | |
|---|---|
| **개정5판1쇄 발행** | 2024년 04월 15일 (인쇄 2024년 03월 26일) |
| **초 판 발 행** | 2020년 12월 15일 (인쇄 2020년 11월 12일) |
| **발 행 인** | 박영일 |
| **책 임 편 집** | 이해욱 |
| **편 저** | SDC(Sidae Data Center) |
| **편 집 진 행** | 김재희 · 강승혜 |
| **표지디자인** | 조혜령 |
| **편집디자인** | 최미란 · 곽은슬 |
| **발 행 처** | (주)시대고시기획 |
| **출 판 등 록** | 제10-1521호 |
| **주 소** | 서울시 마포구 큰우물로 75 [도화동 538 성지 B/D] 9F |
| **전 화** | 1600-3600 |
| **팩 스** | 02-701-8823 |
| **홈 페 이 지** | www.sdedu.co.kr |
| **I S B N** | 979-11-383-7029-5 (13320) |
| **정 가** | 25,000원 |

# 한국가스
# 안전공사
## 정답 및 해설

# 기업별 맞춤 학습 "기본서" 시리즈

공기업 취업의 기초부터 심화까지! 합격의 문을 여는 **Hidden Key!**

# 기업별 시험 직전 마무리 "모의고사" 시리즈

실제 시험과 동일하게 마무리! 합격을 향한 **Last Spurt!**

※**기업별 시리즈** : HUG 주택도시보증공사 / LH 한국토지주택공사 / 강원랜드 / 건강보험심사평가원 / 국가철도공단 / 국민건강
보험공단 / 국민연금공단 / 근로복지공단 / 발전회사 / 부산교통공사 / 서울교통공사 / 인천국제공항공사 / 코레일 한국철도공사 /
한국농어촌공사 / 한국도로공사 / 한국산업인력공단 / 한국수력원자력 / 한국수자원공사 / 한국전력공사 / 한전KPS / 항만공사 등

※도서의 이미지 및 구성은 변동될 수 있습니다.

**SD에듀**가 합격을 준비하는 당신에게 제안합니다.

성공의 기회! **SD에듀**를 잡으십시오.
# 성공의 Next Step!

결심하셨다면 지금 당장 실행하십시오.
**SD에듀**와 함께라면 문제없습니다.

기회란 포착되어 활용되기 전에는
기회인지조차 알 수 없는 것이다.

– 마크 트웨인 –